U0895522

双语译林
壹力文库
052

〔美国〕明恩溥 著
刘文飞 刘晓旸 译

中国人的气质

译林出版社

图书在版编目（CIP）数据

中国人的气质：英汉对照 /（美）明恩溥著；刘文飞，刘晓旸译. —南京：译林出版社，2012.10
（双语译林.壹力文库）
ISBN 978-7-5447-3223-9

Ⅰ.①中… Ⅱ.①明… ②刘… ③刘… Ⅲ.①英语-汉语-对照读物②民族性-研究-中国 Ⅳ.①H319.4：C

中国版本图书馆CIP数据核字（2012）第209042号

书　　名 中国人的气质
作　　者 〔美国〕明恩溥
译　　者 刘文飞　刘晓旸
责任编辑 王振华
特约编辑 杨　松
原文出版 Oliphant，Anderson and Ferrier（1900）
出版发行 凤凰出版传媒集团
凤凰出版传媒股份有限公司
译林出版社
集团地址 南京市湖南路1号A楼，邮编：210009
集团网址 http://www.ppm.cn
出版社地址 南京市湖南路1号A楼，邮编：210009
电子信箱 yilin@yilin.com
出版社网址 http://www.yilin.com
印　　刷 三河市延风印装有限公司
开　　本 640×960毫米　1/16
印　　张 33.75
字　　数 306千字
版　　次 2012年10月第1版　2022年4月第12次印刷
标准书号 ISBN 978-7-5447-3223-9
定　　价 26.80元

目　录

引　言

对一个上法庭作证的证人的要求是，要说出实情，全部的实情，除实情之外不需要任何其他的东西。涉及中国人的时候，许多“证人”都说出了实情，但是，或许他们中间没有几个敢问心无愧地称自己说的只是实情而没有任何其他的东西，至于全部的实情，那就更没人说过了。这是因为，再博学的人，也没有一个能够了解中国人的方方面面。正因为如此，这本书面临着三种来自不同视角的异议。

第一种声音或许会说，试图描绘中国人的性格，将之原原本本地转述给其他人，是一项注定徒劳的努力。乔治·温格罗夫·库克先生，伦敦《泰晤士报》于1857至1858年间派驻中国的记者，由于工作机会而得以亲眼目睹处于各种不同境况下的中国人的生活状态，依靠他那训练有素的记者的敏锐目光，可以说他已经对中国人有了大致的了解，就像那个时代以中国为写作对象的每一位作家那样。在为自己的书信集所写的序言中，库克先生却为他未能曲尽其妙地描摹中国人的性格而向读者致歉：“在这些信件中，我还没能详尽地解析中国人的性格。这是一个巨大的遗憾。再也没有什么主题能够比它更加引人入胜，再也没有什么题目能够比它具有更为广阔的施展空间，可以进行精心的假设、深刻的概括和成功的归纳。我获得了这样的机会却没有加以利用，任何一个小批评家都会因此而蔑视我。事实却是，每当我刚一提笔记下整个中华民族的若干非常优秀的品质时，非常不幸，我所观察的那些人却总是会在同时表现出另外一种言行，推翻了我原来的假设，为了忠于事实，我连续焚毁了一些信件。我还可以补充一句，我经常与一些最负盛名的汉学家们谈及此事，发现他们也总是与我观点一样，认为不可能得出一个关于中国人性格的整体概念来。然而，这些难题只有那些实际接触过中国人的人才会遇到，一位聪明的、对讨论的对象茫然无知的作者，或许反而能够毫不费力地完成冠冕堂皇、不符合事实的分析，而分析则应该是真实的，没有任何臆造的成分。或许总有一天，我们能够获取一些必要的知识，合理地解释中国人思想中种种显而易见的矛盾之处，估量其总的分量和影响。但是现在，至少我自己应该感到满意的是，我没有去给出那些严格的定义，而只是根据一些最突出的特性来对中国人①进行了一番描述。”

在过去三十年间，中国人已经成了许多国家各种事务中的一个因素。他们似乎是难以掌控的，又仿佛是难以理解的。的确，只有在中国的国土上，中国人才能得到正确的理解，尽管这样一种刻板的印象还在大行其道，即认为中国人是一群怪胎，自相矛盾，完全不可能被理解。但是，我们与中国的交往已经有了几百年的历史，却始终没有提供出一个清楚的答案来，即我们为何无法对这个民族做出一番真正的认识，就像我们在面对其他复杂现象时所做的那样。

另一种反对意见则更加义正词严，说本书作者并不具备足够的资历写作这样一部书。一个人在中国生活了二十二年，这样一个资历并不能保证他一定能写出一本关于中国人性格的书来，这就相当于说，另一个在银矿里埋头苦干了二十二年的人，并不一定就能写出一篇关于冶金学或金银复本位制的论文来。中国是一个庞大的整体，一个仅踏足过这个国家一多半省份的人，一个仅在其中的两个省居住过的人，确实无权将自己的所见所闻归纳为整个国家的概况。这些文章最初是为上海的《字林西报》而写的，本来并没打算在更广泛的范围内传播。然而，其中的一些议题不仅在中国，而且在遥远的英、美、加拿大等国都引起了公众的极大兴趣，作者本人这才应邀将这些文章编纂成

① 这是一件让人吃惊甚至遗憾的事情，Chinaman（即“中国佬”。——译者按）这个野蛮的词汇看来是深深地扎根在了英语之中，排挤了Chinese这样一个更为恰当的单词。在中国的外文期刊上，无不称当地人为Chinaman，在这个帝国的作家中，有无有意避免使用这个概念的人，我们不得而知。——原注

书。[1]

某些人还提出了第三种反对的理由，即本书提出的部分观点，尤其是那些有关中国人道德性格的观点，是不公正的，有可能对人们产生误导。

然而必须记住，一个人的印象不可能如统计结果，可以精确到小数点之后。它们更像是照相底片，没有任何两幅是彼此相同的，但其中的每一张都可以呈现出其余的底片未能捕捉到的那部分真实。拍摄照片所使用的胶片和镜头不同，甚至冲洗照片时所用的显影液不同，都会使照片产生出不同的视觉效果。

许多人在中国定居很久，对中国的了解远远胜过本书作者，这些人所表达出的观点是与作者完全一致的，而在另一些人看来，如果在某些地方再润色加工一下，就会使这幅过于“单调的”画面显得更为真实，这些人的意见同样值得尊重。在这些中肯的批评意见的鞭策下，此书得到了重新修订。由于此次再版时间仓促，原书中讨论中国人性格的部分被删去三分之一，全书中最重要的篇章则保留了下来，并新添了《知足常乐》一章。

中国人具备并表现出来的诸多美德，每一种都理应获得由衷的赞誉。但与此同时，也有这样一种危险，即先入为主地高估中国人的道德水准。盲目的赞美与不分青红皂白的责难同样有害。曾经有人问萨克雷[2]，为何在他的小说中好人总是笨蛋，坏人却聪明绝顶，这位伟大的讽刺作家回答说，因为他没有对他所看到的现象作深入的思考。有一幅版画，画上是一棵橡树，但是看画人却被要求在橡树的轮廓中看出拿破仑的侧面像来，他正颔首抱臂，站在圣赫勒拿岛上。起先，看画的人无论怎样盯着它看，往往都看不出任何侧面像来，会觉得这种说法纯属牵强附会，然而那个侧面像一旦被人指明，再看那幅画却

① 《中国人的气质》于1890年在上海出版，在中国和东方广为流传，初版书两年之前就已售完。——原注

② 威廉·萨克雷（1811—1863），英国小说家，其代表作为《名利场》。——译注

仍旧看不出拿破仑来，倒是不可能的了。同样的道理，在中国看到的许多事情并不是一开始就被注意到的，而一旦被注意到，则会永远不忘。

请读者诸君留意，这些文章既不是关于整个帝国的概括，也不是外国人在华的见闻和感受的大荟萃，这就好比，一个修饰性的从句不可能被放进每一个语法形式上与之匹配的主句中。这些文字只是一个观察者之印象的表达，所涉猎的仅为诸多“中国人性格”中的一部分。这不是一幅中华民族的肖像画，而更像是用炭笔勾勒出的一张素描，只描绘出了观察者所窥见的中华民族的某些特征。这些特征只是一道光线，一定数量的此类光线合为一体，才能构成一个完整的白色光柱。这些特征也可以被视为归纳研究，这里涉及的许多细节不仅来自作者本人的体验，同时也源于其他人士在许多场合下的亲历。因此，这个议题才附加上了如此之多的例证。

密迪乐先生[①]，众多以中国和中国人为写作对象的作家中最具哲学头脑的一位，曾表达出这样一种观点，即让一个人原原本本地了解某个外国民族精神特质的最佳方法，莫过于向他提供一大堆记事本，让他细读。这些记事本详细记录了大量引人注目的事件，尤其是那些看上去非常特别的事件，而且最好还附有该国人士关于这些特别事件的解释。

正是通过数量充足的此类事例，才可以推论出一个总的原则。这个结论或许会遭到质疑乃至反对，但这些被引用的事例却不应被忽视，唯一的理由就是，这些事例是非常真实的，任何一种与中国人性格相关的理论，最终都必须仰仗于这些事例。

将中国人和盎格鲁－撒克逊人进行比较，做过此种尝试的人最能感觉到其中的艰难。很明显，被视为中国人“性格”的许多东西纯粹是一些东方人才会具备的特质；可这一点究竟在多大程度上是正确的，则只能靠每一位读者根据自己的经验去做出判断了。

---

① 密迪乐（1815—1863），曾任英国驻华领事官，著有《关于中国政府和人民及其语言的杂录》等。——译注

据说，在我们与中国人交往的现阶段，我们可以通过三种途径来获得关于中国人社会生活的某些知识，即研究他们的小说、研究他们的民谣、研究他们的戏剧。这三种信息获取方式中的任何一种都是有益的，但是似乎还存在第四种方式，它比上述三种方式加在一起还要有效，只不过这种资源并非每个以中国和中国人为写作对象的作家都有机会接触到。这一方式就是，在中国人的家中研究他们的家庭生活。较之于身在城市，身在乡村能更好地理解一个区域的地形地貌，对一个民族之性格的理解亦如此。一个外国人在中国的村庄里住上一年，他对中国人内在生活的了解之深，可能是他在中国的城市里住上十年也达不到的。除了家庭，我们还必须把村庄视为中国社会生活的一个单元，因此，这里的文章也正是以一个中国村庄为立足点写成的。这些文章的目的，并不是为了表达一位传教士的观点，它们只是一个不带任何偏见的观察者所记录下的他的真实所见。由于这个缘由，本书也没有作出这样的推论，即认为中国人的任何一种性格都可以以基督教为范式来加以改造。本书没有给出这样的假定，即中国人绝对需要基督教，但是，如果他们的性格中表现出了许多严重的缺陷，那么，这些缺陷将如何得到矫正，这倒是一个值得研究的问题。

人们所言的“中国问题”，如今已远非一个民族的问题，这是一个国际问题。有理由相信，这个问题在20世纪将比现在显得更加紧迫。[①]任何一个对人类怀有美好愿望的人，都不能不对这一问题表示出兴趣，即如何让人类构成中的这个庞大部分获得发展。如果我们得出的这些结论是正确的，必有一系列论据来支持它，即使这些论据在此之前被人所忽略。如果这些结论是错误的，无论获得怎样的支持，它们依旧会自己倾塌。

很多年前额尔金勋爵[②]答复上海商人时所说的话，今天听起来依

① 本书初版于1890年，还未到20世纪。——译注

② 额尔金勋爵（1811—1863），英国政治家。1857年作为英国全权代表领军侵华，次年与清政府签订《天津条约》。1860年入侵北京，下令焚毁圆明园，并逼迫清政府签订《北京条约》。——译注

然是正确的、中肯的:“当那些阻止人们自由进入这个国家内部的诸多障碍被移开之后,西方的基督教文明会发现,它所面对的不是蛮荒一片,而是一种古老的文明。这一文明的许多方面衰退了,残缺了,但另一些方面却不能不激起我们的同情和尊重。在即将到来的竞争中,基督教文明必须去战胜这个心怀疑虑的、智慧的民族,其方式就是去宣传。与安于尘世的生活原则相比,抵达天堂的信仰能对公众和个人的道德提供更好的保障。”

第一章　面　子

初看上去，用“脸面”这个全人类都有的身体部位来概括中国人的“性格”，没有比这更为荒谬的事情了。但是在中国，“面子”一词可不是单指脑袋上朝前的那一部分，而是一个语义甚多的复合词。其内涵之丰富，超出了我们的描述能力，或许还超出了我们的理解能力。

为了大体上理解“面子”一词的含义，我们必须考虑到这样一个事实，即中国人是一个具有强烈演戏本能的种族。戏剧几乎是唯一的全民娱乐方式，中国人之热衷于看戏，就如同英国人喜爱运动、西班牙人喜爱斗牛一样。任何一个轻微的刺激，都会使任何一个中国人把自己当做戏剧中的一个角色。他会做出种种戏剧化的举动，诸如躬身下拜、双膝跪地、伏地不起、以头叩地，对于一位西方人来说，这些举动即便不是荒唐可笑的，也纯属多余。中国人是按照戏剧的方式来思考问题的。一个人需要为自己辩护的时候，面对两三个人，他也会像是面对一大群人那样说话。他会大声说道:“我是当着你们的面说的，你，你，还有你，你们都在这里。”如果他的麻烦事得以解脱，他就会说他体面地“下了台”，如果没有得到解脱，那他会发现自己无法“下台”。很明显，所有这一切都与实际情况没有任何关系。问题从不在于事实，而永远在于形式。如果在合适的时机用合适的方式道出了漂亮的话语，演戏的要求便得到了满足。我们不必到幕后去偷看真相，否则将会毁掉世界上所有的戏剧。在复杂的生活关系中适当地做出这种戏剧化的举动，这就是有“面子”。如果做不出这些举动，忽略这些举动，阻挠这些举动的展示，就是“丢面子”。如果理解无误，就会发现，“面子”就是一把钥匙，用它能打开那只藏有中国人诸多最重要性格的密码箱。

还要再补充一点，调控“面子”及其获得方式的种种原则，常常超出了西方人的理解能力，西方人总是会淡忘这种戏剧化因素，闯入不相干的事实范畴。对于西方人来讲，中国人的“面子”就像是南洋岛民的塔布[1]一样，是一种不可否认的潜在力量，它叫人捉摸不透，不受规则约束，其废止和更替的依据仅在于一致的感受。在这一点上，中国人和西方人必须接受这样一个事实，即他们永远不可能对同样的事物抱有同样的看法。在调停每个村子里都很常见的那些小争执时，“和事老们”必须仔细斟酌如何顾及每一方的“面子”，就像欧洲的政客们对权力均衡的斟酌一样。这样做的目的不是为了客观公正，完全不偏不倚的公正虽说在理论上可行，但对于一个东方人来说却不大可能实现，这种调停的目的就在于完全照顾到各方的“面子”。同样的原则也常常被用在诉讼裁决中，绝大多数诉讼都以对双方各打五十大板来收场。

送给一个人厚礼就是“给他面子”。但是，如果这礼是个人送的，最好别照单全收，不过全部拒收也是很少见的，或者说从来没有。有几个例子足以说明，什么叫做保住“面子”。犯了错却又被揭发了出来，就是“丢了面子”，所以不管证据多么确凿，也必须否认事实，以保住“面子”。一只网球丢了，有足够的理由判定是被一个苦力捡走了。他愤愤不平地予以否认，但是会跑到丢球的地方去，很快，他就会发现那球就在地上（其实那球是从他的袖子里悄悄落到地上去的），并同时说道：“你‘丢掉的’那只球不就在这儿么。”一位女仆把客人的小折刀藏在主人的房间里，然后，又在台布下面把它找了出来，装模作样地展示给人看。在这些情况下，“面子”都被保住了。一个用人不小心弄丢了一件东西，他知道他必须赔偿，或是被扣除一部分工钱作为惩罚，这时，他会表示他不再干下去了，并且骄傲地说道：“那把银勺子的钱我就不要了。”这么一来，他的“面子”便保全了。一个债主，即便明知收不回别人欠他的钱，还是会去讨债，说出一番狠话来，以

[1] 塔布，又译“禁忌”，指南太平洋波利尼西亚等部族的忌讳观念及其实践，他们认为犯禁的语言和行为会招来超乎自然力的惩罚。——译注

此表明他知道该如何行事。他没有拿到钱,但是他保住了他的“面子”,而且这么一来，也使得人们以后不再敢赖他的账了。一个仆人疏忽大意了，或者有意拒绝履行某些职责，在得知主人打算解雇他之后，他会多次重复他的过失，自己解雇自己，这样来保住他的“面子”。

为了面子而丢掉性命，这样的事情对于我们而言是没有什么吸引力的，但是我们听说过这样一件事，一位中国地方官员在被斩首时允许身着官服，作为一种特殊的恩准，其目的就是保住他的“面子”!

第二章 节 俭

“节俭”这个词就意味着持家之道，尤其是指如何平衡收支。就我们对这个概念的理解而言，节俭可以有三种不同的表现方式：一是控制需求，二是杜绝浪费，再就是尽量地花小钱办大事。无论就这三种方式的哪一种而言，中国人都是非常节俭的。

在中国旅行过的人的最初印象之一，就是当地人饮食的极端简单。大多数人看上去只吃有限的几种食物，比如大米、豆制品、小米、蔬菜，还有鱼。以上这些，再补充一点儿其他东西，就构成了为数甚众的好几百万人的主要食物，只有在逢年过节或者什么特殊的日子里，才会添上一点儿肉。

如今，西方国家费了不少脑筋来考虑如何以最低廉的价格向穷人提供有营养的食物，那么，西方人或许不会对这样一个确凿的事实无动于衷：在中国，在一般的年份里，两个美分很可能就足够一个成年人一天的饮食花销了。在闹饥荒的时候，成千上万的人仅靠着每天不超过一个半美分的救济金生活好几个月。这表明，在中国，人们普遍掌握了高超的烹调技艺。尽管他们下锅的常常都只是些简单、低劣的东西，在外国人看来简直无法下咽，但是不能不承认，中国人绝对是烹饪方面的大师，能把手边的任何东西都变成可口的饭菜。在这个方面，温格罗夫·库克先生认为，中国人的厨艺水平仅次于法国人，而在英国人（他可能也把美国人包括在内了）之上。中国人的烹调水准是否一定在某个民族之下，我们的意见可没有库克先生那么肯定，但他们的水准一定在某些国家之上，这倒是确凿无疑的。我们前面提到的那几种简单的食物就已经表明，中国人对主要食物的选择是相当高明的，即便以一个生理学家的眼光来看也是如此的。即便是那些对中国的烹饪很少关注的人也都知道，中国人的厨艺非常精湛，能够用简单的原料做出繁多的品种来。

另一个很有意思的事实还没有引起我们的关注，但它很容易被证实。这就是，中国人在做饭的时候很少浪费，每样东西都会被最大限度地加以利用。一个普通中国家庭吃完一顿饭后，剩下的食物少之又少。要想为这个普遍的事实提供旁证，只需看一看中国的狗和猫的身体状况就会明白了。这些以人的残羹剩饭为生的小动物们艰难“生存”，它们的生命始终在“死亡线”附近徘徊。新兴国家的人们惯于挥霍已经名声在外了，我们毫不怀疑，像美国这样生存条件优裕的国家在一天之内浪费掉的资源，可能足以让六千万亚洲人过上相对富足的生活。但我们倒是乐于看到，有许许多多的人能够吃上这些剩余东西，就像许多中国人在“酒足饭饱”之后让仆人和孩子来吃那些残羹剩饭一样！甚至在喝完茶之后，杯子里剩下的茶叶还会被倒回茶壶再冲泡一遍。

还有一个事实也会经常引起我们的注意，即中国人对食物不怎么挑剔，而在食物方面的讲究在西方国家已经非常流行了。落进他们网中的就全是鱼，而几乎所有的东西迟早都会被他们网住。在中国北方，马、牛、驴和骡子都是被广泛使用的畜力，而在很大一片地区，骆驼也被用来干活。毫无疑问，我们在下面将要举出的这个事例，或许会让我们的某些读者感到中国人的节俭实在是走得太远了：通常，在这些家畜死后，它们全都会被很快地吃掉，无论它们是老死、病死还是意外死亡的。这种做法很自然，不会引起什么非议，即便是死于肺炎之类传染病的牲畜，也依然会被吃掉。这些死畜的肉吃了并不好，这一点人们其实也都清楚，因此病畜的肉会卖得很便宜，但这样的肉还是全都卖了出去，全都被吃了。人们也都意识到了，吃了这样的病畜肉对身体肯定不好，但人们考虑更多的却无疑是，以很低的价钱吃一顿肉是很划算的，可以冒一下险，不过应该说，吃这种肉的后果也并不一定就会得病。死狗和死猫，也会像那些死马、死驴和死骡子一样，会被人的肠胃消化掉。我们亲身经历过几个村民吃死狗的事情。出于排除骚扰的考虑，他们用毒药毒死了那些狗。有几个比较小心的人曾经向洋医生打听过，吃了这样的肉会有什么坏处，但是那条狗“已经下锅了”，这几个人怎么也下不了决心抗拒美食的诱惑，但大吃了一通儿之后，结果什么问题也没有！

还有一个与做饭有关的例子，也很能说明中国人的节俭，这就是，他们在做饭时都考虑到了如何节省柴火。燃料是很紧缺、稀罕的，一般而言，仅为一些树叶和庄稼的根茎，这些东西的燃烧速度很快，一眨眼就烧完了。为了让食物熟得快，锅底都要做得尽可能的薄，用的时候必须多加小心。收集这种不可或缺的燃料的整个过程，又构成了一个极端节俭的例子。每个还无力干其他活计的最小的孩子，至少能够去拾柴火。浩浩荡荡的拾柴大军在秋冬季节尤为壮观，满山遍野，在他们的竹耙那饥饿的耙齿所经过的地方，一片枯草都不会留下。男孩子们被派到林子里去，像收栗子一样把枝头尚未落尽的枯叶全都打下来。至于田里的稻草，则常常是没等到秋风将它们吹起，就早已被某个勤快的拾柴人所“俘获”了。

每个中国家庭主妇都知道让布料物尽其用的秘诀。她们的衣服无论花样还是做工都极其简朴，既省时、省工又省料，与她们西方国家的姐妹们的奢华服饰形成了鲜明的对比。最小的一块外国布料，也总是能得到中国妇女的钟爱，这种再利用虽然不够美观，却非常实用，其方式是所有的“家政学”女作家们做梦也不会想到的。一个地方用不上的东西，换个地方却一定能用上，一小条碎布料也会被用来做鞋襻儿。一位伦敦或是纽约的好心人会捐出他多余的衣服，他心里暗暗希望，这些施舍不会让接受者们自认为是穷人，否则，善举反而会变成一种伤害。但是，如果把同样的东西送给中国人，尽管他们服饰的材质和样式都迥异于我们，这些东西毫无疑问都会得到最大限度的利用，直到再也没有任何潜在的价值可供挖掘。

中国人常常会送给朋友们一些字幅，这些字幅被三针两线地缝在一张绢帛上。用线缝而不用胶粘，其目的就是让受赠者好另派用场，如果他愿意的话，可以把字幅拆下来，这样一来，他就拥有一块非常有用的绢帛了！

中国人的节俭也存在于小零售商们的买卖中，再琐碎的细节也逃不过他们的眼睛。比如，一个杂货商人能够说出，不同种类的火柴每盒里各装有多少根火柴，他也能算清每盒火柴能赚多少钱。

中国人的旧账本，每一页都会被派上用场，或是拿来糊窗户，或是用来做灯笼。

中国人的节俭会达到这样的地步，他们会为了省钱而忍饥挨饿。他们并不觉得这样做有何不妥，而是自然而然地这样行事。亨利博士[①]在他的《十字架与龙》一书中给出了一个很好的例子。三个苦力抬着他走了五个小时，二十三英里，然后，他们又赶回广州去吃不用花钱的早饭。没吃早餐就走了四十六英里路，其中的一半还是负重而行的，只不过是为了省下五美分！

还有一次，两个轿夫抬轿走了三十五英里，然后坐船回去，从早上六点钟起就没吃过任何东西的他们，却不愿花三美分吃上两大碗米饭。船搁浅了，直到第二天下午两点才回到广州。这两个人二十七小时粒米未进，还抬着一位先生走了三十五英里，这时竟然还提出要送亨利博士去广州，再走十五英里，外加他的行李！

在中国人的节俭所导致的诸多后果中，并非没有可让西方人感到愉快的东西，但是对那些因此而出现的所谓淳朴天性，我们却难以表示赞赏。在这个国家的部分地区，尤其是在北方（说来非常奇怪），在一年里的好几个月时间里，孩子们不论男女，都身着“伊甸园的服装”四处乱跑。人们似乎认为，孩子们不穿衣服要更舒服一些，然而，首要的动机仍在于节俭。中国的独轮车大军所发出的刺耳的嘎吱声响，其实只要滴上几滴油就会消失的，可是这种声响却从未消失，因为，那些被视为“神经麻木”的人们认定，噪音比油便宜。

如果一个日本侨民来租房子，合同里会特别注明，每天必须为他提供多少加仑的热水，以便他能按照习惯泡个热水澡。中国人也有他们的澡堂，但是大多数中国人却从不去澡堂，甚至连见都没见过。有

---

① 本雅明·亨利(1850—1901)，美国传教士。1873年来华传教，中文名“香便文”。——译注

一回，一个好奇的外国妇人看见一位中国母亲拿着一把旧笤帚给浑身是土的孩子掸灰，就问道："你每天都给孩子洗澡吗？""天天给他洗澡？"那个中国母亲愤愤不平地回答，"他自打生下来还从没洗过澡哩！"肥皂零售商常在自己的橱窗上贴出这样一句广告语来："比土还便宜。"[①]就整体而言，中国人甚至是难以理解这句话的。

中国人对外国人的普遍看法大概跟意大利人对英国人的评价差不多："浪费肥皂的家伙。"在中国，人们当然也用肥皂来洗衣服，但使用的频率非常低，与我们所言的清洁程度比起来，他们使用的肥皂之少几乎超出了我们的想象。我们不能把他们这样做的原因全都归结为物质上的节俭，因为许多中国人和我们一样喜欢干净的东西，一些中国人尽管出身寒微，却堪称整洁的典范。

由于节俭的本能使然，一般而言，不可能购买到任何现成的工具。你只能买到一些"半成品"部件，然后自己装个把手什么的。一般而言，自己动手会比购买成品便宜一些，每个人都持这种观点，结果就没有成品可供出售了。

我们谈到过一些物质上的节俭方式，比如，在普通人家里，隔墙上会被掏出一个洞来，放置在墙洞里的那盏光线极其昏暗的小灯就可以同时为两个房间提供照明。最有代表性的此类节俭范例，还可以在各类编织法、陶艺、金属加工和牙雕等中国的生产技艺中看到。在我们看来，这些技艺与其说是手艺高超的证明，不如说是中国人节俭的例证。就中国人所做的这些工作而言，无疑可以发明出许多比他们的做法更胜一筹的方式来。但是，也许我们可以发明很多新方法，每一种都可以比中国人现有的工艺更好，但是我们却无法提供出任何一种更为有效的方式，来使材料变得无足轻重，就像中国人所做的那样。他们看上去几乎可以胜任任何事情，同时又几乎难以胜任任何事情。他们的产品无论简单还是复杂，也大多具有这样的性质。比如，他们的铸铁炉就垒在一个小院子里，容积很小，就像一口结实、美观的灶台，

① 这句英文广告词是个双关语："像土一样便宜"，意为"便宜到极点"；同时这里也可能是在暗示，价钱不高的肥皂却能去除尘土。——译注

一个小时就可以用一堆泥砖垒出来，效率不高，却很好使，而且谈不上什么造价。

在中国，即便是在完成重大任务时也会考虑到物质上的节俭，在这方面，最为出色、最为典型的事例莫过于运送大批贡粮上京的过程。这个过程是有序的，或者说又是完全无序的。大批粮食从天津起运，沿北河到达通州，并在那里卸船。堆积如山的稻谷需要卸载、称量和搬运，这本需要使用各种器械，可是，会让一位西方“谷物交易所”的商人感到惊讶的是，这一切全部由苦力们用双手来完成。其工具也只有两样，一样是像被截断的方锥体那样的小箱子，容积相当于一蒲式耳[①]，另一样就是数量不等的芦席。除此之外再无他物。草席被铺在地上，倒上粮食，称量后的粮食被装进麻袋，运走，席子最后也被撤走了，所谓的“谷物交易所”于是又还原成了一段光秃秃的泥土河岸！

在美洲的烟草种植园里，最大的一项开支就是建造那种长长的、结构精巧的烟叶烘干棚屋。而在中国的烟草农场里，这项开支却根本不昂贵。棚子是用茅草搭起来的，棚子拆了之后，旧的材料又恰好成了新的燃料。烟叶被摘下来时，粗硬的叶柄被保留下来，用草绳把这些叶柄系成一溜，夜里把这些系着烟叶的草绳挂起来，就像是晾在绳子上的衣服。很难有比这更为简便、有效的方法了。

每个在中国住过的人，若观察细致，都能给出关于中国社会事实的这样一些例证，但是，恐怕没有一个例证能比这个故事更为典型。这个故事说的是一位中国老妇人，人们看到她痛苦地挪动脚步，缓慢地行走着，经过一番探询得知，她是打算走到亲戚家去，以便死在离家族墓地更近一些的地方，这样一来，就不用付钱给抬着棺材走远路的人了！

---

① 蒲式耳，英美容量单位，英制相当于36.368升，美制相当于35.238升。这里谈到的“箱子”应该是斗。——译注

第三章 勤 劳

“勤劳”被定义为对任何工作都持之以恒的勤勉——即对事情毫不动摇的关注。在当今这个世界，勤劳是赢得最高评价的美德之一，是始终会博得尊敬的一种美德。

大致而言，一个民族的勤劳可以说是长度、广度和强度这三维的结合；换言之，它可以被说成是具有两个表示规模的性质和一个表示张力的性质。说到长度性质，我们指的是勤劳所持续的时间。说到广度性质，我们指的是愿意勤劳工作的人的数量。说到强度，我们指的是在“持之以恒的勤勉”和“对事情毫无动摇的关注”中所投入的精力。这三个因素的共同作用，才会产生最终的结果。一个偶然到此的旅行者和一个久居此地的老侨民，两者对本地居民的印象固然不同，但是毫无疑问，无论是偶然到此的旅行者还是久居此地的侨民，都会对中华民族的勤勉深信不疑。每个初次来到中国的人，对于中国人的第一印象就会使他产生这样的想法，即这个民族正在社会事务中实践着约翰·卫斯理[①]所说的那句格言：“尽心竭力，持之以恒。”卫斯理认为，一个成功的教会就必须遵循这样的原则。在中国，很少会看到游手好闲的人。每个人看上去都在忙着什么事情。中国自然也有很多富人，不用工作就可以安享优裕的生活，尽管他们在这个社会中只占很小的一部分，但是，他们的生活也并不像外国人通常所理解的那样。中国的有钱人一般都不会不做事情，他们工作起来那种努力、忘我的程度，并不亚于他们白手起家的时候。

中国人通常把他们自己划分为士、农、工、商等几个阶层。让我

① 约翰·卫斯理（1703—1791），新教卫斯理宗的创始人。——译注

们来分别看一看这些不同的社会阶层，看一看这些阶层如何体现出这个民族的勤劳。

西方人绝难切身认同中国的教育体制。这种体制的缺陷是显而易见的，但其中的一个特点却总是会引起人们的关注，即它除了表现勤奋之外并无什么真正的关切。对于那些有钱购买学衔的人，各种各样的后门永远是敞开的，这似乎会严重地挫伤任何一位考生的积极性，但是，这还不是卖官鬻爵最主要的后遗症。各个省份都在抱怨，每个职位上的合格候补者都远远超出空缺出来的位置。从最低级别的考场到最高级别的考场，里面永远人满为患，竞争一个职位的考生常常竟有上万人之众。我们若对参加这些考试所付出的心血做一下估量，就能获得一个关于中国人学习勤奋的鲜活概念。《三字经》中提到过一些模范人物的苦读故事，他们或是借着萤火虫的微光读书，或是把书本绑在牛角上，一边耕地一边温习，这种传统的勤奋，直到今天仍然被中国各地成千上万的人程度不等地仿效着。有很多人只通过了第一级考试，便不再下工夫走读书这条路了，但中国人绝不会把这些人视为“士”，只有那些在布满荆棘的小道上不懈跋涉、终至学业有成的人，才能获得这样的光荣称号。爷爷、儿子和孙子三代人同上考场，为同一级别的同一场考试而展开竞争；不懈地苦读，直到八十岁才获得渴望已久的荣誉，除了在中国，你们还能在哪个国家看到诸如此类的绝妙事例呢？

1889 年春，北京的《京报》上刊登了几份关于乡试中老年考生情况的备忘录。一位巡抚报告说，在参加福州秋季乡试的考生中，超过八十岁的有九人，还有两人年逾九十。他们都已经完成了指定的考试科目，提交的文章结构严谨，书法亦属上乘。他还说，这些老年考生在进学之后的六十年间，又参加了最近三次更高级别的考试，如果这第四次再名落孙山，会被授予一个名誉学衔。河南巡抚也同样报告，该省有十三名八十岁以上的考生，一名九十岁以上的考生，他们“历经九日之考验，观其行文，言辞甚谨，未有腐儒之气也”。这个记录已经很惊人了，但与安徽省的报告比起来还是小巫见大巫，那里的考生有三十五人年逾八十，十八人年逾九十！你们还能在哪个国家看到这样的奇观呢？

如果说，中国读书人的生活是勤奋不已的，那么，农民的勤劳也不亚于读书人。他们的工作就像一位管家手上的活儿那样，永远没有做完的一天。在北方的省份里，除了仲冬时节的一小段时间外，农民们没有任何闲着的时候，总有大量的活计要干。毫无疑问，世界各地的农民或多或少都是忙碌的，但中国农民的勤劳却可能是很难被超越的。

农民阶级是这样的，而对那些为生活所迫、终生都在做苦差事的劳工来说，情形更是如此。一个农民要竭尽全力地劳作，精心照看每一片白菜叶子，细心地除去上面的每一只害虫，并以更大的耐心不辞辛苦地驱逐那些无穷无尽的蝗虫。同样，一名劳工也要时刻去寻找那些最无意义的活计，只有这样他才能喂饱自己的肚子，才能喂饱他一家老小的肚子。那些偶尔沿着乡间道路旅行的人，常常刚过半夜就被喊起来继续赶路，他们会被告知，早起赶路是一种风俗。但不管你几点上路，都能在路上看到农民们那矮小的身影，他们手拿粪耙，身背粪筐，在路上搜寻，希望有机会拾到一些牲口粪。在没有其他的活儿好干的时候，这就是一件永远也做不完的事情。

人们为生计所迫做两份性质不同但相互衔接的工作，这样的情形也是司空见惯的。天津的船夫在河流封冻之后无事可做，就拉起了冰橇，这种冰橇可以提供价格极低的快速运输。同样，某些地区的大多数农业人口也会利用农闲时节的所有时间制作帽子，编织穗带，如今，这些手工制品已经大量出口。中国的妇女们好像总是在纳鞋底子，即便是在街头巷尾聊天的时候，她们也不会停下手里的活计；要么，她们就是在纺棉线。不管怎样，她们反正是不会闲着的。

上面提到的这两个阶级的勤劳，也体现在商人及其雇员们的身上。即便是在西方国家，商铺店员的工作也不会是份轻松的差事，但是和中国的店员比起来，西方国家的店员就显得很悠闲了。中国的店员们有着干不完的活儿。他们极少放假，活儿很繁重，虽说也有一些相对轻闲的片刻时光。

中国的店铺总是开门早，打烊晚。那种复式记账方式非常复杂，这使得账房先生们常常要工作到很晚，才能得到收支平衡的结果。没什么事情可做的时候，店员们就会坐下来挑拣铜钱，寻找那些能卖出好价钱的稀罕钱币。

令人吃惊的是，在中国，劳动强度最高的阶级，正是那个最受人羡慕、每个有志向的中国人都趋之若鹜的阶级，即官吏阶层。各个级别的中国官员都有需要亲自处理的公务，其数量之巨，种类之多，同样是令人吃惊的。这些公务处理得成功与否，官员们不仅在理论上而且在实践上都负有责任。正在为每天八小时工作制而斗争的我们的工会组织，在看到下面这张日程表后会作何反应呢？这份日程表摘自北京外国使团一名译员所写的关于一位知名中国政治家的报告。“我曾问过一位中国的内阁大臣，他每天究竟有多少例行公务要处理，因为他总是抱怨工作太多，感觉太累。他回答说，他每天凌晨两点出家门，因为他从早晨三点到六点要在宫中值班。作为军机处的成员，他六点到九点之间要在该处办公。作为兵部大臣，他九点至十一点在兵部办公。他还是刑部成员，每天十二点到下午两点要在刑部办公。作为外务部的资深大臣之一，他每天下午要在那里从两点一直工作到五点或六点。这还只是他每天的例行公务。除此之外，他还常常要去参加一些特别的议事或会议，他不得不见缝插针地抽出时间处理这些临时事务。他很少能在晚上七八点钟之前回到家里。”在与这名外国译员此次交谈之后只过了半年，这位官员就因为超负荷的工作而心力交瘁，最后死去了。我听说这个消息后并不感到奇怪，同样的悲剧或许还会发生在很多中国官员的身上，如果他们能够继续工作下去，对政府而言自然是很有益的。

我们在前面已经说过，标明勤劳之规模的性质，既指勤劳的人的数量，也指勤劳所持续的时间长度，正如我们所看到的那样，中国人的勤劳在这两个方面都有着非常突出的表现。天色未明，甚至常常是在半夜时分，中国人的一天就已经开始了。当欧洲的每个宫廷都还安卧在睡神的怀抱里时，中国的皇帝已经开始上每天例行的早朝了。对西方人来说，这简直不可思议，但是对中国人而言，这却是世界上最自然不过的事情。天子的行为被他的臣民程度不等地模仿，举国上下，莫不如此。广州的铜匠，福州的锡匠，宁波的木雕师傅，上海的磨坊伙计，以及北方各省那些梳棉、筛面的工人，全都是夙兴夜寐。在天亮之前很久，一位旅行者就能碰见许多村民，他们已经来到离家数英里远的集市，伫立在黑暗中等待着黎明的到来，天一亮，他们就可以出售他们的白菜了！在西方人吃完早餐的时候，中国人的早市已临近尾声。在某个夏日清晨五点半的时候，到上海的一条主要街道上去走一走，很少有什么其他的方式能比得上这样的溜达，更能给出一种关于东西方两种生活方式的鲜明对比。那些在江边建起了一排排高楼大厦并在其中办公的慵懒的欧洲人，此时显然还完全不见踪影，而亚洲人却已经挤满了街道，并且已经出现很久了。还要再过好几个小时，西方人才会挤上人行道，与中国人摩肩接踵，悠闲安逸地前去上班，而这时，本地人已经干完了他们半天的工作。

约翰·戴维斯爵士[①]的意见是完全正确的。他认为，中国人在进行着愉快的劳动，这说明，他们的政府成功地使他们满足于他们的现状。他们的这样一种劳动素质，是他们最突出的性格之一，要真正地理解这种性格，必须经过长时间的观察和细致的斟酌。

接下来要谈的，是标明中国人勤劳之张力的素质。中国人是亚洲人，他们的工作方式也是亚洲式的。试图以我们的模式来对这个富有活力的民族进行改造，将是徒劳的。在我们看来，他们当然缺乏我们所推崇备至的诚信。盎格鲁－撒克逊人不需要什么来自经书的暗示就能明白，他竭尽全力做的事情具有怎样的重要性，但中国人却很难变换他们的步伐，尽管他们受到了历史悠久的宗教和哲学的交叉影响。他们拥有数千年间积累起来的经验，他们就像荷马史诗中的诸神一样，

---

① 约翰·戴维斯（1795—1890），中文名德庇时。曾任香港总督。——译注

从来不会莽撞行事。

人们不禁会预想到，总有一天，白种人和黄种人将展开一场空前激烈的竞争。当那一天不可避免地到来时，失败的将是哪一方呢?

所罗门说过一句经济学格言，即勤劳的手可以致富。如果他的这句话是正确的，那么，中国人就理应成为世界上最兴旺的民族之一。毫无疑问，他们会兴旺起来的，如果他们能在各种美德间谋得平衡，比如，他们显然缺乏那些可以被称为“恒久美德”的诸多基本素质，而这些基本素质的缺失倒像是“恒久的”。无论如何，当诚信与忠实这样的品质在中国人的道德意识中占据了理应占据的位置，那么（不久的将来)，中国人那无与伦比的勤劳就将赢得圆满的回报。

第四章　礼　节

应该注意到中国人乃至所有东方人礼节中两个与我们大相径庭的方面——一个是赞赏，一个是批评。我们盎格鲁-撒克逊人自认具有诸多优秀品质，却不免习惯于雷厉风行，而有失温柔敦厚。因此，一到东方我们就发现，广袤的亚洲大陆上那为数众多的人民在掌握化解摩擦、处理人际关系的技巧方面远胜过我们，我们心里充满了敬意，这是一种望洋兴叹者对游刃有余者的尊重。对于中国人最为挑剔的批评家也不能不承认，中国人已经把礼节提升到了一种完美的境地，这种境界是西方诸国所未知的，而且，若非亲身体验，一定是出乎西方人意料的，几乎是令他们难以想象的。

我们被告知，中国的经典中所记载的礼仪准则有三百条，行为准则更是多达三千条。一个背负着如此沉重之负担的民族还能否继续生存下去，这似乎是值得怀疑的。但是我们很快就发现，中国人成功地使礼节像他们的教育一样，成为一种与生俱来的本能。这个民族的先哲们使种种繁文缛节成了人们日常交往中不可缺少的组成部分，而在西方国家，只有在宫廷里和外交活动中还使用这样烦琐的礼节。我们并不是说，中国人在他们的日常生活中被我们所言的这些复杂、难解的众多规则所束缚住了，我们是说，这种礼节就像是节日的盛装，到了一定的时候总是会被穿戴起来，而中国人凭着精准的本能总能意识到何时是恰当的时机。在这种情况下，一个中国人竟不知道怎样才是举止得体，就会像一个受过教育的西方人不知道九九得几一样，是荒谬可笑的。

西方人之所以难以对中国人的礼节表示赞赏，是因为我们的心目中怀有这样的定义："礼节就是以善意的方式表达出的真实善意。"这一定义的基础，可能是这样一种文明的观点，即在理论上将每个人的幸福都视为众人的幸福，然而在中国，礼节的意义却是全然不同的。礼节是由若干专用术语构成的一项仪式，这些专用术语像所有的术语一样是重要的，但它们并非源自大脑或心田的愿望，而是一个复杂整体中单个儿的组成部分。有关如何使用尊称的整套理论与实践，即使不至于让西方人发疯，也至少会使他们头昏脑涨。这些用语的应用使得人们的社会等级有了明确的高下之分，而尊卑之分又被视为社会对话的必要前提。这些用语也是人际关系的润滑油。前因必有后果，后果必有前因，前因和后果共存于同一合适场合，则万事大吉。就像是下一盘棋，先走的一方说："我卑贱的王翼兵向前两格。"对弈者则答道："我谦逊的王翼兵也向前两格。"对方又宣布："我用我可鄙的王翼马攻击你高贵的王翼兵，把你的王翼象向陛下调动三格。"如此你来我往，直到整盘棋下完为止。棋局并不会因为加入了这些形容词而受到影响，但是，这个本应该说出自己下一步会如何走的棋手，若是稀里糊涂地下棋就会遭到耻笑。同样，中国人如果不这样彬彬有礼地道出自己的每一步棋，就会成为所有人的笑料。因为，对于中国人而言，这些形容词就是棋局本身，不知道这些形容词就等于一无所知。

与此同时，在某些中心区域，中国人的礼仪是最严格、最正统的，与这些中心区域的地理距离会影响到人们恪守礼节的程度。当某人与庄稼人在一起的时候，尽管他同样认为有必要恪守礼仪，这却并不意味着他需要深谙城里人那些细枝末节的礼仪要求。

不过必须承认，也有极少数中国人不知道在特定的场合该如何合适地行事。即使是这些人，也远胜过一个最有修养的外国人。与他们比起来，这个外国人就像是个尚未离开母亲怀抱的婴儿。一般而言，除非这个外国人积累了丰富的经验，否则会时刻担心自己举止失礼，担心自己会暴露出知识的欠缺。很显然，西方人就连中国礼节最浅易的门道都摸不清，他们自己也承认这一点。这就使得知书识礼的中国人会带着不加掩饰的（并非不自然的）轻蔑来看待这些"野人"，认为他们不懂"方圆"，甚至在他们了解到了这些礼节的优雅之后，居然还表现得如此无动于衷，真是蠢得不可救药。

礼节就像是一个充气垫子。这垫子里面空无一物，可它却能够减轻颠簸之苦。与此同时，还得公正地补充一句，中国人对外国人表现出的礼节（如同他们相互之间表现出的礼节一样），更经常的是出于一种欲表明自己深谙得体举止之道的愿望，而不是想使客人感到舒服。你不想让他生火，他却执意如此，结果四处弥漫的烟雾把你的眼睛熏得泪流不止；你根本不喜欢喝茶，他却还是要烧水沏茶，全然不顾喝茶对你来说简直像是囫囵吞下一剂苦药。但是，主人的这些做法至少表明了，他懂得如何待客，倘若客人因此感到不快，那也是客人的错。与之类似，倘若你要在乡下借宿，主人会觉得他理应为你打扫一下房间，并且装饰一番（象征性地），这个过程会一直持续到你走进房间，他会对你停止打扫的愿望置之不理，用那扬起的陈年灰尘迷住你的眼睛。或许，“屋必扫”是《礼记》上的教诲吧，于是，不管客人在这个过程中会感到多么难受，这样的打扫都必须进行。宴请时也会采用同样的规矩,这是一种你们从未见识过的恐怖（一种过分慷慨的恐怖），热心的主人会特意在你的盘子里堆满丰盛的食物，他认为你应该喜欢这些好吃的东西，却对这样一个事实视而不见，即你根本没有食欲，一口也咽不下去。主人会说，要怪也只能怪你自己，而在他看来，他毫无疑问已经尽到了他的地主之谊。他在合适时候的合适举止是无懈可击的，没人能挑出什么不周之处来。倘若外国人不懂得这种游戏，那是他的事情，与主人没有任何干系。

遵循这种原则，一个中国新娘子前去拜会一位外国女士，可她却特意转过身去，背对着这位夫人，朝着完全相反的方向行了一个礼，弄得女主人既惊又恼。后来经过询问才知道，因为皇帝住在北方，所以她必须向北叩拜，而并不在意应该受礼的人坐在这屋子的南边。既然这位外国夫人不知道屋子的哪一侧是她该站的地方，那么新娘也就不必考虑她在哪儿了；她至少表明了，她是知道应该朝哪个方向叩头的！

中国人的礼节还常常表现在礼物形式上。前文已经提到，这是在给受礼者“面子”。送礼有一套固定的形式。一个常与中国人交往的外国人，总会收到一些外面用红纸精心包裹的油腻腻的糕点，这种点心他根本不会吃。但是，即使受礼者反复表示（被逼无奈），说他最后不得不把这些东西全都转送给其他的中国人，送礼者也是绝对不肯拿回去的。

“心安理得”地接受礼物也符合中国人的礼节。送礼的人经常会被问及礼物价值几何，客人在向男女主人道别时通常会使用这样一句公式般的话：“给你们添了不少麻烦，让你们破费了！”

有位外国人受邀参加一场婚礼，婚宴上摆出了各种各样的糕点，十分丰盛。在宴席进入高潮时，一个只盛有两三块点心的托盘被非常隆重地端了出来，主人声称这些糕点刚刚出锅，还是热乎的（也许你喜欢热点心）。那位外国人是贵客，所以盘子最先端到他面前，而他却谢绝了点心。不知由于什么原因，这件事似乎给婚宴投下了一丝不快的阴影，而那个盘子也被撤了下去，没有再端给其他人。这是当地的一个习俗，因为办婚礼开销颇大，每位参加婚礼的来宾都要送一份礼钱帮衬主人家。按惯例，客人坐在桌子边就开始收礼钱了，但是在中国人的观念中，直接向客人要钱是失礼的，于是就以给客人上热点心为由头。在座的每个人都明白送点心是什么意思，只有这个孤陋寡闻的外国人是个例外，他不合时宜的拒绝使得其他人也不便当场拿出自己的红包来了。后来，这位外国人又被同一家人请去参加另外一场婚礼，他饶有兴味地听到，婚礼的司仪在吸取了上次的宝贵教训之后，这一回比西方人还要直截了当地对来宾们宣布道：“这是收礼钱的地方，大家请把红包放到这里来！”

我们可以对中国人礼节中的种种繁文缛节置之不理，因为那些礼节所表达的全都是各种规矩，但是，我们却依然可以从中国人的社会交往方面学到很多东西。保持我们的真诚，抛弃我们的粗鲁，这完全是有可能做到的，西方人坚定的独立精神中若是再融入一些东方人的儒雅，自然是再好不过的了。

然而，许多西方人却似乎永远也无法以这样的眼光看待事物。笔者的一位熟人在巴黎居住多年，不知不觉地接受了那个都市的举止习惯。当他回到伦敦的时候，他仍然按照老习惯向他遇到的每一个朋友脱帽鞠躬。有一次，一位朋友对他的这种致敬方式做出了非常无情的回应：“看清楚了，老朋友，这儿可不是你的法国猴子耍戏的地方！”谁若是能将东西方的精华集于一身，谁若是能在狭窄的、常常是荆棘丛生的中庸之道上安然前行，他就将是幸福的。

第五章　漠视时间

当今世界的发达国家都信奉这句名言:“时间就是金钱。”现代生活日趋复杂，一个工作者在工作时间内要应付大量各种各样的工作，若是在 18 世纪完成这些工作，则要花费多得多的时间。蒸汽机和电力的应用导致了这样的变化，而对于这样的变化，盎格鲁-撒克逊民族基于其自身素质早就预先做好了准备。我们的祖先也曾碌碌无为，除了吃喝、打斗之外很少做事，或无所事事，但无论如何，我们毕竟还是能够看到，我们的民族自始至终都是以旺盛的精力见长的，这种旺盛的精力会促使我们每个人在完成一件事之后马上去开始做另外一件事。

中国人的问候语和盎格鲁-撒克逊人的问候语完全不同，这种差异是意味深长的。中国人在遇到同伴的时候会说:“吃饭了没有？”盎格鲁-撒克逊人在这种场合下却说:“你做得怎么样？”[①] 做事是英国人的生存常态，吃饭却是中国人的生存常态。由此可以感觉到，对于我们而言，时间就是金钱，这个意识已经成为我们的第二天性，在正常的情况下，时间会被充分利用，直到最后一秒钟，而中国人却像大多数东方人那样，显得非常悠闲自在。中国人的一天仅被划分为十二个时辰，时辰的名称并不能清晰地给出各个时辰的分界点，只是含混地表示一天的十二分之一。这么一来，“晌午”这个概念就可以指从十一点到一点之间这整段时间里的任何一个钟点。我们曾听到一个中国人这样发问:“月儿几时上中天？”如果用一种更为精确的语言来表达，他的问题或许应该是这样的:“月亮处在子午线上时该是夜里的几点钟？”

① 英国人见面时的问候语“How do you do?”意思就是“你好”，但其字面意义为:“你做得怎么样？”——译注

日常生活中的时间用语也几乎都带有诸如此类的不确定性。“日出”和“日落”就是中国人心目中最精确的时间概念了，尽管他们置身于很大的纬度跨度（以及同样巨大的经度跨度）中。而“午夜”则像“晌午”一样，并不是对某个时间段的特指，夜里的时间通常根据“打更”来划分，也同样是不精确的。只有最后一更除外，因为它常常是和天亮联系在一起的。即使是在城市里，“更”的长短也或多或少是不确定的。对于我们称之为便携计时器的那些东西，中国人就整个民族而言还一无所知。即便是那些拥有钟表的人，也没有几个人会根据钟表来安排自己的活动。他们最多只是每隔几年把钟表擦洗一下，让它们保持正常的运转，但这样的事情也不常见。普通的人则凭借太阳的高度来确定时间，用太阳一“竿”、两“竿”还是几“竿”高来描述时间。如果天阴，就通过家猫瞳孔的收缩和放大来获得大致的时间概念。这样的时间概念对于日常生活来说也就足够了。

中国人对时间的利用，与他们对时间不精确的测算有很大关系。根据西德尼·史密斯①的划分，世上的人可以分为两种：大洪水之前的人和大洪水之后的人。大洪水之后的人发现，一个人的寿命已经不可能再长达几百年，甚至一千年了，因此，他们就得学会如何尽量充分地利用时间，适应他们所处的环境。与之相反，大洪水之前的人则没有意识到，玛土撒拉①的时代已经一去不复返了，他们的行为一如既往，生活似乎仍在按照祖传的规则按部就班地持续。

中国人应该被归入“大洪水之前的人”。一个出色的中国说书人，常常被茶馆老板雇来吸引并留住顾客，他会使人想起丁尼生的某部“口若悬河”的作品②：客人们来了又走，可他却“永远存在”。演戏也是一样，有时要接连演上好几天，虽然与泰国戏比起来，中国戏的长度

---

① 西德尼·史密斯(1771—1845)，英国牧师。《爱丁堡评论》创办者。——译注

① 玛土撒拉，《圣经·创世记》中的人物，以诺之子。据说享年969岁。——译注

② 丁尼生（1809—1892），英国诗人，1850年被封为桂冠诗人。这里的“口若悬河”可能是指诗人那些篇幅很长的诗作。——译注

还是小巫见大巫的——我们听人说过，他们在泰国看过的戏，有的竟会持续演出达两个月之久！中国人的杂耍要是表演出色的话，是极其富有智慧、非常幽默的，但是这些杂耍有一个致命的缺点——开场之前总要对观众讲上一通啰唆的废话，这段话如此之长，会使得一位外国观众在杂耍结束之前就已经开始后悔到场了。更为可怕的是中国人那无休止的筵席，筵席上的菜肴之多几乎令人难以置信，尽管中国人乐在其中，直到离开时还似乎意犹未尽，而每位参加过这种宴会的外国人却都会感到恐怖和绝望。中国有句极为伤感的老话："世上没有不散的筵席。"而对于那些落入这些场合的不幸的野蛮人来说，这一盼望散席的整体希望常常会消失在每每经历的局部绝望之中。

中国人自打出生开始，就习惯于按照大洪水之前的计划不紧不慢地做每一件事情。上学的时候，他们一整天都待在学堂里，从日出到日落，其间只休息一两次，吃些东西。无论是学生还是教师，对其他的教育体系都闻所未闻。科举考试要持续几天几夜，整个过程都非常严格，尽管大多数考生在这种荒谬的考试过程中都体验到了诸多不便，但是，还是很难让他们中间的任何一个人意识到，对学识的这样一种检验方式本身就具有先天的缺陷。

接受过此种教育的人所创造出来的精神成果，会使人联想到他们所经历的教育过程。中国的语言基本上算是一种大洪水之前的语言，要掌握这种语言，需要耗费掉玛土撒拉那样漫长的一生。这就好比说，古代中国人和古代罗马人一样，如果强迫他们去学会他们自己的语言，那么，他们或许就再也没有时间去道出任何值得道出的东西、去写出任何值得写出的东西了！中国人的历史也是大洪水之前的，这不仅是指这一历史试图上溯到混沌初开的时代，而且也是在说，在它那源源不绝、缓缓流淌着的历史长河两岸，既有过去年代的阔大乔木，也有数不清的树木、枯草和残枝。只有一个时间观念相对淡薄的民族，才能书写并阅读这样的历史；只有中国人的记忆才能把这一切都装进其庞大的"肚量"之中。

中国人对时间的漠视也体现在他们的勤劳上，体现在他们勤劳的张力性质上，我们已经提到过，在勤劳的强度上，他们与盎格鲁-撒克逊人有着明显的区别。

有幸在中国盖过房子的人，与中国的包工头和工人们打过交道的人，有几个人还愿意再盖一次房呢？那些人总是来得迟，走得早。他们常常停下手中的活儿，喝起茶来。他们用一个小布袋从老远的石灰坑里运来几夸脱[①]的灰泥，如果改用手推车的话，工作效率能提高三倍，可似乎没有一个人在意这样的结果。只要碰上一点儿小雨，整个工程就会停顿下来。这样的事倍功半是普遍存在的，因此，这群人每天的“一个工”究竟是多大的工作量，常常是很难估算清楚的。我们听说，一个外国人嫌他雇用的木匠们钉板条的速度太慢，就自己动手干了起来，结果，在木匠们吃饭的一会儿工夫里，他就干完了四个木匠半天的活儿。

就连修工具这种小事情，对中国工人来说也是件耗时、劳神的活儿。如果工具是外国人的，那就用不着去操心了。这些工具莫名其妙地就坏了，但是没有一个人会去碰它们。“事不关己，高高挂起。”这是他们所有人最乐意遵循的座右铭。在墙头上搭起几根木桩和细棍，结合处用绳子捆绑一下，就算支起了脚手架。在整个施工期间，每天都可能出问题，以前获取的一切经验都被弃之不顾。沙子、石灰和此地的泥土，没有一样是合格的建筑材料。这个外国人是孤立无援的，他就像格列佛在小人国的遭遇一样，被无数根细绳拉倒在地，那些合在一起的细绳，多得令他难以应付。我们一直记得那位广东包工头，他的承诺也像他的钱财一样都消散在了烟雾之中，因为他不幸地成了鸦片的牺牲品。最后，雇主不愿再将忍耐作为一种美德了，便把这位工头所犯下的一系列过失都摆到了他的面前。“玻璃的尺寸告诉过你，三个窗户你也量过好几遍，可每个窗子你都做坏了，没有一扇能用。你做的门也关不拢，门上一点儿胶都没抹。地板太短了，数量不够，还尽是节疤，全都没弄好。”听了一会儿雇主的此类申斥，这位脾气

① 夸脱，英美液量单位，英制相当于1.136升，美制相当于0.946升。——译注

温和的广东人眼神忧伤地看了雇主一眼，便以一种优雅的抗议语调说道：“别这么说！别这么说！君子怎么能这样说话呢！”

对于中国人来说，盎格鲁-撒克逊人的缺乏耐心不仅无法解释，而且有悖常理。应该明智地意识到，他们说我们缺乏耐心是令人不快的，而我们称他们缺乏诚信也同样是令人不快的。

但无论如何，要在一个中国人身上培养出对迅捷和速度之重要性的赞赏，仍是一件困难的事情。我们听说，一个装满外国邮件的邮包在两个相距十二英里的城市之间被耽搁了数日，因为邮差的那匹毛驴病了，需要休息！中国的电报系统的管理也十分混乱，经常把电报弄得驴头不对马嘴。

然而，最令外国人厌烦的，还是中国人在登门拜访时所表现出的对时间的漠视。在西方国家，这类拜访有着特定的时间长度，一般不会超时。可是在中国，却没有这样的时间限制。来访会长到这样的地步，只要主人不提出让客人留下来过夜，这位客人就会一直滔滔不绝地说下去，尽管他自己也已经疲惫不堪了。在拜访外国人的时候，中国人完全意识不到时间的宝贵。他们会和你一同坐上一个小时，谈上几句话，或是无话可说，却不愿告辞。一位杰出的牧师曾把这样一句话当做他的座右铭：“想见我的人就是我想见的人。”这位牧师若是在中国待上一段时间，也许会对这句格言作重大修改。在接待过中国人的几次拜访之后，他也许会效仿另一位忙碌的神职人员的做法，这位神职人员在他的房间里醒目地悬挂着一句格言：“上帝保佑来者离去！”意思即使表达得如此直白，可还是常常会被中国人那善于误解的本性所歪曲。来访者一言不发，其沉默的时间之长，足以耗尽十个欧洲人的耐心。然后，当他终于开口说话时，便会把这样一句格言的精髓给表现出来：“上山打虎易，开口求人难！”外国人如果能像已故的麦肯锡医生[①]那样去做，是会感到惬意的。这位医生发现，中国客人们一拨又一拨地来，这些朋友“一坐下来就不走了”，占用了他为病

① 约翰·麦肯锡，生卒年代不详，中文名马根济。英国教会医生，曾在华行医，为李鸿章看过病。——译注

人治疗的时间，于是，他就常常对他们说："请坐，就像在家里一样；我还有急事，请多原谅。"外国人如果能像一位天真的中国学生那样直截了当，就会感到更加惬意。这位学生学会了几句英文，想在老师那里试用一下，就在下课的时候说道："打开门！出去！"弄得老师一头雾水。

第六章 漠视精确

外国人初来乍到，对中国人的第一印象就是千人一面。他们的面孔就像是用同一个模子刻出来的，所有人身上似乎都穿着一色的蓝布衣服，每一双眼睛的“焦点”都像是“一成不变”的，两个中国人就好比一个豆荚中的两颗豌豆，一模一样。但是，无论别人怎么评价中国人，只要稍微体验，一个最不善于观察的旅行者也会注意到，这种千人一面的印象并非一个保险的假设。任意两个地区，即使是相邻的，口音也不相同，这种差异很有意思，或许也是无法解释的。这种细微的差异日积月累，直到演变为一种新的“方言”。常常有人会郑重其事地告诉我们，在中国存在着大量不同的口头“语言”，尽管书面语言是相同的。我们还常常被告之，各地的风俗习惯也同样差异甚大，用一句中国人的俗语来说，就是“十里不同俗”，诸如此类的例子不胜枚举。度量衡的不统一在这里也很普遍，而在西方国家，度量衡的绝对统一则是生活方便的一个重要前提。

那些无处不在的双重标准，常常会使西方人苦恼不已，却能让中国人从中获得乐趣。货币有两种，重量有两种，度量单位也有两种，这些双重标准对他们来说是自然而然的，并不是什么抱怨的对象。有人问一个卖猪肉水饺的人每天能做多少水饺，他回答说，每天大概要用掉“一百斤面粉”，至于这么多的面粉究竟能够做出多少个饺子来，那就要留给提问的人自己去猜测了。同样，有人问一位农民他的一头牛有多重，他给出的重量似乎过低了，最后他解释说，他略去了骨头的分量！一位仆人被问到身高多少，可他报出来的数据与他的身高显然不符，又经询问，他才承认他没有把他肩膀以上的部分估算进去！他当过兵，在军中，男人锁骨的高度最为重要，因为肩膀是要用来搬运物资的。既然一位中国士兵的脑袋没有任何实际的用途，这个部分也就被忽略了。与这种算法相反，一个乡下人说他的家“离城九十里”，仔细一问，他才同意削减一些，因为他算的是往返里程，他承认的实际距离仅为“单程四十五里”！

在中国，关于度量衡不一致的一个最为突出的例子，就是对这个国家唯一的流通货币——铜钱的计数方式。所有的地方都采用十进制，这也的确是一种最便于计算的进制，但是在中国，却没有一个人能够断定，本该为一百枚的一吊铜钱在不同的地区究竟是多少枚，除非他特别问清是什么地方的钱。不必走遍这由十八个省份[①]构成的广大地区就能够发现，一吊钱的数量是千差万别的。这种差异没有法律依据，无法解释，其数目有理论上的“一吊”，即一百枚，也有九十九枚、九十八枚、九十三枚、八十三枚（在山西省府），直到直隶省东部地区的三十三枚，其他地方还可能有更少的数目。白银交易中的称量也同样不精确，其不精确的程度甚至更甚。除非巧合，任意两个地区的“两”都不一样重，即便是在同一个地区，也会存在着大量不同的“两”。这会使外国人产生极大的困惑，会使除白银商人之外的所有人都蒙受一定的损失，会给所有诚实的人带来无尽的烦恼。即便是在中国，诚实的人也为数不少。使这种货币混乱现象得以长期存在的动机是显而易见的，但我们在这里所关注的，只是这一现象存在的事实。

所有的度量标准也都同样是混乱的。两个地方的斗大小不一，用这样的计量工具来强征谷物税，如果其对象不是中国人这样的温和民族，就很容易引发政治动乱。“一品脱[②]就是一磅，全世界都一样。”这句话在中国可不成立，一“品脱”不是一品脱，一“磅”也不

① 指直隶、江苏、安徽、山西、山东、河南、陕西、甘肃、浙江、江西、湖北、湖南、四川、福建、广东、广西、云南、贵州等十八省。在清朝鼎盛时期，除此十八省外还有盛京、吉林、黑龙江、伊犁、乌里雅苏台五个将军辖区，西藏、西宁两个办事大臣辖区，共二十五个一级行政区划。——译注

② 品脱，英美液量或干量单位，英制等于568毫升，美制等于473毫升。——译注

是一磅。每一种任意采用的度量标准，都不仅有其理论基础，而且也得到了非常普遍的实际运用（比如在食盐的专营方面），十二两就称作一磅（斤）。买主付的是十六两的钱，得到的却是十二两，但这交易是公开进行的，这一行里所有的商人都这么做，因此这里也就没有什么欺诈可言了，人们即便考虑到了这一点，也会只将此视为盐业交易中的“老规矩”。土地面积的丈量也同样存在着这样的不精确。有些地方的“亩”，其面积只相当于另一个地方的半亩，而那些恰好住在两地毗邻处的人们，就必须同时备下两套丈量工具，以应对两种面积不同的“亩”。

根据曾经获得的经验（就像在中国旅行的人常常做的那样）来判断“一斤”粮食或“一斤”棉花的价格，从来都是不保险的，除非你事先就知道这个“斤”的类型。同样的情况也会出现在每“亩”产量的计算上，对亩产的统计常常忽视了一个至关重要的事实，即“亩”并非一个确切的概念。在距离的测算上同样存在着这种不精确，每个在中国旅行过的人都可以证明这一点。在中国旅行时，如果距离以“里”来计算，那就永远必须弄清楚，这里的“里”究竟是“大里”还是“小里”！我们并不否认这样的距离测算有某些道理，但我们却不认为这样的测算或度量是精确或一致的。据我们所知，人们有一种普遍的感觉，一走下皇家大道，“里”就变“长”了。如果说，在大路上一天可以走一百二十里，那么，在乡间道路上最多只能走一百里，而到了山区，一整天也就能走上大约八十里。此外，计算方式往往不是以两地之间的绝对距离为基础，甚至也不是以中国人意识中的距离为基础的，而是与道路行走的难易程度相关。这样一来，到一座山顶的路被说成是“九十里”，而从山脚到山顶的实际距离却只有这个里数的一半，但人们会一口咬定这个里数，因为，要走完这段吃力的山路，所付出的体力就相当于在平地上走了“九十里”。在对直线距离的测量中也出现了又一个颇为奇特的事实，即从 A 到 B 的距离并不一定等于从 B 到 A 的距离！“等量之间彼此相等”，这本是欧氏几何的一个基本公理。在中国，这个定理要想成立，却必须在中间插入一个否定词。让我们以中国的一条最重要的干道为例，这条路从北到南全长一百八十三里，从南到北却变成了一百九十里，无论你在这条路上来回跑了多少趟，无论你怎样反复地计算，情况都是如此！①

另一个现象与此有异曲同工之妙，“整体等于各部分相加之和”，这一定理在中国也是不成立的。在河上航行的时候，尤其如此。经过询问你得知，距前方的某地有“四十里”，经过一番细心的分析，发现这“四十里”竟是由两个“十八里”相加得来的。你还可能会被这样的算法弄得目瞪口呆：“四乘九等于四十，没错吧？”根据类似的算法，“三乘十八等于六十”，不一而足。我们还听说过这样一件事，一个信差没有在规定的时限内赶完该走的路，他替自己分辩说，那“六十里”是“大里”。因为这个理由很充分，地方官员便下令重新测量这段路的里程，结果发现它实际上有“八十三里”，从此，这个新的里

① 写下这里的文字之后，我们又在贝德禄先生（1843—1890，曾任英国驻重庆领事。译者按）的《中国西部之旅》一书中看到了与我们相似的看法。“比如，在听说了这样的事情时，我们几乎不敢相信自己的耳朵，即两地之间的距离竟取决于从哪头算起。分别去问不同的人，他们的回答却都一样，即往返的距离并不相等。比如，从A到B被同样说成是一里，而从B到A却又被同样说成是三里。当地一位有知识的人做出了这样的解释：运费是根据一里路多少钱来支付的，如果是上山的路，苦力自然应当多得些报酬。要根据道路的坡度来确定工资水平，这会是非常麻烦的。因此，干脆就把难走或陡峭地区的路段说得长一些，这对各方来说都要方便得多。规矩就这么定了下来，如今，所有的旅行者都必须接受这种约定俗成的距离。我提出了异议：‘但是，若按照这个原则，雨天行路也得加长里程，夜间行路也得加长里程。’‘对极了，要多付一点儿报酬。’这种体系对当地人来说或许很方便，但旅行者却会因此而遇到无尽的烦恼。对距离的估算可能是这样的：走平路的时候，法定的一里被说成两里；在不太陡峭的普通山路上，一里被说成五里；在非常陡峭的山路上，一里则被说成十五里。云南的本地人都是善于爬山的山民，他们总是会低估平地上的距离，可是在他们的家乡却很少有平地，因此，后来的旅行者也就不必再自寻烦恼了。除了非常险峻的路段，只要把当地的五里路看做是一里就行了。”

立德先生（1839—1908，英国人。1859年来华经商，著有《过长江三峡：在华西经商和旅行》、《峨眉山那边——藏边旅行记》、《远东》、《穿过云南》、《旅华五十年拾遗》等书。——译者按）在《过长江三峡》一书中提到，有一段水路，下水时被说成是九十里，上水时则为一百二十里。据他估算，一英里约为3.62里，或者说，一个纬度约为二百五十里。——原注

程就被沿用了下来。

散落在一座城市周围一到六里之内的好几个村落，全都可以被称为“三里屯”。经常会看到这种情形，一段只有一里长的道路，如果路的两旁都建满了房子，就会被说成是五里长，每个村民也都会信誓旦旦地对我们说，这条街道的长度的确是五里。

在这种情况下，当你发现每个人都可以自行制定度量标准时，也就不会感到奇怪了。做秤杆的人沿街叫卖，根据每位顾主的要求在秤杆上标出那些表示刻度的小点点(这些点点被称为“星”)，每个买秤的主顾都至少有两杆刻度不同的秤，一杆用来买东西，一杆用来卖东西。一杆现成的秤是没人愿意要的，除非它已经被用旧了，因为所有的刻度都是可以变化的，只能根据每个购买者的要求来重新确定。

对年龄的计算方法也同样如此，中国人的民族特征在这里得到了突出的体现。得知一个人的确切年纪并不难，可中国人所采用的最普遍方式，却是根据一个人出生那年的“属相”来获知一个关于他的并不十分确切的岁数。一位老人“七八十岁了”，可是你确切地知道，他去年刚满七十。事实上，在中国，一个人一过七十就算迈进“八十”的人了，如果想得出精确的年龄，就必须考虑到这样的“共同海损”。即便一个中国人想给出他的确切年龄，他说出来的也常常是他下一个新年之后的年龄，因为中国人的岁数全都从新年算起。以“十”为年龄计算单位的习惯根深蒂固，这使得年龄总是含混的。几个人就算是“一二十个”、“几十个”，或许还算是“好几十个”，精确的计数是在中国最难遇见的事情之一。同样的含混还体现在“好几百”、“好几千”这样的表述中，“数不胜数”实际上也就成了中国人计数方面的极限。对于那种比这些大致的表达方式更为精确的计数法，中国人可没有什么兴趣。

笔者的一位朋友告诉笔者，有两个人花了“两百吊钱”去看一场戏，过了一会儿他又改口说：“是一百七十三吊，不过，这和两百吊也差不多，是吧？”

一位先生和他的夫人在中国生活了数年，在他们回国的时候，他们的中国朋友送给他们两个精美的卷轴。其实，这份礼物不是送给他们夫妇俩的，而是送给他俩年迈的母亲的。夫妇俩的父亲都已过世，两位母亲却都健在,并且刚好同岁。一个卷轴上写着“福如东海长流水，寿比南山不老松”，旁边还有一行小字注明，受赠者已经“七十高寿”。另一个卷轴上也同样用大字写着吉祥的话，但旁边的那行小字却写着，作为题赠对象的夫人是“六十华诞”。夫妇二人替他们的母亲收下礼物，并对卷轴表示了适当的称赞，之后，其中一人却鼓起勇气，向此次馈赠中的主角发问道，他明知两位母亲同龄，却为何把一位母亲写成七十岁，说另一位母亲才六十岁。对方给出一个非常典型的回答：如果两幅卷轴上写的都是“七十岁”，那题写者就显得太缺乏创造性了！

在我们需要精确的地方，中国人根深蒂固的社会归属性也常常会起到某种干扰作用。一个希望获得法律咨询的人告诉笔者，他“住”在某个村子里，尽管从他的叙述中明显可以得知，他就住在城郊。经过一番询问，他承认他如今已经不住在那个村子里了，进一步的调查又发现了一个事实，即他的家族的迁徙发生在十九代人之前！我问他：“难道你不认为你现在是个城里人了吗？”他坦然地答道：“没错，我们如今是住在城里，但我们的老家在那个村子！”

另一个人把他们村里的一座古庙指给我看，得意扬扬地说：“这座庙是我建的！”在对“我”这个主体进行了一番考察后才发现，这座古庙建于明代，已有三百多年的历史，而那个时候，这个“我”还不知在什么地方呢。

学习中文的学生最先遇到的障碍之一，就是如何找到一个合适的表达方式来定义诸多相似之物。中国人的整个思维方式，都建立在一系列我们所不习惯的假设之上，中国人无法理解西方人为何对万事万物都如此地力求精准，他们会认为这是一种病态的癖好。一个中国人会不知道他住的村庄里总共有多少人家，而且他也不想知道。人类的任何一员都可能具有弄清这一数目的愿望，这样的事情对于他来说则是一个难以猜透的谜。他们会说有“几百家”、“好几百家”，或者“不少人家”，准确的数字却从来没有，也永远不会有。

中国人在计数时表现出的这种粗枝大叶的特性，也同样表现在他们的书写中，甚至表现在他们的印刷物中。在中国的廉价出版物中，很难找到一本不存在大量错字的书。有的时候，一个字被乱用，衍生出了更为复杂的含义，之所以出现这样的错误，与其说是为了图省事，还不如说是由于人们在日常生活中不大注重精确。在一般的信件往来中，这种马虎的做派就更加突出了，一个字常常被写成另一个发音相同的字，这种错误自然是由于缺乏教育，但也同样是由于粗心大意。

从人们写在信封上的称谓就足以看出，中国人是多么的漠视精确。一封寻常的中国人书信，信封上会写有一些大大的黑字，诸如“父亲大人启”、“慈母大人启”、“叔祖大人启”、“贤弟大人启”，等等，一般都不会写明收信的“大人”究竟叫什么名字。

像中国人这样一个以讲求实用著称的民族，居然对他们自己的姓名都不甚在意，这无疑是令人惊讶的。这样一种现象是很常见的，即他们的名字时而用这个字，时而又用另一个字，我们得知，这两个不同的姓名是通用的。但是，还有一个比这更让人困惑的事情，即一个人通常有好几种不同的名字，有他的本名，有他的“字”，说来奇怪，还有一个完全不同的、仅供参加科举考试用的学名。正是由于这个原因，外国人往往会把同一个中国人误认为两个或三个人。村庄的名称也不确定，往往具有两三个全然不同的称呼，这些地名也都同样“正确”。如果发现其中一个名称是另一个名称的误用，他们就会轮流使用这两个名称，或者，在公文中使用正确的名称，在日常口语中使用另一个名称，更有甚者，误用的名称会被用作形容词，与原来的名称共同构成一个复合地名。

中国人很不幸地缺乏一种教育，这种教育在一定程度上是通过对化学公式的研习而获得的，在化学公式中尤其需要绝对的精确。中国的第一代化学家把“几十格令”[①]的什么东西与“好几十格令”的另外一种东西混合在一起，其结果会丧失很多东西，造成意想不到的严

① 格令，英美制最小重量单位，等于 0.0648 克。——译注

重后果。中国人是有能力在一切事情上做到精确的，就像其他任何一个民族那样，甚至会做得更好，因为他们天生就具有无限的耐心。但是我们不得不说，就现在的状况而言，他们是缺乏讲求精确的素质的，他们尚不知精确为何物。如果这一判断成立，那么，下面两个推论就可能是正当的。第一，我们在查验中国的历史记录时必须充分考虑到这一特性。如果轻易地接受中国人那些从未进行过确切计算的数据统计，我们肯定会上当受骗。第二，对于中国的“人口调查”所获得的各种结果，我们也要持一种非常谨慎的态度。整体并不大于其各个部分，可中国人的统计结果却与之相反。我们在对中国“人口调查”的各种数据进行一番仔细的推敲之后，就非常有可能说道：“这是案子中的最后一个谜！”这句话是一位精明的苏格兰人在合众国的最高法院中说的，他坚信“美国法律有着高贵的不确定性”。

第七章　误解的才能

一个外国人在对作为思想载体的中国语言有了足够的了解之后，便会首先发现中国人的这样一个非同寻常的天赋。这位外国人会痛苦地、惊讶地发现，别人听不懂他的汉语。于是，他就回过头来更勤奋地学习，几年之后，他终于可以自信地就各种各样的话题与公众或任何一个人进行交谈了。如果与他交谈的完全是个陌生人，尤其是，如果这个交谈者此前从未见过外国人，那么，这位外国人就会像他在他的汉语口语处子秀中所遭遇的那样，感受到的依然是痛苦和惊讶。对方显然什么都没听懂，他显然也不打算去听懂。他明显地不在意你说的话，也不试图去理清对方的思路，只是不时打断你的话，以此表明："我们听不懂你在说什么呀。"他面带一种居高临下的微笑，就像在看一个聋哑人正竭尽全力地试图道出什么清晰的话语来，他仿佛在说："谁说你的话能被听懂呢？你天生就没有一个中国人的舌头，这是你的不幸，却不是你的过错，不过你也没有必要勉为其难，别用这种事情来难为我们了，因为我们听不懂你的话呀。"很有可能的是，你在这样的情况下无法每一次都保持平静，很自然地，你会迁怒于你的对手，并问道："这一下你听懂我的话了吧？""不，"对方回答，"我听不懂！"

中国人的误解能力还能达到这样的程度，即便每个字的意思都得到了充分的领会，由于对细节的忽视，说话人的想法还是不大明确，甚至完全没有表达出来。一个"远东的外国人"，需要储备大量用来表达"在这种情况下"、"条件是"、"这样说来"等含义的短语。的确，中国人并不使用这类短语，也觉得没有任何机会使用这类短语，但是对于外国人来说就是另一回事了。同样的情况也存在于时态的使用上，中国人从来不在意时态，可外国人却不得不予以关注。

在中国，在与人的利益相关的所有事情中，钱是最需要避免被误解的一个问题。在一位外国人为一件商品付钱时（这常常被中国人视为外国人的一个主要功能），将来完成时就会成为“一件军用必需品”，“等你把活儿干完，就能拿到钱。”但是汉语中却没有将来完成时，也没有任何其他的时态。中国人的说法很简单：“干活，拿钱。”在他们的观念中，这二者之间并无“时间先后”，他们所关心的只是后者。因此，无论他们给外国人干什么事情，他们都想马上拿到他的工钱，因为他们要“吃饭”，似乎，如果没有在这位外国人这里偶然获得这件差事，他们就会永远也吃不上饭似的！我们必须重复一遍，在中国，在钱的问题上要努力避免误解，这是个长期有效的警告。谁该拿钱，谁不该拿，什么时候付钱，付多少，付银锭儿还是付铜钱，银锭儿的成色和重量如何，“一吊”钱是多少枚——凡此种种，都是些事实上不可能确知的问题。如果与一位建筑商、经纪人或者船老板签一份合同，虽然其中约定了他那一方的职责，写明了特定的条款，即便事先就作了十分细致、精确的说明，到时候也还是会出差错的。

在中国，“自己打自己嘴巴”的事情如此常见，使得大家都不以为怪了。一位外国人租用了一条船和一辆车，船夫和车夫应该把这个外国人送到一个地方去，可他们却会直截了当地，有时会毅然决然地拒绝履行他们的合同。在这种情况下，一位中国车夫的倔犟劲儿就像他那匹骡子，那骡子在路上遇到灰多的地方就会躺下来打滚，从容不迫地洗个泥土澡。车夫挥动鞭子，使出吃奶的力气抽打那匹骡子，结果却无济于事。骡子满不在乎这鞭打，觉得这就像是只苍蝇在给它挠痒痒。要找出一个与之相似的现象，我们往往会想起德·昆西[①]的那种尖刻的看法。他做出一个宽泛的归纳，认为中国人“犟得像骡子”。中国人并不像骡子一样犟，因为骡子不会改变它的秉性，而这个同样难以驾驭的车夫却会发生变化。他在途中曾公然违抗他的雇主，尽管

① 托马斯·德·昆西（1785—1859），英国散文作家，写有《一个英国鸦片吸食者的自白》等。——译注

受到了他的“酒钱”可能会被完全扣除的警告，他还是我行我素。但是在旅途结束的时候，他却打算花上半天的时间来苦苦哀求，哀求那份他刚才还嗤之以鼻的“酒钱”。旅行者应该和他的车夫、船夫等签订一份书面合同，这通常是个保险的方法。每个可能引起误解的漏洞都应该事先就堵上。

“有话讲清楚，事后不反悔。”这是中国人的一句很有道理的格言。然而有些时候，在人们绞尽脑汁，好不容易达成协议之后，误会仍然会发生。无论人们如何小心谨慎地对待各种协议，钱的问题给一个在中国的外国人所造成的麻烦之多，可能还是超过了其他任何一个单独的问题。你与之打交道的中国人，不论是受过教育的学者还是目不识丁的苦力，在这一点上都很少有区别。每个中国人都天生地具有利用误解的本能。他们善于发现这些误解，并立即加以利用，就像一月的北风能够发现门上的一道缝隙，就像河水能够发现船上的一个窟窿。在某些方面，盎格鲁-撒克逊民族使中国人的这种天性得到了显著的发展。正如古代波斯人大多具有拉长弓和讲真话这两种技能一样，中国人很快就发现了，盎格鲁-撒克逊人具有一种诚实可信、做事公开的天性，无论是对敌人还是对朋友都是如此。中国人注意到了盎格鲁-撒克逊人的这种本质，就像提图斯[①]当政时的罗马人发现了犹太人的一个习惯，即无论战事多么紧张，犹太人每逢周日都会暂停一切军事行动，罗马人利用了犹太人这个奇异的习俗，同样，中国人也利用了盎格鲁-撒克逊人这种奇异的性格。

外国人在1860年之前与中国长达一个世纪的交往，就是关于中国人误解才能的一个长长的例证。接下来的这些年，一部对华外交关系史，大体上就是一段试图对被故意误解了的事情做出解释的历史。但是在各种情况下，外国人总是会履行诺言的，这一信念已经深深地扎根在中国人的脑海里，并开花结果了，尽管也存在着一些不遵守规则的个别现象。他们同样坚信，外国人是办事公正的（尽管一些个人

① 提图斯（39—81），公元79至81年间的罗马皇帝。曾率军镇压犹太人的起义。——译注

和诸多民族的外国公民也同样会给出完全相反的例证）。有了这两点固定的看法，中国人便获得了一个支点，他们希望以此来说动最为固执的外国人。“你明明是这么、这么说的。”“不，我没这么说过。”“但我以为你是这么说的，我们大家都以为你是这么说的。请原谅我们的愚蠢，还是请你按你说的那样付钱吧。”这就是中国人与外国人成千上万次争执中的实质问题，一百次里有九十七次，外国人都会付钱的，正像中国人所深知的那样，外国人是会付钱的，以表明他的诚信与公正。在余下的那三次里，必须想出另外一些达到目的的方法，三次中又有两次会获得成功。

日常生活中的误解更是俯拾即是，对于一位经历丰富的读者而言，这样的例子可以构成一个军团。你吩咐一个苦力清除庭院里的杂草，给刚刚发芽的青草腾出空间，这些绿芽使你仿佛能预见到那片梦寐以求的草坪。这头漫不经心的野牛却拿起锄头，锄去了他遇到的每一点绿色，把庭院弄得一片荒芜，还认为这就是干净。他没有“明白”你的意思。你打发厨子到很远处那个唯一的市场去买条鲤鱼和一只仔鸡，他回来了，手里没有鱼，却提着三只老鹅，他以为你就是这样吩咐的。他没有“明白”你的意思。你派听差赶在收发室下班之前把一包重要的信件送往法国领事馆，他回来了，说对方不收信。他把信送到比利时领事馆去了，这时，收发室的下班时间也到了。他没有“明白”你的意思。

笔者一位朋友的亲身经历能够充分地说明，可怜的外国人是多么容易产生误解，多么容易被别人所误解。这位朋友去访问一家中国银行，这家银行的老板与他关系很好，这家银行附近最近发生过一场带来巨大损失的火灾。这位外国人向那位银行家表示了祝贺，祝贺大火不曾殃及他的银行。听了这话，对方立即显出不悦之色，继而又生气地说道：“这是什么话？这么说不合适吧！”过了很久这位外国人才发现，自己之所以触怒了朋友，是由于他的话中包含了这样的暗示，既然大火如此之近，就可能烧毁他的银行，这种暗示是最不吉利的，即便是祝贺的话，如果包含了这样的暗示，也就成了禁忌！一位在京城短暂停留的外国人，看见一支骆驼队，其中有头小骆驼，他便对那位给外国人赶了多年车的车夫说："你回去的时候，叫我的小宝宝出来看看这头小骆驼，他从来没见过小骆驼，一定会很高兴的。"他沉默了好半天，像是在掂量终审判决一样，经过一番深思熟虑，车夫很体贴地说道："如果你打算买下这只骆驼，可不能这么抬举它——那样它一准儿会死掉！"

有一次，笔者参加了中国人的一次礼拜，牧师正在布道，讲的是先知以利沙治愈乃缦的故事[①]。牧师描绘了当时的场景，这位亚兰大元帅来到以利沙的门前，随从们争相替主人叫门。为了尽量让听众有身临其境之感，布道者像演戏一样，模仿亚兰仆人们的口吻高声喊道："看门人，开门，亚兰王的元帅驾到了！"令牧师大为惊讶的是，就在这时，坐在后排的一个人突然冲了出去，后来才搞清楚，这个人也是误解的受害者。他是这座教堂的看门人，他没注意前面讲了什么，突然听见有人召唤他，便以令人赞赏的敏捷跑去迎接乃缦了！

另一些听众给一位传教士留下的印象，也同样是令人啼笑皆非的。这位传教士在中部某省传教，他想给他的听众留下深刻的印象，便用幻灯机打出了一种常见寄生虫的高倍放大图像。当这只像埃及鳄鱼似的巨大爬虫横亘在银幕上时，人们听见一位观众以敬畏的口吻道出了他的一个新发现："瞧，这只外国虱子真大！"

① 此故事见于《圣经·列王记下》第五章。亚兰王的元帅乃缦患了麻风病，求治于以色列先知以利沙，以利沙叫乃缦在约旦河中沐浴七回，乃缦照做，果然痊愈。——译注

第八章　拐弯抹角的才能

我们盎格鲁-撒克逊人最引以为自豪的一个思维习惯，就是直奔主题，直抒己见。诚然，出于得体的社交与外交的需要，我们也必须学得婉转一些，不过，尽管要在各种各样的场合修正自己的习惯，毫无疑问，直来直去仍是我们的一种左右一切的本能。然而，与任何一个亚洲民族的短暂接触都会使我们发现，他们的本能与我们的并不一致——事实上，这两者分别处于相反的两极。我们不太看重所有亚洲语言中都存在着的那种繁复的敬语，在敬语的使用上，某些亚洲语言比中文还要复杂。我们也不看重各种委婉的说法，不善于使用别称，不知道一些可以简单表达出来的意思却不能就这么简单地表达出来。比如，汉语中关于一个人死了会有非常多的说法，却没有一种说法会直接提到这个不恭的、残忍的"死"字；不论死者是一个皇帝还是一个苦力，都必须使用委婉说法，只不过在这两种场合下会使用很不一样的字眼儿。在这里，我们所关注的并非语言的可靠性，除非是就其最一般的意义而言的。当每个人都乐意使用那些具有"匹克威克式含义"[①]的词汇，当每个人都能理解他人这样表达出来的含义，这个问题结果也就不再是一个可靠性的问题，而成了一个方法问题。

用不着与中国人打太多的交道，一位外国人就能得出这样的结论来，即仅凭一个中国人所说的话，是不可能了解他的真正意图的。情况依然会这样，即便这个外国人精通口语——他或许能听得懂每一句话，他或许还能写下他听到的那句话中的每个汉字；即便这样，他依

① 匹克威克是狄更斯的小说《匹克威克外传》中的主人公，是一个宽厚耿直、不谙世事的旅行者。"匹克威克式含义"的词汇即指那些具有特殊含义的、深奥难懂的词汇。——译注

然有可能无法准确地揣摩出说话者的所思所想。究其原因，这当然是因为说话者没有表达出他的所思所想，但是，他还是说出了一些或多或少与之相关的东西，他希望这些东西能够让人理解，或是部分地理解他的意思。

对于任何一位想与中国人成功相处的人来说，除了熟练地掌握中文之外，一种强大的推论能力也是很关键的。可是无论他的这种能力有多么强，在很多情况下，他还是会步入歧途，因为他的推论能力还不足以应付实际需要。为了说明这个在中国人的生活中随处可见的现象，请允许我们举我们的仆人们中间经常出现的事情为例。对于我们来说，这些仆人是整个中华民族最早出现的代表，其重要性也并不总是无足轻重的。一天早晨，“家童”像平常一样面无表情地出现在你眼前，说他的一位“姨妈”生了病，他不得不告几天假去探望她。在这里，并不能凭借这样的请求就断定，“家童”没有什么姨妈，或者，那位姨妈并没得什么病，他也并没有什么打算去看她的念头。而是应该平和地推论到，更有可能的是，这名“家童”与厨子之间产生了一些误会，而后者的势力更大一些，暗地里使了好些手腕儿排挤他，“家童”对此也心知肚明，便寻了个托词离开，以躲开他的对头。

某人帮了你一个忙，你又不可能马上付钱给他，他会彬彬有礼地、但却十分坚决地谢绝你认为你该付给他的钱。他会说，为了这么一点儿小事就收取任何酬劳，这是有违“五常”的，你这是小瞧了他，你如果执意让他收下，那就是侮辱了他。这是什么意思呢？这就是说，他本来对你的报答寄予厚望，可你给出的数目却很小，这使他的希望遭受了打击，就像奥利弗·退斯特[①]那样，他“想要得更多”。当然，也可能完全是另外一种意思，这或许是在暗示你，现在或是将来的某个时候，你有能力给予他某种更为有利可图的东西，如果现在收下了钱，以后就不好再开口了，因此，他更愿意让你欠着他的情，直到他提出最为重要的要求来。

---

① 英国作家狄更斯的小说《雾都孤儿》中的主人公，在济贫院长大，童年生活凄苦。今译作奥利弗·特维斯特。——译注

既然中国人谈及自身利益时都如此谨慎，那么，出于怕得罪人的普遍心理，在可能带来麻烦的时候，他们在谈论别人时就更加小心翼翼了。中国人虽然喜欢各种各样的闲聊，但是他们能够凭借一种现成的直觉判断出，什么样的事情在这种情况下不便多说，尤其当事情涉及外国人的时候，他们会对他们偶然获知的事情守口如瓶。有过很多这样的例子,围在我们四周的那些不动声色的人会给我们一些“指点”，在获得了这样的指点之后，我们对待他人的行为就会发生显著的变化。不过，除非他们能够清楚地知道怎样做才对他们有利，怎样做才不致冒险，否则，沉默寡言的本能就会继续显现，我们的中国朋友们就会一直保持那种深不可测的缄默。

最为有趣的一件事情，就是去观察一个中国人如何传播某个对别人不利的消息，他认为最好的方式就是给出一个暗示。即便是在这样一些情况下，交谈是用清晰、无误的词句进行的，话题也依然会跑得很远。更为常见的情况是，拐弯抹角、闪烁其词地给出一个间接的建议，说什么事情不能说，也不该说。我们的报信人还会不安地四下张望，似乎担心附近埋伏着一个间谍。他压低嗓门，神秘地耳语着。他竖起三根手指，含糊地暗示那个他没有点明的人，但他的这个手势表明，他指的是那家人家里的老三。他含糊其辞，暗示事态严重，可他在马上就要讲到关键处时却突然住口，隐藏了那个统领一切的谓项，还意味深长地不住点头，像是在说：“现在你明白了吧？”可是从头到尾，这个可怜的、不开窍的外国人什么都没弄明白，他只知道这里也没什么值得去弄明白的。如果发生了这样的事情，是不会令人感到奇怪的：话儿说到这里，你这位“报信者”（这样称呼他其实有误）会把你扔在浑浑噩噩的半道上，只做出这样的暗示，即总有一天你会发现他的话没错！

中国人和其他民族有一个共同的特点，即都希望尽可能长久地隐瞒坏消息，并以一种伪装的形式将其传达出来。然而，中国人的“好法子”要求某种程度过高的欺骗，这无疑会让我们立即感到惊讶和无益。我们听说，一位慈祥的老太太偶然撞见两位朋友正在窃窃私语，这两位朋友是专程赶来向老太太报告她身在外乡的孙子的死讯的，可这两个人却反复强调他们是在聊一些闲事，尽管在半个小时之内真相就会大白。我们得知，一个离家数月的儿子返回故乡，在离家最近的一个村庄里，一位朋友劝他不要留下来看戏，儿子从这个劝告中正确地推断出，他的母亲去世了！有一次，我们受托转交一封中国人的家书，这封信是写给一位远离家乡的人的，信的内容是：当他出门在外的时候，他的妻子突然去世了，街坊四邻发现家中无人看管，就将他家里所有的东西全都拿走了，而这些东西本该留给他这个孑然一身的人。然而，此信的信封上却写着“平安家书”这样几个并不十分符合实情的大字！

中国人拐弯抹角的才能还时常表现为，他们在该使用数字的时候却偏偏不用。这样一来，一部分为五卷的书，每卷分别以仁、义、礼、智、信为名，因为这正是“五常”的固定顺序。四十多卷的《康熙字典》的分类方式，往往并不像我们所预料的那样是按照偏旁部首来进行的，而是根据“十二支”编排的。在科举考试中，每个考生的号房也都是根据《千字文》中没有重复的一千个汉字来连续排列的。

这方面的另外一个例子，就是家里人和外人对已婚妇女拐弯抹角的称呼。这样一位已婚妇女实际上是没有名字的，她的称谓由她丈夫的姓和自己娘家的姓组合而成。她会被称为“某某他娘”。比如，一位你认识的中国人会对你说起“小黑子他娘”病了，可是你或许压根儿就没听说过他家里有个什么“小黑子”，但他以为你肯定是知道的。如果家里没有孩子，事情就会比较麻烦了。也许，这位妇女会被称为“小黑子他婶”或者别的什么。上了年纪的已婚妇女会坦然地管自己的丈夫叫“外头的”，意思是说他出门在外头做事；但是，一个还没做母亲的年轻媳妇在提起丈夫时往往就不知如何是好了，找不到能暗示夫妻关系的字眼。有时，她会称丈夫为她的“先生”。有一次我们听到，这样一位妇女实在没有办法了，不得不用她丈夫的职业来称呼她的丈夫：“油坊是这么说的！”

一位著名的中国将军在前往战场的途中路过一片沼泽地，他向沼泽地里的几只青蛙鞠躬致意，他希望他的士兵们能够理解，这些小动物们的勇气是值得赞扬的。对于一位普通的西方人来说，这位将军对其部下的要求就像是某种“强大的推理力”，然而，一个与中国人朝夕相处的外国人，或许还需要一种比这更强的推理力。中国的新年是一年一度清偿债务的时节，就在这个时候，一位熟人来见笔者，做出了一些看上去具有深刻含义的特定手势。他用手指指了指天，指了指地，指了指他的谈话对象，最后又指了指他自己，却始终未发一言。尽管我们不好意思地说我们没能完全明白他的手势，结果显然还是无法获得谅解。他认为，通过他的动作是不难得出这样的推理来的，即他想借点小钱，并且希望保密，只让“天知”、“地知”、“你知”、“我知”！“吃（贪吃）、喝（酗酒）、嫖、赌”指的是四种最常见的恶习，现在又加上了抽大烟。有人常常会伸出手上的五个指头，说道：“他样样都沾。”意思就是说，那个人具有这所有五种不良的嗜好。

还有一个例子也能说明中国人拐弯抹角的才能，即他们具有复杂的礼仪规范，一个人可以借助一些在我们看来非常隐晦的方式来表达对另一个人的极度蔑视。比如，信纸的某种折叠方式就可能含有一种有意的侮辱意味。在写到一个人时没有把他的姓氏提高一行，会被视为一种很大的轻蔑，其程度超过在英文中不用大写字母开头来拼写一个人的名字。在社交场合，如无特殊情况，一言不发会被视为无礼之举，就像没有在合适的地点迎接来客、没有根据来客的身份送出足够远的距离一样。众多简单举止中任何一个举止的缺失，都可能包含着一种淡淡的、伪装的侮慢，一个中国人能马上觉察出这层意思，而可怜的、无知的外国人就这样无数次地成了牺牲品，甚至永远也不知道，他并没有获得崇高的尊敬！所有的中国人在愤怒的时候也都会恶语相向，但他们都有一种文学才能，能用体面的暗示来表达辱骂之意，而其中的真正含意要过一段时间才能显现出来，就像是一粒裹着糖衣的难吃的药丸，需要慢慢地消化。比如，“tung-hsi”这个短语，字面上的意思就是“东西”，它指的是一件物品，称某人为“一个东西”，就是在骂人。不过，同样的意思还可以拐弯抹角地加以表达，即说一个人不是“南北”，这就是说他是“东西”，也就是“一个东西”！

每一个人都会感到吃惊的是，一个最没有文化的中国人也具备这样的才能，能够轻而易举地道出各种各样看似自然的借口，而每一个借口的基础都是虚构的。除了外国人，谁也不会拿这些借口当真，或者说大家都明白，这不过是人家为了保住“面子”而采取的一些合适的策略。一个具有过多批判意识的外国人甚至要求一种非同寻常的求索能力，无论是在天上、水中还是地下，对于他来说，对真理的恒久不变的追求已经成为一种固定的习惯。一个最无知的中国人，在陷入窘境时也有信心保证自己不会落败，他可以躲进他的无知，充分保障自己全身而退。他“不知道”,他“不清楚”,这两种申言就像宽恕一样，可以掩盖住各种各样的罪过。

在每日出版的北京《京报》上，最容易替我们的这个话题找到一些绝佳的例证。再也没有什么地方能像《京报》这样，用一种经典语言将“指鹿为马”的风格发展到一种更高的境界，扩展到更广的范畴。即便是在“表里不一”的中国，也没有一个地方能比《京报》提供出更多的真实来，这是一面棱镜，这个半透明的镜头可以让人更清楚地看到中国政府的真实本质，其效用超过所有其他窗口的总和。中国人在谈到任何一件事情时似乎都更愿意绕圈子，而不愿谈及真正的理由，除了去猜测他们所言之真实含意之外似乎别无他法。如果这个说法是一个具有普遍意义的真理，那么，能够在这一方面给出最佳例证的就是中国的官场生活，在那里，拘泥形式和矫揉造作都达到了无以复加的地步。报上关于中国的“头条新闻”，整个栏目总是充斥着对那些上了年纪的官员们各种各样痛苦的描述，他们大叹苦经，希望“陛下”恩准他们告老还乡，这一切的含义究竟何在呢？如果他的迫切请辞并未得到批准，他被命令立即返回他的岗位，这又是什么意思呢？那些像煞有介事的冗长奏章究竟蕴涵了怎样的深长意味呢？一位被控犯罪的高官被确定无罪，就像每份奏章上所称的那样，但确实有一些无足轻重的小过失，这是否就意味着，这份奏章的撰写者没有受到足够大的影响，或者，那位涉案的官员的确做过那些事情？谁能弄得清楚呢？

我们坚定地认为，一个有机会细读一份《京报》的人，通过对每一份文件的阅读，便能获得一个最接近于真实的正确概念，借此得到的关于中国的知识，胜过对关于这个国家的所有著作的研读。但是，迄今为止的外来野蛮人还得通过暗示的途径来理解中国，在这种情况下，如果对方是一个地道的中国人，我们就得竭尽所能地弄清他的话里究竟包含着什么意思，这或许就是让我们感到担忧的原因。

第九章　灵活的固执

我们关于中国人的最初知识是从我们的仆人们那里得来的。尽管他们自己浑然不觉，尽管他们并不总能让我们感到满意，但他们却是我们认识当地人性格的启蒙老师，我们时常感到，我们学到的那些课程是很难忘怀的。随着我们对中国人的了解日益加深，我们发现，我们在与仆人的小圈子相处时不知不觉间所获得的那些结论，显然都为我们后来更为开阔的认识所证实了，因为，就某种意义而言，每个中国人都可以被视为整个民族的一个缩影。用本章这个自相矛盾的题目来描述我们在此所探讨的性格，这虽然并不能让人感到满意，但是，这个题目看起来仍是一个最接近于恰当的表述，借助一个非常简单的描述，就能让人理解这样的性格了。

一个居住在中国的外国家庭可能会雇用许多仆人，在这些仆人当中，没有第二个人能像厨子那样把全家上下的安宁都握在手心里。女主人在雇用一个新厨子时会对他说，哪些事情是她希望他去做的，她还会强调指出，哪些事情是她不希望他去做的，在这个时候，这位新厨子的外表简直就是一个顺从的化身。对这家人家订下的所有规矩，他都诚恳地表示赞同，其诚恳即便还没有赢得信任，至少也给人留下了好感。他会被特意举例告知，上一个厨师就有一个不好的习惯，就是不等做面包的面发好就往烤箱里放，就因为女主人感到需要坚持的诸如此类的细枝末节，上一个厨子和女主人闹翻了。对于这一点，候选厨子做出的反应令人愉快，他表示，他或许会有这样或那样的缺点，但这些缺点中却并不包含固执。他还被告知，不得让狗和二流子进到厨房里来，也不得在厨房里抽烟；对此他回答说，他讨厌狗，也从不吸烟，他在这里人生地不熟，在城里没多少朋友，仅有的几个朋友也都不是二流子。在打了这些预防针之后，他开始履行职责了，但是不出几天主人就发现，在发不好面这一点上，这位厨子和上一位厨子简直就是一对“亲兄弟”，有数不清的人进出厨房，他们中的许多人还带着狗，此外，屋子里还永远弥漫着一股很淡的陈年烟草味。厨子也坦然地承认，他做的面包的确没有达到他的最佳水平，但是他肯定这不是因为面揉得不好，在揉面这个方面他是很讲究的。在厨房里出现的那些陌生人，肯定是家里哪位苦力的“哥们儿”，不过他们谁也没有养狗，而且他们现在都走了，也不会再来了——尽管第二天，那些人又再次出现了。没有一个仆人抽过烟，那股子烟味应该是越过墙头从另一家飘过来的，那一家的仆人们都是烟鬼。厨子是一个通情达理的人，不过，既然这里没什么需要改进的东西，他也就不知道该如何去改进了。

同样的情况还会发生在一位苦力的身上，他被派去割草，主人给了他一把雪亮、锋利的外国镰刀。他带着满意的微笑把刀接了过去，但是在当天的稍后，就会发现他拿着一种中式收割器具在干活，那把锈迹斑斑的铁刀只有四英寸长，装在一个很短的把手上。他似乎在说：“还是旧的更好使一些。”你让洗衣工使用一台外国洗衣机，这种洗衣机能够节约时间、肥皂和劳力，最为主要的是，还能使衣服少受磨损。还给他提供了一台享有专利的甩干机，这种机器不需要人力，还不损伤衣物。结果，洗衣机和甩干机都被归为“无害的废物”，这位洗衣工依然像先前那样用力搓洗、绞拧衣物，把衣物弄出破洞，弄成了碎片。要想使这类革新得到捍卫，就得以不间断的告诫作为代价。

一位园丁被派去修理倒塌的院墙，手边已经备好了一些砖块，可是他却认为，最好还是在墙头上埋进一尺深的树枝，他就这样做了。若是问他这样做的理由，他就会对他的方法的优越性作一番解释。一位邮差被雇来送一封重要的邮件，到目的地要走好几天的路程，头天晚上他收下了包裹，他应该在次日一大清早就动身。第二天下午，他却还在邻近的一条胡同里晃悠。他被叫了过来，问他这算怎么回事，他告诉我们说，他不得不歇上一天，来洗他的袜子！与你按天雇用的马车夫打交道时，也会产生同样的感受。你吩咐他走某条路，他也答应了，因为其他人在这种情况下都会选择此路，然而，他却带着你走了一条完全不同的路，因为他从一个陌生的过路人那里听说，那条路不太好走。厨师、苦力、园丁、车夫——他们全都不相信我们的判断，而对他们自己的判断推崇备至。

在每一处外国人开有诊所或医院的地方，都一定能够看到一些足以佐证我们这个话题的现象。患者得到了仔细的检查，拿到了处方，并取到了一定剂量的药，为了避免出错，服药的方式和时间被重复了三四遍。为了记住这些细节，他会返回来一两次，加以确认，可是一回到家里，他就把两天的药量一口吞了下去，因为他以为，疗效与剂量之间应该有着直接的比例关系。医生反复告诫患者不要移动外敷的膏药，可这些告诫却起不到什么作用，无法阻止膏药被当场揭下，因为那位患者不想变成一只“乌龟”，让自己的皮肤上长出一块硬壳来。

这样一个现象不会让人感到很舒服，但是根据观察却似乎可以充分地证实这一现象的存在，这就是，对于一位普通患者来说，诊所里一位最无知的助手所表达的意见也似乎（并当然地）和主治医生的诊断具有同等重要的价值，尽管前者可能不识字，不知道药品和各种病症的名称，尽管后者可能获得了各个等级的医学学位，具有十分丰富的经验。甚至连一位看门人或一位苦力的一个暗示，就足以使人完全无视医生的医嘱，去采纳某些注定是愚蠢的、甚至可能是致命的建议。

我们至此所谈的这些说明中国人固执的例子，都与外国人有关，因为我们最容易注意到这样的例子，这些例子对我们而言也有着最为密切的利害关系。然而，越是深入地观察中国人彼此之间的关系（他们的真实气质正是在这样的关系中表露出来的），我们就越觉得，“表里不一”这个意味深长的中国成语所指的那种情形，并非一个特例。中国仆人面对中国主人也像面对外国主人一样，是谦虚、顺从的，但是他们并没有意识到他们是不能自行其是的，同样，他们的主人也从来不曾指望自己下达的命令会得到一丝不苟的贯彻。一位外国雇主却会要求被雇来的人严格地按照吩咐去做，如果仆人们不按他的吩咐去做，他就会对他们中间的某些人渐渐地产生敌意。笔者一位朋友的仆人，就属于这个数目庞大的仆人阶级，这个仆人阶级将极端的忠诚和极端的执拗合为一体，这样一来，他们就成了一些不可或缺的讨厌人物，这些仆人的主人们常常会陷入一种进退两难的境地。我的这位朋友的话恰如其分地表达了主人们的这种心境，他在谈到他那位“男仆”时说，他时常处在一种举棋不定的状态中，不知是应该杀了那个仆人，还是该给他涨工钱！中国主人则清楚地知道，他的命令会遭到方式不同的忽略，但是他能预先防范这种一准儿会出现的结果，就像人们会预存下一笔钱来以应对坏账，或者就像在机械设计中要为摩擦留出余地。

这种有令不遵的现象，也程度不等地存在于各个级别中国官员们的相互关系之中，直至最高层。违抗命令的动机会有许多种，比如自己的惰性和朋友的情面，最为有效的动机还是金钱的魔力。有个地方官员居住的地方水质不好，有些发咸，他就派一个仆人拉着水车到数英里之外的一条河里去取水。这位仆人并没有照办，而是跑到附近的一个村子里去打水，他知道那里的水应该是甜的，他满足了主人要喝甜水的愿望，又少跑了三分之二的路，让各方都皆大欢喜。即便这位官员确知他的命令没有得到执行，但只要水好喝，他很可能就不会去捅破这层窗户纸。在中国，“能抓住耗子的猫就是好猫”，成功就是一切。中国人怕得罪人，并且天生胆小怕事，不愿惹火烧身，因此，违抗命令的罪过是不会被报告上去的，即便有五百个人知道这个秘密。这就是一个典型的中国仆人，主人让他把蓄水箱里的水全都放进别的容器里，以备不时之需，结果却发现，他把水全都倒进了水井！就这样，他设法维持了遵从的外表，但实际结果却构成了一个彻头彻尾的否定。芮尼博士[①]曾讲过这样一件事：厦门的一位官员为了给人制造阅读障碍，故意把一份皇上的文告砍成两截，前后倒置。诸如此类的花招常常被用来对付外国人，中国的官员很少愿意去让外国人开心。

---

① 芮尼（?—1868），英国驻华使馆的医生，著有《驻华英使馆第一年间的北京和北京人》（1865）。——译注

很容易看到这种规避策略与司法制裁之间的冲突。一位官员判处一名罪犯戴两个月的沉重木枷，只有夜间才能卸下来。但是，只要在“最管用的地方”明智地花上一点儿钱，使些银子打点一下，判决命令就会被改头换面地执行，只是在那位官员出入衙门的时候，这位罪犯才会装模作样地戴一会儿木枷，而在其余所有时间里，罪犯都可以完全摆脱这份可恶的重负。这位官员是否从未疑心他的判决会被贿赂所废止，他会不会从后门悄悄溜出去，以便把下属抗命的行为抓个正着呢？他不会这么做的。这位官员也是一个中国人，他知道，判决做出之后并不会得到认真的执行，考虑到这一点，他在量刑的时候就已经把刑期加长了一倍。这似乎也可以作为一个例子，用来说明官方各个部门之间关系的复杂性，外国人的长期观察也证实了这一点。一位高一级的官员指示低一级的官员，应当采取某一步骤了。低一级的官员恭敬地回禀道，该步骤已经完成了。而事实上，压根儿没有采取过任何行动。在许多情况下，事情也就到此为止了。但是，如果某个部门一直在施加压力，命令急如星火，低一级的官员就会把压力转嫁给更低一级的官员，并且把责骂也传递过去，直到那压力的动量消耗殆尽，然后，事情又会像先前那样运转起来。这就是所谓的“改革”，常能看到这样一些声势浩大的运动，比如时不时地下达一道禁令，不准买卖鸦片，或是不准种植罂粟，其成果如何，众所周知。

毫无疑问，在某些人的眼中，中国人似乎是世界上最“固执”的民族，对于这些人来说，我们在概括中国人的“固执”性格时所使用的“灵活的”这个形容词，就可能显得很不恰当。尽管如此，我们还是必须重申这样一个观点，即中国人远非一个最固执的民族，他们实际上远不如盎格鲁－撒克逊民族固执。我们说他们“灵活”，这是因为，在他们像骡马一样的“倔犟”中也掺有一种屈从的能力，而盎格鲁－撒克逊人却时常缺少这样一种能力。

能够说明中国人这种“灵活性”天赋的最佳例子就是，他们能够得体地接受指责。在盎格鲁－撒克逊人中间，这已是一门被忘却的艺术，或者不如说，这是一门从未被发现过的艺术。但是，中国人却能耐心地、专注地、甚至诚心诚意地听你指出他的不足，欣喜地表示赞同，还会添加上两句："是我的不对，是我的不对。"也许，他甚至还会对你表示谢意，感谢你好心地帮助他这样的小人物，并做出保证，说你所指出的那些缺点将得到立即的、彻底的、永久的改正。你也很清楚，这些言之凿凿的保证不过都是"镜中之花，水中之月"，但是，尽管他们的天性是不牢靠的，这些话还是很受听的，需要注意的是，这也正是他们希望得到的目的。

有人把中国人比作竹子，很少有比这更为恰当的比拟了。竹子很优雅，并且用途广泛。它很柔韧，中间是空的。东风吹来，它就弯向西边；西风吹来，它又弯向东边，无风的时候，它就挺直躯干。竹子是一种草本植物。草很容易打成结，竹子尽管柔软，却很难打成结。人的头发是一种最柔软的东西，它可以被拉得很长，可一旦失去拉力，它就会马上缩回来。头发凭借自己的重量可以倒向任何一个方向。许多人的脑袋上都有那么一撮儿头发，长成什么样就是什么样，怎么梳也改不了它的方向。俗话说，这撮儿头发是"被牛舔了"，由于这撮儿头发不服管，其余的头发无论多少，都得随着它的朝向来梳理。如果我们所居住的星球可以被视为一颗脑袋，不同的民族就是这脑袋上的头发，那么，中华民族就是被牛舔了的那一撮儿可敬的头发，它可以被梳理、被修剪，甚至被剃掉，但是，重新长出来的头发一定和先前的一样，其总的朝向也是难以改变的。

第十章　智力混沌

我们把“智力混沌”作为中国人的性格特征之一来讨论，可我们并不希望人们产生这样的理解，即这是中国人特有的性格，或者说，所有的中国人都是这样。就整体而言，中华民族有足够的实力自立于世界民族之林，他们绝对不是一个智力低下的民族，也没有表现出任何智力衰退的趋势。与此同时又必须意识到，中国的教育被局限在一个非常狭隘的范围里，而那些没有接受到完备的教育、甚至根本没有接受过教育的人，便舒舒服服地躲在中国语言的构造中。这种语言结构，用律师的话来说就是一个“事前从犯”[①]，它导致了最典型的智力混沌，可能会使那些教育程度不高的人犯下罪过。

正像如今一些人所知道的那样，中文的名词是没有词形变化的，它们完全没有“性”和“格”的变化。中文的形容词没有比较级，中文的动词也不受“语态”、“语气”、“时态”、“单复数”以及“人称”的限制。在名词、形容词和动词之间没有明显的区别，因为任何一个汉字都可以不加选择地用作每一种词类（或者说是非词类），而且不会出问题。我们并不是在抱怨，中文无法表述人类的思想，也不是说，人类思想中的很大一部分在中文里很难或无法被清晰地传达出来（尽管有时的确如此），我们只是认为，有着这样一种结构的语言会导致“智力混沌”，就像夏日的暑热会让人在午后昏昏欲睡一样。

与一个没有接受过教育的中国人交谈，最常有的一个感受就是，你非常难以弄懂他究竟是在说什么。他的话仅仅是一些谓语，这些谓语以一种复杂的方式组合在一起，整个儿就像是穆罕默德的棺材，悬

① 指那种事先曾怂恿主犯、参与预谋的从犯。——译注

在半空中，上不着天，下不着地。在说话人看来，省去主语并没有多大关系。他知道他在谈什么，但是他从未想过，他的听者无论具有什么样的本能也无法理解，主语，这个传递信息的重要成分，究竟是什么。值得注意的是，常年的实践把大多数中国人都训练成了猜谜专家，对那些常常被省略的主语和谓语稍加补充，他们就能弄清字词之外的附加含义了。常常会出现这样的情况，整个句子中那个最重要的词被省略了，也完全找不到能引申出这个词来的线索。常常会这样，句子的形式、说话人的方式、说话人的声调以及谈话时的环境等都不曾暗示主语已经改变，可是你却突然发现，刚刚还在谈论自己的这位谈话者已经调换了话题，谈起了他生活在道光年间的祖父。他是怎么扯了那么远，又是怎么拉回来的，这常常会构成一个难解的谜，但是我们每天都能看到这种技艺的表演。谈话中夹杂着没有事先提示的、突如其来又难以察觉的跳跃，从一个话题转向另一个话题，从一个人物转向另一个人物，从一个世纪转向另一个世纪，这对一个中国人来说并没有任何惊异可言。如同一个人所具有的这样一种能力：他正盯着窗玻璃上的一只昆虫看，与此同时，不需要调整视线，他还能看到远处山冈上同一水平线上的一群牛。

事实上，中文的动词没有时态，没有表示时间或地点变化的标记，这样的动词无助于廓清一个人固有的混沌感。在这种情况下，可怜的外国人希望至少能跟上那一连串转瞬即逝的思绪，他最好的选择就是不断地发问，就像边远地区的猎人在穿越密林时，用斧头在自己经过的树上砍出"记号"。"你现在说的这个人是谁？"这一点弄清楚之后，接下来可能还要问："这是在哪儿？""什么时候的事儿？""这个人干了什么？""他们做了什么事？""后来又发生了什么事？"每提一个问题，你的中国朋友都用一种困惑的、或许是哀伤的眼神看着你，似乎在怀疑你的五种感官是不是分道扬镳了。但是，这些坚持不懈的追问会构成一个引导人们走出无望迷宫的阿里阿德涅线团[①]。

对于一个没有接受过教育的中国人而言，任何一个想法都是一个意外，因为他对任何一个想法都肯定没有任何心理准备。他之所以不明白，是因为他还没有去弄明白事情的预期，他还需要一定的时间来活动一下智力，因为他还完全处在惯常的状态中。中国人的头脑就像一门陈旧的滑膛炮，炮身已经锈迹斑斑，底座也早已不堪重负，在瞄准一个目标之前得调整好半天，然而它最终肯定还是打不中。当你向一个人提一个简单的问题，诸如："你多大年纪了？"他会十分茫然地盯着提问者，反问一句："我？"你回答："没错，就是问你。"他振作起精神，准备承受这个打击，又问道："多大年纪？""是啊，问你多大年纪。"他再次调整焦点，问道："我多大年纪了？"你说道："是的，你多大年纪了？""五十八岁。"他总算答到点子上了，他的脑筋现在开始正常运转了。

智力混沌的突出例证就是这样一个普遍存在的习惯，即用一个事实、用事实本身来解释原因。你问一位中国厨子："你们做馒头时为什么不放盐呢？""我们做馒头时就是不放盐。"这就是解释。"你们这个城市有这么多、这么好的冰，为什么不在冬天储存起一些冰块呢？""没有，我们这个城市不在冬天储存冰块。"有位拉丁诗人曾说过："能够了解万物之原因的人是幸福的。"倘若这位诗人在中国生活过，他就可能会把他的这句格言修改为："试图探寻万物之原因的人是不幸的。"

智力呆钝的另一个标志就是，一个普通人的大脑无法保持住一个思想，并把这个思想原原本本地转达给另一个人。让甲把什么事情告诉给乙，为的是让丙如何行事，在中国，这就是一种最愚蠢的做法。要么是信息完全没有被传递，因为当事的三方都不明白这个信息的重要性，要么是信息虽然传到了丙处，却使得丙无法理解，或是变得与

① 阿里阿德涅是希腊神话中克里特国王弥诺斯之女，她爱上自愿进入克里特迷宫斩杀半人半牛怪物的雅典王子忒修斯，送给他一个线团，叮嘱他进入迷宫后边走边放线，以标明退路。——译注

原来的意思完全不同了。想让这样一部复杂机器中的三个齿轮全都紧密咬合，从不发生导致停滞的摩擦，俨然是一种不切实际的奢望。即便是那些具有相当智力的大脑也会发现，保持住一个思想并把它既不添加也不扣留地传递出去，这是一件很困难的事情，就像一根插进水中的直棍注定会在清水中产生折射，看上去就像折断了一样。

一个善于观察的外国人随时随地都能遇见这样一些奇异特性的例证。你会针对一些反常的举动这样发问："他为什么要这样做呢？"得到的回答很简单："是的。"有一个数词经常被使用，它是那些含混回答的恼人的附属物。这个数词既能表示疑问，意为"几个"，也可以表示肯定，意为"好几个"。你问一个人："你在这儿待几天了？"他会回答："是的，我在这儿待好几天了。"在中文里所有那些含义模糊的词汇中，最为模糊的或许就是人称（或非人称）代词"ta"，这个代词不加区分地既指"他"和"她"，也指"它"。有时，说话者为了说明他指的是谁，就用手朝那个人的家所在的方向或是他刚刚出现过的地方含混地指一指。然而更为常见的是,这个单音节的"ta"无所不能，既能作为关系代词，也能作为指示代词，还能作为限定形容词。在这样一些情况下，一个中国人对一场殴斗的描述，就会像是英国法庭上一位证人的证词："他拿着一根棍，他也拿着一根棍，他打了他，他也打了他，如果他打他也像他打他一样狠的话，他就会杀了他，而不是他杀了他。"

"刚才叫你的时候，你为什么不过来？"你质问一个显然玩忽职守的仆人。"不为什么。"他坦然地答道。诸如此类的心智混沌会导致大量往往会让人感到无所适从的举动，对于一个条理清晰的西方人来说，这些举动总是令人恼怒的。厨师照例行事，用完了他手头的某种调料，做好一顿饭时他就把这种通常必放的东西省略掉了。你问他这是怎么回事，他会坦然地回答，那样东西没有了。"那你为什么不及时地再要一些呢？""我没有再要一些。"这就是他的解释。你要付一笔钱给某人，与他结账，你费劲儿地打开保险柜，仔细地清点零钱，他坐在那里海阔天空地聊了"老半天"，然后才不经意地提了一句："除了这笔账，我在你这儿还另有一笔。”“我开保险柜的时候你怎么不说一声呢？那样的话我不就能一次结清了吗？”“哦，我觉得这两笔账是不相干的呀！”与之类似的另一个例子是，一位病人在诊所里耗费了医生很长一段时间，然后出门走向候诊室，可门还没关上，他又走了进来。他被告知，他的病已经看完了，他却直截了当地说道：“除了刚才看的那个病，我还有别的病呢！”

在我们看来最为愚蠢的一个例证，就是中国人普遍具有的那个不及时去看病的习惯，这是因为患者忙得没时间，或是因为看病要花钱。他们常常以为，与花上十个铜板——约等于一美分——买上一剂肯定能治好病的奎宁相比，更便宜的做法是忍受间歇性发热的反复攻击和折磨。我们见过无数这样的事例，仅仅是为了节约一点儿时间，一些严重的疾病有时竟然恶化到了致命的地步，而他们原本是可以得到免费治疗的。

有个人住在离一家外国人开办的医院只有半英里远的地方。他外出时染上眼疾，但回家后竟然在痛苦中熬了两个多星期才去医院，在这段时间里他每天都希望疼痛能止住，但事与愿违，他的一只眼睛由于角膜发炎而完全失明了。

还有一个病人，因为脖子上的溃疡很厉害，每天都来接受治疗，到了第十八天他才说，他的腿痛得让他睡不着觉。经过检查，发现他的腿上居然还有一块杯口那么大、那么深的溃疡！等到他的脖子治好了，他才想起来说他的腿！

中国人生活中众多诸如此类的现象，会令人想起查尔斯·里德[①]一部小说中的一句话：“人类并不缺乏智性，但他们有一个智性缺点，即他们都是糊涂虫！”

中国的教育没有使受教育者获得这样的能力，即以一种富有理解力的、实践的方式把握一个客体。在西方国家有这样一个流传很广的假设，即存在着这样一些布道者，即便他们的经文上存在着天花病毒，

---

① 查尔斯·里德（1814—1884），英国小说家，著有小说《隐修院和炉边》、《亡羊补牢未为晚》和《现钱》等。——译注

他们的布道也绝对不会被感染上的。在中国人中间，也能看到这种声名不佳的独特现象。中国的狗在追捕狼的时候表现得很仁慈，最常见的不是狗在狼的后面追，而是在各自运动，两者即便不是朝着相反的方向，也至少会构成一个直角。一位说话的中国人对某个不断退却的话题的把握，就像这种躲躲闪闪的追捕。他能时常嗅到那话题的味道，往往眼看就要追上它了，但他最终还是退却了，显得疲惫不堪，在他说话的过程中始终没有接近这个话题。

中国是一个对比强烈的国家，有人非常富裕，也有人十分贫穷，有人接受过高深的教育，也有人愚昧无知，这些人在生活中却又是比邻而居的。数以百万计命中注定既非常贫穷又非常愚昧的人，他们的眼界的确很狭隘，这自然会导致智力混沌。他们的处境就像井底之蛙，对于这些井底蛙来说，甚至连天空也都只是一道暗影。许多人从未到过离家十英里之外的地方，除了他们终日所处的日常生活，他们对任何一种别样的生活方式都一无所知。在他们当中很多人的身上，甚至连所有种族的人全都具有的好奇心似乎都蛰伏了，泯灭了。许多中国人听说来了一个外国人，就住在离他们家不到一英里远的地方，可他们却从来想不到去问一问，这个外国人来自何方，是什么人，想做什么。他们知道如何为生存而拼争,除此之外就一无所知了。他们不知道，他们是否像如今流行的观点所称的那样具有三个灵魂，还是只有一个，还是一个都没有。他们认为，一切与粮食价格没有关系的东西都是毫无意义的。他们相信来世的生活，相信坏人来世会变成狗和虫，他们也纯真地相信人的彻底消亡，相信肉体会变成泥土，灵魂——如果有灵魂的话——会飘向天空。他们是一种力量的最终产物，这种力量能造就出西方国家所谓的"讲究实际的人"，这种人的生活由两样东西构成：肚皮和钱袋。这样的人是一个真正的实证主义者，因为他只能理解他看到和听到的东西，也从不细究任何因果关系。对他而言，生活就是一系列的事实，其中大多数事实是令人不愉快的，一涉及除此之外的任何事情，他马上就会是一个无神论者，一个多神论者，一个不可知论者。偶尔对他一无所知的偶像表示一下敬奉，或是对他不知是谁的对象施舍一点儿食物，这也只是为了满足那种寻求依赖的本能，但这种本能是否能获得这样的表达方式，这在很大程度上甚至还要取决于这个人所处的风俗氛围。在中国人那里，人们生活中的物质因素可以与心灵因素和精神因素完全割裂开来，独自发展。把这些人从愚昧中拯救出来的唯一方法，就是引入一种全新的生活，这种新生活将使他们领会到一位古代主教所道出的崇高真理："这就是人的精神，上帝的启示就在于让他们理解这种精神。"

第十一章　神经麻木

“神经质的”这个词的不同用法，反映了现代文明中一个意味深长的侧面。这个词的本义是：“神经健全的；坚韧的；强壮的；有力的。”它的引申义之一，也就是我们最常遇见的含义则是：“神经衰弱或有疾病的；神经过于激动而导致痛苦者；易激动的；软弱的。”用于表示神经疾病某些特定阶段的多种复杂的医学术语，如今在我们听来都已经像是日常用语了。毫无疑义，现代形态的文明越来越表现为过分的神经激动，各种神经疾病也相应地比前一个世纪更为常见了。

但是，我们现在所讨论的问题并不涉及那些真正的神经疾病患者，我们要说的是为数众多的西方人，这些人在健康状况良好的情况下却不断地被用各种各样的方式告知，他们的神经系统是他们身体器官中最为突出的一个部分。简而言之，我们指的是那些“神经质的”人，我们心目中的这个词包括我们所有的读者。至少对盎格鲁－撒克逊民族来讲，这样的事情看起来是很自然的，即比起那些生活在以航海邮轮和邮递马车为代表的过去那个慢节奏时代的人来，生活在蒸汽和电气时代的人必须具有一种能够面对不同环境的神经。我们的时代是一个极其活跃的时代，也是一个十分匆忙的时代。甚至连吃饭的时间都没有，神经始终绷得紧紧的，其结果尽人皆知。

我们这个时代的商人们都是一副焦虑不安的模样（至少是那些在西方国家做生意的人），似乎每时每刻都在等一封会影响到他们最终命运的电报——他们也的确经常在等电报。我们会在许多举动中暴露出大脑中的这一无意识状态。我们无法静静地待着，总是坐立不安。我们在谈话的时候抚弄着手中的铅笔，似乎我们必须立即写下些什么，否则就来不及记录了。我们搓着双手，似乎在准备应对一件足以耗尽我们所有能量的严峻任务。我们转动拇指，我们不住地回头张望，其敏捷就像一个担心背后有潜在危险的野生动物那样。我们总是觉得，有什么事情我们必须马上去做，刻不容缓，即便我们刚刚完成另外六件更为重要的事情。我们的神经超负荷运转，由此导致的不良后果不仅主要表现为诸如“提琴手痉挛”、“电报员痉挛”、“作家痉挛”等这样一些病症，而且还表现为整体的紧张状态。我们的睡眠不如从前，无论是睡眠时间还是睡眠质量都是这样。一有风吹草动我们就会醒来，比如，树上小鸟的一声鸣叫，射进我们黑暗房间里的一道光线，百叶窗在微风中的一次摆动，或是一个人的说话声，这时，我们的睡眠就会中断，感觉睡意全无。我们让我们的每日生活紧紧地倚靠在我们身上，其结果，我们便失去了真正的休息[①]。如今这句话似乎已经成了格言：银行要想成功，行长必须带着银行一起入睡。这就不难理解了，为何在股东们坐收渔利之时，行长却唉声叹气。

这样，我们已经完整地给出了我们西方日常生活中这些众所周知的事实，以此与每一个熟悉中国人的人都不可能不看到、不可能不感觉到的一切构成鲜明的对比。中国人去世后尸体很少被解剖，但是毫无疑问毕竟有过解剖，可我们却从未耳闻任何神经解剖学上的证据，说明这一“黑发民族”的神经与白种人的神经有什么本质的区别。中国人的神经与西方人的神经相比，用几何学家的话来说就是“相似形”，但有一点是确凿无疑的，即他们的神经与我们所熟悉的神经有着很大的差异。

对于一个中国人来说，同一个姿势无论保持多久似乎都没什么关系。他可以像个机器人一样整天写个不停。如果他是个手艺人，他会从早到晚待在同一个地方，编织，打金箔，或是别的什么活儿，日复一日地重复这种单调的劳作，而且很明显，他也从未觉得这种单调需要得到改变。同样，中国的学童也受到诸多限制，没有任何休息时间，功课也是一成不变的，这样的功课会让西方的学生很快地发疯。我们

① 此处的 rest 是双关语，前一个 rest 为动词，有“倚靠”之意，后一个 rest 是名词，意思是“休息”。——译注

的孩子们差不多一生下来就开始运动了，可中国的婴儿却躺在母亲怀里，像泥人儿一样，不哭不闹也不动弹。稍稍长大一些之后，西方的孩子顽皮得像猴子，会做出各种最滑稽的举动，而中国的孩子们或站或坐或蹲着，往往能长时间地保持同一种姿势。

对于中国人来说，身体锻炼是多余的，这似乎成了一个生理学上的事实。他们无法理解各个阶层的外国人似乎全都具有的一个爱好，即那种没有既定目的的散步。至于那种“模拟打猎”的奇特游戏，人们分别扮演“兔子和猎犬”，冒着生命危险在地里狂奔；至于那种运动方式，一些很有社会地位的人整个下午都被太阳烤着，试图将垒球击打到别人够不着的地方去，或者交换一下攻防，试图身手敏捷地接住那个球，以便将另一个人“封杀”在他的“垒”上，这样的举动在中国人看来就更加难以理解了。广州的一位教员看见一位外国女士在打网球，便问一位用人：“她这么跑来跑去的，得付给她多少钱呢？”假如告诉他“一分钱也没付”，他是不会相信的。这些完全可以雇用苦力来为他们做事的人，为什么还要来干这些体力活呢？我们再重复一遍，这是一个中国人无论如何也想不通的，即使你向他解释了这样做的原因，他还是难以理解。

在睡眠方面，中国人和西方人之间存在着的差异，也像我们前面所谈到的差异一样大。总的说来，中国人可以在任何一个地点入睡。那些会使我们陷入绝望的种种小烦恼，却不会让他们烦心。有一块砖头当枕头，他们就可以在草铺、泥炕或者藤床上呼呼大睡，将世间的万物置之脑后。他们不要求房间里的光线暗下来，也不需要别人保持安静。“夜哭郎”要哭就尽管哭去吧，因为这也不会对他们构成惊扰。在有些地区，全体居民似乎都有在夏日午后的头两个小时里睡觉的习惯，就像是一种共同的本能（就像冬眠的熊），他们的午睡是雷打不动的，无论他们身在何处。在正午的两个小时内，整个世界都像午夜的两个小时里那样万籁俱寂。睡觉的地点是无足轻重的，至少对于干粗活的人是这样的，其他许多人也同样如此。横躺在三轮手推车上，像蜘蛛一样脑袋朝下，大张着嘴巴，嘴巴里还有一只苍蝇——如果以这样的入睡能力为标准来招募一支军队，那么，在中国就可以轻而易举地招募到数百万人，不，可以招到上千万人！

除此之外，我们还必须注意到一个事实，这就是在中国，人们不太在意他们的呼吸是否顺畅。没有什么地方能保持真正意义上的空气流通，除非当一场台风掀掉了住宅的屋顶，或是一场饥荒迫使房主拆掉房子以出售房梁。中国的拥挤我们多有耳闻，但这种拥挤是中国人的正常生活状态。他们似乎完全没有因此而感到什么不便，或者说，这种影响的程度很低，根本引不起注意。如果他们带上了一副盎格鲁-撒克逊人的神经装备，那么，他们的悲哀将一如我们通常关于他们的猜度。

中国人对肉体痛苦的忍耐力，也同样是他们能摆脱神经的专制而获自由的一个例证。对中国医院里的手术场面略有目睹的人都知道，中国患者毫不退缩地忍受着那种足以令我们的壮小伙也感到畏惧的巨大痛苦，这样的现象是很普遍的，或者甚至可以说是没有例外的。这个话题可以轻而易举地扩展为一篇文章，但我们却必须放下这个话题，仅仅提醒大家注意一下乔治·艾略特[①]在一封信里说过的一句话。“至高无上的召唤与选择”，她显然是被她所不熟悉的神学公式所激怒了，因而说道，“就是不施鸦片麻药，神志清醒地承受痛楚。”如果她的话是正确的，那么毫无疑问，大多数中国人至少都已经做出了他们的召唤和选择。

勃朗宁夫人[②]曾说：“不带同情心的观察就是一种折磨。”毫无疑问，这是对于和这位杰出女诗人同样具有敏感神经的那些人而言的，也是对于她那个民族的其他许多人而言的。西方人不喜欢被观看，尤其是在他做某种细致或困难的工作时。可是或许，一个中国人只有在他人近距离的观察下才能把工作做得最好。在每一处外国人不常去的地方，一大群好奇的中国人都会把外国人围在中间，这让我们大家很

① 乔治·艾略特（1819—1880），英国女作家，原名玛丽·安·埃文思。著有小说《织工马南》等。——译注

② 伊丽莎白·芭蕾特·勃朗宁（1806—1861），英国女诗人。——译注

快就感到疲惫不堪。我们常常声称，如果不以某种方式把这些人轰走，我们就会“发疯”，可除了那种不带同情的观察，这些人并没有给我们造成其他的伤害。但是对中国人而言，西方人这种本能的感受是绝对难以理解的。他们不会在意有多少人在看他，在什么时候看他，看了多长时间，如果有什么人十分反感别人的观看，他们会怀疑这个人或许有什么不对劲儿的地方。

西方人不仅在睡觉时要求安静，在生病时更是如此。即便他此前并不十分好静，但在病中他也不愿受到任何杂音的干扰。亲友、护士和医生会齐心协力，为患者提供这样一个康复所最必需的条件；如果康复无望，则更会向病人提供环境所能允许的最大限度的安宁。中国人在别人生病时的举动，构成了中、西习俗中一个最为突出的对比。得病的消息就是一个行动信号，病人会立即受到来自四面八方的各种袭击，袭击者的人数是与病情的严重程度成正比的。谁都想不到要保持安静，而且说来奇怪，似乎谁也不需要安静。忙乱地迎来送往，招待来客，那些担心死亡很快降临的人发出的哭泣，尤其是由和尚、尼姑和其他一些人为驱除恶鬼而造成的混乱，由所有这一切构成的环境，会让大多数欧洲人宁愿选择死亡。当一位尊贵的法国女士转告来访者，说她“乞请谅解，因自己大限将至”时，西方人一定会对她生出同情之心。在中国，是不会有人道出这样的乞请来的，即使道出，也不会被人接受。

还必须指出，在这个动荡纷扰的世界上，令人类感到担心或焦虑的事情无处不在。中国人和其他民族一样遭受了这些苦难，而且，他们的遭遇还更为悲惨。他们的社会生活现状就是，在每一个地区，都有很大比例的人口始终处于毁灭的边缘。降雨稍减，就意味着数千人中会有数百人要忍饥挨饿。降雨稍多，则意味着他们的家将被洪水所毁，而且没有任何补救的办法。没有一个中国人敢担保自己不会被官司所纠缠，即便他完全是无辜的，这样的官司也会让他倾家荡产。许多这样的灾难不仅看得见，而且还能感觉到它们静悄悄、坚定地逼近，就像一件渐渐收缩的铁制裹尸布。对于我们来说最为恐怖的事情，就是猛然预见到了一场灾难，而这场灾难又是难以抵御的，会带来许多可怕的后果。中国人能面对这些事情，或许是因为这在他们看来是命中注定的，需要“神志清醒地承受”，这也构成了这个民族最引人注目的一个现象。那些曾经目睹饥荒之时数百万人默默饿死之场景的人，能够理解我们在这里所表达的意思。眼见为实，但无论见识过多少，西方人依旧难以理解这一点,就像中国人也难于彻底理解那为盎格鲁－撒克逊人所继承并发扬的个性和社会自由思想一样。

无论我们从哪个方面去考察，中国人在我们眼中或多或少都依然是一个谜，这种状况看来还将持续下去，除非我们坚信他们与我们相比是“神经麻木”的，否则我们便理解不了他们。我们不敢猜测，这一意味深长的命题会在将来使中国人与我们发生碰撞，尽管随着时间的推移，这种碰撞似乎将变得越来越剧烈。至少就整体而言，我们是相信适者生存这个道理的。在20世纪的争斗中，谁是最能生存的适者呢，是“神经质的”欧洲人，还是不知疲倦、无孔不入、迟钝冷漠的中国人?

第十二章　轻视外国人

一位第一次来到广州的欧洲旅行者，会很难认同这样一个事实，即这个中国商业中心城市与欧洲通商已达三百六十余年。在这段很长的时间里，各个民族的西方人在与中国人的交往中都没有取得什么可以让我们感到骄傲的成就。中国人对其他国家的人所持的态度，就像是古希腊人对待一切非希腊人的态度，无论是以何种目的来到中国的外国人，都被视为“蛮夷”，并被当成“蛮夷”来对待。直到 1860 年，才在条约中专门列出一款①，规定不得使用中国人此前在官方文件中常用作“外国人”之同义词的“蛮夷”一词。

谈到中国人对待西方各民族所持的态度，我们必须时刻记住，许多年来，中国人的四邻都是一些非常弱小的民族，他们因此一直享受着一种最危险的奉承，因为这种奉承方式是最为合理的，因而也是最为有效的。他们发现，交替地使用哄骗和威胁，就可以使与他们交往的外国人顺从他们的愿望，这使他们更加确信他们不言自明的优越感了，他们一直实践着这样一种理论，直到北京被占领②，他们才被迫改变这种姿态。从那时起，尽管才刚刚过去一代人，中国却已经发生了巨大的变化，可以说，中国人如今终于充分地认识到了外国文明和外国人的价值了。然而，不需要与中国人有一个非常广泛、亲密的接触，一位坦率的观察者就能得出这样的印象来，即中国人如今对外国人通常所持有的态度，无论是官方还是非官方的，都还不是一种尊重。

① 应指中英、中法《北京条约》中的第五十一条：“自今用于一般之公用文中，关于英国（法国）之事者，决不许揭蛮夷等之字样，无论于北京与各地方。”——译注

② 在第二次鸦片战争中，英法联军于 1860 年 10 月 13 日攻占北京，洗劫全城，并火烧圆明园。——译注

如果说中国人没有对我们持有一种明显的轻视，那么他们也表现出了一种俯就，他们常常是在不经意之间流露出这种情感来的。这就是我们如今所面对的现状。

中国人在打量外国人的时候，首先感到奇怪的就是外国人的服装，尽管我们并未觉得我们的服饰有多少值得骄傲的地方。的确，各种东方服饰在我们看来都是笨重而又累赘的，束缚了“个人自由”，可这只是因为，我们对于行动自如的要求与东方人完全不同。当我们意识到，东方人的服装式样是适宜于东方人的，我们就会轻而易举地承认这样一个毫无疑义的事实，即这样的服饰对于东方人而言是再合适不过的了。可是，当东方人，尤其是中国人审视我们的服装时，他们却不会表露出任何的羡慕，他们会发出诸多指责，更不用说嘲笑了。东方服饰的一个必要条件就是必须宽松，必须借此来掩饰住身体的轮廓。一位中国绅士只着短衫是不敢在公众场合露面的，但在中国的任何一个外国租界里，却随处可见大量的外国人穿着“紧身短上衣”招摇过市。外国人穿的那种短上装，那种双排扣西服（上面所有的扣子都没有实际用处），尤其是那种被称为“燕尾服”的难看的畸形儿，全都让中国人感到不可思议。这些服装遮不住身体上最易暴露的前胸部位，里面的马甲也领口很低，更是暴露出了贴身穿着的亚麻布衬衣。出现在中国的外国人，每个人的大衣背后都一准儿有两粒扣子，可那里却没有任何需要扣住的东西，扣子钉在那里既不美观又没用处。

如果说，在普通的中国人看来，外国人的男装是不伦不类、滑稽可笑的，那么，外国人的女装就更加荒谬了。外国女士的服饰在许多方面都有悖于中国人的礼仪观念，更谈不上得体了。考虑到作为西方文明伴生物的两性交往自由，就不会对中国人的态度感到奇怪了。他们仅仅依据传统的礼仪标准来做出评判，自然会对他们所看到的一切做出完全错误的理解。

外国人的不懂中文，也常常会成为使中国人产生优越感的理由。一个外国人，即便他能熟练地使用每一种欧洲语言，如果他听不懂一位文盲苦力的话，这位苦力依然会很自大地看不起他。当然，苦力的这种态度只会体现出他的无知，可他的优越感却是实实在在的。如果这位外国人试图与环境抗争，试图掌握这一民族所使用的语言，那么，他一定会不断地遭到鄙视，甚至连他的用人也会用听得见的“悄悄话”说道：“嘿，他听不明白！”而这听不明白的唯一障碍，却正是中国人自己那混乱的表述。但是，中国人意识不到这个事实，即使意识到了，这也不会降低他们天生的优越感。所有学习中文的人都仍然会不时遇到这种情况，因为无论他的中文水平有多高，都永远存在着他所未知的大陆。这看起来是一种普遍的体验，尽管不一定是一致的体验，即一位置身中国的外国人，在经历过最初几个体验阶段之后就会发现，他碰巧知道的那些东西很少能给他争光，而他所不知道的那些东西却会使他颜面扫地。中国人对外国人的中国语言和中国文学知识水准的评价，往往可以借用约翰逊博士[①]的一句话来形容，他在谈到妇人布道的问题时说过，妇人的布道就像是一条站直身子用两只后腿走路的狗——走得很难看，但令人惊奇的是，还是能走的！

外国人对中国风俗的无知，也是使中国人产生优越感的另一个理由。任何人都有可能对他们始终熟悉的东西有所不知，可这一点在他们看来却几乎是难以置信的。

一个外国人常常意识不到中国人以各种间接方式对他所表示出的冷落，这个事实会使中国人带着有意的轻视来看待他们这些蒙在鼓里的牺牲品。“土著人”认为我们带有轻蔑的冷漠，结果，我们便会因为这种被误解的态度而遭到相应的、充分的报复。

许多中国人看见外国人就觉得很可笑，这种好奇心还带有一种轻视，就像黎提摩[②]先生看到大卫·科波菲尔时总是在心里嘀咕：“太年轻了，少爷，太年轻了。”不是说一个人在中国随时随地都会获得这样的经历，但那些机敏的观察者或多或少都会积累起这样的体验来，而在中国的外国人似乎正是这样的观察者。然而，无论一个人的经历

---

① 即萨缪尔·约翰逊（1709—1784），英国文学家，批评家。——译注

② 黎提摩是英国作家狄更斯的长篇小说《大卫·科波菲尔》中的人物，是大卫·科波菲尔的朋友斯提福兹的仆人。——译注

多么丰富，都依然有许多社会生活的细节是他闻所未闻、不解其意的，因此，凡事都有个第一次。

任何一个普通的中国人都可以轻而易举地完成的事情，外国人却干不来，这也让中国人看低我们。我们吃不惯他们的饭菜，我们受不了太阳的暴晒，我们也无法在人群中，在嘈杂的或空气不畅的地方入睡。我们划不走他们的船，也不会喊上两声“吁！吁！”就让骡队俯首帖耳地听我们使唤。有这样一件广为人知的事情，英国军队的炮兵部队 1860 年向北京进发时，雇来的当地车夫在河西务[①]附近开了小差，这使得英军完全陷入了束手无策的窘境，因为英军中竟没有一个人能让那些中国牲口挪动一步！

在仪式中，在我们认为更为重要的一些场合，我们都不善于遵从中国人的观念和范式，这使得中国人对我们表现出了几乎不加掩饰的轻视，他们认为我们是一个不懂得、也不可能懂得“礼仪”的民族。外国人不是不会鞠躬，而是他们大多觉得很难用中国人的方式来鞠躬，其原因既是生理上的，更是精神上的。外国人轻视礼仪规范，常常举止随意，也没有足够的耐心，如果他真的能够迈着方步悠闲地走上二十分钟，那么，无论是对中国人还是外国人来说，这样做的结果都是显而易见的。外国人不愿花上“老半天”的时间去空谈，对于他们来说，时间就是金钱，但是对于中国人来说却远非如此，在中国，每个人都拥有充足的时间，却很少有人拥有金钱。中国人至今仍不明白，他们所浪费的时间恰恰是属于他们自己的，而不属于其他任何人。

外国人倾向于尽量免除那些多余的礼仪，因为这些礼仪让人厌烦，因为用在礼仪上的时间可以用在更好的地方。这样一来也就不奇怪了，与讲究礼仪的中国人相比，外国人就显得举止粗俗了，甚至连外国人自己都这么看。试比较一下中国官员与一位外国来访者的衣着和举止，中国官员长袍飘逸，姿态优雅，而那位外国来访者则只会笨拙地行个屈膝礼。面对这个对比鲜明的场景，中国人得调动起他们全部的教养

---

① 河西务在北京东南约 130 公里处，今属天津。——译注

才能避免当场发笑。与此相关的一点必须指出，即最让中国人轻视外国人的一个原因，就是后者显然对东方人很看重的官员不太看重。如果告诉中国人，他们能见到“美国大帝”，他们看到的格兰特将军[①]身穿一件市民服装，嘴里叼着一支雪茄，一个人走在大街上，他们的心里会作何感想呢？再想象一下这样一位外国领事，他的级别相当于中国的道台，为调解一桩国际纠纷，他前往省城面见巡抚大人。数千人涌上城头，争睹这位外国大官的车队，结果他们看到，这位外国大官的车队仅由两辆马车和几匹马组成，领事的随从也只有一名翻译、一个中国听差和一个厨子。毫不奇怪，那些东方人看到这个场景，自然会流露出诧异，那诧异起先变成了冷漠，继而又变成了轻视。

我们认为我们在许多方面都毫无疑问地优于中国人，但这些优越之处却没有使他们做出我们所希望看到的那种表示。他们承认这样的事实，即我们在机器设计上领先于他们，但是我们的许多设计却被他们看成是变戏法——既稀罕又奥妙，却没什么用处。我们的成就在他们看来像是某种超自然力量的结果，值得注意的是，孔子是拒绝谈论奇迹的。许多到过中国的承包商都失望地发现，中国人对于那些由蒸汽和电造就的奇迹是何等的冷漠。除了很少几个例外，中国人在任何事情上都不愿意模仿外国人（尽管他们也可能不得不去模仿）。他们既不注意环境卫生和空气流通，也不了解生理学。他们喜欢西方进步的某些产物，但不是全部，他们不愿屈从于西方的方法，如果要他们屈从西方的方法，他们则宁愿放弃那些西方进步的产物。中国渴望成为、也能够成为一个令人生畏的“强国”，但目前还只有这样一种直接的、明显的趋势，其余的一切都有待将来；如果缺乏一种“时代精神”，中国人之优越感的产生就会相当遥远，其他方面的改进也会延迟很久。中国的一些学者和政治家似乎也意识到了中国的劣势，但他们认为，西方各民族不过是利用了古代中国人积累下来的知识，古代中国人在数学和自然科学方面都达到了很高的水平，可他们的当代子孙却不幸

① 格兰特（1822—1885），美国南北战争时期联邦军队总司令。1868 至 1875 年间，任美国总统。1879 年曾来中国。——译注

地让西方人窃取了这些关于自然的秘密。

单个的外国人在处理实际事务时所表现出的确凿能力，似乎并没有给中国人留下太深的印象。撒克逊人崇拜“能人”，就像卡莱尔所指出的那样，他们称这样的人为“王”，并将他推上王位。对于中国人来说，外国人的某种技能是有趣的，或许还是令人吃惊的，在下一次他们突然想要做什么事情的时候，他们是不会忘记或拒绝使用这一技能的；但是，进一步把外国人在这一方面的技能作为模仿的对象，或许，一万个中国人里面也没有一个人能生出这样的念头。对于他们来说，理想的学者就应该继续做那种文字化石，他什么都学，什么都能记住，获得好几个学衔；他努力工作以免挨饿，手上的指甲有几英寸长，他什么事情都干不了（除了教书），以此来保持心身一致，因为“君子不器”[①]。

总的来说，西方各民族并未使受过教育的中国人产生西方比中国优越的印象。前任中国驻英公使郭大人[②]在交谈中的一个反应就是绝妙的佐证。当时有人问他，理雅各博士[③]认为英国人的道德水准要高于中国人，他对此有何看法。这位大人顿了一下，似乎在掂量这个评价的所有分量，然后感情强烈地回应：“我深感意外。”这种肤浅的比较是得不出什么结论来的，尤其是从外交的角度来看。要做出恰当的比较，首先需要细致而深刻地了解两个民族的精神生活，需要能够完全了解那些不断增加的结果之无数的原因。我们在此不打算进行这样的比较。如今可以清楚地感觉到，对于那些虽然揣有各种机械秘密、却完全意识不到中国伦理之伟大的外国人来说，中国的文人就是他们主要的敌人。一个“双脚踏在现在，头脑还在宋代”的典型的中国学者，就会体现出这种带有忌妒的轻视。就是这个阶层的人士酝酿并掀起了一场反对外国人的文字浪潮，中国的中部这些年间已经被这场洪水所

① 语出《论语·为政》。——译注

② 疑指郭嵩焘（1818—1891），湖南湘阴人，道光进士。1876年任中国首任驻英公使，著有《使西纪程》等。——译注

③ 理雅各（1814—1897），英国传教士，汉学家。曾将多部儒家经典翻译成英文。——译注

淹没了。

人们曾经认为，中国会被西方的各种发明所攻占。刀叉、长袜和钢琴将漂洋过海，从英国来到中国，这会使人们产生这样的印象，这个国家即将“欧化”了。如果说中国曾被以这种方式所攻占，那也是很久之前的事情，而这样的时代再也不会出现了。中国不是一个能被攻占的国家，中国人也不是一个能被攻占的民族，无论以何种方式去攻打。要想让中华民族对作为一个整体的西方诸民族保持稳固、持久的尊重，唯一的办法就是用事实说话，展示基督教文明的各种大小成就，而这样的成就是现在的中华文明所无法企及的。如果缺乏这样的实证，中国人在与外国人的交往中就会依然没有由头儿地继续怀有并表现出俯就和轻视。

第十三章　缺乏公共精神

中国最古老的经典之一《诗经》中有这样两句被认为是农人祈祷的诗句:“雨我公田，遂及我私。”[①]在周朝的鼎盛时期或是更悠远的年代，或许确实有过这样的立场，但是毫无疑问，这样的祈祷却很少有可能出现在当今，无论是农民还是别的什么人，都不会希望降水先“雨”“公田”。我们常常被告知，中国的政府就本质而言是家长制的，它要求其臣民像子女一般地服从。一位种植园里的黑奴听别人说:“人人为自己，上帝为大家。”可是他却没有准确地再现这句话的思想，而给出了他这个改头换面的版本:“人人为自己，上帝也为他自己！”这句古老箴言的新版本，就包含了普通中国人面对权力之态度的精髓。“我只要管好自己的事情就够了。”如果他真的会想到政府，他大约也会这样想:“政府足够悠久、足够强大，没有我的帮助也能照看好它自己。”另一方面，政府尽管是家长制的，可它关心更多的却是家长，而不是这个家长的全家。总的说来，若非危急关头，政府是很少做什么事情的，如果事先什么都不做，事后就将付出更多的努力。百姓清楚地知道，政府只是因为担心税收上的损失，才试图缓解诸如河水经常泛滥之类的灾难所造成的后果。百姓们为预防灾害所付出的努力，则是出于一种自我保护的本能，因为百姓们深信这活儿他们能干好，还可以避免各种数不清的苛捐杂税，而这些税捐一准儿是一个运转有力的政府之一成不变的伴生物。

中国的道路状况是一个最典型的例子，可以用来说明对公共事务的漠视和百姓公共精神的缺失。在这个帝国的许多地方都可以看到许

---

①　语出《诗经·小雅·大田》。——译注

多从前修建的帝国大道，这些大道曾用石条铺面，道旁曾经绿树掩映，是联结许多最重要城市的通途。这些道路的遗迹不仅在北京附近可以看到，就是在湖南、四川等边远地区也能发现。这些道路的修建无疑花费了大量钱财，修复它们则是相对容易的，但是，修复工作却被无一例外地忽略了，于是，这些大道的遗迹如今反而成了旅行的严重障碍，终于被废弃不用了。有人估计，这些交通要道的毁弃发生在明代终结前那个漫长的动乱时期，以及如今的清朝统治的初期；但是，即便考虑到所有的政治动乱，两百五十年这么长的一段时间也足够用来修复帝国的干道了。但是，这样的修复没有进行，或者说从未做过修复的尝试，其后果就是我们再熟悉不过的那些事情。

百姓的态度与政府如出一辙，百姓们无论个人还是集体，只要自己的财产没有遭受损失，就都不会对公共财产表示出责任心。事实上，一条道路或是其他什么东西是属于“公众”的，这样的概念完全没有进入过中国人的大脑。“江山”（也就是帝国）被认为是皇帝的财产，他在位一天就拥有一天，统治一天。道路也是他的，如果需要在这些道路上做点儿什么事情，那就让皇帝去做好了。但是，有很大一部分道路并不属于皇帝，如果不提农民的农田也属于皇帝这个事实的话，这些不属于皇帝的道路只是一些狭窄的田间小道，它们是给那些愿意走这些小路的人走的，这些人不需要求得土地主人的允许，也从未有人要他们求得允许，使用这些道路是生活的必需。整条道路都是某块农田的一部分，它像其他土地一样也是要缴税的，土地的所有者并没有从道路的通行中得到比其他人更多的利益。在这种情况下，显而易见，农夫就会尽量地限制道路，通过对沟渠和田埂系统的扩展来给每一位路人制造困难，仅留出一条通行所必需的狭窄的田间小道。夏季的大雨若是把地里的土冲到了路上，农夫就会来到路上，把属于自己的泥土铲回来。这样的做法，再加上自然的排水和不断的尘暴，道路最终就变成了一道深沟。对于我们所言的“路权”，中国人是毫无概念的。

在京津之间的北河上航行的旅人，有时能发现河上插着一面面小旗，经过询问才得知，那些插旗的地方都布有水雷，过往的船只必须绕开它们！我们还听说，一支参加炮兵演习的中国部队竟把他们的大炮横在一条干道上，完全阻断了交通，还使拉车的牲口受了惊，很快就导致了一场严重的事故。

一个想装卸货物的马车夫，会将马车停在路中央来干他的事，所有要过路的人都只好等他干完。一位农夫突然想砍倒一棵树，他就让这棵树倒在大路上，行人只好停下脚步，等他把大树砍断、挪开。

城市里对街道的侵占，其程度也不亚于乡间道路上的随心所欲。北京宽敞的街道两侧充斥着非法经营的小商小贩，当皇帝偶尔打这条街路过,他们就会被立即赶走。皇帝过去之后,商贩们马上又返回原处。中国大多数城市里被作为街道的那些狭窄通道，总是堵满了各种各样的产业障碍物。屠夫、剃头匠、卖小吃的、木匠、箍桶匠，以及数不清的各色匠人，都在狭窄通道的两旁各显身手，这些通道随着大都市生活的脉搏而跳动，而那些匠人则可能构成阻碍血液流通的血栓。甚至会有妇人把家中的被子拿出来，摊开在路上晾晒，因为她们家的小院子可没这么宽敞。中国人是很少有什么事情不能拿到大街上来做的。

阻碍交通的还不止这些流动的商贩。木匠在他的铺面前堆放着一大堆木料，染匠把他那一匹匹长长的布高高地挂起，面食师傅晾的面条横穿街道，因为铺面前的空间是属于店铺的主人，而不属于任何想象中的“公众”。既然道路属于他们，他们就应该担负起相应的维修责任，可是在现阶段，中国人还完全无法接受这样的观念。让某一个人去维修道路（这样的事似乎从未发生过），他是没有足够的时间和修路材料的；把许多人联合起来维修道路，则是完全不可能的，因为每个人都会斤斤计较，唯恐自己比其他人干得多，获益却少。其实，对于每个地方官员来说，责成干道沿线的每个村庄各自负责养护一段路，保证道路至少能四季通行，这也并不是一件难办的事情，可是否有哪位中国官员想到过这个念头，这还是一个疑问。

中国人不仅对“公共的”一切都漠不关心，而且，所有那些没有得到看管的现成财产都成了盗窃的目标。铺路的石头被搬回家去用，城墙上的方砖也会渐渐地消失。中国一个港口城市里有一座外国人公墓，当人们发现那块墓地是无人看管的时候，整个围墙立马被拆得一块砖头都不剩。就在几年之前，北京的皇宫里发生过一起惊天大窃案，人们发现，紫禁城里几座建筑顶部的铜瓦被揭走了很多。中国人有这样一个普遍的看法，即在全国十八个省里，遭到偷窃最多的就是皇帝本人。

这样一个问题常常被提出来，即中国人究竟有没有爱国主义，这不是一个三言两语就能回答清楚的问题。毫无疑问，中国人有着强烈的民族感情，尤其是中国的文人阶层，他们对外国人和外国人的种种发明所表现出的敌意，在很大程度上就源于这种民族感情。最近几年，湖南省的排外文字如洪水泛滥，其中充满各种恶意的诽谤，试图以此引起一场动乱，好把洋鬼子逐出天朝。从中国人的立场来看，发表这些文字的动机是值得赞扬的，就像我们觉得反对无政府主义是正当的一样。这种攻击的出现，部分是出于误解，部分是出于一种民族仇恨，对于这种仇恨的出现，西方各民族也负有一定的责任。许多中国人可能会认为,这样的攻击完全是爱国的。然而,除了获取报酬的愿望之外，相当一部分中国人也怀有拯救国家的愿望，因为这个国家是他们的。这两种愿望孰轻孰重的问题，还需要更多的证据来说明，而不能仅凭某一个了解中国人的外国人的粗浅印象。当然，一个并不关心现今鞑靼王朝之命运的中国人依然可能是爱国的，但是我们又有充足的理由认为，无论赶上什么一个朝代，民族大众的情感都可能与当今的一样，即极度的冷漠。孔子在《论语》中所说的那句含义丰富的话，是理解人们对公共事务所持态度的关键："子曰：'不在其位，不谋其政。'"[①]在我们看来，这句意味深长的话部分是结果，而在很大程度上却是原因，它导致了中国人与生俱来的冷漠，对与他们无关的事情不感兴趣。

古伯察先生[②]对此给出了一个出色的例证。"1851 年，在道光皇

① 语出《论语 · 泰伯》，又见于《论语 · 宪问》。——译注

② 古伯察（1813—1860），法国遣使会教士。1839 年来华传教，曾游历蒙古和西藏，著有《穿过中华帝国的旅行》等书。——译注

帝去世的时候[1]，我们离开北京去旅行。一天，我们在一家客栈里喝茶，和几个中国人坐在一起，我们想和他们稍稍地谈一谈政治。我们谈到皇帝不久前的去世，这应该是每个人都感兴趣的重大事件。我们表达了对皇位交接问题的担忧，因为当时还未公布继位者。我们说道：'你们中间有谁知道，皇帝的三个儿子中哪一个会继承皇位呢？如果是长子，他会延续现在的政府体制吗？如果是幼子，他年龄太小了，据说朝廷分成两派，针锋相对，他会倚重哪一派呢？'[2]简而言之，我们进而提出了各种假设，试图刺激这些善良的臣民道出他们的看法。可他们对我们的话却很不在意。我们回过头来一遍又一遍地问，想引得他们对我们的确感到十分重要的那些问题发表意见。可是，面对我们所有那些能激发人的建议，他们的回应就是不住地摇头，吞云吐雾，大口大口地喝茶。这种无动于衷真的开始激怒我们了，这时，这些可敬的中国人中有一位从座位上站起身，走了过来，像父亲那样把两手放在我们的肩膀上，带着更像是嘲讽的笑容说道：'听我说，我的朋友！你为什么要为这些没用的事情劳心费神呢？当官的会去管国家大事的，因为他们拿了俸禄。让他们去挣他们的钱好了，可别让我们来操心这些和我们无关的事情。一分钱也挣不到却还要关心政治大事，我们就成了大傻瓜。''就是这么个理儿。'其余的人都这么喊道。他们接着又指出，我们的茶已经凉了，烟斗里的烟也已经抽完了。"

人们还记得，英国军队 1860 年进攻北京的时候，所用的骡马是从山东省的中国人手里买来的；天津和通州为维护自身利益而归降敌方，允诺满足英法联军的一切需求，只要自己的城市不受侵犯；为外国联军提供那些最不可或缺的苦力活的中国人是从香港雇来的；这些苦力被中国军队俘虏之后，又被送还给英国军队，只是头上的辫子被剪掉了——这些现象不难让人们感觉到，在中国即便存在着爱国主义

① 原文恐有误，道光皇帝卒于 1850 年正月十四。——译注

② 其实道光皇帝共有九子，文中所说有能力争夺皇位的三位皇子应该是四子奕䜣（19 岁）、六子奕䜣（18 岁）和七子奕譞（10 岁），后来四子奕䜣继承皇位，即咸丰皇帝。——译注

和公共精神，其含义也与盎格鲁－撒克逊人对这两个概念的理解有所不同。

人民不得不挺身而起，反抗统治者的压迫和种种苛捐杂税，这样的情况并不罕见，在这样的时候，总是需要一些人能站出来引领民众。在他们的领导下，抗议运动声势浩大起来，政府也只好做出某些实际的让步。可是，无论事后广大“愚民”的命运如何，领头人总是会被盯住不放，注定要为正义付出他们的脑袋。像这样一种不仅仅是冒险、而且几乎一准儿要丢性命的行为，就是公共精神可能获得的最高体现。

在中国历史上的危机时期，尤其是在即将改朝换代的时候，常常有怀着赤子之心的勇士在危难中挺身而出，义无反顾地献身于他的信仰。这样的人不仅是真正的爱国者，更是一些无可辩驳的例证，证明中国人在具有公共精神的领袖们的带领下，也能够奋起做出最富有英雄气概的壮举。

第十四章　保守

与历史上其他任何一个民族相比，中国人都在更大程度上真切地意识到，他们的黄金时代远在过去。古代的先贤总是以无比崇仰的口气谈起更古的“古人”。孔子曾表示，他并非开创者，而只是一个继承者，他的使命就是把那些曾经获得、却又长期被忽视被曲解的知识搜集起来。他在完成这项任务时所表现出的锲而不舍的精神以及非凡的才能，使这位大师受到了全民族的景仰。孔子面对过去的态度以及他的学说品质，使他一直被尊为圣贤中的第一人。按照儒家的道德学说来说，是明君造就了良民。君是盘，民是水；盘圆则水圆，盘方则水方[①]。若根据这一学说，自然就会相信，在贤明的君主统治时期，各种美德会竞相开放。一个目不识丁的苦力有时候也会对我们讲起，在尧舜的时代家家夜不闭户，因为根本没有窃贼；如果有人在路上丢了东西，第一个发现它的过路人就有责任守在那里，直到下一个过路人来接替他，这样轮流下去，直到物主回来，物主总能看到他的物品完好无损地留在原地。人们普遍爱说，世风日下，就美德和公正而言是今不如昔的，而在混淆善恶这一点上，却今胜于昔。

并非只有中国或者中国人具有厚古薄今的倾向，这种倾向在世界各地都可以看到。但是在这个天子之国，这一立场之坚定似乎是其他民族所望尘莫及的。古代最好的一切据说都保存在作为当今一切之源头的文学中，因此，这种文学便成了顶礼膜拜的对象。正统的中国人对于中国古典作品的态度，大致相当于正统的基督徒对于希伯来《圣经》所持的态度。那些经典被认为是囊括了古代智慧的所有精华，囊

① 语出《荀子·君道》：“君者，盘也；民者，水也。盘圆而水圆。君者，盂也。盂方而水方。”——译注

括了那些能同样使用于古代和今天的一切。对于一个虔诚的儒家弟子而言，中国的古代经典不需要作任何的添加，就像一个虔诚的基督徒也认为《圣经》不可以作任何的增补一样。无论是基督徒还是儒家弟子，都赞同这样一个总的命题：既然事情已经尽善尽美，再去谋求更好就是愚蠢的了。

许多虔诚的基督徒会从《圣经》"文本"中找出某些依据，来解释《圣经》作者们从未想到的某些问题。儒家学者也具有这样的能力，他们不仅能在"老圣人"那里为政府的一切现行政策找到出台的理由，而且还能发现古代数学、甚至是现代科学的真正源头。

古代文学塑造了中华民族，也造就了中国的政府体制，且不论这一政体的其他特质，但是其持久性却是不争的事实。自我保护是每个人，也是每个民族所信奉的第一法则，一种统治方式能够罕见地延续下去，一直很好地运转到最终，这样一个常见的历史现象就像那些古代经典一样，也是令人肃然起敬的。如果有哪些研究中国历史的学者能够成功地研究并解释中国政府延续至今的奥秘，这或许就是一个惊人的发现。如果这一过程能够得到揭示，我们想，这样一个问题就将得到清晰的答案，即中国为何很少爆发那种曾席卷其他所有国家的内部革命。有这样一个故事，说一个人砌了一堵石墙，墙有六英尺厚，却只有四英尺高，别人问他为何做出此等怪事，他回答说，这墙要是被吹倒了，就会比先前更高！中国政府也有可能被风吹倒，但它是一个立方体，当它翻倒了，也不过是换了一面朝上，无论是外表还是内涵，全都一如既往。这样的过程一再反复，终于教会了中国人，这样的结局就像猫从高处落下必能四只爪子着地一样，这也使人们更加深信，当初出色地设计、构建这一切的人具有无比的智慧。任何进行改进的建议都是十足的异端邪说。因此，古人所拥有的无可争议的权威便有了一个坚实的基础，即后人的自愧不如。

头脑里有了这些清晰的认识，也就不难意识到，中国人那些初看上去似乎是盲目、顽固的守旧态度其实是合理的。中国人和古罗马人一样，认为举止与道德是两个相通的概念，因为这两个概念有着同样的根基，在内涵上也是一致的。对于中国人来说，侵犯他们的风俗就等于侵犯了他们最神圣的领域。不大可能获得这样的结果，即这些风俗的细枝末节都能被理解，或者直截了当地说，这些风俗真的能被完全理解。如同母熊保护其幼崽的那样一种本能，人们在坚定地护卫着这些风俗。这种本能不仅中国人有，它也属于整个人类。有一个现象已经被很多人注意到了，即数百万人时刻准备为一种信仰而献身，可他们却并不理解这一信仰，也没有遵循这一信仰的教义来约束他们的生活。

我们不知道中文是如何发展形成的，也同样不了解中国的风俗。风俗习惯是一成不变的，这点和语言的情况很相似。然而在中国，风俗和语言形成的条件却因地而异。正因为如此，风俗习惯发生了奇妙的变化，这种变异，用一句俗语来概括，就是“十里不同俗”。同样因为如此，有些地区的人们讲着我们听不懂的方言。风俗和语言一经形成，就好似凝固的石膏，你可以打碎它，却无法改变它的形状。理论上确实如此。但事实上，理论也需要有足够的弹性变通，以适应现实需要。没有哪一种风俗真的可以永恒不变，一旦具备了特定的条件，变化便会悄然发生。

最能说明问题的事例莫过于清朝政权建立之初，勒令全国上下的汉人统统改变发式，削发蓄辫。显然，改换发型就意味着俯首称臣，故而这项命令不可避免地激起了许多汉族人的极力抵制，乃至以死相抗。但是，满族人坚持不改初衷，事实证明，他们的确不辱使命，最终使削发成为忠诚的标志与尺度。这场斗争的结局有目共睹。今日的中国人，全身上下最满意的地方就是自己的辫子。当年对清政府强令削发那一场轰轰烈烈的抵制，如今残留的唯一痕迹或许就是广东、福建一带居民所戴的头巾了——当年人们戴头巾的本意是遮住辫子这一民族耻辱的象征。

佛教传入中国，也经历了一番斗争，但它一旦扎下根来，就同中国原生的道教一样，拥有了不可取代的地位。

中国的风俗自形成之日起便一成不变，不难感觉到，人们都有一种潜在的假设，即风俗无论如何都是正确无误的。一种长期存在的习惯就是一种专制制度。在那些遵从这一风俗的无数人当中，没有一个人会意识到这些行为的起源和原因。他们的任务就是去遵从，他们也在遵从。在这个帝国的不同地区，宗教信仰的虔诚程度无疑是差异甚大的，但有一点是确凿的，数以百万计的人虽然恪守“三教”的各种仪式，可他们对那种可以被称为信仰的东西却一无所知，就像他们不了解埃及的象形文字一样。若是问起人们参加某种宗教活动的原因，最常见的回答有两种：第一，与神灵沟通的方式全都是从古人那里传下来的，因此必然具有最为坚实的根基；第二，“每个人”都这么做，因此，被问到的这个人也必须遵从。在中国，是机器带动齿轮，而非齿轮带动机器。如果这种情况始终出现在每个地方，那么就可以说，人们对宗教习俗的遵从不过是一种最为表面化的举动。

在蒙古有这样一个风俗，每个能吸得起鼻烟的人，都会和朋友们分享他的鼻烟。每个人都备有一个小鼻烟盒，遇到朋友时就拿出来请对方吸烟。如果某个主人的鼻烟盒里恰好没有鼻烟了，他也会把烟盒给客人递过去，而每位客人都会假装捏起一小撮儿鼻烟，然后再把烟盒还给主人。指出烟盒是空的，就不是一种“好法子”，而借助对鼻烟的假装享用，烟盒主人的“面子”就保住了，这一切所遵循的都是约定俗成的先例。在许多重要的事情上，中国人也如同此例。珊瑚虫早就没有了生命，可珊瑚礁却留了下来，为了避免沉船，就不得不谨小慎微地遵从既定的航线。

用特定的方式一成不变地做特定的事情，这种情况也并非只出现在中国。印度的苦力习惯把东西顶在头上搬运，他们在运送修筑铁路的土石时也采用这种方式。承包商提供了一些手推车，可他们却把推车顶在脑袋上。巴西的苦力搬运东西的方式和印度人一样。一位在巴西的外国绅士把一封信交给仆人，让他去寄发，这位外国人惊讶地发现，那位仆人把信放在头上，然后又在那信上压了一块石头。完全相同的心理过程源于相同的动机，而这样的动机在中国是根深蒂固的。这导致了许多我们熟知的模仿事例的发生，比如一个厨子在做布丁的时候，会先打开一个鸡蛋然后扔掉，因为第一次教他做布丁的时候，头一个鸡蛋恰好是坏的；一位裁缝会在新衣服上缝一块补丁，因为拿给他做样子的那件旧衣服上恰好有一块补丁。毫无疑问，诸如此类的故事常常是对中国人性格的并无恶意的夸大，但是，它们也是事实的真实体现。

每个对中国的习俗有所了解的人，都可以举出一些他们忠诚于先例的例证来，这种忠诚似乎是我们所难以理解的，除非我们能对这一举止背后的公式有所了解。在一个南北绵延达二十五个纬度的国家里，整个国家却在按照同一个固定的历法来脱下冬衣，戴上草帽，这毫无疑义地表明，先人就是神。在某些地区，在寒冷的冬季，房子里的取暖仅仅依靠“炕”里的微火，突然遭遇“寒流”的旅行者常常会发现，他们无论如何都无法说服客栈的主人把炕烧热，因为烧炕的时节还没到！

中国工匠不愿意采用新的方法，这一点是众所周知的。但是就保守的程度而言，恐怕没有几个人能比得上这样一个工头，他和他的人被一座砖窑雇来烧砖，这座砖窑连同其中的设备都是外国人的财产，和这些窑工没有关系。有一次要用到一些特殊的方砖，尺寸比当地常见的砖块要大一些，外国人就吩咐窑工们烧制一些这样的大砖。要烧制这样的砖，只要做一个与砖头尺寸一致的木头模子就行了。可是结果，需要的砖却没能烧制出来，接受了指示的那个人被喊过来解释他的失职，他却表示难以采用任何这样的革新，还给出了一个十全十美的正面理由：天下就没有这样的模子！

这样一种保守性格会影响到外国人与中国、与中国人的关系，每一个把宝押在中国的人，每一个对这个泱泱大国的未来稍有兴趣的人，如今都必须注意到这一点。19 世纪的最后二十五年，似乎注定要成为中国历史上的关键时期。大量的新酒被提供给了中国人，可是他们却只能用各种十分陈旧的酒囊来装这些新酒。由于中国人性格中本能的保守，只有很少的新酒被接受下来，但即便是这少量的新酒，也需要准备好新瓶来装。

中国对西方国家眼下所持的态度，就是一种拖延的态度。一方面，他们对新事物有着小小的兴趣，另一方面，他们却不愿意，甚至压根儿就不想放弃旧事物。就像我们看到的那些古老的简陋土屋，早就应该复归泥土了，却被一根根七扭八歪的土坯柱子支撑着，以延缓那不可避免的倾塌。我们拥有的旧风俗、旧民心和旧信仰也是如此，它们现在已经陈旧了，却还起着支撑作用，还在履行着和那些泥柱同样的职责。“旧的不去，新的不来。”我们常常耳闻的这句话倒是包括着真理的。从旧事物向新事物的发展进程可能会长时间地受到阻碍，但之后也可能会在突然之间发生。

在电报最初被建议引入的时候，沿海某省巡抚曾上书皇帝，说当地人对这种新事物抱有强烈的敌意，以至于电报线路无法铺设。然而，在中法战争迫在眉睫的时候，线路建设的基础发生了性质完全不同的变化，省府迅速地建立起了电报站点，当局还发现，这些站点受到了人们的敬重。

数年之前，许多人对“风水”的迷信，还是在中国修建铁路时一个几乎难以逾越的障碍。最初的一小段铁路，是作为开平煤矿[①]的外运通道而修建的，它穿过一大片中国人的墓地。为了给铁路让道，许多坟墓都被迁走了，就像在英国或法国所做的那样。只要看一眼这片被辟成两半的墓地就足以感觉到，当事情仅限于“风水”和蒸汽机之间的角力，“风水”就再也无法抵挡发动机了。这首条铁路的建设工期后来拖后了，这个经验清晰地表明，是财政上的考虑延迟了铁路的引入，而风水方面的迷信对其造成的影响是相当有限的。

在中国人所做的一些重要事务中，也可以发现保守的本能和逾越先人的能力这两者的结合。在中国，有这样一个最牢不可破的规矩，即为官者的父亲或母亲若是去世了，他就必须辞官回家。然而，当一位最重要臣民的母亲去世后，皇帝不顾他“含泪的”不断请求，命令他继续主持国家上下各种纷繁复杂的重要政务，而这些年间他原本是

---

① 开平煤矿在河北省开平镇（今唐山市境内），1877 年（光绪三年）由李鸿章设立，是中国最早使用机器开采的煤矿。——译注

应该辞职尽孝的。在中国，最为根深蒂固的原则莫过于“父为子纲”，儿子必须永远尊重父亲。同样根深蒂固的另一个原则，就是“君为臣纲”，臣子必须永远遵从君主。可是在最近的一次权力更迭中，皇位却由皇族旁系的人所继承，年轻皇帝的父亲还健在，这样一来，这位父亲就只有两种选择，要么自杀，要么永不参与政事。因此，光绪皇帝登基之日，实际上也就意味着醇亲王的永无出头之日[①]。在醇亲王病重期间，他的儿子，也就是当今皇上，数次前去探望自己的臣子，也就是他的父亲；当时采取了一些权宜之计，因为这位父亲直到去世都一直是儿子手下的重要官员。

如前所述，保守的本能使得中国人过于强调先人的重要性。但是，这一特点如果能得到正确的理解和慎重的利用，就会成为外国人在与这个十分敏感、固执、保守的民族打交道时的一个巨大的自卫手段。外国人所要做的，仅仅是去模仿中国人的方式，把一切都当成是理所当然的，去假定那些没有明令禁止的权利是存在的，在这些权利遭到攻击时小心翼翼地捍卫它，并不折不扣地坚持它。就像对外国人在北京的居住权、外国人在内陆省份和其他许多地区的居住权等问题的处理上所体现的那样，聪明的保守主义就是最安全的防护。危险的礁石看上去像是航船难以逾越的障碍，可一旦穿越它，里面就会呈现出一汪风平浪静的环礁湖，再也不必担心风暴和那些枉然冲刷着礁石的海浪了。

---

① 醇亲王奕譞（1840—1891），道光帝第七子，咸丰帝之弟，其妻叶赫那拉氏为慈禧太后胞妹。1875年初同治帝死后无子，慈禧下旨让醇亲王之子载湉继承皇位，即光绪帝。——译注

第十五章　漠视舒适和便利

在我们就这一话题展开讨论时，首先就必须指出，说中国人漠视舒适和便利，这是就西方的标准而不是东方的标准而言的，而本章的主要内容就是来揭示这两种标准的迥然不同。

让我们首先留意一下中国人的服装。在谈到中国人对外国人的轻视时我们已经讲过，西方的服装样式很少能引起中国人的兴趣；此刻，我们不得不承认，西方人对中国人的服饰也持有同样的态度。注定要使我们感到诧异的是，这样一个伟大的民族居然接受了一种非自然的风习，把整个前额都剃得精光，使这一显然应该得到保护的部位暴露了出来。不过，既然中国人是在刀剑的威胁下接受这一风习的，既然像前文所说的那样，这种发型已经成为忠诚的标志与尺度，这个问题也就不用继续讨论了，只需要注意到这样一个无误的事实，即中国人自己并未感到这种发型有任何不舒服的地方，或许，他们并不愿意恢复明代的那种发式。

这种对舒适的毫不在意，还表现在中国人的一个习惯上，即他们几乎一年四季都光着脑袋走路，尤其是在夏季。整个民族的人都在夏季的酷暑中来回走动，一只手举着一把打开的折扇，用这个三角形的东西遮挡一部分阳光。一些人偶尔也会打着一把伞来遮阳，但这样的人为数很少。男人倒是经常戴着某种样式古怪的帽子，而中国的女人，据我们观察，除头巾外再无其他的头饰。这头巾似乎是一种装饰物，尽管若用一种不带同情心的西方视角来看，这种装饰是非常不成功的。在中国人看来，营造舒适所必需的物件为数并不多，而扇子便是其中之一——当然，只有在特定的季节，扇子才可能作为一件舒适的物件而得到使用。在夏日里经常可以看到，苦力们几乎或者完全赤身裸体，拉着沉重的运盐船逆流而行，不时使劲儿地扇着扇子。甚至连乞丐也经常挥动着破扇子。

中华文明中让人难以理解的现象之一就是，这个被认为是起源于游牧部落的民族，这个在自然资源的利用方面无疑表现出了高度技巧的民族，却一直没有学会用羊毛来编织衣物。我们这是就整体而言的，仅有的例外出现在这个国家的西部地区，在那里，毛纺技术得到了一定程度的发展。然而，考虑到在各地，尤其是山区可以看到的大量羊群，而毛纺技艺却没有得到普及，这依然是一个最令人费解的问题。

人们相信，在棉花传入之前的古代，衣物是用另外一些植物，如灯芯草的纤维制成的。然而无论过去的情形怎样，可以肯定的是，如今这整个民族的衣着都完全依赖于棉花。在这个帝国中那些冬季寒冷的地区，人们穿着那种填充了大量棉花的衣服，其体积几乎相当于他们身体的两倍。一个裹着这身衣服的孩子如果突然摔倒了，就像是被困在一只桶里，常常是根本爬不起来。我们从未听到中国人抱怨这种笨重的衣服不舒服，不舒服正是目的所在。无论如何，有一点是确凿无疑的，没有一个盎格鲁-撒克逊人愿意忍受这种服饰带来的不便，他们是会尽量摆脱这种束缚的。

既然谈到了厚重的冬衣，那么就必须相应的提及，中国人根本不穿任何贴身衣物。对我们来说，如果不穿羊毛内衣，如果不时常换洗内衣，似乎就很难活下去了。中国人却没有意识到这种需求。他们那鼓鼓囊囊的棉衣挂在身上，就像是挂着许多个袋子，给无孔不入的寒风留出了间隙，可是他们却并不在意这种情况，虽说他们也乐意承认这样的冬装并不理想。一位六十六岁的老人抱怨他快要冻僵了，有人就送了他一件外国内衣，并让他每天都穿着，防止着凉。一两天之后却发现，他脱下了那件内衣，因为他觉得“热死人了”。

中国人的鞋是用布料做成的，沾上一点水就会变得很潮湿。无论天气是否寒冷，脚上穿着这样的鞋子，总是或多或少觉得有些凉意。中国人也的确有那种用来防潮的油靴，但是，像其他许多能够带来便利的物品一样，因为价格不菲，所以很少有人使用。用来抵挡风雨的伞也是一样。它们是奢侈品，而不被当做必需品。中国人常常不得不在任何天气下出门，当他们被淋得浑身透湿的时候，他们通常也不认为换身衣服是重要的，是绝对必要的，不认为用身体把湿衣服焐干有什么不舒服。中国人羡慕外国人的手套，但他们却没有自己的手套，那种厚实的连指手套不为人所知，即便在极北地区也不见有人戴它。

以一个外国人的眼光来看，中国人服装最恼人的特点之一就是没有口袋。一个普通的西方人总是希望有大量的口袋来满足他的需要。他需要上衣的前胸有放置笔记本的口袋，内襟有放置手帕的口袋；马甲上的口袋是用来放置铅笔、牙签等物品的，当然还有怀表；他的小刀、钥匙串和钱包也都要有固定的位置。如果这个外国人还备下了其他一些东西，比如他的小梳子、折尺、开瓶器、鞋扣、镊子、袖珍指南针、折叠剪、弹球、小镜子，再加上一支自来水笔，这也不会使他在他的民族中构成一个例外。经常使用这些东西已经成为他的习惯，他已经离不开这些东西了。中国人却相反，他们很少或根本没有这类物件；如果你把这些东西送给他们，他们也不知该把这些东西放到哪儿去。一个中国人如果有一块手帕，这手帕就会被揣在怀里，他带着的小孩也是这个样子。他如果有一份重要的文件，就会小心地把扎在脚踝上的绑腿松开一些，把文件塞进去，然后继续赶路。他如果穿着外裤，那就什么都不用解开，只需把文件往裤腰里一塞就完事了。无论是放在绑腿里还是裤腰上，如果带子在他浑然不觉的时候松了，文件就会丢失——这种事情时常发生。能放置此类东西的其他地方还有：长衣袖卷起来的袖口，卷檐帽的帽顶，或者是帽子与脑袋之间的空间。很多中国人为了方便，总是把要用的钱卷成一个小圆棍夹在耳朵根上，尽管只有在钱不多的时候才能采用这种方式。保证随身携带物品之安全的主要工具就是一根带子，小钱袋、烟袋和烟斗，以及其他一些类似的东西，都用一根带子系着。如果这根带子松了，那些物件就可能丢失。钥匙、木梳以及几枚古钱币一类的东西，一般都被系在外衣的那几个鼓出来的扣子上，每次脱衣服的时候都必须小心谨慎，以免丢失这些东西。

如果说，普通中国人的日常穿戴让我们有些看不惯，那么，他们的睡衣却至少可以摆脱我们复杂的评头论足，因为他们干脆脱光衣服，钻进被窝儿里就那么睡觉了。无论男女，都不穿睡衣。古籍上的确有记载，说孔子要求“必有寝衣，长一身有半”[①]。然而有人认为，这段话当中提及的“寝衣”，可能是圣人斋戒时穿的礼服，而非普通的睡衣；但毫无疑问的是，当代的中国人不会再仿效孔子去穿寝衣，只要有可能，他们也不会去斋戒了。尽管新生儿的皮肤对温度极细微的变化都非常敏感，中国的母亲也只是随便地给他们盖一条被子，而在她们想把婴儿展示给别人看时，就一把将被子掀开。这种荒唐的做法会让孩子突然着凉，这会使人有足够的理由认定，大量的中国婴儿在还未满月时就死于惊风，与这种做法肯定有关。在某些地区，当孩子稍大一些的时候，他们会用一条装满沙子或泥土的袋子来充当孩子的尿布，单是这样一种想法，就足以吓坏那些心地温柔的西方母亲。带着这些奇怪的东西，可怜的孩子从一开始就被固定在了一个地方，就像一只肚子里“装着”一颗铅弹的青蛙。在这种风俗盛行的某些地区，人们在谈到某个人的孤陋寡闻时，常常会说他还没脱掉“土裤子”呢！

中国人对我们所谓舒适的漠视不仅表现在他们的服装上，也同样表现在他们的住房上。为了使这一命题得以成立，就必须先把穷人的住处排除在外，因为他们只能过他们力所能及的那种生活。这里要谈的是这样一些人的居所，只要他们愿意，他们是有条件来改善居住环境的。中国人不注意在他们的房子四周种树遮阴，而宁愿用草席搭起凉棚。那些无力如此奢华的人，在院子里种一棵遮阳的树按说并不是什么难事，可他们就是不种这样的大树，而只栽下几株石榴或是其他一些仅供观赏的灌木。当酷热降临，院子里热得叫人受不了，屋主就离开家，坐在大街上，外面又热得受不了时，他们就再返回室内。很少几户人家开有与朝南的正门相对的北门。南北相对的两扇门可以带来穿堂风，多少可以降低一些伏天的暑热。若是问中国人，这样一种

① 语出《论语·乡党》。——译注

便利的方法为何并不普及时，他们的回答常常是这样的："我们不开北门！"

在北纬三十七度以北的地区，中国人用来睡觉的地方一般就叫"炕"，这是一种用黏土砖垒成的"砖床"，靠做饭的余火来取暖。如果火没有生着，那么对于一位外国人来说，冰凉的土炕真是不舒服极了。如果火烧得太旺，又会让他在后半夜醒来，感觉他正被架在火上烧烤。不管怎样，都无法彻夜保持同样一个热度。全家人都挤在这个平台上。垒炕的材料还会招来各种虫子，即使每年更换一次炕砖，也无法彻底驱逐这些不受欢迎的客人，各种档次的住房的墙壁都被它们所占据着。

大多数中国人对那些普遍存在的动物寄生虫并不陌生，但是，即便他们完全意识到了寄生虫的危害，也很少有人意识到这种危害是可以预防的。用来阻挡那些可恶飞虫的蚊帐，就是在城里也很少有人使用，据我们所知，在其他地方就更为少见了。蚊蚋的确会让人感到不胜厌烦，用焚烧香草来驱除它们也偶尔能产生一些不太明显的效果，但是，这些蚊虫在中国人那里所引起的恼怒，却只是我们此类感觉的千分之一。

枕头应该是什么样的，这个问题构成一个典型例证，可以用来说明关于舒适的两种不同标准。在西方国家，枕头是一个装满羽绒，用来托住头部的口袋。在中国，枕头则支在颈部，它可以是一个小竹凳或一小截木头，更为常见的则是一块砖头。没有一个西方人能按照中国的方式枕着一个中国枕头而不感到折磨的，同样可以肯定的是，也没有一个中国人能枕着我们用来放脑袋的那种袋子睡上十分钟。

我们在前面已经谈到过这个奇特的事实，即中国人不曾有过任何规模的毛纺业。更为令人不解的是，尽管他们消费了大量的禽类，却对拔下那些禽类的羽毛没有什么明显的兴趣。用羽毛来填充被褥十分的简便易行，羽毛的价钱又很低，甚至不用花一分钱，因为它们会在十分节约的中国人的眼皮底下白白地飘散。除了卖给外国人，他们不知道这些羽毛如今还有什么用处，只看到大把的羽毛被松散地扎在一根棍子上，做成掸子。在中国西部地区，羽毛有时被撒在麦地和豆田里，厚厚地铺了一层，以防出来觅食的动物啃食庄稼。

对一位西方人来说，一张理想的床应该既有弹性又很结实。近几年来人们普遍使用的弹簧床，或许就是一个最佳的样板。中国一家最好的医院也置备了一些这种豪华床，然而，那些安置下这些床铺的好心的医生却失望地发现，只要他们一背过身去，但凡还有力气动弹的病人，全都迫不及待地从弹簧床上爬起来，睡到了地板上，他们在地板上才觉得像在家里一样踏实。

中国人的房屋在夜间几乎总是光线暗淡的。当地产的菜油在燃烧时会产生难闻的味道，所发出的微光也仅能使人在黑暗中勉强辨别出个大致的轮廓。煤油灯的巨大优越性的确已经被意识到了，尽管如此，在煤油传入之后很久，大部分地区仍在继续使用豆油、棉子油和花生油来照明。这纯粹是保守的惯性使然，因为他们认为，能够看清一切的巨大便利与几乎什么都看不清的状况比起来，并没有什么太大的区别。

中国人的家具会让一个西方人感到笨重和不舒适。我们的祖先习惯靠在宽阔的长椅上，中国人则大多坐那种非常窄的长板凳。这样的场景并不罕见，即长板凳的某条腿松了，或是某人不小心坐在长板凳的一端而另一端又没有坐人，长板凳就会翻过来。在亚洲人中间，中国人是唯一使用椅子的民族，但是依据我们的理念来看，中国人的椅子是不舒适的。一些椅子似乎是根据英国伊丽莎白女王或安妮女王时代流行过的样式制作的，很高，靠背很直，棱角分明。更常见的几种椅子都非常宽大，似乎是为那些体重达两百五十磅[①]的人设计的，但是这些椅子的受力不够均衡，用不了多久就会散架。

西方人对中国人居所的最大不满，无疑就是潮湿和寒冷。建筑物结构上一个根本性的错误，就是地基打得不深不牢，因此注定会导致一个难以消除的后果，即潮湿。屋里用劣质的砖块铺地，或者干脆就

① 一磅等于 0.4536 千克。——译注

是泥土地面，这对大多数外国人来说不仅非常不舒服，而且极其有损健康。安放在两个轴上的不严实的门，同样恼人。在两扇门页的上端和下端，都会有冷空气吹入。即便是一扇糊上了厚纸的门，也依然难以抵挡冬季的寒气，因为，要教会中国人随手关门几乎是一件不可能的事情。一位商人在他的办公室门上贴了一张字条：“请随手关门。”这个告示在中国会成为一句不折不扣的废话，因为没有一个人会把门关上。房门和院门往往都做得很低，以至于一个中等身材的人进出时也要低头，否则就会撞上门框。

中国人的纸窗户无法阻挡风、雨、阳光、暑热或沙尘。护窗板并不普及，即使装上了，通常也是摆设。

大多数中国人家里只有一口烧饭锅，这是一个巨大的铁碗，有好几加仑的容量。但是，一次大体上只能做一种食物，做饭的同时就不能烧热水。这种炉灶以柴草为燃料，必须有个人蹲在狭窄的烟道前面，或是半躺在那里，不断地往锅底下续柴火。一日三餐几乎都是这样做出来的。水蒸气和更多的烟雾充斥着整个屋子，足以让一个外国人失明和窒息，但是中国人却似乎很漠视这些危害，尽管他们也清楚，这种环境所导致的一个常见的后果就是严重的眼疾。

中国人的住房里没有取暖设施，这在冬季总是会让西方人感到很不舒服。即便在那些冬季非常寒冷的地区，大多数中国人的取暖也仅仅依靠传输到“炕”上来的做饭的余热。中国人非常看重“炕”的舒适，女人们有时甚至称“炕”为“亲娘”，尽管这种设施的舒适是微乎其微的。但是西方人希望获得稳定的热量来源，能让全身都感到暖和，对于他们来说，中国人的“炕”在寒冷的夜间就完全比不上壁炉和暖气了。在一些产煤地区，煤也的确被用作了燃料，但是与整个国家相比，这样的地区还范围很小，而且煤烟总是会窜进屋里，房间里会逐渐为碳酸气体所充斥。即便是那些家境很好的人家，在使用木炭的时候也非常节省，而且，就像烧煤一样，在使用木炭的时候如果不慎，也会带来很大的危险。这样的房子实在太不舒适了，天冷的时候，即便在家里，也常常要把能穿的衣服全都套在身上。出门的时候，他们就没有衣服可加了。“你冷吗？”我们问他们。“当然冷。”回答总是这样的。在一个西方人的印象中，他们一生中从来就没有好好地暖和过。冬季里，他们的血液就像是河里的水，表面结了冰，只有在冰下才有迟缓的流动。考虑到中国人住房的这些特点，就不会对一位道台在国外所说的话感到奇怪了，他说美国监狱囚犯的囚室都要比他的衙门舒适。

我们已经指出了中国人对拥挤和噪音的漠视。天气一冷，中国人就会自动地挤做一团，目的是取暖。即便是在三伏天里，也常常可以看到船上挤有为数甚多的乘客，连坐下或躺下的地方都找不到。没有任何西方人能忍受这样的拥挤，可中国人却似乎并不在意。西方人喜欢让自己的住处与四周的邻居保持一点小小的距离，以便保持通风，保护隐私。中国人则既不懂得通风也不懂得隐私，即便他们享有了这些条件，似乎也并不在意。每一个中国的小村庄都是按照城市的模样来建设的，却又没有任何规划。换句话说，一座座住宅紧紧地挤在一起，就像地价很贵似的。这样一来势必会抬高地价，就像在城市里一样，虽说原因完全不同。因此便有了这些狭小的院落、局促的房间和对健康不利的过度拥挤，甚至在那些拥有足够空间的地方，情况也是这样。

一位中国旅客投宿在一家中国客栈里，狼吞虎咽地吃过晚餐之后，他马上就可以倒头大睡，对进店的大队车马闹出来的喧嚷充耳不闻。但他那位来自西方的旅伴，却躺到半夜还无法入睡，始终在听着那六十匹骡子咀嚼草料的声音，其间还夹杂着嘶鸣和尥蹶子的响动，直到他迷迷糊糊地睡着。在这些噪声的间歇，还不时响起木梆的敲击声和狗的狂吠声。在一家客店的院子里同时看到五十头驴，这样的情况并不罕见，它们在夜间造成的混乱是很难想象的。如古伯察先生所言，其实中国人知道，只要在这种牲口的尾巴上吊一块砖，它们就不再叫唤了，但是，无论问过多少次，也问不出有谁真的这样做过。原因很简单，中国人并不十分在意这五十头驴子是独唱、合唱还是不声不响。一个西方人却不大会对这个问题感到无所谓。这样一种感觉并非仅见于中国社会的某一特定阶层，有一个事例可以说明问题：一位中国大官的夫人曾在其府上养了一百只左右的猫！

中国的每座城市里都有大量的流浪狗出没，中国人却并不愿采取措施来消灭这些可怜的野狗。这是佛教信仰在起作用，虽说中国人的这一信仰特征还是弱于其他东方民族的。曾任美国驻华公使的劳罗斯先生[①]出版过一本有趣的东方游记，书中还配有他自己画的插图。其中的一幅画上，可以看到形形色色的瘦狗和癞皮狗聚在一起，画的题目为《君士坦丁堡一景》。这似乎也是中国许多城市的一幅真实速写。大群的恶狗放肆地朝人狂吠，中国人却似乎并不觉得这是什么大的烦扰，他们也不大在意会在路上被经常遇到的疯狗所咬伤的巨大危险。若真被狗咬了，治疗的方式通常就是在伤口处敷上一些那只肇事狗的毛，我们的一句谚语与这种做法惊人的一致："狗毛才能治疗狗咬伤。"这句谚语或许就来源于此。捕杀野狗的事情似乎还未引起任何关注。

以上援引的大多数实例，都与中国人对舒适的漠视相关。引出更多的实例来说明中国人对便利的满不在乎，似乎也不是一件难事，但是，仅举几个有代表性的例子就足够了。中国人为自己是一个有文化的民族而自豪，事实上，他们也的确是世界上一个有文化的民族。笔、墨、纸、砚被称为"四宝"，是"文房"中的必备物品。值得注意的是，这四件不可或缺的文具，哪一样都无法随身携带。需要用的时候却不一定能拿到，即便四样东西全都齐备，缺了第五样东西也是徒然，这第五种物质就是水，需要用水来研墨。毛笔在使用前必须细心地把笔毛浸软，如果操作不熟练，就很有可能损坏毛笔，或是缩短毛笔的使用寿命。中国人没有毛笔的替代物品，比如铅笔，即便有了这种替代物品，他们也不会削铅笔，因为他们没有铅笔刀，也没有装铅笔刀的口袋。我们在前面谈到中国人的节俭时，曾努力地对他们的高超技艺做出公正的评价，他们能用非常不起眼的东西做出漂亮的物品来。但是另一个事实也摆在眼前，即在西方国家常见的那些节省劳动力的发明，在中国还不为人所知。在西方的一个现代化酒店里，客人只需按一下按钮或拉一下铃，就可以得到他需

---

① 劳罗斯（1821—1875），美国外交官。1868 年任美国驻华公使。1869 年因反对蒲安臣为清廷所制定的政策被美国政府召回。——译注

要的一切——冷热水、灯光、暖气和服务。但是在中国十八个省中最好的旅馆里，也会像在所有便宜的大车店里一样，客人若有什么额外的需求，就只能走出房门，扯开嗓门吆喝，否则就别指望能被听见。

中国人的许多日常用品都不是随时能买到的，要等到货郎不定期地上门兜售才能买到。在其他所有时间里，人们会感到自己仿佛置身于苏丹的腹地，要为基本的生活必需品操心。在城市里，每个夜间出门的人都要提着灯笼，可是至少是在某些城市里，灯笼只能从沿街兜售的小贩那里才能买到，想要购买灯笼的人只能在特定的时间里来买，就像我们在特定的时间去小贩那里购买牛奶或新鲜酵母那样。中国的城市人口所占的比例还不可能很大，在这个国家，交通方面的限制构成了某种惯例，而且没有例外。比如在某些地方，造房子用的木料通常只在二月才有售，同一批木材会在这个国家的各个大市场间拖来拖去，直到它们被卖出去，或是运回其出发点。如果有哪个没有经验的人突发奇想，想在五月买木料，那么他很快就会明白，东方的智者为什么会说出这样的话来："机不可失，时不再来。"

在谈到中国人的节俭时我们曾经提到，中国人的大多数工具都不是成品，顾客买回一些部件，然后按照自己的要求去组装，这与我们关于便利的概念是不一致的。

有一次，笔者打发仆人去买一把劈柴用的斧子。市场上买不到现成的东西，他便买回了十四块很大的（进口的）马蹄铁，请一位铁匠把它们打成一件像矿工的尖嘴锄一样的东西，又找一位木匠为这东西装了一根柄，这样加起来的总花费，要远远超过一把优质的外国斧头的价钱！

这个天子国家中存在着种种不便，但很少有几种不便会像"卫生条件"的完全缺失这样，能给西方人留下最直接、最深刻的印象。无论是哪一次，当他们试图去建立什么排水系统的时候，就像在北京所做的那样，其结果总是比他们治理之前还要糟糕。这个国家最脏乱的城市究竟是哪一个？人们常常会提出这样一个极为有趣的问题，可是一个人无论在中国住了多久，在面对这个问题时都会感到迟疑，给不出答案来。一位来自某北方省份的旅行者对一位侨居厦门的人夸口说，就给人留下的厌恶感觉来说，没有一个中国的南方城市能比得上北方。为了验证这个观点，他们走遍了厦门城，结果发现这个城市非常清洁——这当然是就一个中国城市而言的。出于对其所侨居城市的忌妒，这位厦门侨民宣称，他在这场争论中处于不利位置，因为刚刚落下的一场大雨冲刷了城市的街道！这位旅行者游览了福州之后，认为自己发现了中国最糟糕的城市；参观宁波时，他确信宁波最糟；到了天津之后，他则加倍地认定天津最糟。最后，毫不奇怪，当他怀着坦诚和公正之心回顾他关于北京的说法时，他是会心悦诚服地予以放弃的！

在关注中国文明中的种种不便之处的时候，西方人最为在意的是以下三点：邮政设施情况、道路状况、货币流通状况。当然也存在着一些私人公司，可以通过这些公司把信件和包裹从中国的某个地方送到另外一个地方，但是它们的作用还相当有限，而且与整个国家相比，它们所覆盖的地区也是微不足道的。在讨论中国人公共精神的缺失时，我们已经谈到了中国的道路。山东有一条好几英里长的山路，路面十分狭窄，仅容一辆马车通过。路的两端都有卫兵把守，只允许车辆单向通行，上午放行一个方向，下午再放行另一个方向！无论什么时候，只要天气一变坏，中国人就会躲在家里，原因出自中国人的服装，尤其是我们已经描述过的中国人的鞋子，原因还出自我们熟知的中国道路。在西方国家，我们形容一个人笨，就会说他在下雨的时候都不知道回家，然而在中国，我们要形容这样一个人的话，恐怕就得说他在下雨的时候都不知道待在家里。

中国语言中最为普遍的特征之一，就是表示命令之必然的句子是由两个部分组成的，比如“遇雨即止”。政府机构可能是例外，但对其他人来说，若是天降大雨，那么弃职守于不顾就是再自然不过的了，这种观念像是通过钻孔被深深地埋进了大多数中国人的脑袋。无论多么紧要的公务，这句话都是雷打不动的。我们听说，有一个无疑非常坚固的中国炮台，地处一个最重要的位置，装备着克虏伯大炮[①]这样最精良的武器，守卫的军士也都受过外国教官的训练，可是只要一下雨，每个站岗的士兵都会聪明地躲进哨所，炮台上一个人影也看不到。他们这是在“遇雨即止”！1870 年的天津教案[②]，遇害的人本来有可能多出四倍，但一场及时雨把正冲向外国租界的暴民堵在了半道上。在那些敌视外国人的地区，可随身携带的喷水枪可能就是外国旅行者最佳的防身武器。我们确信，两英寸粗细的水管里喷出的冷水能在五分钟之内驱散外国人在中国见到过的最凶狠的暴徒。霰弹的效果也会相形见绌，因为很多人会拥过来捡弹壳，而冷水却是自汉朝以来的每一个中国人都深感厌恶的一种东西，就像猫怕水一样。无论是从外在的表现还是从内心的感受上来看，他们都同样认为冷水是一种致命的东西。

要把中国的货币这个题目讲清楚，一小段文字是远远不够的，得写一篇内容丰富的论文，或者最好是写一本书。中国货币的极度混乱，足以使整整一代西方人全都发疯，更有可能，这样一个巨大的弊病会被迅速地治愈。在谈到中国人对精确的忽视时，我们提到过几个较为突出的恼人现象。一百文钱并非一百枚，一千文钱也不是一千枚，完全没有固定的数量，只能凭经验来确定。在这个国家的许多地区，一文钱算作两文；也就是说，当钱数超过二十文的时候就会这样计算，因此，当某人听说要付给他五百文的时候，他明白自己能拿到手的是二百五十文，还得减去当地的折扣，在不同的地区这个折扣是不断变化的。钱币中总是混有不够数的小钱或是假钱，各行各业的商人们总

① 克虏伯是德国一家著名的军火制造商。——译注

② 1870 年（同治九年）6 月 21 日，天津人因育婴堂虐死婴儿数十名而聚到教堂说理。法国领事丰大业（1830—1870）面见中国官员时开枪，击伤中国官员随从，天津人打死丰大业，并焚毁法、英、美教堂及法领事署，杀死 15 个外国人。事件发生后，英、法、美等七国军舰集结于天津、烟台一带示威，清政府妥协，原天津知府、知县被革职充军，带头百姓被惩办，二十人被杀，二十五人充军，清政府还赔款重修了教堂。这一事件史称“天津教案”。——译注

是因此而争吵不休。地方官对货币贬值的弊端深有体会，不时颁布措辞严厉的文告，希望能遏制这种状况。这反而给衙门里那帮小官吏提供了机会，他们趁机敲诈本地的每一家钱庄，给各种商业交易都造成了程度不等的困难。现金的紧缺立即导致物价上涨。现钱全部投入流通也徒劳无益，回笼的资金中有许多伪币，物价仍不见回落。于是，“劣币驱逐良币”这一不可抗拒的规律应验了，一刻也不停止。货币市场的情况越来越糟，到最后，在河南省的某些地区，每一位去市场买东西的人都得预备两套完全不同的钱币，一套是真假都有的普通钱币，另一套则全是假币。买某些东西的时候，只需付假币就可以。而在另一些交易中则有特定的协议，某些商品的市场价格会相应的提高两倍。

中国的钱币无疑是“脏钱”。摸了这样的钱肯定会被污染。将五百文或一千文钱（名义上的）穿成一吊的绳子非常容易磨断，绳子断了之后的重新计数和重新穿串会带来巨大的麻烦。流通的铜钱重量不一，但是却都既大又沉。价值相当于一墨西哥元的铜钱，至少有八磅重。人们系在腰间的小钱袋，充其量也只能装几百个铜子。如果要用的钱超过了几吊，用什么方法带钱就成了一件很困难的事情。如果用银锭儿进行交易，其中的损耗总是相当可观的，而且用银子进行交易的人，无论是买方还是卖方，都难免上当受骗。他们若是使用钱庄的银票，其难处也减弱不了多少，因为一个地区的银票在不远处的另一个地区就完全不管用了，要么就会被大打折扣；另一方面，当银票持有人将其拿回出票的钱庄去兑付现钱时，他知道他一定会与钱庄里那些贪婪的家伙就他们所付钱币的品质问题展开一场战斗。让人感到奇怪的是，在如此不便的条件下，中国人居然还完全能够做成各种生意；而且，据我们平日的观察来看，他们已经对这些弊端习以为常，似乎不觉得这是一种负累，只有外国人会因此而叫苦不迭。

一位旅行者在穿过一座中国村庄时，常常能看见一头驴子伸开四蹄躺在地上，一根拴在木桩上的结实的绳子勒住了它的脖子。但是，这头驴子却不肯改变躺卧的姿势以适应那绳子的长度，却常常把绳子绷到最紧，让脑袋呈四十五度角昂着，脖子也这样拧着，眼看脊椎就要脱臼了。我们感到奇怪，它怎么能保持这种姿态而没有扭断脖子，更让我们不解的是，这种怪异的姿势究竟能给它带来什么样的乐趣。西方的驴是不会这样的。在看到了我们给出的这些并不充分的例证之后，读者诸君能意识到，中华民族虽然生活在一种被勒得喘不过气来的状态中，可是看来他们的感觉还是比较舒服的。当然，中国人衡量舒适和方便的标准与我们所习惯的标准相差甚远，我们也正是从这个命题开始我们的讨论的。中国人已经学会如何适应他们的环境了。他们深知他们所面对的种种不便是难以避免的，因而便带着堪称典范的耐性去忍受它们。

常常可以听到一些人断言中国人是不开化的，而作此断言的人又相当熟悉中国人及其生活方式，尤其是在我们刚才所关注过的那些方面。之所以会做出这种非常肤浅、错误的评判，就因为他们不理智地混淆了文明和舒适这两个概念。要考虑到中国的现状与三个世纪之前的西方相比有什么区别，这样就能清晰地看到我们自身所经历的变化，只有这样，我们才能够得出一个公正的对比。我们不能认为弥尔顿、莎士比亚和伊丽莎白时代的英国是一个不开化的国家，但是毫无疑问，那个时代的生活如今会让我们中间的大多数人感到无法忍受。

去论述过去三个世纪间不列颠群岛所发生的翻天覆地变化之纷繁复杂的原因，是多余的。不过，关于舒适和方便的标准在近五十年间所发生的革命性变化，还是令人惊叹不已的。如果让我们回过头去重复我们的曾祖父和祖父那种粗糙的生活方式，我们或许就会质疑继续生活下去的意义。时代改变了，我们也在随着时代而改变。在中国却相反，时代未曾改变，人们自然也就无从改变。关于舒适和便利的标准几个世纪以来一直没有任何变化。如果有新的社会条件出现，这些标准也必将产生改变。他们有朝一日也将采用我们所习惯的生活方式，然而，这一点他们既没有预料到，也并不向往。

第十六章　生命力

生命力是构成中国人其他性格的一个非常重要的背景，这一点本身就值得探究。这可以从以下四个方面来进行考察：中华民族的生育能力、对不同环境的适应能力、长寿以及康复能力。

一位旅行者关于中国人生活现象的第一印象，就是人口过剩。整个中国看上去处处都挤满了人。它看上去是这样，因为它的确是这样。日本似乎也同样人口众多，用不着一双很有识别力的慧眼就能看出，日本的人口密度是无法与中国的人口密度相比较的。就人口的相对密度和绝对密度而言，比起其他国家来，中国更像印度。但是，印度是一个多民族、多语种的国家，中国却是一个单一民族、同一语言的民族[①]，虽有一些例外，却影响不到大局。在这个地域广大的国家，在我们足迹所至的每一个地方，关于人口过剩的第一印象处处都得到了印证。在那些人口的确比较稀少的地区，大体上都能找到一些能被轻而易举地解释清楚的原因。先是太平天国暴乱的恐怖侵扰，接下来是破坏性稍弱的回部叛乱，然后是 1877 至 1878 年间那场几乎空前绝后的大饥荒，这场饥荒波及五省，使中国的总人口减少了数百万。战争的创伤看来不像在西方国家那样能被很快地抚平，因为中国人非常眷恋故土，不愿迁往一个新的地区。即便如此，人们还是不难发现，破坏的力量无论多大，总是敌不过恢复的力量。我们认为，只要天下太平、五谷丰登的情形维持几十年，中国的每一个地方都可以从本世纪一连串灾难的打击中恢复过来。恢复元气的前提有目共睹，无论是愿意还是不愿意正视这个问题的人，都不得不面对它。在中国的每一个地方，

① 中国系多民族、多语（方）言的国家，此处系作者误解。——译注

无论城镇还是乡村，一个最引人注目的现象就是成群结队的孩子，他们“密密麻麻地挤满了每条死胡同”，就像查尔斯·兰姆[①]在给骄傲过头的母亲们泼冷水时所说的那样。中国社会最令人不解的事情之一就是，这么一大群小家伙的衣食问题究竟是如何解决的，必须记住的是，他们中间的许多人是“衣食”完全无着的；换句话说，极端的贫困并未造成中国人口的明显减少。

唯一能够持久而有效地控制中国人口迅速增长的办法就是对鸦片的沉溺，这对中国人来说，就像战争、饥荒和瘟疫一样是一个危险的敌人。完全不必为了证明中国人的生育能力强，就去假设中国的人口数量远远超过了其他任何一个国家。即使按我们最保守的估计，即中国的人口为两亿五千万，中国人生育能力强这一观点也完全可以成立，因为问题的关键并不在于人口的数量，而在于增长率。在缺乏可靠统计数据的情况下，我们也只能靠约略的估算来得出结论，不过幸运的是，这样的结论几乎不会出错。中国人在年纪很小的时候就结婚，除了对金钱的迷恋，传宗接代就是中华民族最为强烈的一个愿望了。

中国的人口在任何情况下都在不断增长，与之形成鲜明对比的是法国的人口状况。法国的人口增长率是全欧洲最低的，最新的报告又指出，其国民总数已经出现负增长。这样的事实已经引起了人们对这个伟大国家之前景的严重忧虑。而中国人则相反，他们并没有体现出比盎格鲁－撒克逊人更为明显的衰退迹象。上帝给人类下达的有据可查的最早指令，就是教导他们“生养众多，在地上昌盛繁茂”[②]。一位知识渊博的教授曾经评论说，这道命令“被执行了，这也是唯一一道得到了执行的上帝命令”。而比起其他任何一个国家来，中国都更是如此。

正如我们已经提到的那样，中国幅员辽阔，东西和南北的跨度都相当可观，几乎包容了所有的土壤和气候类型，还拥有丰富的物产。

① 查尔斯·兰姆（1775—1834），英国作家，著有《伊利亚随笔》等。——译注

② 语出《圣经·创世记》。——译注

我们还看到，中国人可以在任何地区繁衍生息，可以在亚热带地区，可以在北极圈地区，也可以在这两个地区之间的任何地方。我们所观察到的差别，与其说取决于人类与生俱来的对不同环境的适应能力，不如说是由地域本身的特点及其对人口的承受力所决定的。来自广东、福建两省一些小地方的中国侨民，无论到了什么地方，印度、缅甸、泰国、东印度群岛、太平洋诸岛、澳大拉西亚[①]、墨西哥、美国、西印度群岛、中美洲，或是南美洲，无论他们的生存环境发生了什么样的变化，他们都能出色地、迅速地成功融入新的生活，相反的事例我们还从未听说过。我们听说的却是，他们的融入过程既快又好，他们的勤奋和节俭远远超过了那些国家的当地人，他们的团结互助和凝聚力非常令人吃惊，以至于其他民族为了自身的安全不得不喊出“中国人滚出去”这样的口号来。在这种情况下，中国人就整体而言不再大规模移民了，这对于其他民族的内心安宁来说，无疑是一个最大的福音。如果如今这片满是怀有欲望之人的东亚大陆，要将他们的能量投向这个星球的其他地区，就像中世纪的中亚所做的那样，那么就将很难预料，我们或是我们“适者生存”的信条将会变成什么模样。

由于缺乏任何一种统计资料，只好非常笼统地来谈一谈中国人的长寿。所有的观察者或许都会赞同这样一个结论，即在中国的每一个地方都有非常之多的老人。上了年纪的人总是备受尊重，长寿也是一种非常大的荣耀，被列为“五福”[②]之首。他们非常注意记录下出生的日子，还精确到时辰，以便在需要的时候能够精确地说出来，尽管他们通常的计数方法并不十分严谨、准确。墓碑上的铭文喜欢突出死者的长寿，但除了在一些盛产石头的地方外，立有石碑的坟墓并不多见，因此，无论他们是否还能提供出其他什么长寿证据来，墓碑反正是帮不了大忙的。

---

① 一个不太明确的地理名词，一般指澳大利亚、新西兰及其附近的南太平洋诸岛，有时也泛指大洋洲或太平洋岛屿。——译注

② 据《尚书·洪范》：“五福：一曰寿，二曰富，三曰康宁，四曰攸好德，五曰考终命。”——译注

百岁以上的中国老人并不多见，但百岁以下的高寿老人却随处可见，如果有充足的营养，我们认为这个数目会是很大的。事实上，在中国人口中占了很大一部分的穷人，所摄取的营养严重不足，如果把这些人也考虑在内，那么，居然有这么多人活到如此高龄，这就不能不让人感到惊讶了。众所周知，所有西方国家的人口平均寿命在本世纪里一直在持续不断地提高。这要归功于对生命规律的越来越重视、疾病预防措施的进步以及治疗手段的完善。需要记住的是，在中国却不同，中国人的生活条件与哥伦布发现新大陆时相比并未发生多大变化。如果社会科学和医学能在中国发挥作用，就像过去五十年里它们在英格兰所做的那样，那么，上个世纪的高寿老人肯定会大幅度地增多。

对卫生学法则的完全忽视，这几乎是所有中国人的一个共同性格，即便他们了解了这些法则，他们也还是不愿意遵守，住在中国的每个外国人都熟知中国人的这一性格。一位外国观察者会产生这样一个很大的疑问：由于对自然法则的无知和蔑视而导致的各种各样的疾病，为何并未使中国人灭绝呢？在中国，每年都有为数众多的人死于那些完全可以预防的疾病，但是，这样的患病人数也并不是无限增长的，这个事实证明，一部分中国人具有神奇的抗病能力和康复能力。中国人稍微受到一点刺激就打算豁出性命，同时又把生命看得很金贵，这两者都是中国人的性格。

我们已经多次不无遗憾地解释过，由于缺乏至关重要的统计数据，我们只得依赖外国人记录在案的观察结果，随着外国人开办的诊所和医院的不断增多，这样的观察记录也会一年比一年多，一年比一年更有价值。

为了举例说明中国人的康复能力，对哪怕是一年间的医学报告进行分析和列表，都应该是一个最为有用的工作，它也一定能给出一个令人耳目一新而又有说服力的结果。然而，我们却只能简单地举几个例子来作为实证，其中两件事情是笔者耳闻目睹的，第三个例子则摘自公开发表的天津一家大医院的医学报告。这些事例的说服力就在于这样一个毫无疑问的事实，即它们都不是孤立的，也不是特殊的个案，它们都是能和我们许多读者的观察相互印证的。

几年前，笔者与一家中国人同住在一栋房子里。一天下午，笔者听到窗户下面传来一阵惨叫，窗子是泥砖砌成的，底下有个洞，里面有一个大蜂窝。一个十四个月大的小男孩在院里玩耍，看见了窗下的洞，以为是一个能玩过家家的地方，就莽撞地爬了进去。孩子剃了个光头，头皮通红通红的。蜂群不知是被这非同寻常的入侵激怒了，还是把孩子的光头误认成了一朵大大的牡丹花，它们迅速地落在这颗光脑袋上，使劲蜇了起来。孩子被拖出来的时候，已经被群蜂蜇了三十多下。孩子哭了一会儿，被放到“炕”上之后不久，就睡着了。手边什么药都没有，也没往皮肤上抹什么东西。这孩子也整夜都没有哭闹，第二天，头上的鼓包全都消了，没留下一点儿痕迹。

1878 年，北京的一家外国人雇的马车夫患了流行的斑疹伤寒，当时有很多人死于这种病。到了第十三天，病情已经相当危急，可这个危重的病人却突然暴怒起来，一个人的力气敌得过好几个人。三个负责看护他的人全都被他搞得精疲力竭。这天夜里，病人被捆在床上，以防他逃走。当看护都睡着之后，他设法解开绑在自己身上的绳子，一丝不挂地逃了出去。凌晨三点发现他逃走了，于是，整栋房子都被搜了个遍，包括那口怀疑他会跳进去的水井。最后，在足有九、十英尺高的院墙处发现了他的踪迹，他是先爬上一棵树然后再翻过高墙的。不知他是跳下墙头还是掉下去的，总之他是落在墙外的地上了，然后又立即往护城河的方向跑去，护城河就在那道将北京的汉人居住区和清皇宫分隔开来的宫墙脚下。两个小时后，人们在这里找到了他，他的脑袋紧紧地卡在宫墙下面涵洞口的铁栅栏之间。显然，他是急不可耐地跑到这里来降温的，并且他被卡在这里也已经很久了。在回家的路上，发现他的热度居然已经完全退了，尽管他腿部的风湿痛还有点儿麻烦，但他肯定会慢慢地康复的。

一个三十岁左右的天津人，以在中国军队进行炮兵训练的演武场周围捡废弹壳为生。有一次，他捡到一枚废弹头，就在他试图将其拆开的时候，炮弹爆炸了，炸飞了他的左腿。他被送进医院，左腿膝盖以下的部分被截去。他本该放弃这种危险的谋生方式，可是，他却一刻也没耽误地重操旧业了。大约六个月之后，在相同的情况下又发生了一次爆炸，炸飞了他的半截左臂，留下一个血肉模糊的伤口；右臂的上部也被火药严重地灼伤；鼻梁和上唇都留下了一道深深的伤口；炸碎的弹片割破了右腮帮子、右眼皮、前额的后部和右手手腕；右腿上也有个深深的伤口，连胫骨都露了出来。受了这样的重伤之后，这个人一直处于半昏迷状态，孤立无助地躺了四个小时，任凭太阳暴晒。一位官员恰好发现了他，就吩咐一些苦力把他抬到医院去。官员本人也跟着他们走了两英里的路。那些抬他的人显然是累极了，等那位官员一离开，他们就立即把这可怜的人扔进一道沟里，让他在那里等死。虽然因为大出血而奄奄一息，这个人还是坚持从沟里爬出来，用一条腿跳了五百码[①]，来到一家粮店，在那里找到一只大粮筐，他用那只还能动弹的手把筐子推倒，自己钻了进去。为了摆脱他，店主把他连同那只筐子一同扔在医院门口，任其自生自灭。尽管由于大量失血而几近虚脱，脉搏也极其微弱，这人的神志依然清楚，还可以清醒地说话。他以前抽过大烟，这对康复十分不利。然而，除了在入院后的第五六天有点腹泻及轻度的疟疾之外，这位病人自始至终没有出现任何严重的症状，并在四个星期之后带着一条假腿离开了医院。

如果一个民族具有中国人这样的身体素质，就能够摆脱战争、饥荒、瘟疫和鸦片造成的后果而生存下来，如果他们再对生理学和卫生学的法则稍加注意，再依靠合适的饮食获得均衡的营养，那么就有理由认为，这样的民族将有足够的能力占据这个星球上的一大片地区，甚至更多的区域。

① 一码合 0.9144 米。——译注

第十七章　忍耐和坚韧

“忍耐”这个词包含着三层差异相当大的意义。首先，它表示一种能够不带抱怨、愤怒或不满等情感而长久等待的行为或素质；其次，它表示一种能够平静地或镇定自若地面对或承受任何苦难的力量或行为，即一种沉静的耐力；最后，它还可以被用作“坚韧”的同义词。一看便知，此处提及的这一组中国人所固有的特征，对于他们的生活来说意义十分重大。对中国人的某一种性格作单独、孤立的分析是不明智的，在对忍耐和坚韧这一特征进行考察时，这一点表现得尤其明显。中国人的这两种性格是与他们的另外某些特点密不可分的，比如“神经麻木”和“漠视时间”，尤其是“勤劳”，中华民族的忍耐和坚韧通过勤劳获得了最为显著、最为有力的体现。我们就这些话题已经进行过的讨论，能使人们意识到中国人性格中的这一主要美德，但是，那只不过是一些附带进行的零散叙述，还需要加上一段更为全面的介绍。

在中国这样一个人口稠密的国家里，生活水平往往仅能维持在最低程度上，是不折不扣的“活命”。为了活下去，就得有维持生命的必需品，这就意味着，每个人都必须竭尽其所能。中国人可以说已经“把贫穷变成了一门学问”。极度的贫困和为生存而进行的艰苦斗争，并不能自然而然地使任何人变得勤快起来；但是，假如一个人或一个民族被赋予了勤劳的本能，那么，极度的贫困和为生存而进行的艰苦斗争就会最为有效地进一步发展他们的勤劳。同样的条件还会发展他们的节俭，正像我们所讨论过的那样，节俭也是中国人的一个突出品质。这样的条件也会发展人们的忍耐和坚韧。猎手和渔夫都懂得，他们的生计就取决于那种隐秘、谨慎的运动方式，以及他们在等待机会时所表现出的耐心。只要是猎人和渔夫，无论他属于人类的哪一个民族，属于“文明的”、“半文明的”还是“野蛮的”民族，他都必须是行动隐秘的、小心翼翼的、富有耐心的。中国人世代都在最艰苦的条件下谋生，他们因此学会了将最文明民族的积极勤奋与北美印第安人的消极忍耐集于一身。

中国人甘愿为了一笔微薄的报酬干很长时间的活，因为微薄的报酬聊胜于无。世世代代的经验告诉他们，欲使勤奋成为通向更广阔机遇的一块垫脚石，这是一件很困难的事情，而我们西方人却认为这是一个自然而然的结果。所谓“自然而然的”结果，也就是说，一旦条件具备，这样的结果便会随之出现。不用观察便可以断言，在每平方英里有五百人居住这样一个条件下，“勤劳和节俭是财富的双手”这句箴言恐怕是很难被证实的。然而，中国人心满意足地在为他们能够获得的微薄报酬而埋头苦干，这种心满意足就是他们忍耐美德的一个体现。

据已故的格兰特将军说，当他完成环球旅行回国的时候，有人问他，他所见所闻之中最难忘的事情是什么。他毫不迟疑地回答，他所看到的一件最非同寻常的事情，就是一个中国小商人凭着他的精明在竞争中挤走了一个犹太人。这个场景具有十分深刻的含义。犹太民族的素质如今已广为人知，这些素质也已经取得了最为惊人的成果，但是，犹太人毕竟只占全人类的很小一部分。中国人就不同了，他们在这个星球的总人口中所占的比重相当可观。被中国人挤走的那个犹太人，与其他犹太人相比或许并无任何本质上的区别。即便换另一个竞争者，竞争的结果或许仍然如此，因为大体上可以肯定，其余千百万中国人中的任何一位若是赶上这样的机会，也会表现得与那个成功的中国人一模一样。

中国人的耐力素质是举世无双的。前面已经提到，这种坚持不懈的精神曾促使一位中国学子年复一年地参加科举考试，要么在九十岁上获得学衔，要么在考试过程中死去。这种非同寻常的坚韧既不能用可能会获得的报酬来解释，也无法用可能获得的其他任何东西来解释。

这就是中国人之天赋的一个组成部分，类似鹿的敏捷或鹰的敏锐视力。在商店门口一个最不起眼的乞丐身上，也能看到这样的素质。虽然他不断出现在这个地方，却仍然是一个不受欢迎的来访者。但他的忍耐始终不渝，他的坚韧也总能赢得微薄的奖赏，即一个铜板。

有这样一个故事，说一个阿拉伯人的头巾不知道被谁偷去了，失主发现服装中这重要的一样东西丢了，就马上跑到部落的墓地去，坐在了入口处。别人对他的奇怪举动感到十分不解，问他为什么不去抓贼，他给出了一个平静的、典型东方式的回答："他最终是要到这里来的！"人们有时会想到，这种被夸张化了的消极等待不仅表现在中国人的个体行为上，也存在于中国政府的措施中。康熙皇帝的统治从1662年一直延续到1723年[①]，这段长久、辉煌的在位期使他的声誉超过了亚洲的任何一位君主。但正是在这个最伟大的中国皇帝在位期间，一个被称为"国姓爷"[②]的前朝将领，在明朝灭亡之后做了海盗，不断袭击广东、福建两省的沿海地区，竟然使得清政府的船队完全无法招架。在这种情况下，康熙想出了一个得意的权宜之计，命令居住在沿海广大地区的所有百姓都向内陆退居三十里，约合九英里，这样一来，那位旧王朝的维护者也就鞭长莫及了[③]。这个奇特的命令大体上得到了执行，并且获得了相当成功的结果。"国姓爷"撤退了，他收复大陆的计划严重受挫，就转而把荷兰人赶出了台湾，他最后被封

① 原文如此，康熙皇帝卒于1722年，他的在位时间应该是1662—1722年。——译注

② "国姓爷"即郑成功（1624—1662），原名郑森、郑福松。南明隆武帝赐他姓朱，改名成功，因此人称"国姓爷"。他于隆武二年（1646年）在广东一带起兵抗清，1661年率数万将士开赴台湾，于1662年（康熙元年）从荷兰殖民者手中收复台湾，五个月后病逝。郑成功死时康熙帝年仅八岁，尚未亲政，郑成功也并未降清，顺治帝曾下诏册封郑成功为靖海将军海澄公，郑成功坚辞不受。直到1683年，康熙帝派大将军施琅率水师攻下澎湖，才迫使郑成功之孙郑克塽归降。次年，康熙帝封郑克塽为正黄旗海澄公。作者此处所言多处有误。——译注

③ 据史料记载，此计为投降清朝的郑成功昔日部下黄梧所出。康熙帝即位之初，黄梧献"灭贼五策"，其中包括长达二十年的迁界令，迁出自山东至广东沿海二十里内所有居民，毁沿海船只，不许寸板下水。——译注

为“海澄公”，这也就意味着，他在得到安抚的同时也被消灭了。每一个读到这段奇特史实的外国人，或许都会赞同《中国总论》一书作者[①]的这个意见，即一个政府既然有足够的力量强迫如此之多的沿海居民离开他们的城镇和乡村，付出巨大的代价迁往内陆，那么，它就应该有足够的力量装备一支舰队，去终结那些针对不幸家园的侵袭。

关于中国政府之耐心的另一个例子也同样值得注意，很多居住在中国的外国人对此事还记忆犹新。1873 年，中国将军左宗棠被政府派去镇压回部叛乱[②]，这场风波开始时只是星星之火，后来却像野火一样飞速地蔓延，燃遍整个中国西部，还烧到了中亚。左宗棠在巴里坤和哈密安营扎寨。重重困难横亘在他们面前，几乎难以克服。当时，在中国出版的外文报纸经常刊发文章，既嘲笑左宗棠的贸然发兵，也嘲笑政府居然昏庸到靠贷款筹集资金，来应付高昂的军费开支。然而，在抵达叛乱地区一年之内，左宗棠的大军分成两个纵队沿高耸的天山两侧挺进，追赶走在他们前面的叛乱分子。每当他们来到一个军需供应不足的地方，大军就会转而屯田，耕作土地，以便获得他们将来需要的粮食。就这样，屯田与进军交替进行，左宗棠的“农垦大军”胜利地完成了使命。这一成就也被认为“在任何一个现代国家的编年史中都是最为壮观的”。

在我们看来，中国人忍耐特性中最引人注目的一点，就是毫无怨言地等待、处之泰然地承受这样一种能力。据说，检验一个人真实性情的正确方式，就是考察他在饥寒交迫、浑身湿透的情况之下的行为。如果被测试者的表现令人满意，就“给他温暖，把他的衣服烤干，让他吃饱饭，这样你就得到了一个天使”。当代文学中常常流露出这样

① 即卫三畏（1812—1884），美国外交官。1833 年作为美国公理会传教士来华，后辞去教职，在美国驻华公使馆任职。1877 年返美后在耶鲁大学教授中文，著有《简易汉语教程》、《中国地志》、《中国总论》、《我们同中华帝国的关系》以及《中国历史》等书，其中的《中国总论》一书被视为美国汉学的开端，曾是外国人研究中国的必读之书。——译注

② 同治六年（1867 年），中亚首领阿古柏在新疆自立为王，自称为洪福汗国，宣布脱离清廷。——译注

一个看法：遇上一个被剥夺了晚餐的英国人是危险的，就像遇见一头被夺走了幼崽的母熊一样。然而，这个论断只适用于英伦三岛的居民，而并不适用于所有的盎格鲁–撒克逊人，要想说明其中的原因是很不容易的。我们具有值得自豪的文明，可我们却始终处在我们肚皮的统治之下。

笔者有一次看到，大约有一百五十个中国人来参加一场宴会，其中大多数人是从好几英里外赶来的，可到场之后他们却大失所望。他们原本以为能在十点左右入席就餐，他们当中的许多人连早饭都没吃，可是情况发生了一些始料未及的变化，他们不得不站在一旁，客串起侍者的角色，招待为数更多的宾客。后者津津有味地吃喝着，这种从容的态度也是中华文明的一个特征，远比我们高明。先来的那些人耐心地等待许久，终于快要吃上饭了，然而就在这时，像先前一样又出现了意外，情况更令人恼火，他们不得不再次等待。这一百五十位遭到虐待的人会作何反应呢？如果他们是不列颠群岛的居民，甚或是其他“基督教国家”的公民，我们很清楚他们将会采取什么行动。他们会将愠怒不满的神色写在脸上，他们一整天都会大声抱怨他们不走运，咒骂他们所处的整个环境，直到下午三点终于得以坐下就餐为止。他们还会通过一个措辞激烈的决议，要“给伦敦的《泰晤士报》写一封‘现在，先生们’必须出现五次的信”。而这一百五十个中国人却完全没有做出这等事来，他们不仅一整天都笑眯眯的，而且一次又一次真心实意、彬彬有礼地对他们的主人说，等多长时间都没关系，早吃晚吃都一样！有哪位读者知道，是否有哪一种西方文明能教人忍受这种突如其来的沉重负担呢？

中国人的神经与我们的神经完全不同，但这并不能证明，“反应迟钝的图兰人[①]”像北美印第安人一样是斯多葛主义者。中国人忍受苦痛，靠的不仅仅是毅力，而且还有忍耐，后者往往更难做到。一位

① 图兰人，又译突雷尼人，一个内涵模糊的人类学概念，指蒙古人种北亚类型和欧罗巴人种印度地中海类型之间的混合类型，主要分布在中亚和中国新疆等地。——译注

双目失明的中国人问外国医生，自己还有没有可能重见光明，他还轻描淡写地补充了一句，如果视力无法恢复，他也就不用再为此事操心了。医生告诉他，没有办法治愈他的眼睛，这个人于是回答说："这样的话，我也就心安了。"他的这一态度并非我们所说的听天由命，更不是由于绝望而生的麻木，而是一种能够促使我们去"承受我们应承受之痛苦"的品质。我们已经意识到，忧虑是现代生活中的一大隐患，它就像刀刃上的锈迹，刀还没有用坏，锈迹就会毁掉这把刀。对中国人大有裨益的是，他们天生具有一种很少忧虑的能力，虽然就这个民族的整体而言，很少有人没有几个足以引起深刻焦虑的现实缘由。这个富饶帝国的广大地区，周期性地遭受着干旱、洪水以及由此而来的饥荒的侵袭。各种社会性灾难，诸如官司以及其他一些因其不确定性而更加令人恐怖的灾祸，时刻悬在成千上万人的头上，然而，观察者却很难发现这个事实带给中国人心理上的痛苦。我们经常问中国人，如果他的田地和房子引起了争端，老婆都要被人抢走，在这种情况下他会怎么办。常见的回答就是："那就再也不得安宁了！"其他可能的回答还有："这事什么时候才是个头儿呢？""谁知道呢？""早晚会来的，是灾躲不掉。"对生活在这种境况中的人来说，除了无限的忍耐能力之外，难道还有更好的办法吗？

中国人那种能给外国人留下深刻印象的忍耐能力，在上述各种天灾人祸大规模降临时得到了展示，不幸的是，这些灾祸在帝国的所有地区都时有发生。外国人最为熟悉的那几个中国省份，也很少能够完全免除洪水、干旱以及随之而来的饥荒等灾难。1877 至 1878 年间那场波及数百万人的大饥荒所造成的恐怖景象，会在灾难目击者的记忆中刻下久久难以消退的痕迹。黄河的泛滥和突然改道给广大地区造成的苦难是无法估量、难以想象的。好几个省份最为富饶的地区都遭到破坏，肥沃的土壤被厚达一英寻[①]的沙砾所掩埋，地面上一片荒芜。数以千计的村庄毁于洪水，在水灾中幸免于难的人们在大地上四处流

① 一英寻等于 1.8288 米。——译注

浪，无家可归，没有任何希望。大批的百姓突然之间由于天灾而家破人亡，陷入绝境，这对于任何一个政府而言都是一个棘手的难题。自我保护是自然界的第一法则，因此，对那些毫无防备地陷入饥荒的灾民们来说，联合起来去强迫有粮食的人把食物分给饿着肚子的人，这难道不是再自然不过的事情吗？

的确，在某些大城市以及一些灾民最为集中的地方，通过特定的方式给予了救济，但同样真实的是，这类救济数量很有限，持续的时间也很短，甚至无法为受灾最重地区极小比例的人口提供最起码的医疗。对于遭受大难的灾民们往后的生活，政府感到其作为非常有限。在灾民土地的复垦、房屋的重建和新的生活条件的创造等方面，政府则完全是无所作为的。人民的全部希望就在于免除赋税，但这样的减免却难得发生，除非地方官员一次又一次地发现，从一无所有的地方是收不上来任何东西的。在西方国家，“没有面包就流血！”这样一句革命性的口号人人皆知。一位来自那些国家的外国人就很难理解，这大群无家可归、饥肠辘辘、陷入绝望的难民，为何只知道在被洪水或饥荒摧毁的省份里四处流浪，却不肯团结起来，要求受灾地区的官员为他们提供某种援助。当然，地方官员或许的确无力满足灾民们的要求，但他在压力之下多少会做点什么，这也就为做更多的事情开创了先例。如果这位官员“安抚”不了百姓，他就会被免职，让另外一位官员来接替他的位子。我们曾反复追问大饥荒中的中国人为何不采纳这样一些计划，得到的回答总是这样的：“不敢。”我们对这种说法做出回应，说一个人与其白白饿死，还不如因为聚众起事被杀掉的好——不仅是好，而且还要好得多。可这样的争论是枉然的，所得到的回答依然是：“不敢，不敢。”

中国人不接受这样的做法，原因可能有两个。他们是一个最讲求实际的民族，依靠某种本能，他们意识到这类计划是徒劳无益的，因此，他们几乎不可能去实施那种必不可少的联合。然而，我们必须相信，主要的原因还是中国人无限的忍耐能力。正是这一点，导致了在中国所能看到的那种最令人痛心的场景：充足的粮食近在咫尺，成千上万的人却在无声无息地死于饥饿。中国人对这种奇怪的现象已经习以为常，这使他们的心肠变得很硬，就像一个老兵面对战场上的恐怖。那些经受过这些苦难的人，终生都无法逃离其阴影，尽管灾祸并非如影随形。灾难一旦临头，人们只能接受，因为它们是不可避免的，无可救药的。如果条件允许的话，遭灾的人会用手推车推着家人，去到那些能以乞讨为生的地方。如果一家人无法留在一起，他们就会分散开来，带上能带走的东西，各自去寻找生路，若能顺利渡过难关，就等灾难过后重新团聚。如果在近处得不到赈济，难民们便会在隆冬时节成群结队地跋涉上千英里，一路乞讨，去往某个省份，指望那里的收成能好些，劳力更有用场一些，生存的机会更大一些。如果洪水退去，出外讨饭的农民便返回他们的家乡，被水淹过的土地还太松软，承受不住任何一种耕畜的重量，于是他们只能在泥地上挖出一道道小沟，熟练地撒上麦种，然后再度踏上曲折的乞讨之路，直到他们种下的庄稼获得一次小小的收获。如果老天垂怜他，他就可以重新当他的农民，不必再做乞丐，然而他心中清楚，贫穷与饥饿的威胁从来都未曾远去。

人们总是认为，灵魂不朽的一个有力证据就是，灵魂中那些最优秀的力量常常难以在此世获得施展的机会。如果这个论据是确凿的，那么，中华民族这种无可比拟的坚韧性格，应该是用来担当某种崇高使命的，而不仅仅是为了让他们去忍受生活中的常见灾难和饥饿的折磨，这样的推论应该是合理的吧？如果“适者生存”就是历史给出的教导，那么毫无疑问，一个天生具有这一品格，同时又具有旺盛生命力的民族，就必定拥有一个伟大的未来。

第十八章　知足常乐

我们已经看到，中国人忍受病痛的能力是何等的惊人，在大多数情况下，这种能力对我们而言都是一种无法理解的天赋，这也可以被称之为一种心理矛盾。纵然身陷全然无望的境地，他们也似乎并不放弃希望，或者更确切地说，他们似乎在不抱希望地斗争，并常常是在和希望作斗争。我们在他们中间没有看到其他大多数民族都具有的那种躁动不安的性格，这种性格在十九世纪末表现得尤为明显。他们不期待有什么计划最终能引导他们走向“一个即将到来的美好时代”，他们也不认为这样的时代是有可能出现的。

不过，“忍耐”和“坚韧”这两个概念并不能完全涵盖中国人在这一方面的美德。我们还必须考虑到他们在经常出现的逆境中保持的平和心态，我们把这种持续的好心情称为“常乐”。我们的主要目的是呼吁人们关注这些美德的存在，当然，我们或许也能顺便提出一些在一定程度上有助于理解这些美德的思考。

我们使用“知足”一词，并不是说每一个中国人都安于现状，达到了对改善自己的境况都毫无兴趣的程度。我们在谈到中国人的保守时就已经谈到了他们的知足，在对他们的生活体制进行考察时，这一点就更是最为醒目的了。他们不愿去改变这一体制。这是大多数中国人的心态，我们对此毫无疑问。这种看待生活现象的模式，被我们概括地称为“保守”，在这一方面，中国人比我们所知的任何一个民族都更为典型。显而易见，中国社会的这样一些观念渗透进了全体民众的内心，源远流长，有力地压制着一切对命运的既定安排表现出不满的实际行为。他们自然也会感觉到各种不幸，但他们认为不幸是难以避免的。固守这种观点的人，就不可能成为那种推翻既定秩序的人，原因很简单，他们所承受的压力太沉重了。没有一个国家像中国这样，知识阶层更像是思想和行动的领导者。然而，知识阶级却坚信：对于中国和中国人来说，目前的体制就是所能拥有的最好体制。中国漫长的历史所提供出的丰富多样的经验，给中国人上了一堂又一堂严谨的直观教学课，即他们的体制是无法进行现实改良之尝试的。这种经验慢慢累积起来，便形成了顽固的保守主义。

人们还没有完全意识到这样一种事实，即中国人是一个宿命论者的民族。在古代经典中有大量关于“天命”的说法。人们在谈话时也经常说到“天意”。这些表达方式时常与我们提及上帝的习惯很相似。但这二者所包含的思想却有着巨大的差异：对我们而言，“上帝”就是存在之观照和预见，这一存在与大地上栖息的一切生灵息息相关，万物皆处在他的观照和预见之中；而中国人关于“天”的实际概念，却既不指个人，又非常模糊，对于他们来说，无论表达方式有什么不同，“天”所指的其实就是命运。中国人所谓的“命好”、“命不好”这类说法，其意思与儿童故事书中的“好精灵”、“坏精灵”差不多。凭借这些神奇的魔力，什么事情都可能半途而废，什么事情也都可能实现。

关于占卜、巫术和算命，中国人有着一整套复杂的理论和实践，它们是建立在各种力量的显现和相互作用的基础上的，这些力量是通过直线运动清晰可见地传导出来的。靠这种广泛应用的理论谋生的中国人数量惊人，超出任何一种大胆的估计。在这个帝国的不同地区，这些迷信对人们日常生活的影响在程度上有很大的差异，但是在每一个地方，它们却都在民众的精神生活中产生着实际、真切的影响。听到一个非常不幸的中国男人或是女人说：“这就是我的命。”这种话再常见不过了。这样一种信念自然而然地将导致失望，而如果人们，尤其是中国人，被仁慈地赋予了某种获救的希望，这一信念也会促使他们像病人那样期待康复，期待命运的再次垂顾。或许，中国人不像土耳其人那样是一贯的宿命论者，或许，中国人所说的“命”与土耳其人所言的“基斯梅特”[①]并不是一回事；但是很显然，一个像中国人这样笃信命运存在的民族，在面对他们认为必然不可改变的那些东西时，便不会去进行激烈的抗争。

希腊人有一个值得敬重的发现，即历史就是用实例给人以教益的哲学。正如我们刚刚所谈到的，中国人的历史就是他们自己的老师，他们从中所学到的，就只有这样一种保守的性格。但是，没有一个民族能仅靠对自身的分析来获得教育，就像一个人仅仅知道他自己的事情，就不能被说成是什么都懂。正是在这一点上，中国人的知识有着致命的缺陷。对于现代历史中被我们称为“文艺复兴”、“宗教改革”、“发现美洲”、“现代科学的诞生”等这样一些伟大事件，中国人全都一无所知。这些事件使各个民族间的联系比以往任何时候都更加密切，人权的观念也得到了逐渐的发展，然而，作为一个民族的中国人却完全没有经受到这样的影响。

对于那些依然全副身心地生活在过去僵死朝代里的人来说，人们生活条件的改善并不是一个很现实的问题。政治经济学中那些伟大法则的运用会给国家的各个部门都带来好处，可这对于那样的人来说是没有吸引力的，那些人对政治经济学的了解并不比我们十字军时代的祖先们更多，即使有所了解，他们也不会在意。改善生活条件的首要推动力，就来自对其他国家优越条件的知悉。中华民族的广大民众却没有见到过其他地方条件更好的任何证据，因为他们对其他国家一无所知。另一方面，那些对其他国家略有所知的人，那些原本可以知道得更多的人，却被保守主义的镣铐所束缚了。除非是大规模的改良，否则没有任何东西能真正地造福于广大民众。可是在中国，在那些能够推广大规模改良的人士当中，又没有一个人愿意去做任何诸如此类的事情。这显然无法令民众满意，但这种不满还没有来得及表露出来，就已经被压制了下去。这样一来，从社会的角度来看，中国人的知足是与进步相对立的，是会阻碍进步的。

① 土耳其语，意为“天命”。——译注

我们已经谈到过这样一种事实，即中国人的经验使他们反对对民众现有的生活条件进行任何改良。对于一位在当今其他国家生活过的外国人来说，为了让中国人所遭受的诸多苦难有所减弱，一个简单、明了而又绝对必要的方法就是移居国外。我们想当然地以为，这个药方是中国人最容易采纳的，而且成功的把握也最大。但是，中国人却永远不会接受这个计策，因为那样一来，他们就要离开父辈生活过的老屋，离开埋葬着祖先的墓地，而根据儒家学说，他们是应当坚守故土的。总的说来，除非被逼无奈，中国人不愿意背井离乡，到远方去谋生。中国人的理想生活是：

像植物一样根植土壤，
生长、结果然后腐烂。

总的说来，中国人没有离家之后不打算再回去的。他们的希望永远是衣锦还乡，寿终正寝，最后被葬入祖坟。“在后代的脚下化作泥土”，只要这种命中注定的渴望还继续是中国人的一种原则性情感，那么，他们就永远不会采取这种显然能够有效减轻他们痛苦的移民方式。我们相信，中国大众生活条件的真正改善几乎是不可能的，他们也不会接受任何成规模的迁徙，除非他们相信那是“命”。纵然有许多能引起不满的原因，但一种无意识的意识却阻止了这种不满的发泄。

但是，由于我们西方人并不具备中国人独具的这种很容易心满意足的才能，我们对中国人这一才能的论述因此还一直没有切中要害。看来的确是这样的，中国人养成了知足常乐的性格，就像鱼儿长出鳍来是为了在水中游动，鸟儿长出翅膀来是为了在天空飞翔。中国人勤劳、宁静，遵守社会规则，这些都是他们所谓的“天赋”。他们还有着无人能比的忍耐力，以及举世无双的忍受痛苦的毅力，因为他们相信那些痛苦是他们所无法左右的。中国人通常是快活的，他们的神经系统就更不用说了，消化能力赶得上鸵鸟。由于这些原因以及其他一些我们没有清楚说明的原因，他们是不会白费力气拿脑袋去撞石墙的，他们知道那石墙或多或少都是难以撼动的，他们干脆对他们无能为力的绝大多数事情都表示屈从，也没有任何动怒的抱怨。他们是按照这样一句老话来行事的："治不了病，只能熬着。"简而言之，中国人懂得如何拥有，懂得如何追求，更为重要的是，无论是否拥有，他们都懂得如何知足。

我们必须把中国人的"常乐"也视为一种民族性格，这一点是与他们精神上的"知足"紧密地联系在一起的。幸福常常是令他们喜出望外的，但是与我们不同，他们总是想最大限度地显得快乐，过分挑剔的毛病在中国人这里很罕见。他们大多都是模范宾客，无论什么地方，无论什么食物，都能让他们感到满意。甚至连那些缺吃少穿的民众，也能以一种令我们惊讶的方式保持他们精神上的安宁。

盎格鲁-撒克逊人通常喜欢愁郁地独处一隅，与之形成鲜明对照的是，对社交的热衷可以被视为中国人之"常乐"的一个最常见的例证。中国人的主要娱乐方式之一，似乎就是和别人聊天，至于聊天的对象是老朋友还是陌生人，都没有什么太大的区别。毫无疑问，对人际交往的重视，能够大大缓解中国人所遭受的许多痛苦。

值得一提的还有，许多中国人喜欢在他们非常简陋的环境中栽种植物和花草，将此视为一种非常开心的消遣。有这样一句含义很模糊的话："我们的东西不多，但我们做到了物尽其用。"

关于我们的中国仆人，我们或许公允地作了许多批评，但平心而论，他们常常克服种种不便，花很长时间为许多人做分外的工作，不仅没有怨言，而且常常意识不到有任何值得抱怨的东西。

一位给别人当仆人而又不断哀叹自己不幸命运的中国人，常常会被他的同伴所嘲笑，有时还会变成笑柄和话把儿。我们已经谈到了中国人不知疲倦的勤劳，但这样的事情依然是值得注意的：纺纱的人勤奋工作，直到午夜还能听到纺车的声响，为了节省一点廉价的灯油，他们会一直摸着黑干活，可从他们的嘴里却听不到什么诉苦的话。他们起早贪黑地苦干，认为这是理所当然的事情。他们之中有些人干的活是最累人的，比如苦力、纤夫和推独轮车的，然而，他们不仅从不抱怨这个世界不公平的利益分配，而且在有机会休息的时候依然精神抖擞地干活，粗茶淡饭显然也能让他们感到心满意足。那些有眼力的旅行者，常常会让人们注意到中国劳工的这一非常突出的特点。谢立山先生[①]在《华西三年》一书中谈到了他在扬子江上游看到的情景："纤夫们也值得关注。除了一位乐师和一位潜水工，他们几乎是清一色的手脚灵巧的小伙子，随时都愿意跳上岸去拉纤，他们不消一刻钟就能吃完饭菜，也从来不闹脾气。"立德先生在他的《通过长江三峡》一书中也提供了相似的证据："我们的五名纤夫手脚并用，在嶙峋的岩石上挪动，一寸一寸地拖着船逆流而上。我不能不高度赞扬这群贫穷苦力的勇气和耐力，他们拉上两个月的船才能挣到两个美元，一天三顿都是糙米饭，外加一点炒白菜。他们就靠这点营养撑着，每天从早到晚地苦干着。"

笔者认识一个中国人，他受外国人雇佣推独轮车，路程常常要走好几个月。在这些旅程中，无论春夏秋冬，无论阴晴雨雪，每天都得早早出发，一直走到很晚，推着沉重的货物翻越崇山峻岭，赤脚涉过冰冷刺骨的河水，每到一处驿馆，他还要负责为他的主人准备食宿。所有这些艰苦的工作，也只能换得一份并不丰厚的薪水，但是他却从无怨言，就这样干了好几年。他的主人后来证明，他从来没见过这个仆人发脾气！看了这几行文字的每位读者，不是都可以在对细节稍加改动之后给出一段同样真实的叙述来吗？

或许在病中，中国人性格中固有的常乐才表现得最为充分。通常，他们都带有最为乐观的态度，无论是自己有病还是别人生病，他们似乎都仍然希望保持乐观。即便在身体虚弱、极度痛苦的时候，他们也常常没有放弃那种开心的希望。我们听说过许多中国病人的事情，他们身患各种疾病，往往贫困不堪，也无法总能保证营养，身在他乡，

---

① 谢立山（1853—1925），英国外交官。曾任英国驻重庆、成都、温州、烟台、台湾、天津等地的领事或代理领事，1905—1908年任英国驻华使馆代理商务参赞和商务参赞。著有《华西三年》、《满洲》、《鸦片问题探索：中国主要产烟省份旅行记》、《四川的物产、实业和资源》等书。——译注

有时甚至遭到自己亲人的冷落或抛弃，他们的未来看不到一线希望。然而，他们却依然能保持着乐观、平静的情绪，这是他们的情绪常态，并不是对神经急躁症的有意指责。而在相似的情况下，盎格鲁-撒克逊人的性格中一定会表现出这样的神经急躁症来。

我们相信，具备这种快乐性情的中国人不在少数。每一个在中国稍多见识的人，都遇见过这样的人。我们还要重复一遍，如果关于“适者”的历史教诲是真实可信的，那么中华民族就必将有一个壮丽的未来。

第十九章　孝　顺

要研究中国人的性格，便不可能不谈及他们的孝顺。但是，中国人的孝顺却不是一个能轻易解释清楚的话题。这两个字就像我们不得不采用的其他概念一样，在中国人的理解和我们通常赋予它们的含义这两者之间存在着很大的差异，其含义又难以被任何一种英文表达所准确地翻译。中文中的许多概念都面临着这个难题，其中最典型的就是通常用来表示“礼仪”的“礼”字，这个概念与孝顺有着紧密的联系。为了说明这一点，同时也是为了给我们将要讨论的这一性格提供一个背景，我们最好在此引用加略利[①]先生的一段话（引自《中国总论》）：“礼是中国人全部思想的集中体现；在我看来，《礼记》是中国向其他民族提供出的一部最确切、最完整的著作。中国人的情感，他们的任何一种感情，都是借助礼得到满足的；中国人的职责是借助礼完成的；中国人的美德和恶行是借助礼来评判的；人与人之间的自然关系也在礼中得以维系——一言以蔽之，对于这个民族而言，在家庭生活中有道德的人就是有礼的人，在社会生活中有政治责任感的人就是有礼的人，在宗教生活中表现虔诚的人就是有礼的人。”每个人都会同意卫三畏博士对这段话的评论，他认为“把中国人的理念‘礼’翻译成‘ceremony’是不够确切的，因为这个理念不仅包括外在的行为，而且还含有那套规范一切行为方式的基本原则”。

确定中国人孝顺观点的最有效方式之一，就是到《四书》和其他一些经典中去寻找那些关于这个问题的论述，尤其是《孝经》中的晓谕。我们现在的讨论所直接关注的仅仅是被中国人付诸实践的教条，就他

① 加略利（1810—1862），法籍意大利人。曾任法国驻广州领事馆翻译，著有《太平天国：从萌芽到攻占南京》、《汉语百科辞典》等书。——译注

们的理解而言，孝顺不仅是一种性格，而且还是一种特质。必须记住的是，中国人的孝顺有着多面的体现，在不同的场合不可能看到相同的事情，或者说，不同的观察者也会看到不同的事情。

在1877年于上海举行的传教士大会上，晏马太博士[①]宣读了一篇题为《祖先崇拜》的论文,这篇文章是他在中国三十年生活体验的总结。作者在这篇大作的开头就说，祖先崇拜不过是孝顺的一种表现，接下来他又继续写道："'孝顺'一词之英译的前半部分很容易令人误解，我们必须当心，以防被它蒙蔽[②]。在我们所知的所有民族中，中国人的儿子们是最不孝顺、最不听父母话的，他们从能够表达自我主张的那一刻起就会我行我素。"理雅各博士，一位曾在中国生活了三十三年的杰出的中国经典翻译者，也引用过晏马太博士的这段话，但他的用意却在于给出自己的异议。他声言，中国人给他留下的印象与晏马太的所言完全不同。这个例子不过论证了一个我们熟知的真理，即不同的人总会持有不同的观点，就像不同的温度计会测出不尽相同的温度来一样。要想获得一个正确的观点，就必须将那些看似绝对不相和谐的观点合成一个整体，这个整体能比它所包含的任何一个部分都更具广泛性。

中国的孩子们没有严格的纪律，他们没有得到必须遵从父母这样的教导，他们一般而言也没有我们所理解的那种言听计从的观念，所有这些都是不容置疑的事实，而且也已为丰富的经历所验证。但是，这些缺乏家教或是家教不严的孩子，长大之后的情形总体上却并不像我们预想的那样坏，这似乎也是实情。中国人认为："树大自然直。"这个隐喻表达了一种信念，即孩子们长大成人以后，自然会去做他们应当做的事情。尽管这可能是就其他责任而言的，但它也确实在孝顺行为方面为这一理论提供了某种基础。这种现象出现的原因，似乎就

① 晏马太（1819—1888），美国南方浸信传道会传教士。1847年来华，在上海传教40余年，一度任美国驻沪副领事。著有《祖先崇拜》、《太平军叛乱》及《汉语基础》等书。——译注

② "孝顺"的英译为"filialpiety"，其前半部分"filial"意为"子女的"。——译注

存在于中国人关于孝顺的教条、培养孝顺的方式以及对孝顺的处处彰显。《孝经》中说道："五刑之属三千，而罪莫大于不孝。"[①]在那些广为流传的说法中有这样一种："百善孝为先，孝与不孝，要依据内心而非行为来判断；若以行为判断，世上则无一孝子。"中国人被灌输了这样一种清晰的观念，即任何一种美德的缺失，归根结底，都是因为缺乏孝心。不守礼节者是不孝；事君不忠者是不孝；为官不尽职者是不孝；对朋友不诚实者是不孝；在战场上不勇敢者也是不孝[②]。可见，孝行的信条不仅包括行为，而且还指行为的动机，指整个道德存在。

在人们的普遍理解中，孝行这一美德的真正基础就是心怀感恩之情。《孝经》中的"圣治"一章着重强调了这一点。守孝三年的期限被证明是有根据的，按照孔子的说法，有这样一个毫无疑问的社会事实，即"子生三年，然后免于父母之怀"[③]。因此，子女也应以同样长的时间来报答父母。众所周知，羔羊是孝顺的典范，因为羔羊在吃奶的时候总是跪着的。孝道要求我们爱护父母给予我们的身体，否则我们便冒犯了父母的仁慈。孝道要求我们在父母健在时尽心服侍，在父母过世后顶礼膜拜。孝道还要求儿子继承父亲的事业。孔子说："三年无改于父之道，可谓孝矣。"[④]然而，如果父母确实有错，孝道并不禁止子女劝谏，卫三畏博士从《礼记》中摘引的下面这段话，可以作为一段证言："父母有过，下气怡色。柔声以谏，谏若不入，起敬起孝，说则复谏，不说，与其得罪于乡党州闾，宁孰谏。父母怒，不说，而挞之流血，不敢疾怨，起敬起孝。"[⑤]令人忧心的是，在大多数西方国家，父母在这些方面的劝告往往起不到任何作用，而并不让人感到奇怪的是，这样的事情我们在中国却很少耳闻！

在《论语·为政》中，我们发现了孔子关于孝的本质所作的几种

---

① 语出《孝经·五刑》。——译注

② 见《礼记·祭义》："居处不应，非孝也；事君不忠，非孝也；莅官不敬，非孝也；朋友不信，非孝也；战阵无勇，非孝也。"——译注

③ 语出《论语·阳货》。——译注

④ 语出《论语·学而》。——译注

⑤ 语出《礼记·内则》。——译注

不同回答，他的答复因提问者而异。第一个答复是给鲁国的一名官吏的，这个回答只有简明的两个字："无违。"这个答案显然将长久地留存在提问者的脑海里，宛如一颗种子，有待随着时间的推移和思考的深入而慢慢萌发。"无违"一词的意思其实就是"不要违抗命令"，那个向孔子发问的名叫孟懿的官吏就如此理解，这是很自然的。但是，孔子也像他后来的其他同胞一样，具有"拐弯抹角的才能"，他没有直接向孟懿解释自己的意思，而是在一段时间之后，直到一个弟子驾车送孔子外出时，圣人才向这个弟子重复了孟懿的问题以及自己的回答。这位名叫樊迟的弟子听到"无违"这个词后，很自然地问道："何谓也？"这句问话给了圣人一个必要的机会以透露他的真意，于是便有了这样一段话："生，事之以礼；死，葬之以礼，祭之以礼。"[①]孔子之所以与樊迟进行这场对话，是为了让樊迟将孔子的话转达给孟懿，这样，孟懿便能体会出"无违"二字的深意了！在对"什么是孝？"这一问题所作的其他一些回答中，孔子强调的是父母必须受到尊敬，他还补充说，如果父母得不到尊敬，只能得到物质上的关照，这便是犬马式的关照[②]。

这里所引的几段话表明，孝顺的概念主要就是对父母意愿的顺从，就是去满足父母的各种需求和愿望，这在中国是一个古老的观念。孔子明确地说："今之孝者，是谓能养（而已）。"这就意味着，在他所向往、所渴望恢复的古代，孝的含义是与今不同的。从圣人讲出这些话的时候算起，又过去了很多年代，他的学说赢得了一个有可能渗透进中国人骨髓的时代，它也的确已经渗透了进去。但是，如果孔子今天还健在，我们就有足够的理由认定，他会比以往任何一个时候都更加肯定地强调："今之孝者，仅谓能养。"人们已经注意到，有良心的百姓对孝道的理解不过如此，并不曾想到还有别的责任，但是在同样的环境

---

① 语出《论语·为政》："孟懿子问孝。子曰：'无违。'樊迟御，子告之曰：'孟孙问孝于我，我对曰："无违。"'樊迟曰：'何谓也？'子曰：'生，事之以礼；死，葬之以礼，祭之以礼。'"——译注

② 见《论语·为政》："子游问孝。子曰：'今之孝者，是谓能养。至于犬马，皆能有养。不敬，何以别乎？'"——译注

里，还是应该弄清孝顺的内涵究竟是什么。如果随便找十个没读过书的人，问他们什么是“孝”，十个人里或许有九个会异口同声地答道：“不让父母生气。”这也就是说，因为父母没有得到合适的侍奉。或者，也会得到一些更为简洁的回答，说“孝顺”就是“无违”，就是“不要违抗命令”，这是圣人说过的话，尽管他在使用这个词时是另有其深刻含义的。

如果我们的读者当中有谁想看一看这一理论是如何付诸实践的，那么就应该让他去读一读“二十四孝”的故事，这些故事收录在一本同名小书[①]中，广为流传。其中一个故事是这样的：一个生活在后汉时代的六岁男孩，有一回前往一个朋友家，人家拿出橘子招待他。趁此机会，这个早熟的小家伙施展了一把中国人常用的伎俩，偷了两个橘子，藏在袖子里。但是，当他鞠躬告辞的时候，橘子却从袖口滚了出来，这使男孩陷入了十分尴尬的境地，可是他却面不改色。他跪倒在主人面前，说了一句令人难忘的话，这句话使他名留青史将近两千年：“吾母性之所爱，欲归以遗母。”这个孩子的父亲身居高位，在一个西方批评家看来，他完全有其他机会来满足他母亲对橘子的爱好，但是在中国人的眼中，这个男孩却是一个尽孝的典范，因为他小小年纪就懂得记挂母亲，或者是因为，他能如此之快地编造出一个借口来[②]。另一个是晋朝的男孩，父母没有蚊帐，他在八岁时想出一个好办法，就是每天早早上床，整夜都一动也不动地躺着，连扇子也不摇，为的是让家里的蚊子只咬他一个人，让他的父母睡个安稳觉！[③]同一朝代的另外一个男孩，和很不喜欢他的继母生活在一起，这个继母非常爱吃鲤鱼，冬天弄不到鱼，于是这孩子想出一个愚蠢的计划，他脱掉衣

---

① 《二十四孝》相传为元郭居敬所编，收集了虞舜、郯子、曾参、闵损、仲由、汉文帝、董永、丁兰、孟宗、黄香、江革、陆绩、王祥、王裒、唐夫人、吴猛、郭巨、杨香、庾黔娄、老莱子、蔡顺、姜诗、朱寿昌、黄庭坚等二十四人的孝行传说，画成图卷，通俗易懂，流传甚广。——译注

② 见《二十四孝》之《怀橘遗亲》，其中的“六岁男孩”为后汉的陆绩。——译注

③ 这里的“八岁男孩”为晋代的吴猛。——译注

服躺在冰面上，一对鲤鱼从冰下看到了他的举动，深受感动，便在冰上钻出一个洞，跳了出来，好让那位可恶的继母把自己做成盘中餐[①]！

根据中国人的行为规范，“私妻子”（即只顾妻子和孩子）被视为一种不孝之举。在刚刚引用过的《圣治》一章中，这种行为被与赌博并列，都同样是应该遭到人们抵制的。在刚才提到的“二十四孝”中，有这样一个关于地道孝行的典型事例，说一个生活在汉朝的人，他非常贫穷，发现自己没有足够的粮食同时养活他的母亲和他三岁的儿子。他对他的妻子说：“贫乏不能供给，共汝埋子。子可再有，母不可再得。”他的妻子不敢反对，于是，他就挖了一个两英尺多深的坑准备埋掉儿子，结果却挖出了一坛黄金，坛子上刻着字，表明这些黄金是上天对孝子的嘉奖[②]。如果这坛金子不曾出现，孩子就会被活埋，而根据一般人对孝道的理解，这种做法并无不妥。“私妻子”的意识，并不能阻止人们为了增加父母的寿数而剥夺自己孩子的生命。

中国人相信，如果父母患了顽疾，只有在不知情的情况下吃下从子女身上割下来的一块肉，才能治愈。这道偏方并不一定真能奏效，却绝对能够证明孝心。北京的《京报》上时常刊登这类报道。笔者自己曾从一位年轻人那里得知，他就曾为了给母亲治病而从腿上割下一块肉来，他还带着一位老兵那种可以理解的自豪展示了自己的伤疤。这种行为无疑并不普遍，但是大约也并不十分罕见。

孟子的一句话道出了中国人之孝顺的一个最重要的方面：“不孝有三，无后为大。”[③]需要传宗接代，是因为需要不断地供奉祖先，这已经成了生活中的头等大事。正是出于这个原因，每个做儿子的都必

① 此处所转述与原文稍有出入，这个关于晋代王祥的故事里写道：“母尝欲生鱼，时天寒，冰冻，祥解衣将剖冰求之，冰忽自解，双鲤跃出。”——译注

② 见《二十四孝》之《为母埋儿》，说的是后汉郭巨之事，那装满黄金的釜上有字云：“天赐孝子郭巨，官不得夺，人不得取。”——译注

③ 语出《孟子·离娄上》。《孟子·离娄下》又言：“孟子曰：‘世俗所谓不孝者五：惰其四支，不顾父母之养，一不孝也；博弈，好饮酒，不顾父母之养，二不孝也；好货财，私妻子，不顾父母之养，三不孝也；从耳目之欲，以为父母戮，四不孝也；好勇斗狠，以危父母，五不孝也。’”——译注

须尽早地结婚成家。三十六岁便做了祖父的中国人并不罕见。笔者的一个熟人在躺在床上只剩下一口气的时候还在自责，说自己有两桩不孝之举：一是命不久矣，无法给老母亲养老送终；二是没来得及给十多岁的儿子定下一门亲事。这种孝顺立场，无疑能被普通的中国人所接受。

没有生下一个男孩，是休妻的七种理由中首要的一条。非生男孩不可，这样就会导致一夫多妻制以及随之而来的各种悲剧。有了这样的背景，中国人自然会在生出儿子的时候喜气洋洋，在生下女儿的时候大失所望。中国传统观念的这一方面，是中国广泛存在的杀婴现象的一个原因。在中国的南方，这种罪行要比北方更为普遍，因为在北方我们似乎完全听不到这样的消息。但是必须记住，要想获得所有这些事情的确切信息是极为困难的，就像同样很难洞悉公众对此的态度一样。私生子的数目一直不小，无论在什么地方都存在着一种强大的动机，要杀死这些孩子，无论是男是女。尽管在每一个地区，能够得到直接证实的杀害女婴的事件都远远少于实际发生的数量，但是毫无疑问，在一个把为了奉养祖母而活埋三岁孩子的举动视为孝行的民族中，剥夺那些不受欢迎的女婴的生命，或许就不是什么太大的罪孽。

前面已经提到过中国人对去世父母的守孝理论，服丧的时间是整整三年，但在实施中往往被仁慈地缩短为二十七个月。在《论语》的第十七章中我们读到，圣人的一个弟子坚决反对三年的服丧期，坚持认为一年就已足够。圣人对此回答说，真正的君子在父母去世后的三年之内是不会感到快乐的，可如果这位弟子能因为把服丧期缩短为一年而感到快乐的话，他也可以那样做，但是圣人明确地指责他“不仁”[①]。

---

① 见《论语·阳货》，原文如下：“宰我问：‘三年之丧，期已久矣。君子三年不为礼，礼必坏；三年不为乐，乐必崩。旧谷既没，新谷既升，钻燧改火，期可已矣。’子曰：‘食夫稻，衣夫锦，于女安乎？’曰：‘安。’‘女安，则为之！夫君子之居丧，食旨不甘，闻乐不乐，居处不安，故不为也。今女安，则为之！’宰我出。子曰：‘予之不仁也！子生三年，然后免于父母之怀。夫三年之丧，天下之通丧也。予也，有三年之爱于其父母乎？’”——译注

如果儿子们恰好在政府部门任职，那么为父母守丧的礼仪就比其他所有的职责都更为重要，这会耗费他们大量的时间。有这样一些极端的守孝事例，儿子会在父亲或母亲的坟墓旁搭建一间草棚，在整个服丧期间都一直住在那里。更为普遍的方式是仅在坟旁过夜，日间则照常生活。然而，有一些孝子非要履行了全部的礼仪后才能安心，于是便在整个服丧期间自我放逐，什么事情都不做，一味地沉浸在悲痛之中。笔者就认识一个这样的人，他长期在父母坟旁守孝，这种极端的孝行最后使他心智紊乱，成了全家的负累。在中国人眼中，这种行为是值得高度赞扬的，至于其后果如何，人们却根本不去考虑。对礼仪之义务的履行是绝对的，而不是相对的。

这样的事情并不罕见，某些人为了筹钱给父母办一场体面的丧事，不惜卖掉自己的最后一寸土地，甚至拆掉房子，拿木料换钱。这种举动是一个社会性的谬误——但很少有中国人能够接受这个观点，更没有哪一个中国人能意识到这种谬误。这种做法符合中国人的本能。这种做法是符合“礼”的，因此，就毫无疑问是一件值得去做的事情。

古伯察神父以他的亲身经历为我们提供了一个绝佳的例子，可以说明中国人所看重的礼和孝究竟是怎么一回事。在侨居中国的第一年，神父生活在这个国家的南方。有一次，他要派一个人送信去北京，他想起他聘用的一位中国教师家在北京，那位教师或许乐意利用一下这个难得的机会，给他的老母亲捎一封家书，他已经四年没有母亲的音讯了，那位母亲也不知道儿子的下落。听说送信人马上就要出发，这位教师就叫来一位刚在隔壁房间上完课的学生：“过来，把这张纸拿去，替我写封信给我母亲。别磨蹭，送信的这就要走了。”这使古伯察先生大为意外，他问那位写信的少年是不是认识教书先生的母亲，结果得知这孩子根本不知道有教师母亲这么一个人的存在。“你什么都没告诉他，他怎么会知道该说些什么呢？”对于这个问题，那位教师却很自信地回答：“他怎么会不知道该说什么呢？他学写文章都有一年多了，已经学了好些文雅的套话。你不觉得他完全懂得一个儿子该怎样给母亲写信吗？”那个学生很快就回来了，信不仅已经写好，而且连信封都已经封好了，教师只在上面加了个亲笔签名。这封信送给这个国家的任何一位母亲都同样合适，每一位母亲收到这样一封信也都会同样的高兴。

中国的子女对父母的孝顺程度在任何两个不同的地方都会有着很大的差异。毫无疑问，孝与不孝的极端例子在每个地方都能看到。谋杀父母的事件很少发生，做出这种事的人通常都是疯子，尽管他们并不能因为是疯子就能逃脱惩罚。然而，在那些极度贫困的普通人中间，某些虐待父母的情况也是难以避免的。另一方面，儿子自愿代替父亲受死的事情也时有发生，父亲即便是个十恶不赦的罪犯，也依然可能赢得子女的孝顺，这样的例子有力地证明了孝顺之本能的真诚和力量。

在基督教国家中，家庭生活纽带过分松弛的现象并不罕见，对于一个刚刚脱离这一社会背景的西方人来说，中国人的孝顺理论显示出了某些非常诱人的特征。尊老的风俗是最有教益的，可以在盎格鲁-撒克逊人这里得到普遍、有益的发展。在西方国家，儿子长大成人之后，想去哪里就去哪里，愿意做什么就做什么。他没有必要和父母保持紧密的联系，父母也同样没有这种必要。但是在中国人看来，这种风俗就像是长大的牛犊和马驹对母牛和母马所做出的举动，对于动物而言是再适合不过了，却不符合人所应该遵从的“礼”。如果站在中国人的立场上认真地审视一番，就会发现，在我们自己的社会实践中还有很多有待改进的余地，我们当中的大多数人都还的确住在玻璃房子里，必须处处留心，不能鲁莽地乱扔石头。不过，另一方面，如果不着重指出中国人孝道中的几个致命的缺陷，对这种孝道的讨论就将是徒劳无益的。

这种关于孝的教条将人的五种严重过失列为不孝，其中两条规定是消极的，余下三条则具有积极的意义。谈论子女对父母之责任的书卷成千上万，却没有一个字提到父母对子女负有的责任。在中国提出这种建议并不是多余的。这样的建议在任何地方都是最不可或缺的，在任何时候也都需要。神的智慧让使徒保罗道出了这样几句言简意赅的话，向歌罗西[①]的教众宣谕了理想家庭的四大支柱："你们做丈夫的，要爱你们的妻子。""你们做妻子的，当顺服自己的丈夫，如同顺服主。""你们做儿女的，要在主里听从父母，这是理所当然的。""你们做父亲的，不要惹儿女生气。"[②]在孔子所有那些面向实践智慧的道德说教中，有哪一条能与这些影响深远的准则相提并论呢？中国人的传统教条从来不为女儿们说一句话，处处都在维护儿子们的利益。在看待这个问题时，中国人的眼睛如果没有因为年长而变得老花，就应该能看到对人类本性的这种严重侵犯。决定性别的偶然因素使一个男婴成了家中的神灵。同样的偶然因素却使一个女婴成了可怕的负担，即便不会被扼杀在襁褓里，也注定会受到轻视。

中国的孝道使妻子处在一种从属的地位上。孔子从未谈及妻子对丈夫的责任或丈夫对妻子的责任。基督教要求男人离开父母，守着妻子。儒家学说却要求男人守着父母，并强迫他的妻子也这样做。如果在丈夫与其父母的关系和丈夫与其妻子的关系这两者之间产生了冲突，那么，后一种关系就必须做出牺牲，因为夫妻关系是次要的、从属的。中国社会的整个结构都是按照家长制模式构建起来的，其中存在着严重的弊端。它压抑了人们内心的某些自然本能，而另一些本能则可能获得过度的发展。其结果，只要年长者一息尚存，年轻的一代就几乎完全处于从属地位。这些承受着铁一般强硬压力的人，头脑被束缚了，有益的变化和发展也被阻碍了。

表示孝顺的方式之一就是传宗接代，中国人的这个信条导致了一系列弊端的出现。它迫使人们去生儿育女，无论是否具有养育他们的条件。这也导致了早婚，使千百万人陷于极度贫困的境地，只能勉强活命。这还是一夫多妻制和纳妾习俗形成的主要原因，注定永远是一个祸根。孝道的观念浓缩地表现为对祖先的崇拜，祖先崇拜才是中华民族的真正宗教。如果能够正确理解祖先崇拜体系的真

① 歌罗西，古地名，在今土耳其境内。——译注

② 见《圣经·以弗所书》。——译注

正含义，就会明白，这种体系是一个民族所能背负的最沉重的束缚之一。正像晏马太博士在前面已经为我们所引用过的那篇文章中所指出的那样，几亿活着的中国人却处在无数亿死人那最令人窒息的压制之下。“当今的一代人被过去的数代人捆住了手脚。”对于我们已经介绍过的那种沉闷的保守主义而言，祖先崇拜就是一种最佳的形式和保障。在 19 世纪这最后二十五年间，中国发现自己已经置身于一个全新的环境，如果保守主义不能受到致命的一击，那么中国又如何能调节好自身以适应这个新环境呢？如果中华民族继续将早已退出历史舞台的祖先奉若神明，中国又怎么可能向前迈出有实际意义的一步呢？

我们坚信，中国人恪守孝道的深层原因一半是害怕，一半是自爱，这二者正是能够支配人类灵魂的两种最有力的动机。神灵必须受到敬奉，因为它们有作恶的力量。从儒家的观点来看，这便是圣人留下的那句睿智的名言：“敬鬼神而远之，可谓知矣。”[①]如果不祭祀鬼神，它们就会发怒。如果鬼神发怒，它们就会进行报复。为保险起见，最好还是去崇拜神灵。这句话似乎就是中国人各种形式的死人崇拜理论之浓缩的表述。至于活人之间的关系，推理的过程也同样很简单。每个儿子都要对他的父亲尽孝，他也要求他的儿子对自己尽孝。这就是生养孩子的目的。在这一点上，人们普遍有一个十分明确的想法：“种树遮阴，养儿防老。”无论父母还是子女，对此都不会有任何疑义。“没有孩子尿湿床，没人坟前烧纸忙。”每一代人都要偿还上一代人欠下的债，反过来又要求下一代人尽最大可能回报自己。孝道就这样一代又一代、一年又一年地传递着。

对于中国人程度惊人的孝道信条，有人做出了一个忧虑的评论，认为中国人的孝道不仅不是针对上帝的，而且也无法通过任何方式让人意识到上帝的存在。作为孝道之最完整、最终极表达方式的祖先崇拜，与多神论、不可知论和无神论是完全一致的。它使死人成为神，

① 语出《论语·雍也》。——译注

它所有的神也都是死人。它的爱、它的感恩和它的敬畏，都只献给尘世的父母。这里没有天父的概念,即便知道他的存在,也没有人感兴趣。祖先崇拜不被放弃，基督教便永远无法引入中国，因为这两者是相互对立的。在这两者决死的斗争中，只有适者才能得以生存。

第二十章　仁慈

中国人把“仁”列为“五常”之首[①]。这个字是由“人”与“二”两部分组成的，人们据此可以推断出这样一种观点来，即仁慈是在两个人的相互交往中发展起来的。这种似乎在汉字的结构上得到了支持的理论，却完全没有被中国人的生活事实所证实。这一点没有必要指出，因为一个聪明、留心的观察者都可以看到这些事实。然而，仅作一番肤浅的考察就认定在中国人中间不存在仁慈，这也远非实情，尽管那些本该了解实情的人也常常这么认为。孟子提醒我们说：“恻隐之心，人皆有之。”[②]只不过人们表达的方式各自不同而已。佛教那些温和的、在某些方面的确是仁善的教义，对中国人也产生了显见的影响。除此之外，中国人具有一种时时处处都非常讲求实际的本能，一旦他们注意到了“行善”，仁慈就会以各种各样的方式体现出其范围广大的存在。

在种种善行当中，中国人所推崇的就是兴办育婴堂、麻风病院、养老院和义学。中国并没有进行过一次有着最实际目的的人口普查，因此就无法确知这些善行的规模。李修善教士[③]曾经调查过华中地区的慈善机构情况，他在报告中称，汉口有三十家慈善机构，每年的花费约为八千英镑。但是冒昧地说，这些机构相对而言还是太少了；这也就是说，考虑到为数巨大的人口，考虑到这些人口在巨大蜂房一样的城市中的集中居住，对这些慈善机构的需求应是十分巨大的。

---

① “五常”的排序通常为“仁、义、礼、智、信”。——译注

② 语出《孟子·告子上》。——译注

③ 李修善（1840—1896），英国循道会教士。1865年来华，先后在武汉、山西等地传教，在中国度过三十一年，后死于汉口。著有《华中的传教事业》、《在华中二十五年（1865—1890）》等书。——译注

一遇上洪水或者发生饥荒，无处不在的大粥棚便成了一个常见的景观，也会有人为缺衣少穿的人捐出冬衣。不仅政府出面操办这些事情，平民百姓也纷纷以值得赞扬的方式予以配合，有见识地花费大笔钱财的现象也并不罕见。在灾荒年间挤满整个国家的难民大军，也被允许在大车棚、空房子等处安营扎寨，可这是不得已而为之的。若是大批难民拥来，在每个地方都遭到拒绝，他们肯定是会采取某些报复措施的。在这样的情况下，普遍存在的审慎心理会让人们做出某些让步。

我们没有把中国的各省会馆这样一些团体的善举考虑在内，这些团体会帮助那些背井离乡的穷人，那些缺少这种帮助就难以返乡的人，或是那些死在外乡无力被葬回故乡的人。这是一种具有保险性质的日常办事机构，或许中国人自己就是这么认为的。

在一些专门劝人“行善”的书中有这样的记述，即每一个人都要为自己所记得的每件恶行负责，也会因自己的每个善举而得到补偿。两者之间的平衡状况，便得出了一个人在冥府判官[①]生死簿上的寿数。这种因果报应的思想体系，清楚地表明了我们业已指出的中国人那种讲求实际的性格，也体现了他们这样一个常在的、难以压制的倾向，即认为来世（如果有来世的话）仅仅是现世的延伸与扩展。人们的乐善好施是为了获得来生的好报，中国人的善举大都带有这种明显的动机。公开宣布一桩善行中暗含的自利动因，有时却会造成意想不到的后果。1889 年 4 月，杭州的地方官想在这个大城市里从茶馆所售的每杯茶里抽点税，以此来筹资帮助因黄河泛滥而受灾的灾民。对这座古都的居民们来说，这种强行摊派颇有点像 1773 年对波士顿人所征收的茶叶税。官员竭尽全力争取人们的支持，还发布了一道文告来晓谕大众，称“倘若慷慨解囊玉成此事，必得善报”。然而，人们却一起抵制，不去茶馆喝茶，最后竟大获全胜。全城的人团结一致来反抗强加于人的“善报”，这样的事情我们可不是每天都能看到的！

---

① 直译为“中国的拉达曼斯”，拉达曼斯是希腊神话中的宙斯与女神欧罗巴之子，生前为人公正，死后为冥府三判官之一。——译注

那些能不断积累好处的善行就包括：为死去的穷人提供棺材；收敛暴露于野外的尸骨，并以合适的方式予以安葬；收集写有字迹的纸张或是书页并予以焚烧，以免那些文字遭到亵渎；把鸟和鱼买来放生。在有些地方，还向所有求药的人提供配方神秘的膏药，免费接种（理论上的），以低于成本的价格出售各种“美德书”，甚至免费发放。这样的善举在中国人的仁爱中占据着一个非常突出的位置。可是据我们观察，对于某一位男人或女人所做出的具体帮助反而被放在了一个非常次要的位置上。这些善行都是千篇一律的，行善者既不会因此惹上任何麻烦，也用不着费多少思量。和发现别人的实际困难，然后再去雪中送炭相比，站在河岸上看着渔夫撒网打鱼，然后把他捕到的鱼全都买下来，再放回河里去，这无疑要容易得多。

更何况，在注重实际的中国人看来，这里还存在着一个重要的差别。鱼一入水，鸟一高飞，就可以靠自己生存了，善行也就此结束了。鱼和鸟不会指望将它们放生的人继续照管它们以及它们那无数的家庭日后的生计。对于那个行善的人来说，只需让他的义举被记录在案，他就可以去忙自己的事情了，知道不会出现任何不利的后果。然而在中国，“善门难开”，却更难关上。没有人能预见到自己善举的远期后果，知道会有承担责任的危险之后，还是小心谨慎为好。一位生活在一个内陆省份中的传教士，接受几位当地乡绅的请求做善事，帮助一个完全失明的贫穷乞丐重见光明。结果发现是白内障，经过治疗后完全恢复了视力。可是在眼睛治好之后，那几位乡绅再次拜访这位传教士，对他说，他使那个瞎子丧失了失明这一赖以乞讨的唯一手段，因此，传教士就有责任雇用那位乞丐做看门人！一位活动范围很有限的仁慈的老妇人，不时款待一下其他一些本该幸福，后来却成了严酷命运牺牲品的老妇人。我们听说过这样一件事情，也仅仅一件而已，可这样的事情也不像人们认为的那样罕见。但是，在打了这么多的折扣之后，还是必须承认，“好心办好事”在中国人的生活中并不是很常见。

每当大的灾害发生，比如大饥荒或是黄河决堤，从中央到地方的各级官员常常会快慢不等地出现在灾区，试图对灾民提供帮助。这些周期性地必然发生的灾难应该使人意识到，必须采取一些永久性的、大范围的防灾措施，然而，他们所采取的却一直是那些权宜之计，似乎这些灾难以前从未发生过，往后也不会再次发生了。而且，对灾民的救济总是在他们最需要帮助的时候停了下来，也就是在早春时节，在这个时候，由于长期的忍饥挨饿和过度拥挤的环境，难民们已经非常虚弱，最容易染上疾病。这时，给他们发一点现钱，就打发他们上路，让他们尽快回家，尽最大的努力恢复正常的生活状态。这样做的理由是很明确的：一是救灾的款项通常已经用尽；二是田里的农活还等着人干，以便让农民们在麦收的时候有粮食可吃。政府也知道，如果难民们在避难地一直待到天气转暖，他们就会死于瘟疫，对于官员们来说，零星的破坏所造成的损失总要小一些，因为灾害显然胜过大规模的死亡。

同样的精神还体现在以“腊八施粥”为名的那种轰轰烈烈的慈善活动中。这种行为可以被视为一个典型事例，以说明中国人那种最为表面化的慈善。每年的农历十二月初八都有这样一种习俗，每一个素有行善的愿望，却一直没有机会实现的人，都会在这一天最为慷慨地向每一个来者施舍那种最廉价、最低质的稀粥，从日出到日落连续坚持十二个小时。这就叫“行善”，这也被视为一种积德之举。如果这年的收成恰巧很好，生活在乡村的人或许就不会来吃这种差劲儿的稀粥，因为即便是最穷的人也可以在家里煮出这样的粥，甚至是更好一些的粥。然而，这种情形并没有让施舍者停止施粥，也没有促使他们在粥的质量上作任何的改进。相反，施粥的人仍然展示着他们的善意，其兴致和往年一样，如果不能说是更大的话。然而一整天过去了，尽管预备下了一大缸稀粥，却没有一个人来讨上一碗，最后只好把粥倒进一口破缸里喂猪，行善的富人心满意足地回去休息，尽管没有一个穷人来享用这场筵席，但他至少已为来年尽到了责任，可以问心无愧地以仁善之人自居了。但是，如果情形相反，赶上的是一个坏年景，粮价飞涨，这既有财又有德的同一个人，在这一年里却没有了任何“行善”的动静，因为他“负担不起”！

我们已经在前文提到过对乞丐的施舍，这样的乞丐成群结队，在每个地方几乎都能看到。这种施舍也具有一种意在获得保险的性质。在城里，众所周知，乞丐们组成了非常强大的帮会，其势力远在与其竞争的其他所有组织之上，因为乞丐不怕失去什么，也就无所畏惧，这一点无人能比。一个店主或许能够拒绝给一个最能纠缠的乞丐以施舍，即便这个乞丐乞讨了相当长的一段时间，并带有日内瓦仲裁人那样的“应有的勤勉”。但是，这个店主却很有可能因此而遭到大批饥民的侵扰，他们赖着不走，甚至会让一个神经麻木的中国人也觉得是个负担。在乞丐们不断加码的要求得到满足之前，这位店主什么买卖也做不成。店主和乞丐们对此都心知肚明，因此，这类性质的善举便如同涓涓细流，从不间断。

同样的原则经过一番改头换面之后，也适用于在许多地区常常可以看到的那种对川流不息的难民们为数很少的救济。所有这些事例都会使人得出这样一种看法来，即行善不是为了让“善举”的对象获益，而是为了给行善者带来回报。中国人做善事的目的就像在骰子游戏中掷出“四点”来一样，每一个人之所以这么做的主要原因，就是他肯定自己能“更进一步”。

在谈到中国人慈善事业中的其他缺陷时，应该添加上这首要的一条，即任何一件事，无论多么有益、多么紧急，几乎都不可能逃避中国税捐体系的层层盘剥，这个体系与中国政府体系的任何一个组成部分一样，也有着严密的组织结构。要弄清任何一个常设的中国慈善机构的所有工作细节，这是很不容易的。但是，在一场大饥荒爆发的特殊时期，却足以看到这样的确凿事实，即人民最为深重的灾难也无法妨碍官吏们最无耻地侵吞那些由他们负责发放的救灾款。在这些丑闻发生的时候，公众的注意力大都集中在灾情和救灾行动上，因此就不难推测，在外界对救灾款的筹集和使用都一无所知的情况下会发生什么样的事情。

中国人开始了解西方文明的时候，所接触的往往恰好是西方文明中最坏的一面。当他们对西方文明有了更多的了解之后，就肯定能够清楚地看到，整个基督教世界都遍布各种慈善机构，这是基督教世界之外的其他国家所无法比拟的。在这之后，或许会使他们去探究一下这个意味深长的事实的合理内涵。他们应该注意到这样一个具有暗示性的情形,即中文中大多数表示情感的字都带有“心”字偏旁,可是“仁”字当中却没有“心”。人们在体现“仁”的美德时，也往往是不带“诚心”的，其导致的普遍结果我们已经谈到了。让现实的慈善活动变成一种本能，无论是否有确知的需求，都利用一切机会去做善事，这样的心理在中国人中间几乎是完全看不到的。这的确不能说是人类的进步。如果说中国人能培养出上述心理，那也必须经历西方国家所经历过的那个过程，这个过程使仁慈成为生活中一个固有的组成部分。

第二十一章　缺乏同情心

前文谈到了中国人生活中的一个方面，即居于所谓“五常”之首的“仁”。仁慈是一种良好祝愿，同情则是一种相互了解。在确定中国人也会做出一定数量的善举这个前提下，我们现在的目的是举例说明，他们显然是缺乏同情心的。

必须永远牢记，中国的人口是稠密的。在这个国家的几乎每个地区，洪水和饥荒等灾难会周期性地降临。在其他许多国家，这些灾祸都会显著地遏制人口的增长，但中国人传宗接代的渴望压倒了一切，因此同样的情况在中国似乎就没有起到相应的作用。最穷的人也要继续让他们的孩子早早地结婚，这些孩子又会带来一个又一个大家庭，就好像他们能养得起这一大家子人似的。这些原因和其他一些原因所导致的后果，就是人口中的很大一部分人只能现挣现吃，是名副其实的“从手里到嘴里”。可以说这就是干一天活儿拿一天钱的底层打工者们普遍的生存状况，这种状况似乎是无法逃脱的。一个随时随地与普通中国人打交道的外国人，用不了多久就会发现这样一个事实，即很少有几个中国人口袋里装有现钱。无论做完什么活儿，第一件事情就是要钱，为的是买点什么吃的东西，他们可能一直在饿肚子。即便是小康人家，在急等着用一笔不大不小的钱时，时常也会感到非常困难。一个人需要筹一笔钱去办事，比如打官司、办丧事，等等，在这些场合他常常会道出那句最意味深长的话来：“闹粮荒了。”这就是说，他像一个快要饿死的人一样急切地需要帮助。除了那些殷实的人家，没有人能在没有别人帮助的情况下做成这些事情。中国最突出的现状就是成千上万人生活在贫困当中，看不到一丝希望。即使是最粗心的观察者，也不难发现这一事实对人际关系造成的深远影响。生计的压力，以及因这种压力而养成的种种旧习，使得人们的生活降低到了纯粹物质的基础之上，甚至在生活的需求不那么紧迫的时候也依然如此。而在这个物质基础上，只存在着两个突出的事实：金钱和粮食。这就是中国人的椭圆中的两个焦点，人们的整个社会生活都是围绕着这两个中心旋转的。

中国广大民众的极度贫困，他们为获得最必需的生存条件而持久进行的可怕斗争，使他们在承受各种令人难以想象的苦难时表现出了某种最为奇怪的方式。一个中国人，无论他多么的仁慈，在现实面前都完全是无能为力的，甚至无法使他所见到的全部苦难减少千分之一——何况在每一个灾年，这样的苦难还会成倍地增长。任何一个有脑子的中国人都会意识到，为减轻灾害所做的那些努力全都是徒劳无益的，无论是个人的善举还是政府的干预。所有这些办法即便得到了最好的实施，也都是治标不治本的，完全无助于消除灾害。他们的做法，就像慈善机构给患伤寒发高烧的病人分发小冰块那样——每位病人都能分到几盎司的冰块，却没有医院，没有食品，没有药物，也没有护理。因此，中国人未能在实践中表现出更多的善心，这并不让人感到奇怪。使人惊讶的是，在完全缺乏体制、统筹和监管的情况下，慈善行为居然还能进行下去。长期面对那些自己既无力阻止又无法提供援助的灾难，这会对人，即便是那些最有教养的人产生怎样的影响，我们对这一现象并不感到陌生，因为每一场现代战争都提供了这方面的例证。第一次看到鲜血，会导致上腹部神经的衰弱，留下一个难忘的印象；但这种感觉很快就会过去，人们终将变得相对麻木起来，即便是当事人自己，也会不断地因为自己的麻木而震惊。在中国，一场社会战争是永不停息的，每个人都对这场战争各种可恶的影响习以为常了，最多只会给它们以片刻的关注。

中国人缺乏同情心的证明之一，就是他们对待各种残疾人的态度。大家普遍认为，跛子、瞎子（尤其是瞎了一只眼睛的人）、聋子、秃子、斜眼，所有这些人都应该避而远之。人们似乎相信，如果一个人身体有缺陷，那么他的道德品质也就同样有问题。根据我们的观察，这些人尽管并没有受到什么残酷的对待，但他们却很少得到同情，而在西方国家，这些人是会得到普遍、自然的同情的。在中国，这些人被认为是由于某些不为人知的罪孽而遭到了报应，这种观点倒是与古代犹太人的理论不谋而合的。

那些不幸生来就有残疾或是后天致残的人，总是会不断地被人提到他们的缺陷之处。经常被采用的最温和的方式之一，就是通过对奇特之处的描述来吸引众人的注意。药铺的伙计可能会对一个病人这样讲："麻子大哥，你是哪村来的？"常常看到这样的情形，一个眼睛斜视的人会听到"眼斜心不正"这样的观察结果；或者，一个没有头发的人则会不断地被人提醒："十秃九诈，剩下一个不是哑巴就也是诈。"像白化病这样的疾患也会成为人们在无聊时的取笑对象，这种玩笑似乎永远都开不够。这些不幸的残疾男女，必须终生对这样的待遇逆来顺受，要想快活地过日子，就得毫不动怒地听着这些没完没了的嘲讽。

对待那些有精神缺陷的人，人们的态度也过分地外露了。"这孩子傻。"一个旁观者会做出这样的评论。这孩子或许一点儿也不"傻"，但是，不断地当着他的面说他缺心眼儿，他那尚未发育成熟的心智就很容易遭到摧残。这样对待精神病人以及其他任何一种病人，是一种很普遍的方式。病人们的与众不同之处，他们行为动作的细节，他们可能的致病原因，病情可能恶化的征兆，所有这些都是公开的东西，都是可以当着病人的面一一谈论的细节，而病人则必须完全习惯于被人称为"疯子"、"蠢货"、"笨蛋"，等等。

在一个把生男孩看得至关重要的民族中间，生不出孩子来就会遭到责备和辱骂，这自然是不足为怪的，就像是在古代，人们对先知撒母耳的母亲所说的那样，"她的对头，大大激动她，要使她生气"[①]。如果一个母亲出于某种原因，或者是没有任何原因，悄悄地闷死了自己的一个孩子，那么毫不奇怪，这件事情会闹得妇孺皆知。

---

① 见《圣经·撒母耳记》：先知撒母耳的父亲有两个妻子，一个名叫毗尼拿，一个名叫哈拿，前者嘲笑后者没孩子，后者向上帝祈祷，生下先知撒母耳。——译注

中国人缺乏同情心的最为典型的例证之一，就是新娘在婚礼当天所受到的对待。新娘一般都非常年轻，她们总是非常胆怯，突然被一大群陌生人所包围，自然会感到有些害怕。各地风俗差异很大，但有一点是共同的，这就是没有人在乎这个暴露在众目睽睽之下的可怜孩子的感受。在有些地方，允许任何一个人掀起轿帘去打量新娘。而在另外一些地区，未婚的少女们喜欢在新娘的必经之路上占据有利位置，把草籽、谷糠之类的东西撒到新娘身上，以此取乐，那些碎屑会久久地黏附在新娘仔细梳理过的、抹了油的头发上。当新娘下轿走进公公和婆婆的家时，她就像一匹刚买回来的马一样成了众人品头论足的对象，她此时内心的感受是不难想象的。

中国人十分看重一丝不苟的礼仪，可是与此同时他们似乎却意识不到，某些话有可能是令他人不快的，因此是应该回避的。一位中国朋友曾对笔者说，他第一次见到外国人时感觉非常惊奇，他们的脸上满是胡须，简直就像猴子一样，他在说这番话时一点儿也没意识到自己的失礼，最后还自我安慰性地补充了一句："我现在已经看惯了！"有人当着学生们的面问一位老师，他的学生们能力如何，这位老师也就当众回答，靠门坐着的那个学生最聪明，二十岁就可以学成满师，但邻桌的两个孩子却肯定是他所见过的最笨的学生。从来就没有任何一个人考虑过，这样的评论会给学生造成怎样的心理影响。

中国人的整个家庭生活，也表明他们是缺乏同情心的。尽管在不同的家庭中情况千差万别，尽管任何一种概括就其实质而言都是不严密的，但仍然不难看出，大多数中国家庭都是不幸福的。他们不可能幸福，因为他们缺乏那种被我们视为家庭生活之本质的一致情感。中国人的家庭通常只是若干个体的一个联合体，这些个体被紧紧地捆绑在一起，他们有一些共同的利益，也有许多差异很大的需求。其结果就是，中国人的家庭不是我们理念中的家庭，在那里没有同情之心。

在中国，女儿自从出生那天起就或多或少是不受欢迎的。这一事实对于她们之后的整个一生都有着至关重要的影响，这一事实也提供出了许多有关人们缺乏同情心的意味深长的例证。

按照中国人的生活方式，母女同在一个屋檐下过日子，难免发生意见分歧，她们在争吵中口不择言，这种自由是在无拘无束的日常生活中养成的。有句俗话说得好：“亲娘骂闺女，骂得再凶也还是娘！”对于那些了解中国家庭的人来说，这句话是意味深长的。女儿一旦出嫁，除了割不断的血缘关系之外，她与娘家就没有任何关系了。所有人家的家谱中都没有女儿的姓名，这是一种根深蒂固的传统。她已经不再是我们家的女儿了，而成了别人家的儿媳。人的本性还是会推动女儿回娘家探望的，这种探望的频繁程度则因各地的民风而异。在有的地方，女儿们经常回娘家，而且在娘家住的时间也很长，而另一些地方的风俗则似乎要求这种探访越少越好，如果家里死了人，这种探访在很长一段时间内几乎会完全中止。但是，无论这些风俗的细节如何，这样一个原则都是不变的，即女儿是婆家的人。女儿回娘家时，是有着经济方面的原因的。她会带着一大堆为婆家人做的针线活回去，叫娘家人帮忙做完。女儿每次回娘家都尽量多地捎上几个孩子，这样既可以由她来亲自照看孩子，也可以在她忙不过来的时候让别人照看一下，更主要的是可以让孩子们在外婆家里尽量多住些日子，蹭吃蹭喝。在女儿经常回娘家的那些地方，对于那些有多位女儿的家庭来说，这种不断的突袭会给娘家全家带来一种持续的恐惧，也等于是从公共财产中抽走了一大笔税。正是由于这个原因，这类探访往往不受父亲和兄弟们的欢迎，尽管母亲暗地里是感到高兴的。不过，地方上的风俗却为女儿们规定了一些特定的探家时间，比如春节后的某一天和其他一些特别的节日，等等，在这些时候，是不能禁止女儿回娘家的。

媳妇再返回婆家时，就像人们在形容一个小偷时所说的那样，她是从来不会空手而归的。她必须带些礼物给婆婆，一般是食品。如果不按照这个老礼行事，或是置办不起礼物，那么过不了多久，就会出现一些戏剧性的场面。如果女儿嫁到了一个穷人家，或者嫁过去之后那家的家道中落了，而她恰好又有几位已经成家的兄弟，那么她就会发现，她的回娘家，用医生的话来说就是“禁忌”[①]。在同一个家庭里，儿媳们与已出嫁的女儿们之间总会有一场战争，就像腓力士人和以色列的子孙们一样，双方都把领地当做自己的，把对方看成是闯入者。如果儿媳足够强大，她们会像腓力士人那样，对自己无法彻底消灭或驱逐出境的敌人课以重税。

儿媳是整个家庭的仆人，严格地说来这就是她的地位。如果要找一个仆人的话，那显然就要找一个身强力壮的人，一个已经学会了做饭、缝纫之类家务活和其他各种谋生手段的人，而不愿要一个既没有力气又不会干活的孩子。我们听说过这样一件事，一个体态丰满的二十岁姑娘嫁给了一个岁数只有她一半大的瘦小男孩，在他们婚后生活的头几年里，她得照顾这个男孩，在他得了只有小孩子才会患上的天花时看护他。

要将中国儿媳们的苦难形诸笔墨，一段简单的文字是远远不够的，足以写成整整一章。所有的中国女孩都是要嫁人的，而且通常在很年轻的时候就出嫁，她们一生中相当漫长的一段时光都处在婆婆的绝对控制之下。想到这些，就能够模糊地意识到，那些在婆婆家受到虐待的儿媳们会有多少难以忍受的痛苦。对于已经出嫁的女儿，父母完全无法提供任何保护，只能对亲家提出抗议，或是在女儿真的被逼自杀之后索要一大笔丧葬费。如果丈夫严重地打伤，甚至打死了他的妻子，只要能证明妻子对他的父母“不孝”，他就能够逍遥法外。我们需要再重复一遍，年轻妻子的自杀是一种极为常见的现象，在某些地区，几乎找不出几个最近没发生过这种事情的村庄来。一位母亲这样责备自己那位已经出嫁、试图自杀却被救了过来的女儿：“你连死都不会吗？”还有什么话能比这样的责备更让人心酸呢？

北京的《京报》几年前发表过河南巡抚的一份奏章，其中顺便提到，尽管按照法律规定，父亲或是母亲杀死自己的孩子是有罪的，但如果一个婆婆故意地、恶毒地杀害了她年轻的儿媳，这条法律条款却

① 这个医学术语指治疗过程中对某种疗法和药物的禁忌。——译注

是无效的，凶手只要付一笔钱就能被开脱。在这里披露的案子中，这个婆婆用点燃的香烫她的童养媳，又拿烧红的火钳烙她的脸，最后用开水把她烫死了。在同一份奏折里还提到了另外几宗类似的案例，这些案例的真实性是毋庸置疑的。像这样极端残忍的行为或许是罕见的，但那些会导致自杀或企图自杀的虐待事件却如此常见，以至于仅能引起一阵略胜过三言两语之评论的激愤。与笔者相熟的不少家庭里都发生过这样的事情。

那些给人做妾的中国女人，其命运更是无比辛酸。那些纳妾的家庭——幸好为数相对很少——总是有着无尽的口角和公开的打斗。一位久居中国的外国人记述了这样一件事："我所居住的那座城市的知府，不仅十分富有，而且还是位大学者、举人，一个很有能力的官员，通晓经典中的各种教义；但是，为了满足他的任何一个恶毒的愿望，他都会欺骗百姓，辱骂百姓，掠夺百姓，拷打百姓。他的一个小妾逃走了，她被抓住后带了回来，被剥光衣服，倒吊在房梁上，打得死去活来。"

在中国这样一个国家里，穷人是没有时间生病的。家里的男人们不把妇女和儿童的病痛挂在心上，常常放任病情发展，终告不治，其原因就是没有时间照料他们，或是因为这些男人"负担不起"。

我们在讨论孝道的时候就已经注意到，这一理论的一个重要部分，就是年幼者应该相应的较少受到关注。年幼者的价值完全是根据他的未来而不是他的现在来判定的。因此，在大多数西方国家所实施的那些做法，在中国却被颠倒了过来。在三个结伴而行的人中，谁都知道，年纪最小的那个人在遇到任何艰难困苦的时候都必须挺身而出。年纪最小的仆人，始终要做其他仆人不做的苦活。在广大民众极度贫困的情况下，出现这样的现象也就不让人感到奇怪了，即甚至连一个中国男孩的性情都常常难以忍受他们身陷其中的严格束缚，他往往会逃走。下决心逃走的孩子，几乎都能找到一线生机，加入某个帮派。促使男孩们做出此举的原因是多种多样的，但是据我们观察，最为普遍的一个原因是，他们在家中受到了其他人的虐待。有这样一个例子，一个得了斑疹伤寒的男孩刚刚痊愈，得了这种病的患者通常胃口奇佳，他也不例外，他觉得家里的糙面馒头实在难以下咽，就跑到当地的集市上，花了约合二十美分的钱大吃了一顿。为此，他遭到父亲的一顿痛骂，于是这男孩就逃到满洲去了（整个东北三省都是男孩们值得信赖的福地），从此杳无音讯。

乔治·普伦蒂斯[①]曾经说过：男人是造物主的主要杰作，女人不过是一种“副产品”。这句话毫不夸张地说明了中国家庭中妻子的地位。婚姻的目的，对于娘家来说，就是免除了继续养活女儿的负担，而婆家的目的则是传宗接代。如果不去过分地深究人们的动机，这些目的是难以为人所知的。但是在中国，每个人对这个问题都心知肚明。

对于那些普通人家来说，婚姻的目的是这样的，对于贫苦阶层而言，情况则更是如此。对于一位寡妇的再嫁，一个普遍的看法就是：“她现在不会再挨饿了。”有这样一段流传很广的话：“再婚再嫁，为了吃饭；没有饭吃，一拍两散。”在救济饥民时常常可以看到，丈夫会抛妻弃子，听任她们沦为乞丐，或者饿死。还有这样一些例子，儿媳被送回娘家，不管她是被娘家养活还是饿死。“她是你们家的女儿，你们得管她。”还有另外一些情况，在赈济饥民时专门发给哺乳期妇女的食物，有时也会被男人抢去吃掉，尽管这种事情或许只是例外。

仅凭大灾之年的情形去评判一个民族，这显然是不公平的，但是，这里有着这样一个重要的感觉，即这些特殊时期就像一块试金石，能比寻常年份更准确、更真实地测试出社会生活的那些基本准则。在中国，卖妻子卖儿女的现象并不仅见于灾荒之年，但是在灾荒之年，这种现象会非常普遍，使得此类性质的交易都变得无足轻重了。那些了解实情的人清楚地知道，最近几年在许多发生了饥荒的地区，妇女和儿童就像骡子和驴子一样被公然拍卖，仅有的实质性区别就是前者没有被牵到市场上去。1878 年的那场大饥荒几乎席卷了最北的三个省份的所有地区，然后向南蔓延。在饥荒期间，大路上的车

---

① 普伦蒂斯(1802—1870)，美国诗人。曾任《路易斯维尔日报》编辑。——译注

辆络绎不绝，车上满载着被卖到中部省份去的妇女和女孩，在有些地方连一辆马车都很难雇到，因为所有的马车都正忙于把新买来的女人运到指定的目的地去。在这些情况下，年轻的女人们被带离没有饭吃、人口过剩的地区，前往一个因动乱而人口下降、男人们多年找不到老婆的地区。这种奇特景象中最令人悲哀的一点就是，中国家庭中的成员被强制性地卖往遥远的其他省份，这对各方而言却可能是一件最好不过的事情，这或许就是能让被出卖者和出卖者都能活下去的唯一途径。

我们曾经说过，一个家庭里如果得病的仅仅是女人和小孩，通常是不会引起关注的。在西方国家被我们视为可怕灾难的天花，如此频繁地造访中国，竟使得中国人再也不指望能逃脱它的蹂躏了。但是，这种疾病依然没有引起足够的重视，因为患病的主要是儿童！因为这种病而双目失明的人，随时都可以遇见。把身体发肤看得很重的中国人，却会以一种出乎我们意料的方式表现出他们对婴儿生命价值的相对忽视。夭折了的孩子往往不会被掩埋，孩子死了之后人们常说的一句话就是:“扔了吧。”或者，就用一张芦席把孩子一裹，裹得如此之松，孩子的尸体很快就会被狗吃掉。在有些地方还存在着这样一种可怕的习俗，就是把死婴的尸体塞到乱葬岗的死人堆里去，为的是防止他身上的“鬼”回来纠缠全家人！

中国人不大在乎天花，我们对天花的恐惧他们是无法理解的，但他们害怕伤寒和斑疹伤寒，就像我们害怕猩红热一样。如果一个人离家在外时染上了这种病，他就很难得到适当的照看，甚至根本得不到照看。对于一切求助，最终的反应都是:“这种病会传染的。”许多热病的确会传染人，但是在云南一些山村里发现的一种可怕疾病或许是最厉害的，贝德禄先生这样描述道:“患者很快就极度虚弱，在接下来的几个小时里，全身的每个地方都剧烈疼痛，很快就会精神错乱。在十个得了这种病的人中间，有九个最后会死去。”他还转述了当地人的说法:“病房里到处都有鬼，连桌子和床板都会晃动，发出响声，让那些不信鬼的人也能听到。无论如何，都很少有人敢迈进房间。传教士告诉我，在大多数情况下，病人都会像麻风病人一样被弃之不顾，因为害怕传染。如果家中的长辈染病，他所能获得的最好照看，就是被放在一个单独的房间里，身边摆着一壶水。房门紧锁，门边放一根竿子，惦记不下的家人会每天两次拿起竿子，小心翼翼地前去探望，用竿子戳一戳病人，看他是否还具有生命特征。”①

中国人是一个性情温和的民族，在他们中间，必定会有许多没有被人看到或听到的家庭温情。疾病和烦恼最能唤醒人性中最好的一面，在一家为中国人开办的外国医院里，我们亲眼目睹的许多事情都证明，不仅父母与子女之间满怀温情，夫妻之间也相互深爱。就连素昧平生的陌生人之间，也都能够彼此关怀。哺乳期的中国母亲会用自己富余的乳汁喂养失去母亲的婴儿，使那个孩子不至于饿死。

除非出于某些特殊的原因，人们一般不愿帮助别人，这一特点在中国的社会关系中得到了各种各样的论证。如果有人劝说一个聪明的却没有机会上学的男孩试着学一学识字，这个男孩会给出的一个最常见的在很多场合下也完全正当的推诿理由，就是没有一个人愿意教他认字。尽管他身边有很多识文断字的人，他们也有大量的闲暇时间。这种想识字的雄心只要一暴露，就肯定会引来无休止的嘲讽，发出这些嘲讽的正是那些在中国的学校里混得最久的人，他们会说：“这个家伙凭什么想走捷径，想花上几个月时间自学，就得到我们多年苦读才掌握的，又花了一半的时间才忘掉的知识？让他给自己请个老师吧，就像我们一样。”一个人通过自学获得了任何一种可以被称之为知识的东西，甚或是那种最基本的常识，这样的事情的确非常罕见，尽管偶尔也会遇到。

众人会对一个落水者袖手旁观，这样的事情会让一位在中国的外国人感到非常吃惊。几年前，一艘外国汽轮在长江上突然起火，成群的中国人聚在那里围观，对于营救乘客和船员的事情却很少伸手，或者完全袖手旁观。刚刚逃上岸的人，许多人竟然被抢走了身上的衣服，还有一

① 摘自《华西旅行考察记》。——原注

些人被公然杀害了。当然，在谈到这种暴行时也不要忘记，在并不太久之前的英国，抢劫失事船只还是一门职业呢。也有相反的例子，1892 年秋天，一艘英国的大型轮船在中国海岸搁浅，当地的渔民和官员曾不遗余力地营救，帮助幸存者。不过无论如何，这一现象依然是存在的，即中国的公众对许多灾难都持一种冷漠、麻木的态度，这样的灾难几乎随处可见，尤其是在长途旅行中。有一句俗话是这么说的："家穷不是穷，路穷要人命。"

在中国旅行时，或许能最为明显地感觉到，人们对陌生人很少提供善意的帮助。在夏季，雨水使得所有的陆路旅行几乎都难以进行，一个有急事必须得上路的人会发现，"天、地、人"这三者串通一气在与他作对。没有一个人会提醒他，他所走的这条路不久就会出现一汪泥沼。如果你选择了一条通向沼泽的路，这也与附近地区的纳税人没有任何关系。我们已经讲过，中国的道路是无人过问的。在某些特定的季节，所有的道路全都泥泞不堪，一旦有哪位旅行者身陷泥坑，无法脱身，这时，就会有一大群人不知从什么地方很快地聚拢过来，就像成语所说的那样，"袖手旁观"。无论这些围观者为数多少，在任何情况下都不会有一个人肯尽一下举手之劳来帮个忙，直到旅行者与他们达成某种交易。不仅如此，常常还会出现这样的情况，当地人在难走的地方挖一个深坑，目的很明确，就是要让旅行者陷进去，这样一来，这位旅行者就只得花钱雇那些挖坑的人把自己救出来！在这种地方，就算摸不清路况，也只管一直往前走，不要理会当地人的警告，因为你永远吃不准，这种指引的目的究竟是挡路还是帮助。

我们听说过这样一个例子，一家外国人搬到中国的一个内陆城市去，他们受到了当地人极其热情的欢迎，有些邻居甚至还主动借给他们各种生活用品，直到他们置备齐各种家庭用具。毫无疑问，还存在着其他一些这样的事例，但是大家也都很清楚，这都完全是一些例外。显然，人们最为常见的接受方式，还是彻头彻尾的冷漠，除非有什么激起了他们的好奇心，想看看初来乍到的人是什么样子；或是贪婪之心，想把被命运送到此处来的大多数肥鹅的毛全都拔掉；或是阴郁的敌意。在那些曾经落难的外国人中间，我们还从未听说有谁得到过中国人任何自愿的帮助，尽管这样的事例当然有过。我们听说过这样的例子，一些外国水手走陆路从天津到芝罘[①]，从广州到汕头，在他们的整个旅途中，他们没有一次被人留宿，或是被送上一口食物。

那些运送死人回家的人往往很难在客栈落脚，这简直是不可能办到的事情。我们知道这样一件事情，死者的一位兄弟不得不站在大街上守了整整一夜，因为客栈老板不允许棺材进门。如果带着尸体乘渡船过河，就要多付一大笔钱。我们听说过好几个事例，说尸体被卷成一团，塞进包袱，再用芦席包裹起来，像是一件货物，以免别人起疑心。有一则报道说，在不久前席卷山东的一个严冬里，潍县县城一家客栈的店主不让几个冻得半死的行路人进门，怕他们死在店里，就把他们又推回了大街，这几个人最后全都冻死在大街上！

在中国，有些罪犯通常不会被告到公堂上，这部分地因为给人定罪既困难又要花钱，部分地因为羞于公开案情。许多通奸案就按照这样的私仇法则处理了。罪人会遭到一大帮人的毒打，所依照的是中国人熟悉的一条原则，即“人多势众”。有时，这个人的两条腿会被打断，有时是两只胳膊被打断，最常见的则是把生石灰灌进他的双眼，把眼睛弄瞎。笔者就听说过几件这样的事例，这样的事情肯定并不罕见。一个对西方的思维方式并不陌生的聪明的中国人，听到外国人责备这种做法太过残忍，竟然感到大为惊讶。他指出，在中国，这样处置一个罪犯已经是“非常客气”了，他不过是被弄残废了，可他本该被杀头的！

“你干吗赖在这里吃闲饭？”一个做嫂子的这样骂她的小叔子，她丈夫的这个兄弟离家数年，在外面惹了是非，两只眼睛都被生石灰烧瞎了，“我们这里没你的地方。你想要来硬的，这有一把刀；你想要来软的，这有根绳子。你自己选条路吧。”这段话是一个眼睛无法复明的盲人不经意间说出来的，他讲这话是为了解释一下，他为什么希

---

① 烟台的旧称。——译注

望尽可能地恢复一点儿视力。他暗示说，如果实在无法重见光明，无论是“硬的”还是“软的”,都能使他摆脱困境。很少听说这样的事例，即这类暴行的受害者能有机会向官吏诉冤。关于他的证据似乎是毋庸置疑的，十个官员中有九个都可能会认为这个人罪有应得，甚至觉得惩戒得还不够。即使这个人打赢了官司，他的境遇非但不会改善，还会变得更糟，他的邻居们的怒气只会不断增强，他的性命恐怕也就很难保住了。

应该明白，在中国，尽管人命关天，但在一些情况下人的生命却很不值钱。最让中国人感到愤恨的罪行之一，就是偷盗。在一个众多人口都始终处于死亡边缘的环境中，偷盗对社会所造成的威胁被认为仅次于谋杀。在一次赈济饥荒的过程中，赈济官员们看到一个成了惯偷的疯女人被捆绑在一台石磨上，好像她是一条疯狗。如果一个人被视为窃贼，或是因为其他原因成了公众所讨厌的人，那么，这个人就很危险了，很有可能被草率地处死，这和加利福尼亚早期的治安维持会的做法如出一辙。至于处死人的方式，有时候是用刀砍，但最常用的是活埋。在说某人“吞金自尽”时（根据某些说法），无疑会有人认为这只不过是一种形象的说法，其实不然，这是一种十分严酷的现实。笔者就认识四位曾面对这种刑法的人。有两位当时已经被捆绑起来了，有一个已经看到了为他挖好的坑，这几个人都没有被活埋，是因为惩罚一方的几位长者出面干预了。另外一件事发生在笔者相当熟悉的一个村子里，村里有位年轻人，人人都知道他是个疯子，可他是个积习难改的惯偷。一群村民,还是他家的亲戚,仅仅和他的母亲“商量”了一下，作为商议的结果，他被五花大绑起来，人们在村边小河的冰面上凿了个洞，就把这个青年扔了进去。

在太平天国叛乱的逆流席卷中国广大地区的那些年间，全国各地的形势都很紧张。那时候，一个陌生人只要让人生疑，就会被抓起来，接受严格的盘查。如果他的辩白无法让抓住他的人满意，那么他的麻烦可就大了。二十多年前，在距笔者此时置身其中写作的这间屋子几百码开外的地方，就曾发生过两起这样的悲剧。地方官员感到自己几乎已无力执法，就发布了一份半官方性质的告示，让百姓捉拿一切可疑人等。村民们看到一个人骑马经过，看样子像是个外省人，这个人又解释不清自己的来历。在他的铺盖里搜出许多金银珠宝，这显然是他从什么地方抢来的，于是，这个人便被绑了起来，村民们就地挖个坑，这个牺牲品就被推了进去。就在这时，又发现另一个人在田野里狂奔，样子十分惊慌，只因为有个什么旁观者提出，这个人可能是个同谋，于是，这第二个牺牲品便遭遇了与前面那个人同样的命运。有的时候，这些来路不明的人还被强迫自掘坟墓。在中国的各个省份，每一个目睹过无法无天时代的无法无天之举的当地人，每一个年岁稍长、能记得当时情景的人，都可以证明，这样的事情数不胜数，多得让人记不过来。1877 年，在那个因为一次神秘的剪辫子事件而导致的恐怖时期，一种极度的恐慌笼罩着这个国家的大部分地区，毫无疑问，许多遭到怀疑的人都被用这种方式弄死了。当然，在特定的条件下，这样的恐怖时期在任何一个民族的历史中都不鲜见，并不能认为只有在中国才会出现这样的现象。

在中国人缺乏同情心的诸多表现之中，最令人惊骇的就是他们的残酷无情。中国人普遍认为，中国的穆斯林比汉族人更残忍。但无论如何，任何一个了解中国人的人无疑都会赞同，他们对他人的痛苦所表现出的冷漠，可能是任何一个文明国家中的人都难以比拟的。尽管孩子们在家中几乎是不受任何管束的，但从他们开始接受教育的那一刻起，那种无忧无虑的生活就一去不复返了。在这个国家最为普及的启蒙教材《三字经》中就有这样一句话："教不严，师之惰。"尽管将这句格言付诸实践的做法存在着很大的差异，因为这取决于教师的性情和学生的智商，但极其严厉的教学方式却无疑是一个普遍现象。我们见过一个学生，他刚刚在老师那里上完课，老师千方百计想让这位学生领会科举作文的秘籍，这位学生出门的时候头破血流，像是卷入了一场街头群殴。学生会被愤怒的老师骂急了，这样的事情也不罕见。另一方面，还常常发生这样的事，孩子不走运地在老师那里挨了骂，这会令孩子的母亲感到极为丢脸，于是，母亲会将孩子再痛打一顿。

不难想见，这些因为自己的孩子惹出乱子就大打出手的母亲们，一旦被什么特殊的事情所激怒，一定也会毫不留情地打骂别人家的孩子。

中国人“缺乏同情心”的另一个例证，便是他们的刑罚制度。很难通过对这个帝国之法典的查验来确定什么是合法的，什么是不合法的，因为许多背离法律条款的行为却似乎得到了风俗的默许。其中最能说明问题的，就是一直在实行的笞刑，打竹杖的次数会非常之多，常常会是法律所规定的十倍，有时甚至是百倍。限于篇幅，我们不能在此细述中国的囚犯所遭受的种种恐怖刑罚，这些刑罚都是假借公正的名义进行的。在诸如《中国总论》、《古伯察游记》这样的任何一本描写中国的好书中，都能读到这方面的记叙。《古伯察游记》的作者提到，他曾看到一批犯人被押解到衙门去受审，每个犯人的手都被钉在运送他们的囚车上，因为衙役忘了带脚镣。这个场景最好不过地证实了这样一个观点，即中国人虽然有“心肝”，却肯定没有“善心”，中国的囚犯如果无力花钱打通关节，便会无一例外地遭到这种故意刁难的、例行公事的残酷虐待。几年前，上海的一家报纸刊登了一则消息，这个城市的地方官员对两名老囚犯追加处罚，因为他们敲诈了一个新入狱的囚犯。这两个人挨了两三千大板，踝骨也被铁锤砸断了。难怪中国有句谚语说：“死不下地狱，活不进衙门。”①

以上几个段落写成之后，其中的一些论述又得到了一个意想不到的佐证，这个证据的来源再可靠不过了。下面这段文字摘译自1888年2月7日的《京报》：

“云南巡抚禀报，在该省部分乡村地区存在一种可怕风俗，乡民

① 杭延强（音译。——译者按）先生是一位在美国法律界工作的中国人，他在一份著名的宗教刊物上发表了一篇文章，评论中国的法律制度。他引用了此书前面关于中国人的“神经麻木”所说的话，并指出，中国人自己并不认为他们的刑罚是残酷无情的。我们不能同意这一观点，不过必须记住，只要中国人还是中国人，只要中国人的法律和风俗还维持不变，那么，要想对中国的刑罚制度进行任何本质上的改进，或许就是完全不现实的，除非中华民族进行了一番彻底的革新。在某种道德力量强大到足以取而代之以前，物质的力量是无法被安全地放弃的。——原注

一旦抓获偷盗粮食或果实之人，便会活活烧死他们。与此同时，还要强迫此人眷属立下字据，表示同意此种处置，然后逼其家人亲手点火，以防他们事后告官。有时，之所以实施此种可怕惩罚，仅因折断一根枝条或碰坏一株庄稼，甚至仅因有人诬陷，出于恶意置人于死地。如此残忍行为，几乎令人难以置信，但自云南叛乱以来却始终存在；当地政府不懈干预，然到目前为止仍未根除此种现象。”

本地的中文报纸几年前曾对福州附近某地强迫寡妇殉夫的习俗进行过详细报道。人们逼迫寡妇自缢，然后将其尸体火化，最后再为她们立起牌坊以表彰她们的贞洁！当地官员企图废除这种残酷的民俗，却无法完全制止，目前只在个别地区看到了成效。

中国有着许多需要，国家领导人认为陆军、海军和军工厂是当务之急，而对中国怀有良好愿望的外国人则认为，她需要的是纸币、铁路和科学教育。但是，对这个国家的状况作一番更为深入的分析之后，难道不会发现她最深切的需求之一就是更多的人类同情心吗？她需要感受到对儿童的同情，十八个世纪以来，这种情感已经成为各个种族和民族最为宝贵的精神财富之一，尽管人们并未意识到。她需要感受到对妻子和母亲的同情，十八个世纪以来，这种情感已经得到长足的发展，并且深入人心。她需要把人当做人来同情，她需要懂得，如甘霖一般自天堂洒落的仁爱品质，既祝福行善者，也祝福接受者——这是一种神圣的情感，塞涅卡[①]称之为“心灵的缺陷”，但基督教的影响已将它培育，使它成了一株花开全球的最美丽的植物，这是一种美德，一个经常体现出这一美德的人是最接近于上帝的。

① 塞涅卡（约公元前4年—公元65年），古罗马哲学家和戏剧家。其学说对早期基督教思想有较大影响，被19世纪德国青年黑格尔派哲学家鲍威尔称为“基督教的叔父”。主要著作有《幸福的生活》、《论短促的人生》、《论神意》、《论道德的书简》等。——译注

第二十二章　社会台风

在像中国这样一个人口非常稠密的国家里，好几个家庭一同挤在一个狭隘的空间里，每个家庭往往都有很多人口，这就不可能不引起随处可见的争吵。你问你的邻居："你们家里几口人啊？"他会回答："一二十口吧。"你又问："你们什么东西都共用吗？"最常见的回答就是："是啊。"就这样，一家会有十五到二十个人，如果不是四世同堂，大约就是三代合住，大家都依靠同一门生意或同一块田地的收入过日子，这唯一的收入要用来养活众人，家庭所有成员的各种需求都仅仅依赖于这份公共财产。每个兄弟都要为公共财产贡献时间和力气，妯娌们是家庭中非常重要的构成因素，可是却很难让她们和睦相处。大媳妇喜欢对小媳妇指手画脚，小媳妇自然会忌恨大媳妇的特权。她们每个人都努力地要让自己的丈夫感觉到，他在这个财产共同体中是最为吃亏的一个。

孩子这一代人是导致家庭不快的重要原因。有哪个社会能够承受住在这样的生活条件下必然会出现的那种压力呢？即便是在西方那些秩序井然的家庭中，这样的麻烦事也是并不鲜见的，在中国人这种既复杂又拥挤的生活中，纠纷自然会多出好多倍！引发不和的原因，就像人们的行为目的和兴趣一样，不计其数。钱财、食物、服装、孩子以及孩子们之间的争吵，一条狗、一只鸡，每一件事情都可能构成一个纠缠不清的线团的第一个死结。

中国语言中最难解的字之一就是"气"，这个字常常用来表示生气，它在英语中被委婉地翻译成了"wrathmatter"①。在中国人的哲学和

① 意为"怒气"。——译注。

现实生活的各个方面，“气”都是一个最为重要的概念。一个人在非常愤怒的时候就会产生“气”，中国人相信，在这个爆发出来的“怒气”和人的整个机体之间存在着某种深刻的关联，因此，动怒一直被视为一个会导致诸如失明、心脏病等各种疾病的重要原因。中国医生最先向病人提出的问题之一就是：“什么事情让你生气了？”在中国见多识广的外国医生们倾向于相信，中国人的“气”能使中国人做出任何事情来。下面这件事就是一个突出的例证：一位生活在山东中部山区的男人结了婚，生了几个孩子，其中的两个孩子还很年幼。1889 年 10 月，他的妻子去世了，这让丈夫感到非常愤怒。别人问他为什么生气，他回答说，这倒不是因为非常依恋妻子，而是因为他不知道如何照看年幼的孩子。愤怒之中，他抓起一把中国剃刀，在自己的肚子上戳出三个很深的伤口。他的几个朋友用棉线为他缝合了伤口。六天之后，这个人的“气”又发作了一回，再次撕开了伤口。每一次发作之后，他都无法记清自己究竟干了什么。他挺过了这些可怕的伤害，六个月之后，他已经能够步行好几百英里，到一家外国人开办的医院去接受治疗。他腹部的伤口已经部分愈合，只留下一个很小的疙瘩，但是肠子的正常功能却被破坏了。对于前文谈到过的中国人的生命力，这个人构成了又一个突出的例证。

大喊大叫地发出命令或发表评论，是中国人的一种习惯，而且似乎是根深蒂固的。用正常的声调去劝告他人，停顿片刻以倾听对方的反应，这对于中国人来说，几乎是一个在心理上不可能接受的方式。他非得喊叫，他非得打断别人的话，就像一条狗在非常激动的时候总是要狂吠一样。

中国人已经把骂人的技巧提高到了只有东方人才能达到的完美程度。争吵一开始，一些脏字秽语便汇成了一条肮脏的水流，英语中没有任何词汇能与之相比，即便是比林斯门[①]卖鱼妇们那些恶毒、固执的用语也都望尘莫及。最简单的接触也时常会引起滔滔不绝的谩骂，

① 伦敦最大的鱼市场，位于泰晤士河北岸。或许是因为鱼市上语言粗俗，这个词的小写形式 billingsgate 又有“粗话”、“下流话”的意思。——译注

就像某次触摸会引起电火花来一样，无论哪个阶层的人士，无论男女，骂人是一种常见的、几乎很普遍的现象，随时随地都会遇到。常常听到这样的抱怨，说女人的骂人话比男人的还要下流，她们的谩骂也往往持续得更久，就像一句俗话说的那样："中国女人脚短舌头长。"孩子们刚刚从父母那里学会这些骂人话，就常常把它们反过来用到父母的头上，这还被视为一件极大的乐事。对这种语言的使用，已经成了中国人的第二天性。每个社会阶层都会使用这样的语言。文人学士、各个级别的官员直至身居高位的重臣，一旦动怒，也会像他们的苦力一样随意地破口大骂。普通人甚至会在大街上把骂人话当做见面的寒暄，对方也以同样的方式来回应。

西方人的诅咒往往是声音不高却很深刻的，而中国人的辱骂却除了声响之外就别无他物了。英文中的咒骂就像一颗有翼的子弹，中文里的辱骂却像一个肮脏的圆球。有许多这样的骂人话，也会被视为谶语或诅咒。一个男人发现他地里的谷子被偷割了一些，就会站在他家所在的道口上，把那个未知的（尽管常常是有怀疑对象的）作案人痛骂一阵。这一行为被认为有两个用处：首先，向公众宣布他丢了东西，他因此发火了，以此来缓解他的精神压力；其次，这可以作为一种预防措施，以防止那人再来作案。作案者就在暗处（从理论上说），正怀着某种敬畏听着这些针对他的可怕咒骂。他当然不能断定他不会被觉察，虽说这常常是不会被觉察到的。或许，失主清楚地知道是谁偷了他的东西，但是他更倾向于当众辱骂，将此当做一个正式的警告，让那个被觉察的或被怀疑的作案人放老实点，不要再次作案。这也是在暗示，如果真把失主惹火了，他是要报复的。这就是中国人当众辱骂的理论。他们也坦承，这样做不仅无法制止盗窃，而且也无力阻止窃贼的再次作案，因为，在为数甚大的人口中，一个窃贼或是其他的作案者并不能肯定他被人骂过。

"骂街"的方式常常被妇女们所采用，她们会爬到房子的平顶上去，声嘶力竭地骂上几个小时，直到嗓子喊哑为止。一个体面的家庭如果有可能制止的话，是不会允许这种表演的，但是在中国，一个愤怒的女人是很难被约束的，就像在其他地区一样。总的看来，这样的咒骂很少能引起关注，或者说完全无人理睬，有的时候，一个男人在街口叫骂，一个女人在屋顶骂街，骂得面红耳赤，却没有任何人去理会。如果天气很热，他（或者她）就会一口气儿骂到底，然后摇几下扇子，提提神，接着再愤怒地骂下去。

中国人的争吵如果足够激烈，最终就难免导致程度不等的人格侮辱。在南部欧洲旅行的英国人发现，拉丁民族非常惊讶于不列颠群岛居民的一个习惯，即后者在打架的时候总是平伸着胳膊出拳。中国人也像意大利人一样，很少有人学过拳击，或者说，他们学到的不是科学的拳击方法。如果事情发展到了不可调和的地步，中国人首选的、主要的方式就是抓住对方的辫子，尽最大的力气拔对方的头发。在只有双方参加，且双方都没有武器的情况下，十次打架中有九次，“战斗”便演变成了一场纯粹的拔头发比赛。

中国人的争斗也是一场骂人比赛，粗俗的语言和高昂的词句形成了对比。但是，吵架的中国人中只有极少一部分会真的失去他人的尊重，如果他们因为连续叫骂而哑了嗓子，倒是可能让人看不起。如果有谁说他曾看到某个中国人在调唆别人打架，这是会让我们感到惊讶的。我们所看到的是，我们一直希望看到的是，在这种情况下总有一位和事老会主动地站出来。和事老有两个，或者是三个。每位和事老都会抓住一个怒吼不止的交战者，对他好言相劝。交战中的一方一旦发现自己处在和事老的保护之下，立即就会变得加倍狂怒。他会故意让自己失去控制，直到某个人来把他控制住，然后他会借故把火气都发出来，这火气对他自己和其他人无疑都没有什么伤害。即便是在最为愤怒的时刻，中国人也是服从“理智”的，中国人不仅在理论上尊重理智，在实践上也很看重理智。打架者在冲向敌人的时候被和事老抱住，打架者于是就转过身来揪打这位好管闲事的和事老，这样的场面有谁看见过呢？这是这场战斗中的一个关键时刻。即便是在愤怒之中，一个中国人也能意识到和平的可能性——一种抽象的可能性，他只不过认为，和平可能不适用于他这个具体的事件罢了。和事老的评判方式各不相同，但他几乎总能把那位好战的叫骂者拖走，而那位叫骂者一边走，一边还要回身向他的对手发出恶毒的挑衅。

中国人普遍采用的骂人方式有一个奇怪的特征，即他们不认为痛骂别人的实际缺点是一个“好法子”，而更愿意去追溯那个人最卑贱的出身，去历数其祖先的不是。采用这样的语言来对待别人，一准会被视为一种巨大的侮辱和严重的伤害，不过，其令人感到羞辱的地方，并不在于有人当着别人的面使用了这样的语言，甚至主要也不在于这种语言所针对的是他，而是因为所使用的这些词语让他丢了“面子”。因为造成这一伤害而表示恰当的道歉，这也并不表明那个自知有过错的人降低了自己的身份，做出了一件不光彩的事情，而是说明他在骂那个人的时候用错了字眼儿。

让中国人感到幸运的是，他们没有随身携带武器的习惯，如果他们手中有一把左轮手枪，或是像日本从前的武士阶层那样带着刀，那就很难预料，“气”的每天释放会造成多少伤害。

中国人一旦感觉自己受到了深深的伤害，那么，地球上就再也没有任何力量能够制止一定量的“气”,或者更确切地说是无定量的“气”之突如其来的，往往是绝对难以驾驭的发展。我们听说过这样一件事情，一位男人要求一位年长的、很有经验的传教士给他洗礼，结果遭到了非常得体的拒绝，于是，他就拔出一把刀来，威胁要杀传教士，试图用一场残酷的搏斗来证明他对入教仪式的要求。幸运的是，这种借助武力进入天堂王国的方法并没有为大多数信徒所接受，但是，这却是中国人社会生活中长期奉行的诸多原则中最基本的一条。一位要求经济援助的老太婆，如果得到的回答是“不”，她就会躺倒在你马车前的地面上。如果她被马车轧着了，这对于她来说就太好了，她因此就能指望得到无限期的资助。在笔者所住的村子里就有一位上了年纪的泼妇，老是拿自杀威胁人，但是由于她的邻居全都愿意伸出援助之手，她的这个计划似乎永远也难以实现了。最后，她跳进村里的一口泥塘，打算淹死自己，可是她却恼怒地发现，泥塘里的水只能没到她的脖子。她不会随机应变，不知道把脑袋没进水里憋着，却一直在因为这件不巧的事情而声嘶力竭地咒骂全村的人。第二次她就做得更为成功一些了。

如果什么事情做错了，也不会得到法律上的纠正，比如，嫁出门的女儿所遭受的虐待如果超出了习俗允许的限度，受到伤害的这家人就会造访婆婆家，如果碰到抗拒，就会发生一场激战。如果没有遭遇抵抗，肇事者逃走了，进攻者就会把这户人家的瓷器、镜子、水罐以及其他所有易碎的东西全都砸烂，以此来消“气”，然后扬长而去。如果这些进攻者的到来被预先获悉，第一个步骤就是把家里的盆盆罐罐全都搬到邻居家去。一份中国报纸报道了这样一件发生在北京的事情，一个男人打算迎娶一个漂亮的女人，结果看到的却是一个既丑又秃、年纪还老大不小的新娘。失望的新郎勃然大怒，他殴打媒人，痛骂送亲的队伍，还砸碎了新娘的嫁妆。任何一个中国人都会这样行事的，如果他所处的环境允许他这么做的话[①]。“气”在最初的爆发之后是有机会平息下来的，这项工作由“和事老”来完成，这个角色可是中国社会生活中一个不可或缺的因素。有的时候，这些最为重要的人物会给人留下一种非常需要和平的深刻印象，甚至是在事情与他们毫无干系的时候，他们心甘情愿地在当事双方之间斡旋，一会儿给这一方磕头，一会儿给另一方作揖，协调双方的利益。

然而，当社会风暴无法借助通常的方式得到控制的时候，换句话说，当大量的“气”不借助爆炸就无法消散的时候，这便是诉讼程序的起点，诉讼在中国可是一个意义重大的概念。在争吵中使一个人丧失控制能力的那种盲目的愤怒，会促使他在交手了几个回合之后决定把肇事者告到当官的那里去，为的是“让他吃官司”。在西方国家，这样一个程序总的说来是不明智的，而在中国，这则纯粹是一个疯狂之举。有这样一句俗话：“情愿去死，不打官司。”我们笑话过一位中

① 据说在北京，当今的皇帝就不喜欢别人为他挑选妻子。他的愿望几乎都是与皇太后相左的，皇太后做出的任何一个选择都不会合他的意。人们私下里也说，宫中的情形与这里提到的他的臣民之一在婚礼上的举止如出一辙，“上行下效”。——原注

国移民的愤怒，他的一条狗被邻居用枪打死了，在他表示要将此事诉诸法律的时候，他的一位朋友提出了异议："一条狗能值多少钱呀？"这位中国移民却操着生硬的英语说道："这条狗一钱不值，但他既然杀了它，他就应该做出足够的赔偿。"在一个西方国家，这桩诉讼会被认为是没有价值的，事情也就到此为止了。在中国，这种事情却会导致两败俱伤，会结下世代怨仇。但是总的说来，中国人的每一桩诉讼都会招来无处不在的和事老，他们为双方服务，他们的服务是很有价值的。就这样，数以百万计的诉讼在接近最后关头的时候被中止了。笔者听说，在一个居住着上千个家庭的村庄里，整整一代人都没有打过一场官司，这要归功于一位在当地衙门中任职的要人所具有的震慑性影响。

一台像中国这样如此复杂的社会机器，必然会嘎吱作响，有时也会在极大的压力之下扭曲，但是它却很少在这样的压力之下破裂。正如我们所看到的那样，中国的政治体制就像是人的身体，具有许多充满润滑体液的小囊，在最需要的时间和地点，它就会分泌出一点儿，滴落下来。中国人平和的品性，使他们能够组成一个很有价值的社会联合体。中国人热爱秩序，遵奉法律，甚至在法律不值得遵奉的时候也是如此。在亚洲各民族当中，中国人或许是最容易管理的，只要管理的方式不违反他们的习惯。毫无疑问，其他一些文明形态在许多方面或是大多数方面都胜过中国，但是，也许很少有哪一种形态能够承受中国社会已经承受了许多个世纪的这种压力，在这一方面，最好把所有的祝福都献给那些和事老们。

第二十三章　相互负责和遵纪守法

中国社会最显著的特点之一，可以用“责任”一词来加以概括。这个词的内涵之丰富，地位之重要，对于西方国家而言是完全无法理解的。在那些西方国家，我们知道，个体就是一个单位，而国家就是许多个体的巨大结合体。在中国，社会生活中的单位却是一个家庭、一座村庄或一个家族，这几个概念通常是可以相互替代的。成千上万的中国村庄，全村人都有着共同的姓氏和共同的祖先。他们一直居住在同一个地方，其世代相传、不曾中断的族谱可以一直回溯到好几百年前的最后一次政治大动荡，比如明朝的灭亡，或者明朝的建立。在这样的村子里，“堂表亲”就是最远的亲戚了，辈分比自己高的男人，不是父亲就是叔伯，或者是“爷爷”辈的什么人。有的时候，一个小小的村庄里就能数出十一代人来。并不像人们想象的那样，年龄大就意味着辈分高。中国人结婚很早，而且多次娶亲，还常常是在晚年，不断地生孩子。其结果，就出现了这样一种错综复杂的亲戚关系，如果不特意询问，不留意人名中专门用来表示辈分的那个字（同一“辈分”所有人的名字中都带有同一个字），就不可能弄明白谁是晚辈，谁是长辈。一个年近七十的老人，要称一个三十岁的年轻人为“爷爷”。同一辈分中为数甚多的“堂兄弟”，全都以“兄弟”相称。如果一个困惑不解的外国人坚持要问清楚他们是不是“亲兄弟”，他们通常会告诉他，他们是“亲叔伯兄弟”。笔者也问过这样的问题，我问到的那个人迟疑了片刻，回答说：“好吧，你也可以把他们称作亲兄弟。”

这些都是中国人社会团结一致这个总特征下的具体证据。正是这种团结一致，塑造了中国人的责任感赖以存在的基础。父亲要对儿子负责，这种责任维系终生，不只是将儿子教养“成人”就算完事了，儿子也有责任偿还父亲的债务。兄长对弟弟负有明确的责任，而“家长”——通常是最年长一辈中最年长的人——则对整个家庭或家族负有责任。至于究竟需要承担怎样的具体责任，则要视情况而定。

风俗相去甚远，“人因差别”也是一个最为重要的因素，不过这一理论却没有受到重视。因此，在一个颇有影响的大家庭里，尽管有不少读书人，其中有些是当地名流，甚至还中过举人，但“族长”却可能是一个头脑糊涂的老人，既不能读又不会写，一辈子都没去过离家十英里之外的地方。

哥哥对弟弟的影响，或者说一家之中任何一个年长者对年幼者的影响，是最为直接、最为有效的，这与我们所说的个性自由完全不同。弟弟像仆人一样被使唤，他宁愿放弃他的位置，可是他的哥哥却不会允许他这样做。弟弟想买一件冬装，但哥哥嫌太贵，便不许他花这笔钱。写到这里的时候，笔者刚好听说了这样一件事：有个中国人有一些珍贵的古钱币，一个外国人想把这些古币买下来。中国人手里一旦有了别人想要的东西时，往往不肯出手，打探到消息的中间人担心古币的主人不卖，就给外国人出了个主意，叫他送点外国糖果或者其他小玩意儿给钱币主人的叔叔，通过这种间接的方式施加压力，迫使钱币的主人将钱币出手！

有这样一个笑话，讲的是在西方某国，一位旅行者在路上遇到一位很老的老头儿，他有着长长的白胡子，这位老人在伤心地哭泣。这个情景实在太奇怪了，旅行者不由得停下来，问老人为什么哭，他得到的回答令他惊讶不已，白胡子老头说，他的父亲刚刚用鞭子抽了他！“你父亲在哪儿？”“就在那边。”老人回答。旅行者骑马沿着老人所指的方向走去，果然看到一个更老的老头儿，胡子更长，也更白。旅行者问：“那个人是你儿子吗？”“是我儿子。”“你打了他？”“没错，我打了他。”“为了什么呢？”“因为他胆敢顶撞爷爷，如果他再这样做，我还要更厉害地抽他！”如果把这个故事放在中国人的生活背景之下，它也就不再是笑话了。

家庭成员之间是相互负有责任的，仅次于这种责任的，便是邻里之间相互承担的责任。无论这些“邻居”相互之间有没有亲戚关系，他们需要承担的责任却是没有任何区别的。他们之所以有责任，仅仅因为他们是比邻而居的。这种责任的根据，就是那种认为善和恶皆会传染的理论。近朱者赤，近墨者黑。孟子的母亲三次搬家，就是为了找一户合意的邻居。对于一个刚刚受到那种支配着盎格鲁–撒克逊人的共和思想熏陶的西方人来说，与何人为邻是没有多大意义的，或者说是完全没有意义的，如果他住在城市里，他可能在一座房子里住了一年还不知道隔壁人家姓甚名谁。但是在中国，情况就不同了。如果有人犯罪，他的邻居也有罪，这种罪有点像英国法律中的“包庇罪”，因为他们在知道犯罪意图之后却没有举报。辩白说“我不知道”是徒劳的，既然你是“邻居”，你就应该知道。

对弑父弑母案件的处理过程，为中国人的责任理论提供了一个突出的例证。我们在前面讨论孝顺的时候就已经提到，在这些情况下，罪犯通常都被认为是疯子。他们也的确是疯了，因为犯这种罪等于主动请求被凌迟处死，可他们本来是可以通过自杀来逃避一切的。几年前，《京报》曾经登出一份奏折，中部某省的巡抚禀报，他在处理一起弑父弑母案时，将凶手左邻右舍的房屋一齐推倒了，因为这些邻居未能尽到责任，未能以他们的美德去感化这个罪犯！在一般的中国人看来，这样的处置或许是合情合理的。在某些情况下，如果某个地区发生了这样的犯罪，除了惩办案犯之外，还要再推倒一段城墙，或者把城墙的形状改造一下，将圆形的拐角改成方形的，或者将城门挪个位置，甚或堵死。如果某地接二连三地发生此类罪案，据说应当将整座城市夷为平地，另外选址重建新城，但是，这类确切的事例我们还没有遇见过。

除了邻居之外，乡吏们也承担着责任。他们的职责是最为复杂的，有时只负责一个村子，有时十里八村都得管。无论管片是大是小，他都是地方官员与老百姓之间的沟通中介，总是会有各式各样的麻烦找上他。如果碰上一位喜欢挑刺的官老爷，那么他就可能因为知情不报被打得皮开肉绽，而那些事情他的确不可能知道。

比乡吏的职位高得多的是县官，就与百姓的关系而言，他们是中国最重要的官员。面对他们脚下的百姓，他们就是老虎。面对他们头上的官员，他们则是老鼠。一个地方官员所承担的职责，至少要由六位不同的官吏来对付。一个人管辖着一个地域广大、人口众多的地区，同时担任着民事法官、刑事法官、治安官员、验尸员、司库和税务官，他就不可能事事都亲力亲为，面面俱到。如此繁杂的职务压在同一个人的身上，使得他无论在体力上还是精神上都难以圆满地履行职责。许多官员对自己的任何工作都不感兴趣，只关心自己能从中捞到多少好处，而他们的职责又琐碎繁杂，他们只好在很大程度上依靠他们的秘书和其他下属。需要做的事情太多了，即使具有最坚定的决心，官员们也无法避免犯下无数的错误，许多事情都可能弄糟，他们也得为此负责。同中国所有的官员一样，县官理应对其管辖区域内发生的一切事情都了如指掌，并且神通广大，能够阻止一切不该发生的事情。为方便县官和保甲长获得这方面的情况，每座城市和每个村庄都被划分为一些组合单元，每个单元由十个家庭构成。每户人家的门上都挂着门牌，其上写明户主的姓名及家中的人口数目。这种户籍登记制度与古时候撒克逊人的十户区和百户区制很相似，它使得地方的责任很容易得到明确。在一个有十户人家居住的地区，一旦出现一位可疑的陌生人，无论是谁第一个看到了他，都会立即报告甲长。甲长又会马上报知保长，保长再禀报知县，知县则立刻采取措施，“严加缉捕，严惩不贷”。如果面对的不是“面目可疑之徒”，而是常住人口，借助同样这一套简单的程序，当地所有的犯罪在付诸实施之前就会被人迅速察觉，如此一来，百姓们良好的道德风尚便能一代又一代地流传下来。

很显然，这种规定只有在一个人们习惯于定居的社会里才会有效。同样显而易见的是，即便在中国这样一个几乎没有人口迁徙的国家里，保甲制度在很大程度上也只是一种法律意义上的假设。有的时候，在一座城市里，没有一个人在此之前看到过什么门牌，可是突然之间，家家户户的门上却都挂上了保甲门牌，这就表明，此地来了一位想加强管理的县官。在某些地方，这些门牌只有在冬季才能看到，因为在这个时候坏人最多，也最危险。但是据我们观察，保甲制度几乎已经成为一种理论上的回忆，即便看到了它的真实存在，它或许也只是一种形式。实际上，门牌并不常见，至少在某些省份，如果一个人走了上千英里，旅行数月，在他所路过的城市和村庄里，他所看到的挂有门牌的住户还不足百分之一。

可以顺便提一下，中国的保甲制度与所谓的人口普查之间存在着密切联系。如果每家每户都能提供准确的家庭人口数目，并且能随时更正这个数字，如果每个保长都能掌握他主管的各甲之确切的人数统计清单，如果各地的县官都能将上述数据准确地汇总，那么，这个国家的一次精确的人口普查，就会像把一长串的数字相加起来一样简单，因为整体就等于各部分之和。但是，这都是一些硕大的如果，事实上，上述三个条件中没有一个能够实现。门牌是不存在的，如果一位地方官员偶尔被人问到他辖区内的总人口是多少，那么无论是他自己，还是他所完全依赖的那些为数甚多的保长，都没有什么兴趣来保证数字的精确，保证精确也的确是一件困难的事情。从人口普查当中又捞不到什么“油水”，仅凭这一点就可以断言，中国的人口普查只不过是一种想象中的虚构之物。即便是在最为开明的西方国家，人口普查就意味着收税这样的观念也是根深蒂固的，在中国，人口普查会引起十分强烈的疑心，仅仅由于这个原因，准确的人口统计数字就是不可能获得的，除非保甲制度能在全国各地始终如一地得到不折不扣的贯彻。

对于一个有各种不轨行为的地方官员来说，他也许会平安无事，也可能因此惹祸上身。如果真有麻烦，他可以通过一些有影响的朋友的斡旋，或者明智地花些银两，从而逍遥法外。不过，他最终还是可能由于他的辖区内发生了某些他无力阻止的事情而丢掉官位，这样的情况屡见不鲜。

至于责任制度在各级官员中间是如何实施的，没有必要在此详细地说明。从每一期《京报》的译文中几乎都可以找出许多实例。几年之前曾报道过这样一件事情：一个站岗的士兵从他负责看守的地方盗走三十箱子弹，并把它们卖给了一个锡匠，锡匠以为这些子弹是过期的、多余的物资。结果，这个士兵被打了一百大板，发配到边疆去做苦役。负责看管仓库的小官吏被判责打八十大板，职位也丢了，尽管允许他支付一笔赎金来减刑。买主被认为是没有任何责任的，但还是按照惯例挨了四十下竹板。带兵的校尉也被撤职，还要以“纵容”下属偷窃的名义将他送审，不过他很明智地消失了。接受这份奏章的刑部，还被要求确定对大将军的惩罚措施，因为将军与此案也难脱干系。这么一来，每个人都是链条上的一环，一环扣一环，一直到头，其中任何一个环节都不能以对犯罪行为不知情或无力制止为由来逃避责任。

《京报》上每年都有报称某些害河决堤的奏章，它们都是一些可以用来解释中国人之责任观的更为典型的例子。1888 年夏，直隶省的永定河泛滥，河水从山上奔涌而下，就像是推动水磨的急流一样湍急。官员们似乎迅速赶到了现场，冒着生命危险与洪水奋战，但这却是一项人力所不能及的工作。他们束手无策，就像夏季大雨倾盆时排水管里的蚂蚁一样无助。但是这一切并不能阻止李鸿章惩罚他们，勒令他们立即摘下顶戴花翎，或者保留原职，官降一品（朝廷表示不满时喜欢使用的一种模式），而直隶总督在奏折的最后，也照例请求刑部发落自己,因为他对此事也负有责任。后来,同样的洪水又泛滥了好几次，每一次也都会提交同样的奏折。皇帝总是指示有关部门“谨慎处置”。与之相似的是，几年之前为了让黄河回归故道而兴建的堤坝工程最后以失败告终，这是一个信号，意味着从河南巡抚往下的一大批官员将要被降职或流放。

有关责任的理论会一直延续到天子本人那里。皇帝有时会发布罪己诏，向上天坦承他犯下的过错，将洪水、饥荒、暴乱等灾祸统统归咎于自己，并乞求上天的宽恕。他对上天所负的责任，一如他的官吏们对他所负的责任。如果皇帝被推翻,这是因为他已经失去了“天命”，“天命”将把王位交给另一个能治理这个帝国的人。

在中国人有关责任的教条中，有一条与西方人的思维标准最相抵触，这就是一人犯罪、满门抄斩这种东方式做法。与太平天国叛乱相关的报道中，有许多这样的事例，最近发生的另一个事例，就是对在土耳其斯坦领导穆斯林叛乱的匪首阿古柏[①]一家的处置。然而，并不是只有公然谋反的人才会招致这种灭门惨祸。1873年，“一个中国人被指控掘开了一座皇家陵寝，盗窃棺材里的金银珠宝，他被判有罪。罪犯全家四代人，上至九十多岁的老人，下至几个月大的女婴，全部被处死。十一个人因为一个人犯的罪而失去了生命。而且没有任何证据能够证明其中任何一个人参与犯罪，或是知悉这个人的罪行”[②]。

中国人关于责任的理论和实践，常被视为中国各项制度长存不变的原因之一。它给中国社会的每位成员都戴上了难以挣脱的铁镣。各级官员和平民百姓会无端地遭到处罚，因为一件他们不曾参与的事情，因为一件他们毫不知情的事情，就像前面提到的那个例子一样，这种做法是对所有公正原则的持续不断的侵犯。这正是导致从最低级到最高层的各级官员全都弄虚作假的直接原因。如果一个官员必须对一些犯罪事实负责，而他发现这些犯罪行为很难被控制，或者，他一直没有对这些罪行予以重视，如今已来不及加以制止，在这个时候，为了摆脱干系，他就不得不掩盖事实。这些在政府的所有部门中不断发生的事情，是对正义的公然颠覆，因为这违反了人们愿意如实报告实情的天性，如果有谁这样做了，他就会遭到严厉的、不公的惩罚。仅仅是这一原则的滥用，就足以导致中国的司法中大部分弊端的出现，而这些弊端是我们时常予以关注的。

每一个著书介绍中国的作家都注意到了与官僚制度相关的另一个弊端，这就是官员们的俸禄不足。他们的津贴如此之少，时常还不够应付衙门一天的开支。除此之外，官员们还面临着各种克扣。据说他们很少能够完整地拿到那份名义上的津贴，因为还要把它们返还回去

---

① 阿古柏（约1825—1877），中亚浩罕汗国人。清同治四年（1865年）率军侵入新疆，后来建立“洪福汗国”，自立为可汗，其政权得到英国、沙俄殖民者的支持。1877年，清政府任命左宗棠为钦差大臣，出师讨伐，阿古柏于1877年5月在库尔勒兵败自杀。——译注

② 原文中未注明此段引文出处。——译注

作为罚款。因此，当官的不得不压榨百姓，收受贿赂，否则他们就没有办法活下去了。

中国人的责任理论显然违背了公正原则，这一点令我们印象深刻，但是，我们也不可能对这一理论的长处视而不见。

在西方国家，每个人都被认为是清白的，除非他被证明有罪，要确定任何一个人的责任都是非常困难的。一座桥被满载乘客、排成长龙的沉重汽车压塌了，调查结果却无法确定这是什么人的错。一幢高楼倒塌下来，压死了许多人，建筑师在受到批评时却表示，他在设计时已经做到最好，最后谁也没有听说他受到了处罚。如果一艘铁壳船翻了，或是一场战役因为准备不充分或时间选择错误而失败，人们会滔滔不绝地指责那些有可能导致这类事件发生的体制弊端，却没有任何一个人会受到处罚。中国人在公共正义的观念上远远落后于我们，但是我们难道不应该明智地借鉴中国人的古老经验吗？他们的这一经验就是，为了维护政治体制的安全，每个人都要对自己的行为负全责。

中国人的责任理论，对于生活在中国的外国人来说关系重大。“男童”掌管着每一件东西，他必须适时地拿出每一把勺子、每一把叉子和每一件古玩；管家负责替你打理一切事务，要避免除了他自己之外的任何人欺骗你；买办手握大权，但他一个人却要为每一份资产和数百名苦力中的每一个人负责——我们的身边就生活着这样一些人，而且，只要我们还在和中国人打交道，我们就会永远与这样的人共处。在中国的旅店老板身上找不到任何一种显在的美德，尤其是在他们打外国旅客主意的时候。但是我们却听说，有个中国旅店老板拿着一只空空如也的沙丁鱼罐头，跟在一个外国人身后追出了半英里路，他以为那个空罐头是外国人落下的值钱东西。他知道他有这个责任，不像美国的旅馆老板那样，会冷冰冰地提醒他们的客人：“店家对留在大厅里等人来擦的靴子概不负责。”

对自己推荐或引见的人的品性、行为、债务负有责任，这是一个得到公认的社会义务，这一点应该得到那些与中国人打交道的外国人的重视。一个领导者，无论他处于何种地位，都得对其所有下属的每一次疏忽或失误“负责”，这对整串链条中的每一个环节都具有特殊的影响，在与中国人长期的交往历史中，外国人已经本能地感觉到了这一点。有这样一则传闻，说一个在银行工作的大买办前几天被叫去训了一顿，因为“男童”把一只蚊子放进了银行经理的蚊帐！如果中国人觉察到一个外国人并不清楚他对其属下所负的责任，或者不在意这一责任，那么，有了这个发现壮胆，要不了多久，他们就会为所欲为起来。

中国人有诸多令人钦佩的品质，其中之一就是他们天生的遵纪守法。这一素质究竟是他们社会制度的结果还是其原因，我们不得而知。但是我们知道，中国人是一个守法的民族，这既是天性使然，也是教育的成果。我们在介绍中国人“坚韧”的民族美德时已经提及这一点，但是我们还要特别注意这一素质与中国人的相互负责理论之间的联系。在中国，每个男人、女人和小孩都直接对某人负责，任何人都会时刻目睹这样一个重要的事实。一个人虽然可以“远走高飞”，但他却是逃脱不了的，这一点他自己也很清楚。即使他自己可以逃脱，他的家庭也逃不掉。这样一个确定无疑的事实的确并不能让一个坏人变好，但却常常可以防止他变得十恶不赦。

还有一个例子能够说明中国人的守法以及与之相关的一切，这就是，读书人见到官员时往往怕得要死，不敢开口说话，除非迫不得已，尽管这案件和他们一点儿干系也没有。我们确实听说过这样一件事，有个读书人听说要他出庭作证，竟吓得像是犯了癫痫病，昏迷不醒地被抬回家，不久便一命呜呼了。

与中国人固有的守法形成鲜明对比的，就是共和体制最盛之地所常常体现出的那种精神，应该说，是我们的先辈引领我们接受共和体制的。法律、市政条例、各州和联邦的法规，都被不声不响地逾越过，似乎对个性自由的坚持就是最迫切的需求之一，而不是当前的严重威胁之一。人们已经正确地意识到，对于中国各种公众事务的处理构成的最严峻挑战之一，就是每一个人都不仅默许那些他有责任予以制止、加以揭露的欺诈行为，而且在公众和私人场合都将这种纵容当成了一条不成文的规矩。但是在那些基督教国家里，不管是受过良好教育的高尚人士，还是没有教养的平民，好像都达成了一种共识，在不经意地忽视或是存心无视国家的法律，好像大家都坚信，违法比守法更能增添法律的荣光，这又能比中国人好多少呢？我们的法典中有为数众多的法律既没有被废止也不曾被执行——法律的这种非正常的不存在的存在，正在使所有的立法遭受公众的蔑视，对此我们该如何解释或怎样辩白呢？我们又如何解释近三十年来许多西方国家犯罪率的惊人增长呢？人的生命是神圣的，这原本毫无疑问是西方某些国家的一个独特信念，可我们该如何解释如今对这一信念的公然漠视呢？某些事情是连统计学都无能为力的，要对其做教条主义的判断更是徒劳。不过我们还是必须承认这样一个既定事实，即人们在一个中国城市里生活要比在一个美国城市里生活更为安全——在北京比在纽约更为安全。我们相信，一个外国人在中国内地旅行，要比一个中国人在美国内地旅行更为安全。不要忘记，中国人就整体而言，像任何一个美国移民那样盲目无知，并且心存偏见。正如我们一向所见，他们是天生的暴民。但令人感到奇怪的并不是暴乱的发生，而是这样的暴乱并不经常发生，也很少危及外国人的生命安全。

上天会受到人类的行为和精神的影响，这是中国人的一个信条。我们在谈论孝道时所提到的那种为救父母而自残肢体的做法，所遵循的也是这个原则。我们并不准备认定这是一个正确的理论，但值得注意的是，某些事实似乎的确支持这种说法。中国十八个省份的地理位置和面积，与美国落基山脉以东地区极为相似。美国的气候反复无常，就像小玛乔里·弗莱明形容乘法口诀表时所说的那样，“超出了人的天性能够承受的限度”。霍桑[①]在评论新英格兰时说,那个地方“没有气候，只有各种天气样本”。波士顿、纽约或芝加哥的天气与中国同纬度地区的情况形成了对比。这并不是说，中国就不是“严寒和酷暑的肆虐之

---

① 霍桑（1804—1864），美国小说家。代表作是《红字》。其小说常取材于新英格兰的历史。——译注

地”，就像地理学上通常对美国气候的形容那样，因为，在北京的纬度上，温度的上下波动可以达到华氏一百度，这能给各种生物提供非常多样的温度。

但是在中国，冷热的交替不像在伟大的共和国[②]里那样无法预测，毫无规律可循，而是平稳的、渐进的，与那种古老的、宗法的体制十分匹配。皇历就是对存在于中国的那种天、地、人三者和谐理论的权威阐释。我们不知道这本皇历是否适用于这个帝国辽阔疆土上的所有地区，但在我们所熟悉的这些地区，这本皇历的确具有信号服务的功能。在标注为“立春”的那个时刻，春天来临了。我们在好几年间都注意到，在“立秋”那天，皮肤就会明显地感觉到气候的变化，在这一天之后，夏日的暑热便不会再有了。一年中的任何一个月都可能遭到霜冻那毫无规律的、极具破坏性的侵袭，这在那些民主国家中是十分常见的现象，人们也只好听之任之，而中国的历书却将二十四个“节气”中的一个定为“霜降”。几年前的某一年，这个“节气”出现在公历的10月23日。在这天之前，哪怕是最零星的霜花也不曾出现。而在这一天的早晨，地面就结上了一层白霜，其后的每天早晨也都是如此。我们对这一现象观察了好几年，发现其误差很少会超过三天。

在中国，不仅无生命的东西遵循因果关系和自然法则，就连有生命的东西也是如此。好几年来，我们总会注意到，在早春里的某一天，窗框上会出现几只苍蝇，在此之前好几个月都见不到它们的踪影。每一次，我们都会很有信心地翻开皇历加以验证，结果发现这一天果然被标明为“惊蛰”！

有人说过，使用英语的种族，其血液中流淌着某种不守法则的基因，这种基因使我们难以忍受各种规则，一受到约束就躁动不安。布莱克斯通[①]说：“我们英国人的强大祖先认为，在一个给定的精确时间里出现，或是做任何事情，这不符合一个自由民的身份。”不过，正

② 指美国。——译注

① 布莱克斯通(1723—1780)，英国立宪作家。曾著书评述英国法律。——译注

是由于我们勇敢祖先的这一特性，个人自由和天赋人权的学说才不得不经过长久的等待之后才得以确立。

但是，既然这些权利现在已经稳固地确立了下来，我们为什么不能清醒一点，多少强调一下个人意志服从集体利益的重要性以及法律的尊严呢？在这些方面，难道我们不能从中国人那里学到一些东西吗？

第二十四章　相互猜疑

没有一定程度上的互相信任，人类就不可能共存于一个有组织的社会，尤其是像中国这样一个高度组织化的、非常复杂的社会，这是一条不容置疑的真理。在承认这是一条公理的前提下，我们也同样很有必要对一系列现象予以直接的关注，无论这些现象与我们的理论多么的不相容，可它们对于那些了解中国的人来说却都是千真万确的。我们在下文将要谈及的中国人的相互猜疑，并不仅限于这个民族，而更像是所有东方人共有的一个特征，当然，这一特征的表现形式无疑经过了中国体制之精英们的改造。这里的整个话题都与前面讨论过的相互负责紧密地联系在一起。一个人可能获悉了一些与他无关的事情，可是这些事情的后果却可能是最为严重的，这样的危险似乎最能引起猜疑，不仅会激起中国人的疑心，而且也会让任何一种人心生疑窦。

在中国长期盛行的猜疑之风，引起一个陌生人关注的第一个表现，便是这个帝国无处不在的环城而建的高墙。“城”这个字在中文里的意思就是被墙围起来的城市，这个事实是意味深长的，就像拉丁文中的“军队”一词具有“训练”或“操练”的含义一样。帝国的法律要求每一座城市的四周都必须建起特定高度的城墙。像其他的法律一样，这一条文并没有得到不折不扣的落实，因为有许多城市的城墙都因年久失修而倒塌，丧失了任何防护功能。我们听说，有一座曾被太平天国叛军包围并占领了好几个月的县城，其城墙被彻底摧毁了，却在十多年的时间里都一直没有重建起来。许多城市只有一道形同虚设的土墙，连当地的狗都挡不住，它们可以随心所欲地翻过墙头。但是，在所有这些例子中，情况之所以会从理想的状态衰败下来，就是由于这个国家的贫穷。无论何时，一旦出现危险的信号，第一件事情就是修复城墙。这种维修工程提供了一条便利的途径，可趁此向那些官员或其他暴发户们敲一次竹杠。

在中国，这么多城市之所以要建造城墙，其坚实的根基就是政府对其人民的不信任。尽管皇帝在理论上是其子民的父亲，他的臣下也被称作“父母官”，但上上下下各个方面都心知肚明，这都像加法和减法一样，纯粹是一些术语，人民与统治者的真实关系，就像是孩子与继父的关系。中国的整个历史进程都充斥着各种叛乱，其中的大部分叛乱显然是可以避免的，如果中央政府能够及时地采取适当的行动。然而，政府并没有及时采取行动。或许政府根本就不想那样做，或许是力所不能及。与此同时，正如政府早该预料到的那样，民众渐渐地起来反抗，官员们则迅速躲进这些现成的防御工事，就像一只缩进壳里的乌龟，或是蜷成一团的刺猬，把一场动乱留给军队来慢慢解决。

在中国的城镇中，就像在其他东方国家的城镇中一样，所有的房子四周都有高高的围墙，这是那种同样的猜疑特性的另一个证据。如果说，在向一个中国人谈起伦敦、纽约这些地方时，无意中居然没有说明这是一些“围有高墙的城市”，这是会让一个外国人感到不好意思的。那么，同样困难的事情就是，该如何让那些对西方国家感兴趣的中国人懂得，这些国家的人民为何不在自己的住处周围修建围墙。中国人马上就会得出这样的结论，即在这些国家里没有坏人，尽管这种想法并无根据。

中国的农村人口几乎都聚居在村庄里，村庄其实就是一个个微型城市，这也构成了相互猜疑的又一个例子。防御的对象不是外来的敌人，这是彼此之间的提防。对于我们所熟悉的中国人的群居方式而言仅有的例外，一是在某些山区，那里的土地十分贫瘠，只能供养一两户人家，而那里的人又如此贫穷，根本就不怕小偷来偷；二是在四川省，据贝德禄先生描述，“地主和他的佃户可以说是没什么差别地居住在田地间的农舍里，他们与其说是群居，不如说是分散开来的”。如果说，这种不同于一般规律的例外之所以出现，是因为在这个偏远的省份，人们对和平的渴求比在其他地方更为强烈，就像冯·李希特霍芬男爵[①]所指出的那样。那么，这恰恰证明了贝德禄先生的观点，即这一渴求经历了许多痛苦的失望，尤其是在太平天国暴乱时期，尽管在此之前曾有过一段很长的和平时期。

在社会生活中可以发现的中国人以及所有东方人的猜疑之最为明显的例证，就体现在面对妇女的理论和实践之中。这样的理论是众所周知的。即便是用整整一章的篇幅也难以说清这个分支话题。女孩子一进入青春期，便被公认为一种“像私盐一样危险的”商品。一旦她们订下了亲事，就要过起比先前更为封闭的生活。一件最微不足道的小事，就足以招来种种恶毒的流言飞语。寡妇门前是非多，这已经成了一条社会公理。中国妇女比起她们的土耳其姐妹或印度姐妹来，有着无可比拟的更多自由[②]，但是，中国人对女性的尊重依然无法获得高度评价。妇女们普遍地缺乏知识，普遍地处于从属地位，一夫多妻制和纳妾现象的存在，凡此种种，都是不够尊重女性的表现，而尊重女性却是西方文明最显著的特性之一。可以信手拈来一些日常用语，来证明中国人对妇女普遍抱有怎样的心态，这些说法可以被看成是长期经验的归纳。女人被说成是天生低人一等，目光短浅，不可信任。女人还被视为忌妒的化身，有道是“蛾眉善妒”，“妒”这个字会让人联想起它的同音字“毒”，这种联想正是刻意制造出来的。这一理论很好地体现在这样一首中国古诗中：

青蛇口中舌，
黄蜂尾上针。
两般犹未毒，

① 冯·李希特霍芬男爵（1833—1905），德国地质学家。1861 年和 1868 年两度来华调查中国各地资源，走遍大半个中国。归国后出版了三卷本的《中国——亲身旅行和据此所作研究的成果》。——译注

② 然而，判断这种自由存在与否不能只凭表面现象。有一位女士曾在印度的德里住过几年，后来又到了山西省的首府。据她说，在山西首府大街上通常所见到的中国妇女，比起德里街道上的印度妇女来为数更少。不过，这一现象与正文所陈述的事实并不矛盾。——原注

最毒妇人心。

在中国语言的每一种结构中，这些观点都常常会以醒目的方式突然表露出来，带有一种绝佳的、潜意识的公正。为了回答笔者的询问，一位优秀的汉语学者仔细地考证了一百三十五个“女”字偏旁的常用字，发现其中有十四个是褒义词，如“好”、“妙”，等等，在其余的汉字当中，有三十五个是贬义词，八十六个是中性词。但是在那些贬义字词中，有些是中文里意思最不好的词汇。“女”字偏旁与表意的另一半合在一起，表示“欺诈、欺骗、邪恶、不忠、自私”等含义①；三个“女”字合起来，意思就是“乱伦、通奸、诱奸和私通”。

据说，人们之所以相互不信任，原因有两个：其一，因为他们彼此不了解，其二，因为他们彼此了解。中国人认为，这两种不相信人的理由他们都有，他们的行为方式也很符合这一点。尽管中国人天生具有结盟的能力，这种能力时常令人联想起化学原子的聚合，然而，只要在适当的时机向适当的对象小心提问，就很容易确知，中国人并不像他们所表现出来的那样绝对地彼此信任。同一家庭中的各位成员，也时常成为相互猜疑的牺牲品，这种猜疑多由嫁到这个家庭里来的女人们挑起。妯娌们钩心斗角，常常会竭尽所能地在她们的丈夫们之间煽起忌妒，目的就是瓜分共同劳动所创造的收益。

不打算在此展开讨论家庭生活的这一层面，若详细地讨论，这个话题足以占据整整一章的篇幅，我们跳过这个问题，来看一看另一种同样普遍的情况，在这些事例中，人物并没有被中国家庭生活的复杂关系捆绑在一起。如果一个家庭里的一群仆人不是由某位该对他们全体负责的人士介绍过来的，那么，他们彼此就时常处在那种所谓的“武装中立”的关系之中。如果他们当中某个人做了某件不光彩的事情，他想到的第一个问题不是“老爷是怎么发现的”，而是“谁把我的事儿告诉他的”。即使这个仆人明知道自己有错，他的第一个念头仍然是，

① 可能指“奸”、“妄”、“妖”、“妒”等汉字。——译注

可能有其他的仆人对他怀恨在心。我们听说，有个中国妇女听到院子里有人高声讲话，便立刻变了脸色，怒气冲冲地从屋里走了出去，因为她觉得，既然有人在吵架，那就必定和她有关，可外面其实是在谈一桩买卖，有人想买一堆秸秆当柴火烧，但卖主的要价太高了。

如果一个仆人出乎意料地被解雇了，几乎可以肯定他会疑心别人，这种猜疑往往会煽风点火，酿成一场纠纷。他会怀疑到除他自己之外的每一个人，断定有人说了他的坏话，坚持要知道解雇他的原因。尽管他也知道，能举出十来个理由，其中的任何一条都可以理由充足地让他立马走人。他的“面子”必须保住，他的猜疑的天性也必须得到满足。这种事情会发生在中国人家庭里，也会发生在雇用中国仆人的外国人家庭里，但是程度却不相同，因为中国仆人知道如何利用外国人的善良天性，如果主人是中国人，这样的做法他连想都不敢去想。这就是为什么，有如此之多的外国人至今还雇用着一群不称职的中国仆人，这些仆人早就该被解雇了，可主人却不敢解雇他们。雇主们知道，一提到解雇的事儿，就等于捅了马蜂窝，这个事件的中心人物就会是那个受到指责、“没有颜面的”仆人，雇主们没有勇气为了自由而奋力一击，因为一旦事情弄砸了，他们的处境会变得比先前更糟。

有这样一个故事，在中世纪，一座奥地利城市遭到土耳其人围攻，眼看就要失守了。在这危急时刻，一个奥地利姑娘想起她那许多箱蜜蜂，便立刻搬来蜂箱，从城墙上向几乎已经登上城头的土耳其人倾倒下去。结果，土耳其人迅速退去，城市得救了。中国人的策略往往就像这位奥地利姑娘的计谋，中国人的成功常常只是一个信号，对于这样的烦恼，就像一位拉丁教授关于一场风暴所说的那样，人们“宁信其无”，而不是“宁信其有”。难怪有句俗语说：“用人不疑，疑人不用。”在这种情况下，中国人的办法是干脆闭上眼睛，假装看不见，但是对于一个外国人来说，这可能不是一件轻而易举就能做到的事情。

当我们的孩子到了能独立面对世界的年纪时，我们发现，很有必要教育他们不要过于相信陌生人。中国人在年幼的时候却不需要这种警告，因为他们从母亲的乳汁中就已经汲取了这样的本能。有这样一句俗话：一人不进庙，两人不窥井。我们会好奇地问道：为什么一个人不能独自进到庙里去呢？因为和尚可能会趁机谋财害命！而两个人之所以不能一起去看一口井，这是因为，如果其中一个人欠另一个人的债，或者他手里有另一个人想要的东西，那么，另一个人很有可能趁此机会把他的同伴推到井里去！

另一组相互猜疑的例子则发生在每天的日常事务中。在西方国家里有自由而没有约束，而在中国情形却显然相反。对我们来说，在做一件事情的时候，最简单的方法就是最好的方法，这似乎是理所当然的。但是在中国，还会有各种完全不同的因素需要考虑进去。万事皆然，而在事情涉及构成大多数中国人生活之经纬的两样东西——金钱和食粮时，这种感受则最为深刻。如果一笔钱是经他人之手分给许多人的，那么这便很难让一个中国人相信，这笔钱确是按照既定的方案分配的，因为他没有体验过这样的分配方式，而他所经历过的各种分配，其显著的特征就是花样繁多的各种克扣。出于同样的道理，也很难安排一个中国人负责给其他人分发食粮，如果真的去仔细询问，那些接受了食物的人并不会公开表露他们怀疑那个主持分配的人私自克扣了一部分。在这些情况下，人们的不满可能被完全压制下去了，但是，不能因为猜疑没有浮到表面上来就认为猜疑是不存在的。事实上，只有外国人才会提出这种问题来，因为中国人早就预料到会有这种结果，就像他们肯定机器总会有摩擦一样。

中国旅店里的侍者有一个习惯，要在付完账的客人离开房间时大声报出账单的细目，这并不像有些旅行者认为的那样，是在夸耀客人出手阔绰，而是有着一个更为实际的目的，即让其他侍者都知道，当众宣布进项的这个人并没有私吞一份所有侍者内心里都想得到的小费，或者说是“酒钱”。

如果有什么事情需要协商和调整，在任何一个西方国家，只要往相关人士的家里送封信，诸般事宜或许就能安排妥当了，可这在中国却行不通。在中国，当事人必须亲自出马，面见对方当事人。如果对方不在家，就得一趟又一趟地前去拜访，直到见到要见的人为止，因为没有人能够断定，通过其他中介交办的事情不会被歪曲。

人们时常提到中国人的社会团结。在某些情况下，整个家庭或整个家族似乎全都介入了某个家庭成员的个人私事。但是，一个异姓人，如果他是个聪明人，最好连一根手指都不要伸到这些事情中去，免得被烫伤。有句俗话很有道理："不同姓，勿相劝。"这个家伙干吗要来掺和我的事情呢？他肯定别有目的，而且还可以保证，他的目的一准不是善意的。对于一辈子的邻居和朋友都尚且如此，那么，对于局外人和与当事人没有特殊关系的人就更要提防了。

"外"这个字在中国所具有的范围和意义，只能逐渐地被理解透彻。外国人来自"外"国,所以会遭到排斥。如果一个人来自"外"村，也同样会遭到排斥。如果是一个外人，没人知道他从哪儿来，也没有人知道他想干什么，那么情况就更是如此了。"谁知道这个家伙葫芦里卖的什么药？"看到新来乍到的人，谨慎的中国人内心里便会生出这样的疑问来。

如果一个旅行者不巧走错了路，在天黑之后来到一个村庄，尤其是在时辰很晚的时候，他就经常会发现，没有一个人肯走出房子来给他指一指路。笔者有一次就在这种情况下转悠了好几个小时，想出钱请人带路，求了许多中国人，却没有一个人愿意，他们甚至连我的话都不愿多听一句。

中国私塾里的所有学童在上课时都要用最大的声音来诵读课文，这极大地损伤了他们的发音器官，也几乎能让一个外国人完全发疯。这是一个"老习惯"，但如果有人追根问底，就会被告知，如果听不到这种读书声，老师就会怀疑他的学生读书不专心。而那种让每个学生背对着老师背诵的奇异做法，也是为了让老师能够肯定学生没有偷看老师拿在手上的书本！

并不是每一种文明形态都强调款待陌生人的义务。在与东方人有了实际的接触之后，所罗门的那些要人们提防陌生人的箴言，有许多都具有新的含义，但是，中国人却将他们的警觉提高到了一个难以超越的高度。一位中国教师受雇于一个外国人，专门收集儿歌和童谣，有一次他听到一个小男孩哼唱一支他从未听过的单纯儿歌，便让那个小家伙再唱一遍，结果，那男孩吓得跑走了，此后再也未露面。这个小男孩是中国人环境的典型产物。如果一个人发了疯，离家出走，他的朋友们到处找他，希望听到一点儿关于他的消息，他们也很清楚，发现他的踪迹的机会微乎其微。如果他在某个地方待过，但又消失了，寻找他的人自然要问："你把他怎么着了？"这就有可能带来麻烦，因此，在面对陌生人的问话时，人们肯定会采用的最为安全的办法，就是装作什么都不知道。

我们根据经验得知，当一个陌生的中国人试图去寻找一个大家都知道的人的时候，也时常会出现同样的情况。有过一件这样的事情，一个看似来自邻省的人向人问路，要去他要找的一个人所在的村庄。但是，在他到达这个村庄之后却失望地发现，全村人却不约而同地否认有这样一个人，还说这个人连听都没有听说过。这种众口一词的假话并不是事先有意编造出来的，因为没有编造的机会。全村人同时采用此种对策，这出于同样一种准确无误的本能，这种本能会使一只草原犬鼠在看到什么陌生的东西时立即钻进洞里。

在所有这类事例中，一个人打了个招呼，其口音上的细微差异就能让人辨别出他大致来自哪个地区。一个乡下人遇到另外一些乡下人，就会被他们盘问一番，比如他家在哪里，离另外一些地方有多远，他们似乎想要断定，这个人是否在欺骗他们。同样，学生们并不满足于询问一个自称为秀才的人是何时"进学"的，还肯定要问他当时文章的题目是什么，他又是如何作文的。这样一来，骗局就很容易被揭穿，这样的骗局也的确经常被揭穿。一个人不能指望冒充某个地方的人，因为口音多少会有点不同，他的话会让他露出马脚。一个陌生人不仅会发现自己很难找到某人的线索，他的这种做法会立即引起普遍的怀疑，而且，就像我们在前面所举的例子那样，他还会受到整个村子的抵制。笔者有一次曾派几个中国人去寻访长期在一家外国医院就诊的另外一些中国人，能够找到的人非常之少。有一次，终于有一个人大胆地同陌生人攀谈起来，但他只说出了自己的姓，这个姓还是个大姓，可他却断然拒绝说出他的名字或他的“号”。另外一次，信使们寻找一个村民，可这个人却像鬼火一样在他们眼前不断后退，到最后所有的线索都断了，连影子也看不见了！有的时候，陌生人要找的人或许就在方圆一两英里之内，在刚刚提到的这个例子里，没有找到其要找的对象的那位陌生人，在他迷惑不解的那个时刻，他其实就站在离其对象的居所不到十杆[①]远的地方。

笔者认识一位上了年纪的人，他有个十分富有的邻居，他们两人以前都参加过遍及中国的各种秘密教派中的一个教派。向老人问起他这位近在咫尺的邻居的情况，结果却得知，这两个从小一起长大，做了六十多年邻居的人，后来却一直没有见过面。“为什么会这样呢？”“因为他上了年纪，不怎么出门。”“那你为什么不时常去看看他，和他叙叙旧呢？你们是不是关系不好了？”这个人带着一种可以觉察到的优越感笑了笑，摇了摇头，然后说道：“不，我们的关系很好，但是，他很有钱，我却很穷，我要是去他那里，人家是会说闲话的。人家会说，他到这儿来是想干什么呢？”

中国人本能地承认他们相互之间存在着猜疑，一个最为明显的例子就是，他们不愿一个人单独留在一个房间里。如果出现这种情况，客人就会感到局促不安，或许会赶紧走到走廊上来，这个举动似乎在表明这样的意思：“不要怀疑我，你也看到了，我没拿你的东西，我不在乎这些东西。”在一个自尊的中国人前去拜访外国人的时候，有时也会看到与此相同的情形。

没有什么能比一个人蹊跷地死亡更能引起中国人最强烈的猜疑了。这一方面的典型例子，就是出了嫁的女儿的死亡。尽管如前所述，女儿在活着的时候父母是无力保护她的，但在她死后，只要她的死因存在着任何一点儿可疑之处，她的父母就能在一定程度上控制局面了。她的自杀是一种机会，使她父母可以不再像人所共知的那样忍气吞声，相反，他们可以昂首挺胸，提出各种实实在在的赔偿要求。在这种情

① 杆，英国长度单位，等于16.5英尺。——译注

况下，如果拒绝和这位姑娘的娘家达成谅解，就会引发一场旷日持久、极其烦人的官司，这场官司的首要动机是报复，而最终要达到的主要目的，还是为了保住这位姑娘娘家的“面子”。

中国有一句古老的格言：“瓜田不纳履，李下不正冠。”这个充满智慧的警句体现出了一个具有普遍意义的真理。在中国的社会生活中，绝对必须脚步轻轻地走路，也不能表现出过分的关切。这就是为什么，在我们感到很不合适的场合，中国人也始终是沉默寡言的。一点儿极小的火星儿也会燃起一场燎原大火，他们知道这一点，我们却不明白。

中国人的商业活动也从很多方面证明了他们的相互猜疑。买卖双方互不信任，因此，双方都认为，应该暂时把事情交给一个严格保持中立的第三方来处理，这样才能保证双方的利益，因为双方的分成只能通过讨价还价来达成。只有拿到“价钱”，生意才算完全做成。如果这件事情还有更多的内涵，有些东西就必须记录下来，因为“空口无凭，立字为据”。

中国白银市场的混乱状况，一部分原因就在于钱庄不信任他们的顾客，而顾客也不信任钱庄，双方都有最充足的理由。中国南方的每一枚被切去一角的银元，中国任何地方的每一块被切去一点的银锭儿，都是这个伟大的商业民族猜疑本性的见证；他们在想做生意的时候是精明的，他们在不愿做生意的时候更加精明。每一个顾客，无论是中国人还是外国人，都希望在天黑之后再把银子花出去，这个事实本身就十分可疑，难怪城里的每个商店都会不断地给出明智的忠告，要大家等到明天再说。

中国的银行系统看上去十分复杂，我们从马可·波罗那里获知，钱庄汇票从很早的时候起就开始使用了。但是，这些汇票的使用绝对不普遍，其流通似乎被限制在一个极其有限的范围内。相距十英里的两个城市里的钱庄，会拒收对方的汇票，这样做的理由还是非常充足的。

中国的利率很高，从百分之二十四到百分之三十六，甚至更高，这也是相互缺乏信任的一个见证。在这种过分的勒索之中，很大一部分并不是这笔钱的使用费，而是风险保险金，这里所冒的风险是巨大的。中国几乎完全没有我们在西方国家十分常见的各种投资方式，这并不是因为这个国家的资源没有得到开发，而是由于这个民族相互之间普遍地缺乏信任。“民无信不立”[①]，正是由于这个原因，中国的许多事情会长时间地难言其“立”，会给这个民族的利益带来巨大的损害。

几年前一份报纸上关于纽约城华人社区情况的一段报道，提供出了关于中国人商业猜疑的一个奇特例证。这个中国人的组织大概和中国人在其他城市建立的组织没有什么不同。他们有自己的市政府，还有十二名头面人物担任市政官员。他们把市政府的钱和文件存放在一只很大的铁制保险柜里，为了确保安全，保险柜上并排挂上了十二把笨重的铜锁（中式的），而不是纽约各家银行里常用的那种结构复杂、外观漂亮的暗码锁。这十二位华侨市政府的成员们，每人掌管一把挂锁的钥匙，如果要打开保险柜，十二个人就必须同时到场，每人打开由他掌管的那把锁。这些杰出的市政官员中要是有哪一位不巧去世了，市政府的事务就会陷入极端的混乱。他那把锁的钥匙找不到了，即使找到，也没人敢冒险占据死者的位置。因为有这样一种迷信的担心，认为死者会忌妒他的继任者，要让继任者得与他同样的病死去。甚至连举行葬礼的钱都拿不出来，直到通过一场特殊的选举填补了这个空缺。这件小小的事情的确是一个窗口，愿意一看的人可以从中清楚地看到中国人性格的一些重要特征——组织能力、经商能力、相互猜疑、无限度的轻信，以及对西方人的体制和发明不言而喻的蔑视。

中国政府的结构也包含着许多缺乏信任的例子。宦官其实是亚洲特有的一个现象，据说，在中国从很早的时候起就出现了宦官；但是在当今这个朝代，满洲人却用一种十分有效的方式对付这个危险的阶层，剥夺了他们在过去各个朝代里那种祸害他人的权力。

当诸如征服者和被征服者这样两种不和谐的成分必须在高层进行合作时，就有可能导致猜疑。满人和汉人在政府管理方面的奇异结合

① 语出《论语·颜渊》。——译注

就提供了又一个例证。比如，在“六部”中的某一部担任正职的人，可能同时担任另一个部的副职。通过这样的互相牵制和平衡，国家机器的均衡运转才得以维持。机构庞大、地位重要的检察机关的设置，也构成了关于这种猜疑的另一个证明。

那些了解中国政府内部运作方式的人能提供出很有分量的看法，以使我们确信，被我们视为中国人社会生活之特征的相互猜疑，同样是中国人官场生活的一个特征。情况也的确不可能是另外一种样子。中国人的本性就是这样，上级官员不能不忌恨比他们职位低的人，因为职位低的人都是他们可怕的竞争对手。另一方面，下级官员对他们的上级也同样充满猜疑，因为他们随时都有可能被上级官员免职。看起来有充分的理由相信，无论是上级官员还是下级官员，都或多或少地忌恨庞大而又有力的文人阶层，所有的官员又全体一致地戒备百姓。后一种心态被证明是有道理的，因为众多半政治性质教派的存在，已经使整个国家成了一个马蜂窝。一个县官会压制像著名的在理教[①]这样的禁欲社团一年一度的聚会，可这个教派只不过主张禁止享用鸦片、酒和烟草，县官会把他们预定的宴席让给他的衙门里那些贪婪的“虎狼”去吃。他之所以这样做，并不是因为在理教被证实有谋反意图，而是因为官方早就假定他们一定会那样做。所有的秘密社团都是谋反的，这个也不例外。这种普遍化了的猜疑解决了整个问题，无论什么时候发生了事端，政府都可以立即干预，抓住首领，流放或是除掉他们，这样一来，政府的猜疑便有了片刻的缓解。

显而易见，我们此处所谈的这个特点，应该是我们前面论述过的那种内在保守性之强有力的佐证，这种相互猜疑的习性如此强大，使得新的事物无法得到接受。政府偶尔进行的人口普查，由于很少为之而不为中国人所熟悉，甚至连名称都搞不清楚。这种人口调查总是会立即引起猜疑，被认为含有什么别有用心的目的。笔者邻村所发生的

① 在理教，又称理教、白衣道、理善会等，清代白莲教的分支，创始人为羊宰，初创时有反清复明思想，后逐步演变为一个戒烟酒、办公益的民间宗教团体，新中国成立后被取缔。——译注

一件事情，可以证明这样的猜疑实在到什么程度。有兄弟两人，其中的一个听说已经下令进行一次新的人口调查，理所当然地以为这就意味着一次强制移民。在这种情况下，按照当地的风俗，兄弟两人中有一人能留在家里看守祖坟，弟弟预见到自己必须走人，便以自杀方式使自己摆脱了长途跋涉之苦，也以此挫败了政府的计划。

猜疑与保守的混合，使那些在美国接受教育的年轻中国人回国至今，一直在荆棘丛生的道路上步履维艰；同样是这种致命的组合，也阻碍了中国对铁路的必然引进。对政府动机的猜疑，将会长期妨碍中国需要进行的种种改革。三十多年前，就有人向北京某位显赫的政治家指出过发行小银币的重要性。他非常实事求是地回答说，最好永远都不要试图去改变这个国家的货币："如果试着那样做，百姓马上就会认为政府要从中渔利，这是行不通的。"

矿产的开放也一直障碍重重，如果矿藏得到适当的开采，就能使中国成为一个她理应成为的富裕国家。地下的"地龙"，地上的侵吞和猜疑，层出不穷，使得在这个最重要领域中的任何一点儿最基本的进步都难以实现。无论好处有多么巨大，多么明显，当人人都对此猜疑皱眉的时候，新生事物的引进就几乎是不可能的。已故的倪维思博士[①]在中国培植高级外国水果，他在芝罘做了大量工作，这些水果明显可以产生巨大的收益。可是他每走一步，都不得不与这种猜疑作斗争，若是换一个少一些耐心、少一些善心的人，就会厌恶地放弃这一计划。一旦收益确有保证，这样的猜疑当然也会逐渐消散。但是，当中国海关决定对养蚕种茶这类产业进行调查时，这种猜疑却是十分真切的。说这次调查的目的不是征税，而是为了促进生产，增加这类专业劳动的收益，可那些对这些产业感兴趣的人怎么可能相信呢？这与他们在过去许多年代里积累起来的经验是背道而驰的。有谁听说过这

① 倪维思（1829—1893），美国长老会教士。1854年来华，在山东登州传教，1871年到烟台传教直到去世。1887年起在烟台向教民传授外国品种的梨、苹果、葡萄和梅的栽培技术，著有《中国和中国人》、《着魔及类似题目》等书。——译注

样的事情呢？有谁在听说这样的事情之后能表示相信呢？中国人对这些计划所持的心理态度，可以用一句古老的荷兰谚语来表达："'你们大家早晨好啊！'狐狸在跳进鹅圈时这样说道！"

继续谈一谈这个话题与外国人的特殊关系。对外国人的深刻猜疑，时常伴随着或许也主要来源于这样一个根深蒂固的信念，即外国人有能力轻而易举地去做那些最不可思议的事情。如果一个外国人去了一个他不常去的地方，人们就会推断他是在考察这个地方的"风水"。如果他盯着一条河流看，那么他一定是在探测河里有没有贵重金属。外国人被认为有能力看见地下深处的某个地方，能探明有没有什么最值得拿走的东西。如果他参与了赈济饥荒，人们不用多想就会推想，他的最终目的一定是要把一大批人带离此地，弄到外国去。正是由于这些"风水"观念，外国人攀登中国城墙的行为会经常受到阻止，外国人在中国所建房屋的高度，就像这个国家的边境线一样，也必须受到严格的控制。自然同一性的信念在中国似乎是完全缺失的。贝德禄先生提到四川某山区有一种说法，认为长鸦片的地方，地下就有煤。然而，这却并不仅仅是无知者的观念，因为彭北莱[①]教授曾说，北京的一位高级官员也对他说过同样的话，并将这个说法当成了反对过快采煤的论据，而煤炭开采的增长率却无人知道。据说，已故的政治家文祥[②]读了丁韪良[③]博士的《天道溯源》之后，有人问他有何看法，他回答说，书中的科学部分他打算接受，但其中断言地球围绕太阳旋转的那一宗教部分，他则实在不敢苟同！

---

① 彭北莱（1837—1923），美国地质学家。1865 年来华，沿长江上游旅行，调查沿江各省的煤藏。著有《1862—1865 年在中国、日本的地质调查》、《穿过美洲和亚洲》等书。——译注

② 文祥(1818—1876)，字博川。清末盛京(今沈阳)正红旗人。道光进士，官至武英殿大学士、军机大臣。奉行奕䜣的政治主张，是洋务派首领之一。——译注

③ 丁韪良（1827—1916），美国北长老会教士。1850 年来华，在宁波、北京传教。1898 年被聘为京师大学堂总教习，后应张之洞之邀在武昌筹备建立大学。逝于北京。著有《中国人：他们的教育、哲学和文字》、《中国知识》、《中国的觉醒》、《天道溯源》等书。——译注

外国人进入中国这样一件事情，超出了当前发展阶段上的中国人智性所能理解的范围。看到李希特霍芬骑着马游历乡间，看到他那副毫无目的、信马由缰的样子，四川的百姓把这个人想象成了在某场惨烈战斗中开了小差的逃兵。许多中国人尽管过后都对外国野人有了很好的了解，但是在他们第一次见到外国人时，尤其是碰巧遇上一个身材高大的外国人，都会带有一种神秘的恐惧感。许多中国妇女都受到告诫，她们一旦主动走进外国人的住所，致命的咒语就会应验，她们就会中魔；即便禁不住劝说她们最终走进屋来，她们也绝对不会踩踏门槛，把镜子递给她们看，她们也不会去照，因为这样一来，她们就会失去安全保护。

几年前，一位出生在内地某个对外国人很不了解的省份里的年轻中国学者，费了一番周折来到笔者的居所，帮助一位新来中国的人学习语言。他待了几个星期之后，突然想到他母亲非常需要他回去尽孝，就走了，他答应在某一天回来，却一去不返了。在他置身于我这个外国人家里的整段时间里，这位精明的儒家弟子从未喝过一口仆人按时给他送去的茶水，也没有当面吃过一顿饭，以免被人下了毒。当另一位教师递给他一个信封，让他把他写给母亲报告平安的家书放进去，并示范给他看，只要用舌尖舔湿封口就可以把信封好。他一时显得魂不守舍，然后便客气地请那另一位教师替他封信，因为他对这种事情很不在行。

这种心理定势，也导致了人们对外国人印刷的中文图书持有一种顽固看法。人们普遍坚信，这些书是有毒的，油墨的气味常常被说成是他们的文艺作品中提到的那种“蒙汗药”。有人时常听说，这样的书只要读上一本，他就会立刻变成外国人的奴隶。我们听说的一位小伙子的看法却与此略有不同，他在稍稍读了读这样的一本小册子之后，就恐惧地把它扔掉了，他跑回家去，告诉他的朋友们说，如果有谁读了这本书并且撒了谎，他就肯定会下地狱！有的时候，免费分发宗教书刊的人士会发现，这些书籍根本送不出去，其原因并不像人们猜测的那样，是出于对此类图书之内容的敌视，书中的内容丝毫不为人所知，也没有任何值得顾虑的东西。真正的原因在于，人们担心这份礼物会成为某种借以展开敲诈勒索的基础，这种方式中国人是再熟悉不过了。

如果一个外国人不慎重地试图记下一些中国孩子的名字，同样的猜测也会导致一场惊慌，据悉，这样一个简单的举动就足以摧毁一所即将兴办起来的学校。用罗马字母拼写汉字的方法，在其最初阶段也肯定会碰到这样的反对和猜疑。一位外国人为什么要教学生们写那种学生家里的朋友们都不认识的东西呢？这个世界上的所有解释都不足以向一个满腹狐疑的中国老人交代清楚。因为他知道，对于他的孩子们出生之前的一代又一代人而言足够好的东西，对于他的孩子们来说也是足够好的，要远远胜过祖先们不认识的某个外国人所搞出来的新玩意儿。几乎可以说，外国人提出的任何建议，都会遭到普遍的反对，明显的理由常常就是，这个建议是外国人提出来的。“灵活的固执”这一特点会使你的中国朋友用最彬彬有礼，但也最准确无误的话向你保证，你的提议十分令人赞赏，也十分荒谬。

讽刺是外国人手里的一种武器，可是它却完全不符合中国人的口味。有一位外国人，他对中国人的了解绝没有他希望的那样多，对于一个仆人的失职和过错深感厌恶的他，曾用英语称这个仆人为“骗子”。“这是一把深深扎进他身体的致命的飞镖”，这个仆人迫不及待地去问一位中文很好的夫人，想知道主人用在他身上的这个词究竟是什么意思。那些查禁罗伯聃先生[①]《伊索寓言》中文译本的官员们，其心态与这位北京仆人一样。这些官员无法在这些会说话的鹅、老虎、狐狸和狮子的身上感觉出什么隐在的含义，为了斩草除根，干脆把整个版本全都给禁了。

关于中国人猜疑外国人的一些最为固执的事例，都是与如今已经遍布中国广大地区的许多医院和诊所联系在一起的。在为数众多的病

① 罗伯聃（1807—1846），英国外交官。1834年来华，曾任英国驻宁波首任领事。曾把《伊索寓言》译成汉文，编有《汉英字汇》及《汉英会话》等书。——译注

人之中，有不少人对外国医生的善意和医术表现出了毫无保留的依赖和令人感动的信任。但另外也有不少人，他们的感受我们所知甚少，非得经过一番仔细的询问方才得知，他们依然相信那些最为荒谬的传言，比如把眼睛和心脏剜出来做药，哪位外科医生具有把他的病人剁成肉泥的难以遏制的癖好，据说外国人在地窖里可怕地处置中国小孩，等等。一两年之后，这样一个机构的好处广泛传扬，这类谣言不攻自破，就像风吹散了尘埃一样；不过，尽管有数以万计的成功治疗，这些谣言仍在继续泛滥，就像霉菌在八月间温暖湿润的土地上滋生一样。

外国与中国交往的整部历史，在中国一方就是一部猜疑和推诿的历史，在外国一方也无疑有着不少严重的失误。这是一段回想起来会让人感到厌倦的历史，而那些肩负责任，常常去进行无谓谈判的人，知没有吸取这些历史教训。但是，既然许多个人在中国时常要去充当他们自己的外交官，事情到底应该怎么做也就很明白了。我们将要给出的这个例子，就是一个极好的说明。这个问题牵涉到在一座内地城市中租用一些住所，当地的一位官员找出各种理由来加以拒绝。在一次事先安排好的会见中，这个外国人一副中国人装束，还带着各种书写用品。寒暄了几句之后，这个外国人慢条斯理地打开了他的书写用品，放好纸，掏出钢笔，看看钢笔里面有没有墨水，一副全神贯注的神情。那位中国官员极有兴致、十分好奇地注视着这场表演。“你在干什么？”他问道。这个外国人解释说，他只不过是在整理一下他的书写用品，为的是——“就是整理整理，仅此而已。”“书写用品！干什么用的？”“把你的答复记录下来。”外国人回答说。这位官员赶紧向他的外国客人保证说，绝对没有这个必要，因为要求会得到满足的！这个官员怎么可以断定，下一次他将在什么地方听到这份他不可能知道其内容的神秘文件呢？

中国是一个谣言泛滥的国家，人们的内心时常充满恐惧。过去几年间，在新加坡的中国人中间就有这样一种传闻，使得苦力们坚决拒绝在天黑之后走某一条街道，因为那个地方很是危险，突然之间会被人神秘地砍掉脑袋。这个国家或许永远无法步出有这样一些恐怖的时代，对于那些与之相关的人来说，这些恐惧就像 1789 年的巴黎人对法国大革命的恐惧一样的真切。无限的轻信和相互的猜疑，构成了这些可怕的谣传滋生和成长的土壤。当这些谣传涉及外国人时，长期而又痛苦的经验表明，不能轻视这些谣言，而应该在它们刚刚传出来时就加以澄清。只要当地的官员能够诚心制止这些谣传，它们就不会造成什么严重的伤害。如果谣言得不到制止，任其传播，结果就会导致天津教案那样的暴行。中国的每个地方都适宜于谣言的迅速传播，几乎没有一个省份没有出现过某种形式的谣传。为了彻底制止这些事情的发生，时间因素是非常必需的，就像它在确定地质时代时是必不可少的一样。避免谣言产生的最好办法，就是通过无可争议的直观教学课来让中国人确信，外国人是中国人真诚的祝福者。这种单纯的命题一旦被牢固地确立下来，“四海之内皆兄弟”的理想才会首次成真。

第二十五章　缺乏诚信

通常被翻译为“sincerity”的这个中文里的会意字“信”，由“人”和“言”两个偏旁构成。人言为信，从字面上就能看出这个字的含义。在中国人列出的“五常”序列中，诚信排在最后，在许多很了解中国人的外国人看来，在这个天子帝国的时时处处，诚信也的确可能被当成了最末一位的美德。许多了解中国人的人都会同意基德教授[①]的这个观点，他在谈了中国人的“信”这一信条之后继续说道：“但是，如果选择这个美德作为一种民族性格，不仅是为了在实践中蔑视它，而且也是为了与现存的行为构成一种最鲜明的对比，那么，‘信’就是最合适不过的了。中国人在公开或私下场合的表现与真正的诚信如此背离，这使得他们的敌人可以抓住这一点，来讽刺他们的表里不一。虚情假意、表里不一、口是心非和奴颜婢膝，正是这个民族非常突出的一些特征。”这一判断与中国人的生活事实是否相符，我们在对这些生活事实进行了详细的研究之后，便能给出一个答案。

如今的中国人同古代的中国人并没有太大区别，我们承认这是一个合理的说法，而且我们也相信，这一理论会得到一些合格学者的支持。毫无疑问，关于所谓的“诚信”，中国人的标准与西方各民族现今的标准有着很大的区别。一个独具慧眼细读中国经典的人，能在字里行间读出许多拐弯抹角地表达出来的欺骗、推诿和谎言。他还会发现，中国人对西方人开诚布公性格的看法可以被压缩成这样一句意味深长的话：“直而无礼则绞。”[②]在孔子的《论语》中可以看到这样一件

① 基德（又译吉得，1799—1843），英国传教士。1824年赴马六甲，在英华书院任教，有英文著作多种。——译注

② 语出《论语·泰伯》。——译注

与孔子和孺悲有关的事情，这件事对于一个西方人来说是意义深长的，而一个儒学弟子却会完全不解其中意味。以下这段文字，摘自理雅各的译文[①]：“孺悲欲见孔子，孔子辞以疾。将命者出户，取瑟而歌，使之闻之。”孔子的目的是避免一件麻烦事，即直接说出孺悲不是他想见的那种人，因而，他便采用了这种非常典型的中国式做法。

孔子的这个做法也被孟子所仿效了。作为某诸侯国的客人，他被邀请去上朝，但孟子希望得到诸侯王先来拜访他的荣耀，便称病不去，为了显示这只不过是一种借口，他在第二天就出门拜访了别人。陪伴孟子过夜的那位官员，与这位圣人就这种处理方式的可取之处谈了很久，但是他们的讨论只谈了礼节方面的问题，却没有涉及为方便起见而撒谎是否道德这样的问题。[②]似乎没有什么明显的根据可供做出推断，与这件事情相关的人当中有谁曾想到过这个问题，给学生讲解这个片断的一个现代儒学先生，也给不出更多的解释。

毫无疑问，就保护历史记载的本能而言，古代的中国人要比同一时期其他许多国家的人超前很多。他们的史书虽然冗长啰唆，却无疑是包罗万象的。许多西方作者似乎都对中国的史书极其赞赏，对书中的叙述也确信不疑。下面一段文字摘自维也纳大学教师辛格博士的一篇文章，其译文刊登在 1888 年 7 月的《中国评论》上：“科学的批评早就承认并越来越多地证实了中国古代文献的历史可信性。比如李希特霍芬，这位刚刚对中国进行过最广泛考察的学者，在谈到中华民族性格中令人惊讶的矛盾成分时，就将这样两个现象进行了对比。一方面，是他们在记录历史事件时的一丝不苟，以及他们在无论面对什么统计细节时都追求真知的严谨态度，另一方面，在中国无处不在的欺骗和做假却得到了绝对、普遍的许可，无论是在一般交往中还是在外交谈判中。”有一点必须牢记，历史的精确性可以通过两个完全不同的方式来体现：一是按照顺序和比例来叙述事件，二是通过对性质和动机的分析来解释这些事件。那些广泛阅读过中国史书的人士会说，

① 我们在此给出的是《论语·阳货》中的原文。——译注

② 故事出自《孟子·公孙丑下》。——译注

就前一种写法而言，这些史书在其写作年代无疑是举世领先的，而就后一种写法而言，它们却未必体现出了辛格博士所说的那种严谨。我们不能对我们不甚了解的题目发表任何意见，我们只想让大家注意一下这个即便不是史无前例的、也称得上十分独特的现象，即一个沉湎于撒谎的民族，与此同时却又能造就出一代又一代尊重真理的史官。历史学家的情感会歪曲历史，可那些使其他国家的历史受到过歪曲的同样情感，在中国就不起作用了吗？难道同样的原因在中国就不会像在世界其他地方那样导致同样的结果吗？

记住这样一点也很重要，即不仅儒家的教义在尊重历史方面存在着很大的缺陷，而且就连至圣先师本人的实际做法也未必是忠于史实的。理雅各博士对"以一眚掩大德"[①]很不以为然，却十分重视孔子编纂《春秋》时的取材方式。这本史书记载了鲁国二百四十二年的历史，是孔子在逝世前的两年间编成的[②]。下面这段话摘自理雅各博士收录在其《中国的宗教》一书中的一篇关于儒学的讲稿："孟子把《春秋》视为圣人最伟大的成就，并说它的出现会让乱臣贼子们感到害怕[③]。《春秋》作者本人也有相似的看法，说有人会因此了解他，也有些人会因此怪罪他[④]。当他因为《春秋》而受到怪罪时，他有没有心生不安呢？事实上，这部编年史十分简略，不但如此，它还是闪烁其词、容易使人误解的。在近一个世纪之后对《春秋》进行了校勘和增补的公羊，曾说此书'为尊者讳，为亲者讳，为贤者讳'。我在我那部《中国经典》的第五卷中指出，这个'讳'字包含了我们英语中三个单词的含义——即忽视、隐藏和误传。我们对此该说些什么呢？……我时常希望通过否定《春秋》的真实性和可靠性来快刀斩乱麻地解决我们此刻所面临的问题，但是，那个把这一问题和孔子的手、笔捆绑在

---

① 语出《左传·僖公三十三年》："且吾不以一眚掩大德。"——译注

② 《春秋》的历史记载起于鲁隐公元年，即公元前722年，止于鲁哀公十四年，即公元前482年，而孔子卒于公元前479年。——译注

③ 见《孟子·滕文公下》："孔子成《春秋》而乱臣贼子惧。"——译注

④ 见《孟子·滕文公下》："是故孔子曰：'知我者，其惟《春秋》乎！罪我者，其惟《春秋》乎！'"——译注

一起的证据链却是非常有力的。如果一个外国学生要采用这种十分粗暴的方法，使自己能够打量一下这位哲学家，却看不到这种不忠于历史的缺点，那么，中国的统治者和大多数学者都不会同情他的，也不会怜悯他的精神苦恼。‘真实’是孔子与其弟子经常坚持的一个原则，但是，《春秋》却引导他的同胞对他们自己和其他人隐匿了真相，只要他们认为这些真相会对国家或圣人们的名声造成不利的影响。”

我们刚才已经看到，那些宣称中国人的历史真实可信的人也随时准备承认，在中国，真实仅限于历史。当然，不可能去证明每一个中国人都会说谎，即使有这个可能，我们也不愿意这样做。只要中国人的良心觉醒过来，他们的注意力被引到这个问题上来，他们自己也可以给出最有力的证明。时常听到一些中国人这样谈论他们的民族，就像南太平洋岛上的首领谈论他的部落：“我们的嘴巴一张开，谎言就诞生了。”然而在我们看来，中国人之说谎，似乎并不像有些人以为的那样是为了说谎而说谎，而主要是为了获得某种不撒谎就无法获得的好处。贝德禄先生说：“他们不会说真话，他们同样也不相信真话。”笔者的一位朋友接待了一个中国小伙子的来访，小伙子学过英语，希望在他的英语词汇中再增加上“你撒谎”这句话。我的朋友把这句话告诉了小伙子，并提醒他不要去对外国人讲这句话，否则准要挨揍。小伙子对这个奇怪的提醒毫不掩饰地表示了惊讶，因为在他的心目中，这句话与“你在哄我”的意思差不多，都是无伤大雅的。柯克先生，伦敦《泰晤士报》1857年的驻华记者，在谈到西方人很反感人家说他撒谎这个问题时说道：“但是，如果你这样去说一个中国佬，你是不会让他生气的，也不会使他感到有失身份。他不会否认这个事实。他的回答是这样的：‘我可不敢在阁下面前撒谎。’对一个中国佬说：‘你说谎成性，你现在就在编瞎话。’这就如同对一个英国人说：‘你一贯爱讲俏皮话，我相信你现在脑子里就有好几句糟糕的俏皮话。’”

中国人的日常话语中充满了不信，尽管这还达不到谎言的地步，却使得几乎每一件事情的真相都很难被了解。在中国的确是这样的，即真相成了这个世界上最稀罕的东西。一个人永远都不敢断定，别人已经把一件事情完整无缺地全都告诉给他了。甚至是当一个人正在寻求你的帮助的时候，比如求你帮他打官司，他也希望把他的案子交给你全权处理。最有可能出现的情况是，你事后会发现有几件重要的事情被他隐瞒了下来。他这样做显然是出于普遍存在的隐瞒本能，而不是一种恶意的预谋行为，因为他本人才可能是这种隐瞒的唯一受害者。任何一件事情都只能等到事后才能弄清全貌，无论你从哪个角度入手。一个十分熟悉中国人的人士，不会因为听到关于一件事情的全部陈述就认为自己已经理解了这件事情，而是会把听到的内容与其他事情联系起来，最后再叫上几个他最信任的中国人，对这些可疑的事实进行一番推敲，以确定其中哪些东西可能是真的。

诚信的缺乏，再加上我们已经讨论过的猜疑，就足以解释这样一个事实，即中国人的谈话常常会持续非常长的时间，却没有任何实质性的内容。外国人在中国人那里看到的许多难以理解的东西，都来自于中国人的不诚信。我们无法断定他们之后会怎么样，我们总是感到背后还藏着一些东西。正是因为这个原因，当一个中国人来到你身边，向你神秘地耳语一些有关另一位你感兴趣的中国人的事情时，你往往会心头一沉。你无法肯定这位说话者是否在讲真话，他所说的那个人是否掉进了陷阱。从来就没有人能够担保，中国人的最后结论的确是最终的。这个很容易说清楚的命题，对于商人、旅行者和外交人员来说，本身就包含有各样烦恼的萌芽。

任何一件事情的真正原因都很难被预料到，即便给出了这样的原因，也无人能够确定这究竟是否属实。每一个中国人，一个与别人一样没有接受过教育的人，都具有墨鱼的天性，能在遇到追击时喷出一定量的墨汁，掩护自己十分安全地撤退。如果你在旅途中被人拦住，让你捐点钱给那些虽然贫穷却又希望探索新天地的人作旅费，在你打算捐钱的时候，你的随从不会说：“你花钱又不关我的事，你看着办吧！”而是“带着孩子般的温和笑容”向你解释说，你的钱只够你自己用，这样一来，你向你的旅伴捐钱的快乐就被剥夺了。我们很少看到一个看门的中国人会像外国人教他的那样，对门口的一群中国人说：

"这里你们不能进。"而是一直在那里看着，那些人肯定进不来，因为那条大狗会咬他们的，如果他们迈进大门的话。

在遵守约定这个问题上，中国人很少有人具有高度的良知。这个性格是与他们误解的才能，与他们对时间的漠视联系在一起的。但是，不管失约的真正原因是什么，人们都会有趣的看到各式各样的开脱理由。中国人一般而言会是这个样子的，你责怪他没有履行诺言，他会答复说这没什么关系，他还会再做出另一个同样的许诺。如果他由于一个过失而受到了责怪，保证改正的诺言就会像一股清泉一样从他的双唇间流出。他对错误的认识是彻底的——事实上是太彻底了，使人除了诚信之外竟别无所求了。

一位中国教师被雇来记录、解释中国的格言，他在把古人的一句名言写下来之后，作了这样一条注释，即人们永远不能粗鲁地拒绝别人的请求，相反，应该表面上接受，尽管你实际上并不打算那样去做。"让他明天再来,然后再推到明天。这样一来,"他在自己的注释中写道，"你便安慰了他的心灵！"据我们所知，在此处得到公开承认的这一原则，有债要还的中国人一般都据此行事。没有人会指望一去讨债就能拿到钱，他不会感到失望，但是，他会被非常肯定地告知，他下一次就能拿到钱，然后是下一次，然后又是下一次。

中国人不诚实天性的一个最典型的表现，就是他们面对孩子们时的做法，孩子们被教导不要去做诚信的人，尽管无论是教育者和被教育者都没有意识到这个事实。在孩子学会说话之前，在孩子刚刚能懵懵懂懂地听懂人们说话的时候，他就被告知，如果他不听大人的话，藏在大人袖子里的某个可怕的怪物就会把他抓走。外国人也时常被说成是这种不知名的怪物，仅凭这个事实就足以理解我们经常听到的那些针对我们的所有坏话了。这些孩子从小就受到过恐吓，说我们如何如何的可怕，等他们到了一定的年龄，明白我们其实并不危险、只是可笑的时候，他们怎么会不立即在大街上冲着我们起哄呢?

一位马车夫被大街上跟在他的外国乘客后面大叫大嚷的顽童惹火了，就冲着他们喊道，他要抓住他们中间的几个，绑在他的车后面拖着走。遇到同样的情况，一位船夫会骂道，他要拿开水浇他们。有经验的孩子们都知道，“我要揍你”，“我要杀了你”，这样一些话其实就是“别那样做”的另一种说法。

对于一位想成为“知礼”之士的人来说，汉语中的一整套词语都是必不可少的，这些词汇只要是表示说话者自己的，都带有蔑视和贬低，只要是与对方有关的，则都是尊敬之词。“知礼的”中国人在不得不提到他的妻子时，就会称她为“拙荆”，或者是其他一些这样的文雅称呼,而乡下人尽管不知道这些正式的表达方式,但也抓住了“礼”的本质，或许会称与自己休戚与共的伴侣为“臭婆娘”。中国人自己的一个故事，恰当地体现了他们的这个礼仪特点。这个故事说，一个客人身穿一套最好的礼服前来做客，坐在客厅等主人回来。一只老鼠正在房梁上嬉戏，把鼻子伸进一只为安全起见才放到房梁上去的油罐里。客人的突然到来吓了它一跳，它立即逃开，带倒了油罐，油罐正好重重地砸在客人的身上，他贵重的礼服上满是油迹。正当客人因为这场不幸而气得脸色发青时，主人走进屋来。在相互得体地寒暄了几句之后，客人这样解释了他的处境：“鄙人进得贵厅，坐于贵梁之下，无意中惊吓贵鼠，贵鼠碰翻贵油罐，落在鄙人之寒衣上，此乃贵人进屋之时鄙人鄙相之缘由也。”

自不待言，很少有几个外国人能按照中国人的方式招待中国人。这需要长时间地对前来吃饭的一群中国人诚恳地鞠躬，口中还得和气地招呼：“诸位请入席用餐。”或者，把一杯茶举到唇边，在面前画个半圆，郑重其事地向大家说：“诸位请用茶。”在心理上同样感到困难的是，还得在各种合适的场合大声地说“磕头，磕头”，意思就是“我能够、我可以、我必须、我可能、我也许、我或许、或者我应该”（视情况而定）“向您伏拜”；或者，有时还得加上一句“我该打，我该杀”，意思是我的礼数在某些地方还不够周全；或者，有人骑在马上走到半道上，碰到一个熟人，便停下来向对方提议：“我下来，您来骑吧。”不管你要去哪个方向，也不顾这合不合常理。而且，就连最无知、最没有教养的中国人也会时常发出这样的邀请，其神情就像我们已经提到的那样，能让一个最冷漠的西方人也赞不绝口，使他不由得自愧弗如地对能够如此待人的人表示敬意。我们在各种场合不断看到的这些小小的礼节，就是个人被迫对整个社会做出的贡献，摩擦可能会因此而减少，而拒绝做出这种贡献的人则会受到半真半假的惩罚，因为这种惩罚是间接的。因此，假如一个车夫忘记把辫子从头上拿下来就下车问路的话，别人就很可能故意给他指错方向，还要在背后骂他。

能够确定如何恰当地对待东方人馈赠的礼物，这本身就是一门学问。或许，在中国是这样的，在其他国家也是如此。某些东西完全不能接受，而另一些东西则不能全部拒绝，这里一般都有一块儿可以商讨的余地，而一个外国人如果不管不顾，自作决断，他就几乎注定会办错事。一般而言，对送来的礼物要审视一番，尤其是那些非同寻常的礼物。生儿子的时候收到的礼物就属于此类，与之相关的有这样一句经典格言："我害怕希腊人，即便他们带着礼物。"这句格言是时时处处都适用的。送礼的背后总藏着某种事情，正如一句朴实的中国谚语所说的那样："耗子拖木锨，大头在后边。"或者，换言之，送礼者要求的回报（实质上）是远远超出他的付出的。

许多在中国的外国人都曾体验过这种馈赠的虚伪性。我们曾有机会了解了一件事情的细枝末节。一个村子里的中国人要请几个外国人看戏，以表敬意，当然，这个邀请还有一个潜台词，即必须用几桌像样的酒席来表示答谢。这份好意被断然拒绝之后，捐款的请求又被提了出来，或者说只要捐一小部分的款，用来建一座村民们公用的房子，这样的事情在前一个村子里已经做过了。这一次答应了，立即就有另外十一个村子的人也被外国人的饥荒赈济和医疗帮助所深深地感动，也派人送来了前去他们那里看戏的正式邀请。他们清楚地知道，他们的邀请可能会被拒绝，或肯定会被拒绝。每个村庄的代表在听到他们的好意被拒绝的消息时，脸上都同样带有伤心的惊讶。他们中的每个人都会转而提到上文谈及的为公共建筑捐款的问题，每个人都是点到为止，却没有一个人做出更深一层的说明！

遭受这种困扰的还不仅仅是外国人。有钱的中国人如果很不幸地要办喜事，邻居们有时会前来拜访，带来一些微不足道的贺礼，比如为刚出生的男孩子买的玩具，但是主人必须设宴感谢——设宴永远是中国人固定不变的回报方式。在这样的场合下，哪怕是一个对中国的事情最为外行的人，也会赞美这样一句中国格言的准确："吃自己的，吃出泪来；吃别人的，吃出汗来。"在这样的情况下，主人还经常不得不摆出一副真诚欢迎的样子，尽管心中十分的不悦，却不能表露出来，否则就会失去"面子"，而"面子"要比那被人吃掉的食物贵重得多。

这使人想到，许多表达方式都是服务于"讲面子"这个总的目的的。受外国人雇用的中国人表面上对待外国人的礼节，仅仅是一种表面上的伪装，尤其是在大城市里，只要把同一个人在公众场合和私人场合的不同行为作一个对比，就很容易看出这一点来。据说，一位中国教师在雇用他的外国人家中是一个彬彬有礼的典范，但是他如果在北京的大街上碰见他的雇主，就很可能"面无表情"。因为，如果他在这个时候跟外国雇主打了招呼，就会让众人了解到这样一个事实，这位博学的中国人就某种意义而言是受惠于外国野人的，这个中国人是在外国人那里混饭吃的——尽管这个情况尽人皆知，却不能正式承认，尤其是在公众场合。这样的事情极为常见，几个中国人走进一个房间，里面有一个外国人，他们会逐一向房间里的中国人致礼，却会全然不理会那个外国人。一位中国教师表扬他的外国学生听力敏锐，发音近乎完美，说这个学生在语言学习方面不久就会超过他的同辈人，但与此同时，这个学生一些古怪的错误却会成为这位老师和他的同事们的取笑对象。一般而言，人们会理所当然地认为，被雇来教授汉语口语的教师就应该对其学生的口语水平负责。

中国人表面的、虚假的礼貌之表现形式之一，就是自告奋勇地要去做一件非常值得做的事情，但这样的建议别人却不能接受，或不会接受。如果这样的许诺最后毫无下文，我们也不会感到失望，因为原本就很清楚地知道，这样的建议是不会被付诸实施的，但是，提出这个建议的那位朋友却保住了他的"面子"。相似的情形是，如果在客店里因为付款的事发生了争执，你的车夫或许会走上前来充当仲裁者，决定由他自己来垫上其中的差额，但这笔钱他是从你的钱包里拿出去的。或者，他会用他自己的钱付账，但过后他会拿着账单来找你要钱。如果你提醒他，是他自己主动垫付这笔钱的，他就会回答说：“你想让参加葬礼的人也被埋到棺材里去吗？”

在中国可以看到大量真正的谦逊，尽管也存在着相反的情况。但是毫无疑问，这里也同样可以看到大量虚假的谦逊，无论男人还是女人都是如此。经常听到有人这样谈论一些不愉快的事情，说这是完全不能提及的，说这些话是绝对说不出口的。而此时各方都清楚地知道，这不过是一种不愿直说的表达方式。正是这样一些调门很高的人，一旦被惹火了，也时刻都会骂出最难听的话来。

可以与虚假的谦逊相提并论的是虚假的同情，后者是由一些空话构成的，但是，中国人并不应该因此而受到责备，因为他们没有足够的物质条件去扩大他们对别人的同情，无论是多大数量的同情还是持续多久的同情。然而，最倒人胃口的还不是空洞的同情，而是虚假的同情，以及一直存在着的那种兴高采烈地面对他人死亡的情感。贝德禄先生曾经提到，一个四川苦力在拉纤的路上看到两条狗在狼吞虎咽地撕咬一具尸体，竟开怀大笑起来。密迪乐先生告诉我们，他的中文老师在谈到自己一位最要好伙伴的滑稽死亡时，笑得东倒西歪。这些奇异的表现并不能用来解释常常能看到的此类场景，一些父母失去了心爱的孩子，长时间的悲伤已经固化成了外在的表情，因为，在默默的悲伤和对自然感情的粗暴嘲弄这两者之间还是存在着巨大的差异的，后者是有违人类之本能的。

正如我们在前面所提到的那样，外国人与中国人的商业交往已经有了几百年的历史。这些商业关系之对象的商业信誉，已经得到了无数次的验证。泛泛而谈有可能是站不住脚的，可靠地说，这类验证必须有一个好的基础。我们可以引用汇丰银行经理嘉漠伦[①]先生的一段

① 嘉漠伦爵士（1841—1908），英国银行家。1873—1889 年任汇丰银行上海分行经理，1890 年调任伦敦分行经理。清政府 1896 年的英德借款和 1898 年的续英德借款，都由他经手。——译注

话来作为这种验证的一个例子，这段话是他在告别上海时所说的："我已经提到过外国团体很高的商业标准，中国人在这一方面并不比我们落后。事实上，在这个世界上，我不知道还有谁能比中国的商人和银行家更快地赢得我的信任。当然，任何一个规律也都会出现例外，但是看来我有充足的理由说出这句分量很重的话，我可以告诉大家，在过去的二十五年里，本行与上海的中国人做过大量的生意，总额我想可能高达几亿两白银，可我们还从来没有碰到一个违约的中国人。"对这里所引的这段话的最好评注，或许就是在此话之后三年间发生的一件事，这家银行在香港的一个中国买办使银行遭受重创，面对这一损失，却似乎没有什么可以肯定，银行该年的年度利润会减少一百万美元。

中国的批发商与零售商在做生意上有没有什么本质的区别，这一点我们无从知晓。这里提到的大部分结果，是否就归功于前面讨论过的那种令人羡慕的相互负责体系——那种西方国家很愿意仿效的体系，提出这样一个正当的问题来，并不会贬低前文所提到的那些验证的价值。很自然地，外国人与中国人做生意时，要让自己得到最大限度的商业保护，而要做到这一点，毫无疑问要让中国人有资格得到最充分的信任。尽管意识到了这一切，但是一大批证人通过广泛而又持久的观察却感觉到，中国人的商业就是他们全民族缺少诚信的一个极大例证。

一个颇知内情的人写了一篇有趣的文章，认为两个中国人做一桩普通的生意，其过程就是一个人成功地欺骗了另一个人。这两个人之间的关系，大致就相当于雅各与拉班的关系①，或者就如同一句中国

① 雅各和拉班都是《圣经》中的人物。雅各与孪生兄弟以扫不和，父亲把他打发到舅舅拉班家，为了娶拉班的小女儿拉结为妻，他侍奉拉班七年，拉班违约，要把大女儿利亚嫁给雅各，雅各无奈只得再服务七年。雅各是个出色的牧人，他使拉班的牛羊不断增多，但拉班从不付工钱，只许诺让雅各带走羊群中有斑点的羊和黑羊，却又把这样的羊全都挑出来分给儿子们。但雅各还是想办法繁衍出了有斑点的羊和黑羊，最后带着妻子和牲畜不告而别，回到家乡，后成为以色列人祖先。——译注

俗话所说的那样，是铁刷子碰铜盆。有这样一句很流行的老话："送孩子去学做生意，等于害了他一辈子。"假秤、假尺、假钱、假货——这些现象在中国很难绝迹。甚至连那些很大的商号也会挂出醒目的招牌，向公众宣示，他们一定能在这里买到"货真价实"、"绝无二价"的东西，可这些东西却是名不副实的。

我们并不是要论证这样一个命题，即在中国找不到真诚，而只是想说明，就我们的经历和观察而言，在任何地方都很难保证能找到真诚。一个对真实如此不在乎的民族，怎么会有别的结果呢？一个衣冠楚楚的学者碰到外国人时大言不惭地说自己不识字，过后递给他一本小书让他看一下时，他却毫不犹豫地拿着书从人群里溜走了，未付三个铜板的书钱。他这样做的时候一点儿都不觉得害臊，反而因为他欺骗了那个愚蠢的外国人而沾沾自喜，这个外国人实在不精明，竟然会相信一个根本不认识的人。一个人去外国人那儿买东西时会少付一个铜板，这是十分常见的，他总是说没钱了。当他被告知，他的耳朵上这会儿正夹着一个铜板时，他才会极不情愿地拿出来，觉得他受到了欺骗。与此类似，一个人泡了"老半天"，试图不花钱就弄到一些什么东西，他说他身无分文，但是最后，他却拿出一千文的一串钱来，带着忧伤的神情把钱交给你，让你取走应收的数目。但是，如果他当初的话赢得了信任，不出钱就弄到了东西，他就会心花怒放地离去，就像是刚刚斩杀了一条大毒蛇一般。

中国社会之团结的表现形式之一，就是一直存在着一种向亲戚借东西的习惯，有时会说一声，有时连招呼都不打。许多这样"借"来的东西马上就被送进了当铺，如果主人想再要回来，就得花钱去赎了。有一个在教会学校就读的孩子，被发现偷了管理学生宿舍的那位单身女子的钱。面对确凿无疑的罪证，他一边抽泣一边解释道，他在家里的时候就习惯偷母亲的钱，而他的这位外国老师太像他的母亲了，他于是在诱惑之下就偷了老师的钱！

毫无疑问，中国的社会生活中存在着的这些非常醒目的缺陷，在西方国家中同样能看到，然而，清楚地看清两者之间本质上的不同，这是一件极为重要的事情。其中的一个不同我们已经谈及，这就是中国人的不诚信，这一点虽然不是永远能碰到，却永远可以找到。在讨论其他问题时已经举出了这方面的一些例证，若一一列举其他例证，再多的篇幅几乎都难以容纳。

中国人善于敲诈勒索，上至皇位上的皇帝，下至国家中最卑贱的乞丐，莫不如此。关于中国人敲诈勒索之理论和实践的这样一本有趣的书，要留待一个具备必要知识的人来写。中国人带着他们引人注目的注重实际的精明，已经把这一做法发展成了一个完善的体系，人们无法脱离这个体系，就像无法摆脱大气压力一样。这个体系是恶毒的、堕落的，很难想出什么办法来清除它，除非让这个国家来一次彻底的重组。

这样一种状况及其导致这一状况出现的中国人性格，造成了这样的后果，即外国人很难在任何一个广泛的领域与中国人保持实际的往来，并设法保住他“上等人”的名誉，如果他有幸获得了这个名誉的话。有一句经常被人们挂在嘴边的俗话很能说明问题：“车船店脚牙，不死也该杀。”这一阶层的人以及那些与他们相似的人与外国人的关系是很特别的，因为人们知道，外国人宁可吃大亏也不愿惹出一场社会台风，他们一般都缺乏这方面的兴趣和天赋；然而，中国人与中国人之间若出现任何有失公道的事情，社会环境则正是通过这种社会台风来最终获得平衡的。

很少有人能够刀枪不入，没有任何能被中国人当做突破口的不设防之处。既不要过分地猜疑，也不能过分地轻信，这样的中庸之道是很难奉行的。如果我们有人对那种必须面对的不诚信表示出不满，那么，作为人的天性之机敏法官的中国人，就会把我们的怀疑当成一种“脾气”；而如果我们保持一种佛祖涅槃时的平静气度，保持一种很难让各种脾气的人时刻保持的气度，我们就会立刻被视为可以进一步随意敲诈的合适对象。一个受雇于外国人的典型的中国人，有一天在街上看到一个小贩在沿街叫卖做工精致、穿着得体的泥塑外国小人。他停下脚步，看了片刻这些泥塑小人，然后形象地对小贩说道：“喂，你玩的是这些玩具，我玩的可是真家伙。”

无须多言，只需约略地提一下这样一个事实，即对于我们此刻所讨论的这一特性来说，众所周知，中国政府似乎就是一个巨大的例证。在中国的整部对外关系史中，甚至可以说，在中国官方与其民众之间的所有交往中，都可以找到这样的事例。那些不断颁布的各种告示就是一个简明的例子，这些各级官员都会发布的告示数量极大，措辞得体，内容包罗万象。其中缺少的唯一东西就是真实，因为这些堂皇的命令并没有指望得到执行。相关的人员都心知肚明，在这一点上不会产生误解。“一位中国政治家的生活和国事文件，就像卢梭的忏悔录一样，充满着最高贵的情感和最卑鄙的行为。他杀了上万人，却还要去引用孟子关于人的生命是神圣的那段话。他把修河堤的钱装进了自己的腰包，结果让洪水淹了全省，他却在悲叹耕者失去了田地。他与人达成一项协议，他私下里说这只是一个欺骗性的权宜之计，可是他却又在高调地反对伪证罪。”[①]毫无疑问，在中国也可能有清廉正直的官员，但是他们为数很少，而且从他们所处环境的性质来看，他们完全没有希望去实现他们心中可能存有的美好愿望。把那些最有条件熟读中国经典的人的实际情况与这些经典中的教义作一个对比，我们就会获得这样一个活生生的认识，即这些教义在把社会带向其高标准方面实际上是多么的无能为力。

“在你认识的中国人当中，你可以完全相信的有几个？”这个问题应该被理解为，其中的中国人仅指那些中国科班出身的人。对于这个问题，不同的人会根据他们的经验，根据他们评判中国人的标准而给出不同的答案。大多数外国人或许会说“不多”、“六到八个”、“十一二个”，都有可能。偶尔也会有人回答：“有很多，我都记不清了。”但是我们相信，那些有头脑而又看得准的观察家，很少会诚心诚意地给出后一种答案。

去观察一个民族视为合理并据此行动的那些东西，永远都需要小

① 原书并未标明这段引文的出处。

心慎重。就像我们在讨论作为中国社会生活一个因素的相互猜疑时所看到的那样，中国人就认为不相信他人是合理的，其原因他们也非常清楚。正是这种境况使中国的未来充满了不确定性。作为整体的统治阶级并不是这个帝国最优秀的阶级，反而是最糟糕的阶级。一位聪明的道台曾对一个外国人说："皇帝手下的官员全都是坏人，全都该杀，可杀了我们也没用，我们的继任者会像我们一样坏。"中国有句俗话说："蛇钻窟窿蛇知道。"一个意味深长的事实是，中国的官僚阶层并不为比他们低一级的阶层，即商人阶层所信任。他们知道，所谓的"改良"只不过是一个表层外壳，很快就会剥落。一个中国泥瓦匠用没有和好的灰泥马马虎虎地砌好了烟囱和房顶，却花费大量的时间来抹平其外表，他也知道，只要一生火，烟囱就会四处漏烟，只要一下雨，屋顶就会漏水，中国的很多事情都是这个样子。

中国的财富足以用来开发这个国家的各种资源，如果缺乏信心，谨慎的资金是不会从藏身之处跑出来的。中国有足以满足各种需要的学问，中国也不缺乏各个方面的人才，但是，缺乏以诚信为基础的相互信任，所有的一切都无助于这个国家的复兴。

几年前，一个聪明的中国人来向笔者咨询，看看能不能为解决这个地区的打井困难做点儿什么事情，这些井是按中国人常用的那种方法开挖的，井壁随着井的下挖从上到下用砖块一层一层地砌成。但是，由于这个地方的土质不好，过了一段时间，整个地面就会下沉，使得井和井壁一起塌陷，只剩下一个深洞，最后完全塌陷，逐渐干枯。与救助直隶省这个不幸地区的各种灾害所做的尝试相类似，为中国长期忍受的、正在忍受的各种疾病所开出的药方，也都难以根治病根。所有表面化的诊治，最后只会把一辆辆装满精美物品的大车埋葬在绝望的泥潭之中。

第二十六章　多神论、泛神论和无神论

儒学作为一种思想体系，是这个民族最为突出的智慧成就。一位西方读者的确难免会感觉到，他在儒学经典中读到的许多东西都是枯燥空洞的。然而，我们要获得关于中国经典的最有说服力的印象，就不能仅凭对这些经典的阅读，还要思考它们所发挥的作用。中华民族是地球上人口最多的一个民族，“其有记载的历史比世界上任何一个民族都更为悠久，她也是唯一一个始终完整地保持着其民族性的民族，从未离开其发祥地”[①]，现存的一切，在许多方面似乎都与远古一模一样。该如何解释这个绝无仅有的事实呢？从历史的黎明至今一直居住在中华大地上的这无数民众，是用什么方式被统治的呢？民族的衰落和死亡是一个普遍的规律，为什么只有他们构成了一个例外？

那些对这个问题进行过最透彻考察的人士一致认为，导致这一结果的是这样一个事实，即其他民族依赖的是物质力量，而中华民族依赖的是精神力量。任何一个研究历史的学者，任何一个处处留心、了解人性的旅行者，一想到中国的道德从古至今对民众所产生的神奇约束力，都会印象深刻，叹为观止。卫三畏博士说：“孔子作为一个理想而高尚的学者所产生的影响，以及这一观念在提出之后对他的民族所起的作用，是无法估量的。这样塑造出来的一种形象在之后年代里无与伦比的影响，也证明了他自己的标准是如何的崇高，民族的良心从此都要接受这一形象的评判。”理雅各博士说：“儒学关于人的责任的教导是出色的，令人赞赏。的确，它并不是完美无缺的。然而，在孔子打算教给人们的四样东西——文、行、忠、信[②]中的后三样东西，

① 原书并未标明这段引文的出处。——译注

② 见《论语·述而》：“子以四教：文、行、忠、信。”——译注

却与律法[1]和福音[2]不谋而合。它们所主宰的世界，一定会是一个美丽的世界。”

中国的古籍之中完全没有任何会使读者的心灵变得庸俗的东西，这个最为重要的特点常常被人们提到，这或许就是中国古籍与印度、希腊和罗马文献的最大区别。密迪乐先生说：“无论古今，没有一个民族能像中国人这样拥有如此圣洁的文献，其中完全没有一处放荡的描写，没有一句出格的话语。四书五经中的每一句话，每一条批注，都可以在英国的任何一个家庭里大声诵读。再重申一遍，在其他任何一个非基督教国家里，偶像崇拜总是与活人祭祀和罪恶的化身相关联，同时还伴有放荡的仪式和纵酒宴乐。而在中国，却丝毫没有这样的迹象。”

皇帝的统治好坏与否，他个人要直接对上天负责；人们的奋发向上要比统治者更为重要；统治者必须有德有能，他们必须以德施政；关于人与人之间五种关系的重要理论；己所不欲，勿施于人——所有这些观念就像一座座山峰，耸立在中国人思想的一般水平之上，吸引了所有观察者的关注。在我们即将结束关于中国人的讨论时，我们想着重谈一谈儒学体系在道德上的优点，因为只有正确地理解这些优点，我们才有希望正确地理解中华民族。这些优点使得中国人能出众地服从道德力量。在延续了很多年的文官考试中都要求引经据典地作文，这种做法使人们的思想统一达到了一个令人惊叹的程度，这形成一个强有力的动机，使每一位考生都把政府的稳定视为他个人成功的前提，毫无疑问，这就是中华民族延续至今的一个重要因素。

中国人是否知道一个确实存在的上帝，这的确是一个值得考虑的有趣问题。那些带着最为苛求的目光审视过中国人经典的人士向我们保证，学者的天平是向肯定一方倾斜的。而在另一些声称要做出独立判断的人那里，这个命题却遭到了一致的否定。如果说中国人曾经承

① 《圣经》的前五卷，即《创世记》、《出埃及记》、《利未记》、《民数记》、《申命记》，被合称为“律法书”。——译注

② 指《圣经》中的马太、马可、路加、约翰四部“福音书”。——译注

认有一个确实存在的上帝，那他们的这个观念也肯定全都被忘了，就像是古钱币上的铭文，如今已被数千年的锈斑所覆盖。这个问题对于我们来说，似乎不像对于某些刻意追求的人那样，具有什么实际意义，就我们此刻要讨论的内容而言，这个问题是可以不去关注的。我们现在所要讨论的，既不是历史问题也不是理论问题，而是一个实际问题，这便是：中国人与他们的神灵之间到底存在着什么样的关系？

通过某些事例，不难回溯那些古代英雄豪杰从被尊敬到被纪念，再从单纯被纪念到被崇拜的历程。可以说，中国的所有神都是死人，根据祖先崇拜的习惯还可以说，中国的所有死人都是神。一座座庙宇在皇帝的恩准下被建立起来，以纪念那些生前以不同的方式表现出众的人。说不定，这些人里面的哪一位会在缓慢流逝的岁月中逐渐占据民族诸神的首席。无论如何，作为一个民族的中国人无疑是多神论者。

不言而喻，人是具有崇拜自然之倾向的。对那些不可抗拒的未知力量的感知，会使人们将这些力量人格化，并做出一些外在的崇拜举动。这些举动的基础就是这样一种假定，即这些自然之力是有知觉的。正因为如此，到处都建有风神庙、雷公庙，等等。北极星也一直是一个崇拜对象。在北京建有日坛和月坛，这与皇权崇拜有关，但在有些地方，太阳崇拜也是广大民众一个约定俗成的活动，这个活动在被他们定为太阳“生日”的二月里的某一天进行。这天一清早，村民们就出门走向东方，去迎接太阳，傍晚则出门向西行走，护送太阳归去。一年里对太阳的崇拜就此告一段落。

这种自然崇拜极为常见的一种表现形式，就是对树木的崇拜，这在某些省份（比如河南的西北部）是再常见不过的了。一个人走过大小不等的几百棵树，只见每棵树上都挂着小旗，表明这是某个神灵的住所。这即便不是崇拜的外在标志，也是十足的迷信。如果在一间破败不堪的茅屋前看到一棵枝繁叶茂的老树，这简直就可以断定，树的主人不敢把这棵树砍倒，因为这棵树里住有神灵。

皇帝通常被视为这个帝国中唯一有权祭天的人。由皇帝亲自在天坛主持的非常独特、有趣的典礼，无疑是独一无二的。但是对于中国全体百姓来说，他们自己若不去或不能去祭祀天地，这就将成为一条新闻。每户人家朝南的墙前往往都有一个小小的神龛，在某些地区这个神龛被称为天地牌位。许多中国人都可以证实，他们唯一的宗教崇拜活动（除祭祖仪式之外）就是祭拜天地并上供，时间在每个月的初一和十五，有时是在每个农历新年的开端。没有祈祷，就连祭品也在片刻之后被拿走，像在其他场合一样，被人们吃掉了。在这种时候，人们祭祀的究竟是什么呢？有的时候，他们断定祭祀的对象是“天和地”。有的时候，他们又说是“天”，或者是他们所说的“老天爷”。后一种叫法往往会给人这样一种印象，即中国人能真切地感觉到一个人格化了的神。但是当你弄明白，这个想象中的“人”常常是与另一位被称作“土地娘娘”的概念相提并论的，这一推论的价值就有可能成为一个很值得探讨的问题。在某些地方，人们的风俗是在六月十九，即“老天爷”的“生日”那天祭祀他。但是，在那些为太阳指定了一个“生日”的人中间，提出诸如“老天爷”的父亲是谁或“老天爷”是何时出生的这样一些问题是多余的，因为关于这些问题是绝对不会有任何见解的。很难让一个普通的中国人明白这样的问题有什么实际意义。他看到什么传统就接受什么传统，永远都不会想到对这样或那样的观点提出疑问。我们很少碰到一个中国人，他会具有一套关于“老天爷”的经历或品格的粗浅理论，他只知道，“老天爷”能调控天气，这便会影响到收成。中国人中间普遍使用这个“老天爷”的说法，暗示有这么一个人，但是无论如何，据我们所知，人们既没有为他建庙，也没有给他塑像，更没有一种有别于供奉“天地”的祭祀方式，这个问题似乎依然是没有得到解释的。

中国的古籍中经常出现“天”这个字，它所表达的是一种观念，即天是一个人格化的客体，天是一种愿望。但是，这个字也可能既不指人格化的客体也不指愿望，当我们读到“天即道”这样的解释时，便会感到这个字的含义模糊到了极点。这个字在古典作品中是词意含混的，在日常生活中的含义也同样是模糊不清的。若是问一位坚持祭天的人“天”究竟是什么意思，他的回答经常就是：“头顶上的蓝天。”

因此，他的崇拜和他对自然力量的崇拜是协调一致的，无论他崇拜的是单一的还是混合的自然力量。他的信仰可以用爱默生[①]的话来描述，即“他与摇曳的苜蓿和淅沥的雨水同在”。换言之，他是个泛神论者。这种缺乏任何明确含义的人格化客体，是中国人的“天”崇拜中的一个致命缺陷。

中国人下层阶级的多神论和泛神论，与上层阶级的纯粹无神论正好形成了对比。通过对这个问题最有研究的那些人士的论证，通过众多的表面迹象，通过一种先在的可能性，我们不难做出这样的总结来，即在这个地球上，还没有哪一些受过教育的文明之士能像儒家弟子这样，成为彻头彻尾的不可知论者和无神论者[②]。“先在的可能性”这个说法，指的是宋代的唯物主义注释者对中国知识界众所周知的影响。朱熹，一位博学的中国典籍注释家，他的威望如此之高，使得针对他的观点的任何疑问都会被长期视为异端邪说。这个影响已经覆盖了经典的教义，他的解释不仅是唯物主义的，而且在我们看来，还是彻底的无神论的。

黄河从山西和陕西的群山中流出之后，继续向前几百英里，汇入了大海。多少年里，它数度改道，跨越六到七个纬度，从扬子江口一直到渤海湾。但不管它流经哪里，都会带来毁灭，留下一片满是黄沙的荒原。就像黄河改道一样，宋代的理学家们把唯物主义的潮流引入了中国思想的江川，这股潮流已经泛滥了七个世纪，留下一片满是无神论黄沙的精神荒原，根本无法支撑一个民族的精神生活。道教已经退化成一种对付妖魔的法术体系。道教曾从佛教那里借鉴了大量东西，以弥补其先天不足。佛教的被引入，是为了满足人类的一些先天需求，而儒学却很少，或者说根本没有去满足这些需求。这里的每一种教谕

---

① 爱默生（1803—1882），美国散文作家、诗人，超验主义思想家。他主张接近自然，对孔子极感兴趣，曾摘引不少“四书”语录，被称为“美国的孔子”。著有《论自然》、《英国人的性格》、《五月节》等。——译注

② 密迪乐先生指出，每一位一贯的儒家弟子都应该是一位不折不扣的无神论者，但是，正如人性很少能自相一致一样，许多儒家弟子既不信神，也不认为自己是信神的。——原注

方式，都由于其他的方式而大大地改观了。对于那些恰好想通过行善来积一点儿小德的人来说，任何一种能够提供行善途径的组织机构都会得到他们的赞助，对于他们来说，这条大道也像其他的道路一样的好。任何一种神，只要他能在某个既定方面发挥如人所愿的影响，就肯定会得到人们的青睐，就像一个恰好需要一把新伞的人会走进有雨伞出售的任何一家商店一样。中国人不大会去过问他们所崇拜的神的来历，就像一个英国人不大会去问雨伞的起源以及雨伞是何时被普遍使用的问题一样。

时常能听到一些很有学问的讲演，所涉及的是中国的佛教徒和道教徒的人数问题。在我们看来，这个问题就如同去调查联合王国里有多少人抽十便士一包的香烟，又有多少人吃菜豆一样。谁想抽十便士一包的香烟而又能搞得到，那他就可以去抽，谁喜欢吃菜豆而又能买得起，他就可以随意地享用它们。中国的两种最有名的“教义”，其情形与此也没有什么区别。任何一个中国人，若想举行一场佛教仪式而又请得起和尚，他就可以花钱请来一个，这样他就成了“一个佛教徒”。如果他想请个道士，他也可以用同样的方式把道士请来，他也就成了“一个道教徒”。对于中国人来说，是请和尚还是请道士，这都无所谓，他还有可能两者同时请来，这样他就同时成了“一个佛教徒”和“一个道教徒”。因此，一个人可以立刻成为儒家弟子、佛教徒和道教徒，这并没有什么不和谐的感觉。佛教吞并了道教，道教吞并了儒学，但后者最终又吞并了佛教和道教，结果导致了“三教合一”！

中国人与他们的“三教”之间的实际关系，可以用一个盎格鲁－撒克逊人与其语言三种构成材料之间的关系来加以说明：“我们是撒克逊人、诺曼人和丹麦人。”但是，即便我们有可能判定我们遥远的起源，我们对单词的选择也丝毫不会因为我们的血管里流着多少撒克逊人的血或多少诺曼人的血而有所改变。我们对词汇的选择取决于我们的思维习惯，取决于我们使用这些词汇的目的。学者会使用许多拉丁语单词，还混杂着一些诺曼语单词，而农夫则主要使用朴素的撒克逊词汇。但不管是学者还是农夫，撒克逊语都是基础，其他的语言都只是补充。

在中国，儒学就是基础，所有的中国人都是儒家弟子，正如所有的英国人都是撒克逊人一样。在这个基础上可以添加多少佛教或道教的观念、术语和实践，要视情况而定。但是，对于中国人来说，在同一个仪式中把“三教”融合在一起，其中的不和谐和矛盾，并不比我们在把起源于不同民族的词汇编织在同一个句子里所遇到的更多。

总是难以让一个中国人理解，两种信仰形式是互相排斥的。他完全不知道什么是逻辑上的互相矛盾，更不会关心这个问题。他本能地学会了一种把两个绝对难以调和的命题调和在一起的艺术，方法就是强制性地承认两者中的每一方，而无视两者之间的相互关系。他所接受的智力训练，已经为把两种最不相容的信仰方式的结合做好了准备，就像液体可以通过内渗和外渗来进行融合一样。他已经把“智性的接受能力”带到了逻辑上的自杀境地,但他不明白这一点,即便告诉了他，他也不会明白。

这种不同信仰的机械结合所导致的两个后果是非常值得关注的。第一个结果就是，这违背了中国人遵从序列的本能，中国人尤其因这一本能而出众，这一本能在精心划分官员级别的做法中得到了醒目的体现，从一品到九品，各有各的标志，各有各的特殊权限。肯定有人曾在中国的众神中寻找类似的等级划分，可是却一无所获。如果问一个中国人哪一个神更伟大，是“玉皇大帝”还是佛陀，这个提问就是枉然的。即便是在“万神殿”里，排列的顺序也只是暂时的、偶然的，位置一直在变换。在中国人的神明世界里，没有固定的权威等级，但这样的极端混乱如果出现在人间，就等于长期的无政府状态。这样的场景在“三教堂”里表现得更加明显，那里并排供奉着孔子、佛陀和老子的塑像。最受尊敬的位置在中间，我们认为这个位置应该是孔子的，或者，如果不是他的话——因为他从来就没有树立过任何一个神灵——那就应该是老子。有充分的理由认为，这个排序问题过去曾引起激烈的争论，但是，我们所听到的几乎所有例证却都对佛陀有利，尽管他是一个外国人！

所有的信仰在中国的结合所带来的另一个意味深长的结果，就是任何一种信仰都把人的道德本质贬到了最低层次。有一条定律与此构成了呼应，即劣币注定会驱逐良币。儒学所有那些高尚的格言，却完全无法让儒家弟子们消除对道教大加描述的那些妖魔鬼怪的恐惧。常常有人指出，在现今所有的文明民族中，没有一个民族像中国人这样迷信和轻信，这个看法也常常是正确的。富有的商人和博学的学者，都不羞于让别人看到自己每月花两天时间专门祭拜狐狸、黄鼠狼、刺猬、蛇和老鼠，还要在它们的牌位上写上“大仙”二字，认为它们会对人的命运产生重大的影响。

就在几年前，中国一位最有名的政治家还跪拜在一条被一些人视为洪水之神的水蛇面前，他认为这条水蛇是前朝某位奇迹般地制伏了河水泛滥的官员之化身。在中国只要洪水一泛滥，就会把蛇当做神来崇拜，这已经成为一种惯例。在离河流较远的地方，一条普通的旱蛇也会被当成神灵，而且“无人疑问”。如果洪水退去，就会举行隆重的戏剧演出，以感谢这个赐福人间的神，也就是那条蛇，蛇被放在托盘上，摆在庙宇或其他公共场所，供人朝拜。县官和所有其他官员每天都要去那里对这个神灵跪拜、烧香。在河道附近的地区，河神通常被视为雨神，而在稍远一些的内地，战神关羽似乎更多地被当做雨神来崇拜了；可有的时候，无论离河道是远是近，被当做求雨对象的都是观音菩萨。对于一个中国人来说，这看起来完全没有什么不合理的地方，因为他的脑袋中并没有一个关于自然一统的推论，很难让他意识到这种做法的荒诞，即便这种荒诞就明摆在他的面前。

与求雨有关的另一个有趣的、意味深长的事实，也会时常引起我们的注意。在著名的中国小说《西游记》里，主要人物之一是一只最初从石头里蹦出来的猴子，他后来慢慢地进化成了一个人。在有些地方，这位想象中的角色也被当做雨神来崇拜，而既没有被当成河神也没有被当成战神。没有什么能比这个例子更清楚地说明，在中国，真实和虚构之间完全没有任何分界线。对于一位西方人来说，原因与结果是互相关联的。而一个中国人向一只不存在的猴子求雨，他的大脑中究竟存在着什么样的因果关系，我们不得而知。

既然中国人的神如此繁多，去弄清中国人是如何对待这些神就是很重要的了。对于这一问题有两种回答：一是他们崇拜这些神，二是他们忽视这些神。经常能看到，有人在估算中国全体民众每年花在香火、纸钱等方面的花费。这样的估算自然是以某个特定地区表面数据的测算为依据的，将这个数据作为一个单位，然后再将这个国家的地区数作为乘数来计算。这种所谓的“统计”是最靠不住的，就好比一个人去统计一群蚊子的数量，“他数累了，就开始估算了”。

把中国当做一个整体来下判断时，很少有人能保证不出错。中国寺庙里的崇拜真相，就是一个很明显的例子。一位从广州上岸的旅行者，看到那里的寺庙里香烟缭绕，就有可能得出这样的结论，即中国人是世界上最崇拜偶像的民族之一。但是，就让他带着这个判断一直走到这个国家的另一端吧，他就会发现，许多庙宇都无人问津，除了每月的初一和十五之外绝对没有人前去拜谒，在许多情况下连初一和十五也没有人去，甚至在农历新年时都或许如此，而新年却是中国人的崇拜本能凸现的时刻。他会看到成千上万座不知为何而建造起来的古代寺庙，它们偶尔也会被维修一下，但是人们对这些寺庙却一无所知，也不大关心。他会发现，在有人口居住的方圆几百英里范围之内很少看见一个出家人，无论是道士还是和尚。在这些地区，他在寺庙里通常看不到妇女，孩子们也是在放任中长大的，没有得到任何一点关于敬畏神灵之必要性的教导。在中国的另外一些地区，情况则完全不同，具体的偶像崇拜仪式已经渗透进了最不起眼儿的日常生活细节之中。

中国社会的宗教力量可以与堆起夏威夷群岛的火山爆发的力量相提并论。在群岛北部和西部的大多数岛屿上，火山已经沉寂了许多年代，只能通过坑坑洼洼而又草木茂盛的火山坑才能判断出火山爆发的地方。而在群岛东南部的岛屿上，火山仍很活跃，不时爆发，其震波会由里向外地传遍全岛。在中国的某些最古老的地区，对寺庙崇拜的关注度是极低的，而在另一些于中国鼎盛时期尚为蛮荒之地的省份，偶像崇拜却最为盛行。不过，人们很容易被这样的表面现象所误导。

人们也极有可能高估它们，需要对此做出更为全面的调查，然后才能得出有根有据的结论来。

“敬鬼神而远之”[①]，这是孔子给出的建议。于是，毫不奇怪，孔子在当今的追随者们仍把敬而远之作为对待中国万神殿中众多互不相容的神们的一种最审慎的办法。与蒙古人或日本人相比，中国人相对来说没有什么宗教偏见。经常可以在寺庙的门上看到这样的古老说法：“祭神如神在。”[②]一种普遍存在的本能捕捉到了这个不确定的“如”字中所包含的真正价值，并且导致了这样一种形象的流行说法，这种说法准确地表达了广大民众的心声：

祭神如神来，
若不敬，也无碍。

祭神如神在，
若不敬，神不怪。

比对神的敬而远之更进一步的，就是仪式上的崇敬，即按照一种特定的方式来举行一种特定的仪式，这样做的目的仅仅是为了获得某些特定的外在结果。

对于中国人来说，神圣感似乎是一个外国人的概念。不谈论一下什么是端庄稳重，我们就不知道该如何说起神圣感。我们都已经明白，中国人对中国神的一切崇拜，不是一种仪式性的惯例，而不过是一桩交易——有多少需求就付出多少崇拜。当“老天爷”被说成是一个人并得到崇敬的时候，这种千篇一律的表现就成了一个最为明确的例证，可以说明什么是真正的崇拜。当你问一个中国人，为什么要定期地给这个“人”烧香磕头，他的回答就是：“因为我们吃穿都靠他呀。”即

① 语出《论语·雍也》。——译注

② 语出《论语·八佾》。——译注

便这个中国人对是否真的有老天爷都将信将疑，这也并不妨碍他去参加膜拜仪式。祖先是这样做的，他也就会像祖先一样去做。这到底有没有什么用处，“谁知道呢”！

中国人习惯于只从表面上去看待宗教仪式，有一副对联就是很好的例证，这副对联曾不无讽刺意味地被贴在一座没有香客的寺庙门前的两根柱子上：

庙里无僧风扫地，
寺中少灯月照明。[1]

神的被祭拜，就如同保险政策在西方国家的被采用，因为这是一种更为安全的办法。人们常说：“宁可信其有，不愿信其无。”这就是说，如果神灵完全不存在，这样做也没有什么害处；而如果神灵确实存在，却又被忽视，他们就会发怒，就会报复。人们认为，驱使人类的那些动机也同样地驱使着神灵。人们常说，拥有羊头（献给寺庙作供品）的人，可以心想事成；人们还说，像“三皇”[1]那样无法赐人以某种特定福泽的神灵总是很贫穷的，但是观音和战神关羽却会受到尊敬和供奉。

中国人不仅把崇拜神灵的理由建立在纯粹假设的基础之上，即“这没有害处，却可能有某些好处”，而且，他们还更进一步，到了一个西方人完全不可能理解的境地。他们经常说，而且似乎也是这样认为的：“信之则有，不信则无！”这种口气（很难称之为思维方式）就如同一个中国人可以说：“信皇上则有皇上，不信皇上则无皇上。”如果指出这一推论，中国人也完全乐于承认，但是他们似乎无法通过任何一种必要的途径让自己认识到这一点。

---

① 这是安徽凤阳龙兴寺（又名“皇觉寺”）前的一副对联，传说朱元璋曾在这里出家。——译注

② 关于“三皇”的说法不一，有说是天皇、地皇和人皇，也有说是伏羲、燧人和神农。——译注

可以看到许多的中国朝圣者一步一磕头，有时要耗费很长一段时间来完成这一沉闷而又艰难的朝觐之旅。若是问起他们承受这些苦难的动机，他们会告诉我们，对神灵的虚假崇拜太多了，因此朝圣者就有必要通过这样的苦行来表明，他们的心是虔诚的。无论人们会对这些例外现象作何评价，我们都要毫不犹豫地断言，我们在谈到中国人的相互关系时已经提到的那种缺乏诚信的特征，在他们的崇拜中甚至有着更为显著的体现。有一张以北京附近一座寺庙里一群和尚为拍摄对象的照片，就是一幅展示蛇一样狡猾性格的完美杰作。生就这类面孔的人，其生活与他们的面孔是相互呼应的。

的确，中国人也像其他异教民族一样，把他们的神想象成他们自己的模样，这倒也不无道理，因为许多神就是其崇拜者的同胞。笔者曾经看到一份以观音菩萨的名义向世人发布的告示，说有人告上了天庭，称世风日下，众神之首“玉皇大帝”听后大怒，高声痛斥了其属下神，因为他们未能成功地用劝诫来改造人类！人类据说被一群精灵所包围着，这些精灵有作恶的魔力，但他们也是贿赂、奉承、引诱和哄骗的对象。一个中国人在做买卖时会很起劲儿地占对方的便宜，面对和他做买卖的神灵，也就是他的祈祷对象，他也会同样起劲儿地占便宜，如果他能占到便宜的话。他或许会通过捐款修庙来买得好运，但是他很可能捐二百五十枚铜钱，却记成一千枚。记了多少，神都会全盘照收。在维修寺庙的时候，每位神灵的眼睛也许都会被贴上一张红纸，这样他们就看不见周围的混乱，混乱也就不会被视为不敬了。如果寺庙位于村边，而盗贼又常常躲在那里分赃，那么，庙门就会用砖头几乎封死，甚至完全封死，于是，神灵便可以在那里尽情地和宇宙交流了。

每逢岁末，灶王爷都要回到天上去报告每家每户的行为，但是，他的嘴唇会被抹上黏稠的蜜糖，以防止他去汇报他看到的坏事，这个大家都很熟悉的事情是中国人战胜神仙的一个典型例证。同样，有时要为一个男孩取个女孩的名字，好让那些愚蠢的恶魔以为他是一个女孩，这样，他之后的生活就会平安了。贝德禄先生谈到四川杀害女婴的事，人们常用纸钱去抚慰那些女婴的魂灵，这些点燃的纸钱，就是供那些女婴的魂灵花费的！送子观音的庙与大多数其他庙宇不同，经常光顾那里的都是妇女。一些送子观音庙里有许多做成男孩模样的小泥人，有些放在送子娘娘的怀中，有些则像货物一样摆在架子上。中国妇女在拜谒这些寺庙时的做法，就是把标志这些孩子性别的部分掰下来，吃下去，以此来确保生下一个男孩。正如我们刚刚提到的，庙里有大量的小泥人，这是提供给那些经常进庙的妇女们的，她们每个人都会带走一个小泥人，但是一定要偷走，而不能公开地带走。假如真的如愿以偿地生了个男孩，这个妇女就得来还愿，在她偷走泥人的地方再放上两个泥人！中国的水手认为，中国海域上那些令人恐惧的台风都是由恶魔兴起的，恶魔们等在那里，打算俘获经过这些危险水域的船只。据说，在风暴最为猛烈的时候，水手们有这样一种习惯，就是扎一艘与自己的船一模一样的纸船。在风浪汹涌到极点的时候，纸船会被放入海中，愤怒的水神们可能会上当，以为这就是他们想要的那艘船，这样一来，那艘真船就能借机逃脱了！

在中国的许多地方都有这样一个风俗，每当类似霍乱这样的致命传染病蔓延时，人们就在六月初或七月初过新年。这样做的目的就是蒙骗瘟神，瘟神会惊讶地发现他算错了这一年的时间，于是就会离去，瘟疫也就结束了。这种做法人所共知,“秋二月”因此也就被当成了“永远不”的另一种说法。欺骗神灵的另一个方法，就是让一个人钻到摆放供品的桌子下面，把脑袋从桌子中间专门挖出的洞里伸出来。神灵以为真的有一颗人头作为供品，于是便会做出相应的举动来。而这个人把脑袋缩回去，就可以享用他理应享用的好运了。

我们偶然知道了这样一件事情，有个村庄决定把神像从庙里移出来，把庙改为学堂，他们满心希望从这些神像的心脏部位找出一些“银子”来，以顶替部分搬迁费用。但是，这些头脑单纯的乡下人并不明白中国神灵的方式，也不明白和那些神灵一样的塑像人的方式，因为，他们搜寻到那些贵重的心脏时，所找到的只是一些锡块！毫无疑问，和尚们的确会把珍宝藏在他们的神像里面，与此相关，寺庙也时常被盗，神像不是被整个儿地盗走，就是被当场捣毁。那些被认为是崇拜神灵的人，对待中国人的神却如此粗暴，这是令人难以理解的。我们还听说过这样一件事，有位县官审理一桩案子，这案子牵扯到一位和尚，和庙里的佛陀也有一点儿关系。于是，这位神灵被传到县官面前，叫他下跪，他没有做到，县官于是命令打他五百大板，这一次，这位神灵变成了一堆土渣，于是便对他做出了缺席审判。

几乎每一年都要祈求雨神，让他对这片干旱的土地显灵，这片土地已经无法耕种，除非来一场降雨。在持续了很久却依然毫无结果的祈求之后，村民们通常都会做一点儿小小的调整，把战神从庙里请出来，放在最热的地方，这样他便可以了解到天气情况，而且是真实的第一手信息，并不仅仅是道听途说。对神灵的行为毫不掩饰地表示不满的习惯，在这样一句俗语中就有所表现：“三月四月不修房，五月六月骂龙王。”

我们听说一个例子，中国一个大城市的居民，一直受到一种严重传染病的侵袭，他们认为这是当地的一个神灵所施的魔法。于是，他们便汇聚到一起，把这个神灵当成一个活生生的恶棍，痛打一顿，最后把他还原成了一堆泥渣。我们无法证明这个故事的真实性，但是这个故事的流传开来，似乎本身就很能说明问题了。这整个过程都没有违背中国人关于神和神灵的观念。

我们提醒读者关注的这样一些事实，可能会让一个不熟悉中国人性格的人最自然不过地得出这样一个结论，即中国人完全不可能有任何宗教。这样的论断，也的确经常有人直截了当地道出。密迪乐先生在他的《中国人及其叛乱》一书中就引用了古伯察先生某些过于宽泛的概括，并加以指责，断言那是“对人类很大一部分人之高尚生活的毫无根据的诬蔑”。密迪乐先生一向愿意承认，中国人既不关心持续了几个世纪的教义辩论的纯粹结果，也不在意把这些结果当做其信念的各个民族的行为。但是，密迪乐先生坚决否认这样的断言，即中国人“缺乏对不朽的渴望，缺乏对美好和伟大事物的由衷敬仰，缺乏对美好和伟大人物持之以恒、毫不动摇的挚爱，缺乏渴求，缺乏一种对崇高和神圣的内心向往”。另一方面，与中国和中国人有过长期接触，被认为最有资格对中国人有无宗教的问题做出权威评论的威妥玛爵士[①]，最近发表了这样的观点："如果宗教不仅仅是伦理，我就否认中国人有宗教。他们的确有偶像，或者确切地说，是多种偶像的混合，但是他们没有信念；不够成熟的偶像崇拜有无数种，他们可能会嘲笑这些崇拜，却不敢漠视这些崇拜。"

我们感到没有必要去深入地探讨这个有趣的但很难回答的问题。就此展开一番长篇大论，这并不困难，但是我们不敢肯定是否能把事情弄清楚。在我们看来，有一个解决这一问题的实际办法，它能比抽象的讨论更好地完成我们的设想。道教与佛教已经对中国人产生了极大的影响，但是，中国人却依然既不是道教徒，也不是佛教徒。他们是儒家弟子，无论在他们的信仰之上添加些什么，或者，无论借助其他的思想体系从他们那里拿走些什么，中国人都永远依旧是儒家弟子。我们要再次探讨一下儒学在哪些方面存在不足，使之没有成为中国人应该拥有的一种宗教，并将以此来结束我们的讨论。为了这个目的，我们将引用一位杰出汉学家的话，他的结论是不能被轻易忽视的。

花之安博士[②]在他的《儒学汇纂》一书的结尾处，专门辟出了"儒学的不足与错误"这一部分。不足与错误是指出来了，但与此同时还得承认，儒学中有不少关于人际关系的优秀论述，其中的许多观点几乎都能与基督教的启示产生共鸣。我们在此引用其中的二十四个观点，并加上几句点评。

一、"儒学认为它与现存的神没有关系。"

---

① 威妥玛（1818—1895），英国外交官、汉学家。1871—1882 年任公使，1876 年与李鸿章签订《烟台条约》，归国后成为剑桥大学首位汉文教授。编有英汉词典，创造了后来得到广泛使用的汉字罗马拼音法，即"威妥玛式拼音法"，又称"韦式音标"。

② 花之安（1839—1899），德国传教士、汉学家。曾在香港、上海、青岛等地传教，卒于青岛。对中国植物有较深研究，发表过许多宗教哲学文章，著有《儒学汇纂》、《中国宗教学导论》、《中国妇女的地位》、《从历史角度看中国》、《中国古代社会主义的重要思想——哲学家孟子的学说》等书，被誉为"19 世纪最高深的汉学家"。——译注

二、“没有对人的灵魂与肉体加以区分，无论是就肉体意义还是就生理意义而言，也都没有一个关于人的清晰定义。”

缺乏一个关于人的灵魂的明确教义，这会让一位学习儒学的外国学生感到十分困惑。对于许多普通人来说，儒学教育的最终结果就是，他们对任何一种灵魂都一无所知，除非这是一个动物般的生命体。一个人死后，一个经典的权威说法就是，他的“灵魂”升了天，他的“肉身”入了土。但是，还有一种更为简单的理论，认为“灵魂”或气会变成空气，肉体则会变成泥土，这种得到了持续发展的理论，是与一个真正儒家弟子的不可知论的唯物主义完全吻合的。往往很难让一个中国人对这样的问题感兴趣，即他是有三个灵魂、一个灵魂还是根本没有灵魂。他对于解释这个问题所具有的兴趣，一如他对吃饭时是由身体上的哪几块肌肉带动了相关器官的运动一样，只要这个过程是让他感到舒服的，他就没有任何兴趣去关心那些帮助消化的肌肉纤维在解剖学家那里是怎么称呼的。同样，只要一个中国人还对自己的消化器官感兴趣，还对那些靠他养活的人的消化器官感兴趣，他就很可能既不会关心自己的“灵魂”（如果他有的话），也不会关心靠他养活的那些人的“灵魂”，除非这件事情与粮食价格有着某种关联。

三、“没有解释为什么有些人生来就是圣人，另一些人却生来就是凡人。”

四、“称所有人都具有达到道德完善所必需的才情和力量，而与此断言构成对立的事实却没有得到解释。”

五、“儒学关于罪恶的训诫，口气不够坚决和严肃，因为，除了社会生活中的道德谴责之外，它没有提及对罪恶的惩罚措施。”

六、“儒学就总体而言对罪恶的洞察不够深刻。”

七、“儒学因此发现它不可能去解释死亡。”

八、“儒学不知道那种能使人的本性适应于其理想的中介。”

九、“祈祷及其道德力量在孔子的体系中没有一席之地。”

十、“尽管信任的确经常得到强调，但是这种信任预期，即谈话中的诚实，在现实中却从未得到鼓励，更确切地说，事实正好相反。”

十一、“允许并容忍一夫多妻制。”

十二、“认可多神论。”

十三、“相信算命、择日、预兆、托梦以及其他一些幻象（比如凤凰等）。”

十四、“把伦理与外在仪式混为一谈，使之成为一种专横的政治形式。”

十五、“孔子对古代制度的态度是反复无常的。”

十六、“关于特定的优美旋律会影响人的道德的断言是荒谬的。”

十七、“好榜样的影响被夸大了，孔子本人就是一个最好的例证。”

如果真如儒家伦理学所言，君是器皿民为水，杯子是圆的水亦圆，盘子是平的水也平——那么这似乎就很难解释，中国的伟人们为什么没有对那些研究其生活的人产生强烈的影响，矫正他们的性格。如果真如儒学家们所说，榜样的力量的确是强大的，那么，其效果相比之下为什么如此微弱呢？下列第二十条中提到的对“贤人”的神化，与在第八条中已经指出的任何中介的缺乏，两者是相互对应的。无论圣人多么的“贤”，他也只能提出好的建议来。一旦建议不被采纳，他非但爱莫能助，反而不再提建议了。

对于我们来说，孔子的一段话一直是很有启发意义的：“不愤不启，不悱不发；举一隅不以三隅反，则不复也。”[①]他只对贤人提建议。这些建议都是极好的，但却不是预防性的。如果不能起到预防作用，那就需要一剂补药。一位旅行者落入贼手，被洗劫一空并被打伤了，若是和他讨论参加友好旅行队的重要性，谈他不接受劝告因而导致皮肉严重受苦，还有可能会失血过多，中枢神经也会受到伤害，这样的谈话是徒劳无益的。这位因为失血而昏迷的伤者明白这一切，的确，他一直明白这一切。他现在需要的，不是一通儿关于违反自然规律之后果的回溯性演讲，而是油、酒和一个能养伤的地方，首先，就是一个聪明的、能帮得上忙的朋友。对于身体残疾的人，儒学还时常能做点

① 语出《论语·述而》。——译注

事情，而对于道德和精神上受伤的人，儒学则没有、也无法做出任何事情。

十八、“在儒学中，社会生活体系就是一种专制，妇女就是奴隶，孩子在父母面前没有任何权力，在与长辈的关系中处于臣民的地位。”

十九、“孝顺被夸大到了神化父母的地步。”

二十、“孔子体系的最终结论，如他自己所总结的那样，即崇尚贤人，亦即人的神化。”

二十一、“除了那种没有任何真正伦理价值的祖先崇拜，没有一个关于不朽的明确概念。”

二十二、“所有的愿望都想在现世得到实现，自私自利在无意之中得到鼓励，这即便不是贪婪，也至少是野心。”

二十三、“整个儒学体系没有给予普通人以任何安慰，无论是在他们生前还是死后。”

二十四、“中国的历史表明，儒学并不能给人民以新生，让他们去过更高尚的生活，去做更高贵的事情。在当今的实际生活中，儒学已经与黄教[①]和佛教的观念及做法充分地融合在了一起。”

我们已经谈到了不同的信仰方式在中国的奇妙混合。中国人自己也明白，无论是儒学还是与儒学混合的其他宗教，都无法“给人民以新生，让他们去过更高尚的生活，去做更高贵的事情”。有一篇我们不详其作者的中国寓言故事，就淋漓尽致地表明了这一点。

这个故事说，孔子、老子和佛陀一日在神仙国里相遇，悲叹这样一个事实，即在这些退化的年代中，他们出色的教义在这个国家似乎没有获得任何进展。经过一番长时间的讨论，他们认为其原因就在于，他们的教义尽管备受赞赏，但是如果没有一个恒久的楷模，人类就无法去实践这些教义。因此，他们做出了这样的决定，每个教派的创始

---

① 黄教，藏传佛教派别之一，由宗喀巴于15世纪初在噶当派教义的基础上创建。后采取转世相承的办法，出现达赖、班禅两大活佛系统。清顺治九年（1652年）取得西藏地方执政教派地位，在藏蒙地区广泛流传。因该派僧侣头戴黄帽，故俗称“黄教”。——译注

人都要化为人身，下凡到人间，去寻找一个可以担此重任的人。这个计划被立即付诸实施。在人间徘徊了一阵之后，孔子遇见一位德高望重的老人，不过，在圣人走近的时候，这位老人并没有起身，只是请圣人坐下，与他谈起了古代的教义以及这些教义在当今被忽视、被执行的情况。言谈之间，老人显示出他关于古人学说的渊博知识，也体现出了非常开阔、深刻的判断力。这使孔子感到非常高兴。一番长谈之后，孔子打算离去，但是在圣人起身离开的时候，老人却没有起身。孔子找到一无所获的老子和佛陀，把自己的经历告诉了他们，建议他们去轮流拜访那位坐着的哲人，看看他对他们两人的教义是否像对孔子的教义一样的精通。老子非常兴奋地看到，这位老人对道教的熟悉几乎不亚于老子本人，其口才与热情也堪称典范。和孔子一样，老子也看到了这样一个事实，尽管这位老人一直保持着一种最为谦恭的态度，可他却始终没有站起身来。现在轮到佛陀了，他也获得了同样惊奇而又可喜的成功。老人依然没有起身，但是他却表现出了对佛教内在含义的深刻洞察，这是许多年都未曾见到的。

这三位宗教创始人相聚讨论，他们一致认为，这位罕见的、令人赞赏的老人就是他们要找的人，他不仅可以介绍“三教”中的每一种，而且还可以证明“三教的确同一”。为此，他们三人结伴，再次来到老人面前。他们解释了他们上一次造访他的目的，他们说老人的智慧激起他们崇高的希望，三种宗教都想通过老人来获得振兴，最终被付诸实践。这位老者仍然坐在那里，恭敬而又专心地聆听着，然后答道：“尊敬的圣人们，你们的善行像天一样高，像海一样深。你们的计划充满智慧，令人赞叹的深邃。但是，你们不幸选错了你们希望去完成这项伟大改革的代理人。我的确仔细研读过《道德经》和其他的经书，我也的确对这些经典的崇高和完整略知一二，但是，有一个情况你们却没有考虑到，或许你们是没有注意到，我的腰部之上才是人，腰部之下却是石头做成的。我擅长从各种不同的观点来讨论人的责任，但我的身体构造是如此的不幸，使我永远也无法把其中任何一种观点付诸实践。”孔子、老子和佛陀深深地叹息了一声，就从人间消失了。

从那天起，他们再也不去努力寻找那个能在其生活中展示出三种宗教之教义的凡人了。

经常有人把中国的现况与公元一世纪时罗马帝国的状况相比较。中国如今的道德水准要远远高于罗马帝国，这一点是无可置疑的，但是在中国，正如同在古罗马，宗教信仰已经到了崩溃的边缘。可以像吉本[①]评论古罗马那样来评说中国，即对于普通人民而言，所有的宗教都同样的真实；对于一位哲学家而言，所有的宗教都同样的虚妄；对于一位官员而言，所有的宗教则都同样的有用。中国的皇帝和罗马的皇帝一样，都可以同时被说成是“一位高级教士、一位无神论者和一个神”！其中掺杂着多神论和泛神论的儒学，就把这个国家带到了这样一个境地。

这一点已经得到了充分的说明，即对无神论是否正确这一问题的完全漠视，比纯粹的无神论还要糟糕。在中国，多神论与无神论就是同一个骰子上相对的两个面，许多受过教育的中国人都或多或少地认为两者都正确，没有感觉到有什么矛盾之处。对人的本性中最深刻的精神真理的绝对漠视，是中国人心灵中一个最为可悲的特点，他们随时准备接受一个没有灵魂的肉体，一个没有精神的灵魂，一个没有生命的精神，一个没有起因的宇宙，一个没有上帝的世界。

① 吉本（1737—1794），英国历史学家。著有六卷本《罗马帝国衰亡史》（1776—1788）。——译注

第二十七章　中国的真实状况及其当今需求

儒家经典是中国统治者驾驶国家航船时所依据的一张航海图。这是由人所绘制的最好的一幅航海图，或许，已故的卫三畏博士、理雅各博士等人的说法并不为过，即这些经典的作者们就某种意义而言得到了神授。中国人在驾驶自己的航船时获得了多大的成功，他们已经驶进了什么样的水域，他们此刻又在朝哪个方向航行——这些问题如今都是头等重要的，中国正在与如此之多的西方国家建立密切的联系，在将来似乎会发挥越来越大的影响。

据说，“一个社会的道德生活有六项指标，每一项都意义重大；在这些指标全都得到验证的时候，它们就能提供出一个关于该社会真实特征的准确检验。这六项指标就是：(一) 工业状况；(二) 社会习俗；(三) 妇女的地位与家庭的特点；(四) 政府的构成和统治者的品质；(五) 公共教育的状况；(六) 宗教崇拜对现实生活的实际作用”[①]。

在对引起我们注意的中国人的各种性格进行讨论时，上述几点中的每一点都已经附带地得到了说明，尽管还不够全面，也没有充分考虑到在全面阐述这些问题时应该把握的比例。中国人的性格这个问题所涉及的范围如此之广，许多话题只能略去不谈。挑选出来加以讨论的这些性格也仅仅是一些点，通过这些点的连线或许可以绘出一个整体轮廓。中国人的风貌如果得到充分的展示，其中就应该还包括许多附加的“性格”。

在举例说明中国人的各种“性格”时已经给出了大量很能说明问

① 原书没有标明这段引文的出处。——译注

题的事例，因为这些事例对于被考察对象而言似乎是典型的。它们就如同一副骨架上的骨头，只有在这些骨头各就其位的时候，整个骨架的结构才能够呈现出来。这些骨头是不该被忽视的，除非可以证明它们或许根本不是骨头，而只是一些石膏模型。确实会有人提出异议，说每根零散的骨头都放错了地方，其他一些会对最终结果产生重大影响的大骨骼也没有放对地方。这是一个完全合理的批评，我们不仅认同，而且还要特地说明，不可能仅通过这里选出的诸多“性格”去得出关于中国人的完整概念，就好比不可能仅通过对眼睛、鼻子和下巴的描述就得出关于一个人的正确概念一样。但与此同时，我们也必须提醒读者，这里的判断不是匆忙得出的，它们是建立在大量观察的基础上的，这里所引用的只是那些观察中的很小一部分。在许多情况下，一些观点可能还有值得商榷的余地，可它们却被事实所充分地论证了。这些事实就像是这样一个例子，一个人经历了中国北方的沙尘暴，眼睛、耳朵和鼻孔里满是沙子，头发和衣服上落满了几乎触摸不到的细尘，风沙时常遮天蔽日，有时中午也要点灯。人们也许会在解释这种现象的原因时出错，但他们对这个现象的描述却是准确的。不过，对自然现象的观察与对道德现象的观察有着很大的差异：自然现象本身就能引起每一个人的注意，而道德现象则只能被那些具有良好机遇并且善于观察眼前事物的人所意识到。

事实上，中国人生活中的各种现象是互相矛盾的。无论是谁，如果他只看到问题的一面而忽视了另一面，就一定会做出错误的判断，而且还永远都意识不到自己出错这样一个事实。把两个显然对立的观点融合在一起，这不是一件轻而易举的事情。但是，这却往往是一项必须完成的工作，在中国则尤其如此。在这里，看清事情的一个面已然如此不易，更不用说同时看清两个面了。

我们已经谈到了儒学高尚的道德属性。我们乐于相信，儒学造就了许多道德高尚的人。这也是这样一个如此杰出的道德体系所应该给出的结果。但是，它对此类人物的造就是否达到了一定的规模，是否保持着同样的水准呢？任何一个人的真实性格，都可以通过对下面三个问题的回答被揭示出来：他与他自己的关系如何？他与其同胞的关系如何？他与其崇拜对象的关系如何？通过这三点，其性格的立体图像就可以被描绘出来。那些跟着我们的论述一路走来的人已经能够知道，我们用这些测试题来测试当今的中国人时会得出什么样的答案来：他与他自己、与其他人的关系都是缺乏诚信的；他与其他人的关系是缺乏利他主义的；他与其崇拜对象的关系是多神论的、泛神论的和不可知论的。

中国人所缺少的并不是智能，也不是忍耐精神、实践能力和乐观性格，他们的这些品质都非常杰出。他们所缺少的是品格和良知。有些中国官员经受不住贿赂的诱惑，做了错事，还以为这永远不会被发现，因为“天知，地知，你知，我知”。不过，有多少中国人能顶住压力，不举荐自己显然不能胜任的亲戚去担任公职呢？请想象一下这种拒绝会导致的家庭后果，每个中国人都害怕面对这样的后果，这难道还有什么可奇怪的吗？然而，中国人在将理论上的道德引入这个领域时作何感想呢？看到这种依附关系和任人唯亲在中国的官场、军界和商界盛行，还会为中国的看门人和警察不忠于职守而感到惊奇吗？

一个想要了解中国人道德状况之真相的人，可以通过中国人自己的帮助去进行，尽管他们随时准备掩饰他们自己的和朋友们的缺点，可他们却时常会十分坦率地承认民族性格上的弱点。一些中国人对于另一些中国人的某些描述，时常会让我们想起卡莱尔在《腓特烈大帝史》其中一卷中带着显然的愉悦写到的一段对话。这位君王手下有位督学，他很宠爱这位督学，喜欢跟他谈点什么。有一天，国王问道：“苏尔泽先生，你那些学校怎么样了啊？我们的教育事业进展如何啊？”苏尔泽先生回答说：“当然不错，陛下，最近几年好多了。”“为什么说是最近几年呢？”“是这样的，陛下。过去，人们总认为人生来就是恶的，学校里因而采用了严厉的制度。可是如今，我们意识到了人生来是善的而不是恶的，校长们便采用了较为宽松的管理方式。”“人生来是善的！”腓特烈摇了摇他那苍老的头颅，苦笑着说，“唉，亲爱的苏尔泽，我看你是不了解这该死的人类啊。”[①]

中国的社会就像中国的某些风景。稍稍离开一些看，它显得美丽而又迷人。可是一到近处，就肯定会发现许多破败的、让人生厌的东西，空气中也弥漫着一股难闻的气味。没有一张照片能公正地反映中国的风景，尽管摄影被描述成了“不带怜悯的公正”，在中国的摄影就不是这样，肮脏和臭味都被忽略了。

世界上没有一个国家像中国这样，满目皆是那种表示幸福的符号。但是，经过一段时间不长的体验就可以发现，中国人的幸福的确全都是外在的。我们相信这样一个意见大体上是公正的，即在亚洲没有真正的家庭幸福。

在对中国社会的理论及其实践方式进行思考时，我们时常会想起在干道跨越河流的地方立着的那些石碑。树立这些石碑的目的，就是为了“永远铭记”那些建造、维修桥梁的人。有的时候，在相隔很近的地方会出现五六块这样的石碑，它们都有着程度不等的破损。我们对过去朝代留下的这些纪念物很感兴趣，便问起为之立碑的那座桥梁在什么地方。“哦，那个东西啊，”我们被告知，“好多代人之前就没有了，谁也不知道是什么时候没的！”

几年前，笔者在大运河上旅行，刮起的逆风阻止了我们的航程。我们沿着河岸漫步，看到农民们正在田地里耕种。那是五月份，乡间的景色美极了。任何一个旅行者都会赞美道，是精耕细作和不知疲倦的勤劳把这广大的地区变成了一片大花园。但是，与这些农民稍作交谈，就能够获悉这样一个事实，即他们刚刚熬过的这个冬天是非常严酷的。上一年，洪水和干旱毁掉了庄稼，周围的每个村子里都有人饿死——不仅如此，人们此时还在忍饥挨饿。官员们给了一点儿救济，但是根本不够，零零星星的，还成了无耻盘剥的对象。穷人们对此一筹莫展，这种情况还是一如既往。然而，这些情况从表面上却看不出任何迹象。那一年，别的地方年景很好，粮食丰收，人民安居乐业。

① 原书在引文之后的括号中给出了国王最后一句话的德文原文。——译注

北京的《京报》没有提到这件事情，在中国出版的外国报刊也没有报道这些事实。但是，由于其他一些情况而忽视这些事实，肯定无助于改变这些事实。这个地区的老百姓还在继续挨饿，无论别人是否知道。即便断然否认这些事实，也无法证明已经采取了有效的救济措施。先验地推论中国人应该是什么样子，这是一回事；仔细地考察中国人的实际情况，则完全是另一回事。

我们很清楚，我们所指出的那些存在于中国社会中的许多弊端，在西方那些“徒有虚名的基督教国家”里也同样可以看到。没有看到关于这一事实的更为明确的阐释，也没有看到系统地进行比较和对照的某些尝试，读者或许会感到失望。有过这样的打算，但是后来不得不放弃了。笔者除了自己的祖国之外，对其他任何一个西方国家的了解也都极其有限，不足以承担这一重任，还有一些其他原因也使得这项工作难以完成。就让每一个读者自己去进行比较吧，让他们尽量摆脱那种“爱国主义的偏见”，永远都要在反面证据不足的情况下给予中国人正面评价。在进行了这样的比较之后，我们至少可以指望能确定这样一个事实，即每一个西方国家都正面向未来的黎明，而中国却时时处处在面向遥远过去的黑夜。如果这是一个事实，那就是一个最意味深长的事实，一个我们要请读者来深入思考的事实，而它究竟是如何形成的呢?

让我们重复一遍，中国的需要是很少的，需要的只是品格和良知。更确切地说，这两样东西是合二为一的，因为品格就是良知。曾有人这样评论一位著名的钢琴制造家，说他“就像他做的乐器一样——方正、挺直而又高贵”。有谁在中国碰到过这样的人吗?

在为几年前去世的一位英国文学家所作传记的结尾处，他的妻子写下了这样一段文字:“外界会称他为一位作者、一位牧师、一位社会成员，但是，只有那些在家中每日与他亲密地生活在一起的人才能说出，他作为一个人是如何生活的。在他生活中真正的浪漫故事之上，在他私人信件中最温情、最充满爱意的段落之上，自然是蒙有一层面纱的，但是，即便不去揭开这层面纱也可以说，如果在人间最崇高、最亲密的关系中有一份永不逝去的爱情，一份纯洁、热烈、持续了三十六年之久的爱情，这份爱情从未从其神圣的高度降低为一个仓促的字眼、一个不耐烦的手势或一个自私的举动，无论是在病中还是健康的时候，无论是阳光灿烂还是暴风骤雨，无论是白天还是黑夜，如果这份爱情可以证明骑士时代并没有永远逝去的话，那么，查尔斯·金斯利[①]就完全是一个典范，'对于一个今生和来世都享受着这份爱情的女子来说，他就是一位最真实、最完美的骑士'。"

基督教文明最美好的产物，就在于它所创造出的美好人生。这种美好的人生并不少见。这一代人当中就已经记载了成百上千这样的人生，此外还有成千上万这样的人生没有成为公开的记录。每一位读者都应该至少知道一例为他人的利益做出真诚奉献的人生，有些读者在自己的体验范围内还获悉了许多这样的例证。该如何解释这些人生呢？这些人受到了什么样的激励呢？我们不愿胡乱猜疑，但是，在对这个问题进行了反复的、长时间的思考之后，我们确信，如果把中国人的人生变成现在这个样子的那些力量，能够造就出一位如金斯利夫人眼中的丈夫那样的人物，那么，这就会成为一个更大的道德奇迹，远胜过道家寓言故事中的任何一个奇迹或所有的奇迹。没有任何一种人类行为可以逃脱规律，这一规律不可抗拒的原因在于神："凭着他们的果子，就可以认出他们来。"[②]儒学的力量有足够的时间去获得其最终结果。我们相信，它早已做了它所能做到的一切，它再也不会创造出新的成果来了。它已经完成了人类所能做的一切工作，超过了任何国家在任何条件下的作为。在对中国所能提供出的一切进行了一番耐心的考察之后，一位态度最为友好的批评家也会无可奈何地、不无悲哀地给出这样一个裁定："中国自身就是对儒学所做出的回答。"

---

① 查尔斯·金斯利（1819—1875），英国小说家、诗人。牧师出身，曾参与基督教社会主义改革运动。1860—1869 年，任剑桥大学现代史教授。著有小说《希帕蒂亚》、《向西方！》、《酵母》和《水孩儿》等。——译注

② 语出《圣经·马太福音》。——译注

关于中国的改革，有三种互相对立的理论。其一，改革没有必要。这毫无疑问是一些中国人的观点，尽管不是全体中国人的态度。某些隔着一定的距离看待中国和中国人的外国人，也持这样的观点。其二，改革不可能进行。持有这一悲观结论的许多人过于看重那些巨大障碍了，任何一次持久的、真正的改革一旦开始实施，都肯定会遭遇这样的障碍。在这些人看来，对中华民族这样一个庞大的躯体进行彻底的改革，似乎是一项毫无希望完成的任务，就像要通过电击来恢复一具埃及木乃伊的生命一样。在我们看来，这第二种观点的荒谬也仅比第一种观点少一些，不过，如果前面已经道出的一切并不能使这一点变得显而易见，那么也就没有任何东西可以用来作为补救了。

对于那些认为在中国进行改革既必须又可能的人来说，通过什么方式来进行改革就是一个重要的问题。对于这个问题会做出几种不同的、不相协调的回答，这并不让人惊奇。

首先，我们不得不面对的是这样一个问题："中国能够关起门来进行改革吗？"那些能够感觉到改革之必须的中国政治家们肯定会认为，中国能够实施这样的改革。北京的《京报》最近刊登的一份奏折就是这种设想的一个例子。奏折的作者抱怨中部某省的民众不断闹事，并说已经派了一些富有才干的人去巡察该省，向民众宣讲康熙《圣谕广训》[①]中的训示，显然是希望用这种行之有效的方法及时地感化人们。这种向民众宣讲道德格言的方式（起初是对基督教布道的模仿），虽然不会获得什么结果，却是改善当时道德风尚的一个常用药方。这个药方总是不灵，失败之后也别无他法，只能再用一次。它肯定不灵，长期的经验也表明了这一点，每一个尝试改革的举动，其结果都无一例外地趋向于零。在前面那篇关于那位能言善辩而腿部却是石头的老人的寓言里，这个问题已经得到了充分的说明。

但如果训诫无能为力，就可能会指望榜样发挥更为有效的作用。前文已经讨论过这个问题，我们在此只想指出一点，即为何最优秀的

① 这是康熙皇帝于1670年发布的劝善诏书，共十六条道德格言，每条七字。——译注

榜样最终也总是产生不出预期的结果。这是因为，这些榜样无力去宣扬那种赋予他们以生命的推动力。就以原山西巡抚张之洞[①]为例，据说他曾竭尽全力禁止官员吸食鸦片，禁止百姓种植鸦片。有多少他的下属会诚实地在这件事情上与他合作呢？缺少这样的合作又会造成什么样的后果呢？任何一个外国人，如果他所依赖的那些中国中间人不赞同他的改革计划，那么，这个外国人就不能不承认自己在中国事务方面是相当无助的。但是，如果说一个外国人是相当无助的，那么一个中国人，无论他官居何位，也都一样的无助。至多是这样的，这位清廉的官员一旦确定了自己的目标，就会着手于眼前的一切事情（像是表面上的），就像一只猫待在阁楼上，会清除阁楼上的老鼠。但是，只要这位官员一走，几乎就在他真的走远之前，老鼠们就立刻跑回来干它们的活了，一切又都将恢复原样。

一位中国政治家有单枪匹马地改革其国家的愿望，这对于他自己来说不仅是可信的，也是再自然不过的了，因为他除此之外再无其他的途径。一位聪明的英国官员，如果了解到“东方式的冷漠和宿命论——即席勒称之为神灵对之也无能为力的愚蠢——的可怕惯性”，如果他了解到这持久的“改革”中所包含的一切，他就可以绝对准确地预言其结果。在谈到中国西南铜矿开采中的某些弊端时，贝德禄先生指出：“在这些矿藏得到充分开采之前，云南的人口必须得到扩充，罗罗[②]必须得到公正的对待，必须修筑道路，扬子江上游的航运设施必须得到改善——总之，中国必须开化。要完成这一切，一千年都嫌

① 张之洞（1837—1909），清末洋务派首领。直隶南皮人。同治进士。中法战争时由山西巡抚擢升两广总督，曾击败法军。1889年调湖广总督，开办汉阳铁厂和湖北枪炮厂。1907年调任军机大臣。曾提出“旧学为体，新学为用”之原则。——译注

② 彝族的旧称，为元明以来史籍所习用。——译注

太短，除非借助某些外力来加速这一进程。”[①]试图不借助“某些外力”来改革中国，就如同在海面之下的海水中造船，所有关于空气和水的定律都使得这种尝试不可能进行。有这样一个机械学方面的定律，即凡是始于并终于一部机器的力，是无法带动这部机器的。

天津与北京之间的北河上有一个河湾，旅行者能在那里看到，岸边有一座只剩下一半的破庙，庙的另一半已被河水冲走。庙的下面有一道精心制作的挡水栅栏，用一捆捆绑在木桩上的芦苇构成。栅栏的一半也被洪水冲走了。神像们暴露在外，任凭风吹雨打；土地失去堤坝的保护，任凭河水泛滥，河流的一半也淤塞住了，这就是这个国家之现状的一幅悲愁图景。有这样一句经典名言：“朽木不可雕也。”[②]必须砍去所有的朽木，老根上才能发出新芽。中国永远都不可能关起门来进行改革。

可以通过把中国领入“国家间的姊妹关系”而使中国获得复兴，这是不久之前在西方各国家得到了广泛接受的一个观点。中国被领入“姊妹关系”的这个过程，其结果却的确无法给出一个民族复兴的可靠希望。如今，西方主要国家在北京派驻代表已有三十多年，他们的存在对帮助中国消除各种弊端究竟发挥了什么有益的作用呢？一个令

---

① 已故的贝德禄先生的这段意味深长的话，最近获得了一个极佳的旁证，这便是1890年8月的北京《京报》上刊登的一份奏折。其作者是督办云南矿务的巡抚唐炯，他报告了铜矿的运转和生产状况。他汇报说：“百姓大量非法开采，官员们担心专营开采将导致不良后果。于是制定了一项计划，低价收购当地百姓私自开采之铜矿石，以此立竿见影、皆大欢喜之法利用额外劳力。禀告者认为，此法可使铜矿运转正常，不致招引外人闯入。”给这份奏折的批示，只是命令户部“记录在案”。

在附加的一份奏折上，这位督办还向皇帝禀报，每月能从私人铜矿中那些非法采矿人手上购得一万斤铜，付给这些劳工的“并非银两，而乃油和大米”。他最后总结道：“铜矿之概况令人欣慰”。

一个巡抚一级的官员并不会每天都会向皇帝正式禀报，说法律不断地遭到许多人的蓄意违反，地方官员不敢过问这些人，反而要用油和大米来安抚他们，一点儿小钱就可以使他们交出偷来的铜矿石；正是由于这种对皇帝及其官员们的蔑视，皇家铜矿的状况才会“令人欣慰”。这也就难怪要让户部“记录在案”了！——原注

② 语出《论语·公冶长》。——译注

人悲哀的事实是，大国之间的国际关系恰恰是各方利益的平衡，谁也不可能占上风。中国人是敏锐的观察家，他们在任何一个西方国家的治理方式中所看到的东西难道能够让他们相信，那些国家的改革动机要比他们“改革”这个国家的愿望更为高尚？如今，中国本身也成了一个“大国”，她正忙得不可开交，试图让外国的利益彼此之间发生冲突，却没有从那些一味“掠夺”中国却没有教给她道德的国家那里学到些什么。如果中国要改革，也不能通过外交途径来进行。

也有一些人坚信，中国需要的并不仅仅是进入国际大家庭，而且还有自由交往、自由贸易以及兄弟般的友谊。商业的福音，是满足中国各种需要的一副灵丹妙药；更多的港口，更多的进口，更低的关税，取消各种过境税。这样的话我们今天听起来，或许比二三十年前少多了，在这二三十年的时间里，中国人比以往更为充分地渗入了澳大利亚和合众国，其结果却并非总是有利于“自由交往”和“兄弟般的友谊”。说中国的茶叶和草帽缏儿的质量不符合要求，这样的大声抱怨难道没有过吗？这一缺陷不是也可以和西方国家出口到中国的某些低劣产品相提并论吗？

作为文明的一种附属物，商业的价值是无法估量的，但它本身却不是一种改革手段。亚当·斯密[①]，这位现代政治经济学的伟大倡导者，曾把人类定义为“商业动物”；他说过，没有两条狗会相互交换骨头。但是，假设狗会这样做，假设狗类在每个大城市都建立了一个骨头交易所，那么，这会对狗们的性格产生什么不可避免的影响呢？古代的那些贸易大国都不是最好的国家，而是最糟糕的国家。但它们的现代继任者却并非如此，这不是因为其贸易，而是因为其他一些完全不同的原因。有句话说得很好：商业就像基督教，其目标广阔无边；而商业又像彩虹，总是弯向金色的一边。

① 亚当·斯密（1723—1790），英国经济学家，资产阶级古典政治经济学体系的创立者。曾在爱丁堡大学和格拉斯哥大学讲授文学、逻辑学和道德哲学，其代表作为《国民财富的性质和原因的研究》（又译《国富论》）。——译注

看一看非洲大陆及其朗姆酒交易和奴隶买卖，两者都是贸易，两者都是由基督教国家引入的，两者都是无法形容的祸根，这就足以说明，商业是无法带来改革效应的。

有许多非常熟悉中国现状的人，他们可以说是中国的朋友，他们开出的处方要比我们刚才列举的那些都更加全面。在他们看来，中国需要西方的文化、西方的科学以及密迪乐先生所谓的“基础文明”。中华民族是一个延续了数千年的文明民族。当我们的祖先还在原始森林中寻觅食物的时候，他们已经开化了很多个世纪。正是在中国，而不是这地球上任何一个别的地方，这个处方得到了忠实的试用。这样的文化中没有任何改革属性。文化是自私的。它的一句有意或无意的格言就是：“我，而不是你。”正如我们在中国每天都会看到的那样，我们引以为豪的文化在遭受嘲笑，这并非一种智性上的蔑视。如果中国的文化对那些完全沉湎于嘲笑和蔑视的人无法施加一定的约束性影响，外国的舶来品可能会遭遇怎样的结果呢？

中国人无疑最为迫切地需要科学。他们需要每一种现代科学，以开发这个强大国家中那些还没有得到利用的资源。他们自己也开始清楚地看到了这一点，不久的将来，他们还会看得更加清楚。但是，对科学的了解就一定能对这个帝国施加有力的道德影响吗？这个过程该如何展开呢？就与我们当代进步之联系的密切程度而言，没有任何一门科学能超过化学。那么，化学知识在中国的广泛传播，就能成为一种复兴民族的道德手段吗？难道不会因此而在生活的各个方面引发新的、始料未及的欺诈和暴力吗？如果中国人的素质还是老样子，而且也不限制化学制品的供应，在这个国家到处散发各种现代炸药的配方，人们难道还能感到十分的安全吗？

“基础文明”是指西方巨大的进步和发展的物质成果，它包括由蒸汽机和电的发明所造就的各种奇迹。有人告诉我们，这才是中国的真正所需，也是中国所需的一切。将每一座城市都连接起来的铁路，航行在内河上的蒸汽轮船，完善的邮政系统，一家家国有银行，银币，作为通信神经的电报和电话——这些都是中国幸福新时代的明显标志。

在张之洞力主修筑铁路的奏折中或许就有这种半成型的想法，他断言铁路可以杜绝河运的许多危险，“诸如船员之监守自盗”。那么，基础文明的积聚就一定能消除精神上的弊病吗？铁路就能保证其雇员，甚至其管理人员都诚实可靠吗？我们难道没有读过《伊利之章》[①]吗？该书写道，州与州之间的干道被完全侵占，股东们十分无助，而且“无人可被指责”。他们在中国干起这些事情来，难道不会比在英国或美国干得更加出色吗？基础文明是一个始初原因，还是一个由一长串复杂原因经过长期缓慢的共同作用而造成的结果呢？把选举投票箱引入中国，是否就能使中国人成为一个民主的民族，使他们适应共和制度了呢？基础文明在中国创造不出它在西方创造出的那些条件，除非在西方创造出了那些条件的各种原因也能在中国产生出同样的结果。这些原因不是物质的，而是道德的。

目睹了香港、上海和其他通商口岸这样一些直观实例，中国人为何还不把“模范租界”引入中国的内地城市呢？因为他们不愿看到这样的变化，即便引入了，也难以忍受。目睹中国海关近三分之一个世纪诚实管理的直观实例，政府为何还不在其他领域采用这套办法呢？因为，在中国目前的状况下，要中国人对中国人采用这样的税收方式，这在道德上是绝对行不通的。不列颠人的品格和良知经过一千多年的发展才达到当前的水准，这样的品格和良知不可能被中国人一下子就接受下来并加以运用，就像一架从埃森[②]运来的克虏伯大炮那样，一架起来就能随时开火了。

在盎格鲁－撒克逊民族中培养出了品格和良知的那些力量，就像恺撒登陆不列颠、征服者威廉[③]的入侵这些史实一样，是确凿无疑的。这些力量随基督教而来，也随基督教而发展。随着基督教在普通民众

① 《伊利之章》是美国历史学家、作家亨利·亚当斯（1838—1918）的一部随笔集。伊利是美国宾夕法尼亚的一处地名。——译注

② 埃森为德国一处地名。——译注

③ 征服者威廉（1027—1087），英国国王（1066—1087）。原为法国诺曼底公爵，后在教皇支持下渡海侵入英国，于哈斯丁一战击溃英王哈罗德，自立为英王。——译注

心灵中的扎根，这些力量所创造的结果也枝繁叶茂，而不是相反。

请听一听伟大的文化倡导者马修·阿诺德[①]的话：“每一个受过教育的人都热爱希腊，感激希腊。希腊人是各民族艺术和科学的旗手，就如同犹太人是正义的旗手一样。当今的世界，不能没有艺术和科学。对艺术和科学这两面大旗的擎举，很自然地成了他们的主要任务，品行却成了一件寻常的家庭小事。这个辉煌的希腊就因为不注重品行而消失了，因为，对品行、坚韧和品格的向往……不仅如此，在当今，即便是在当今，在这个时代，当人们需要更多的美和更多的知识，当任何一门知识都受到了如此之高的尊重的时候，凯旋般地统领当今世界的却不是希腊的启示，而是犹太人的启示，不是艺术和科学的卓越地位，而是正义的卓越地位。”

要改革中国，就必须在品格方面追根溯源，良知就必须得到实际上的推崇，不能再像一代又一代日本天皇那样把自己囚禁在皇宫里。当代哲学的一位主要代表人物很好地表述了这样一个真理：“没有任何一种炼金术能够让铅一般的低劣本能变成黄金一般的高贵品行。”中国需要的是正义，为了获得正义，她就绝对必须了解上帝，了解关于人的全新概念，还要了解人与上帝的关系。中国的每一个人、每一个家庭和每一个社会都需要一种新生活。这样一来，我们就发现，中国的各种需要其实就是一种迫切的需要。这种需要，只有基督教文明才能持久、完整地提供出来。

---

① 马修·阿诺德（1822—1888），英国诗人、评论家。著有《文化与无政府状态》、《文学与教条》、《上帝与圣经》等。——译注

译　后

一个外国人在一百多年前关于中国人性格的一番品头论足，居然曾引起包括辜鸿铭、鲁迅在内的中国思想大家们的广泛关注，直到如今仍能激起国人的阅读兴致；一个美国传教士从西方文明和基督教立场出发对中华民族的一阵指手画脚，居然成了西方汉学中最重要的“奠基作”之一，在西方人的中国观形成过程中发挥了持久而又巨大的作用。

这个人就是阿瑟·亨德森·史密斯（Arthur Henderson Smith，1845—1932），中文名明恩溥。明恩溥生于美国康涅狄格州的维尔农镇，毕业于贝洛依特学院和安多沃尔神学院。1872年作为美国公理会的传教士来华，在上海、山东等地传教。1905年，明恩溥辞去教职，定居北京附近的通州，专事写作。明恩溥在中国总共度过了半个世纪的传教和写作生涯，留下多部关于中国的研究著作，如《汉语谚语熟语集》（*Proverbs and Common Sayings from the Chinese*，1888）、《中国乡村生活：一个社会学研究》（*Village Life in China：A Study in Sociology*，1899）、《动乱中的中国》（*China in Convulsion*，1901）、《基督王：关于中国的概括性研究》（*Rex Christus：An Outline Study of China*，1903）、《中国的上升》（*The Uplift of China*，1906）、《今日的中国和美国》（*China and America Today*，1907）、《前往中国的年轻传教士手册》（*A Manual for Young Missionaries to China*，1918）等。而在他的著作中，传播最广、影响最大的，就是这本《中国人的气质》。（其实，此书名译为《中国人的性格》更好，故文中仍多将characteristic一词译为“性格”。）

在山东一个叫庞庄的地方生活、传教期间，明恩溥作为上海英文报纸《字林西报》的通讯员，陆续在该报上发表了一组介绍中国人生活、风俗和性格的文章，这些文章大受在华外国人的欢迎，于是便于1890年在上海结集出版，取了《中国人的气质》这样一个总题。此书经过删改于1892年在英国出版，此后陆续在英美等国出了十几个版本，直到本世纪初还有再版。

在上个世纪之初的1903年，《中国人的气质》一书就被译成了汉语，不过，这本题为《支那人气质》的书是从日文转译的。这个中译本看来销量不是很大，因为连鲁迅都不知道它的存在。1936年10月5日，在去世前的十四天，鲁迅先生还在刊于上海《大公报》上的《立此存照（三）》一文中写道："我至今还在希望有人翻出斯密斯的《支那人气质》来。看了这些，而自省，分析，明白哪几点说得对，变革，挣扎，自做工夫，却不求别人的原谅和称赞，来证明究竟怎样的是中国人。"（《鲁迅全集》第六卷第626页）然而，鲁迅的这个"遗嘱"却长期没有得到执行，直到20世纪90年代，在对外开放的社会大背景下，与反思民族文化传统、探讨国民性的思想潮流相关，有不断增强的民族自信心以及随之而来的对于不无偏见和歧视的西方中国观的心理承受能力作后盾，对于此书的关注突然空前地多了起来，各种译本竟相出炉，达到了有些学者所称的"狂译"地步（黄兴涛语，见《中国人的气质》，中华书局2006年版第4页），据说已经有了近十种版本。

我们如此关注的这样一本书，自然不会是毫无价值的。无论是此书出版之后在国人中间一度引起的不满，还是它之后在我们这里所遭遇到的有意或无意的忽略，都说明此书有可能触到了中国人的某些"痛处"，扬出了某些"家丑"；而无论是西方汉学界对此书的推崇，还是我们如今对它的关注，又都论证了此书有可能包含着某种真实，提供出了某些能站得住脚的归纳。在翻译此书的过程中，译者时常能感觉到其作者对于中国和中国人的矛盾态度，以及由这种矛盾态度所导致的矛盾论述，最后，是我们面对这种矛盾态度和矛盾论述时所产生的矛盾心情。

写作此书时的明恩溥，与中国人已经朝夕相处了二十余年，毫无疑问，他对中国和中国人是有感情的。一个传教士所应该具有的善良和宽容，一个知识分子所应该具有的理性和公正，在他的书中都有所体现。国人也应该记住，明恩溥曾积极建议美国政府向中国退还庚子赔款，让中国利用此款发展教育事业。1906 年，美国总统罗斯福曾在白宫接见明恩溥，专门商讨此事，后来终于促使美国国会通过了相关议案。可以说，对于后来利用庚子赔款远赴海外留学的众多中国学子，对于中国教育，尤其是大学教育在 19 世纪末的艰难起步，明恩溥是功不可没的。在《中国人的气质》一书中，作者自己也曾自勉道："永远都要在反面证据不足的情况下给予中国人正面评价。"然而，就是这样一位对中国抱有好感的人，却又始终没有放下他的西方文化中心论，以及他在面对中国人时所怀有的优越感，这就使他在面对中国的人和事时难免会流露出一些偏见或误解。比如，他显然熟悉中国人的日常生活，也对这种生活方式所体现出的"东方人的儒雅"表示赞赏，可他又觉得中国人的"礼节"是恼人的折磨，中国人宴席上的饭菜"一口也咽不下去"，连中国人端上来的茶水都像是"苦药"；比如，他的中文水平显然不差，甚至精通中国的谚语和俗语，可他却认为没有西方语言中那些语法变化形式的中文是一种"落后的"语言，甚至是造成中国人智力混沌的"事前从犯"；再比如，他在书中多次先知般地发出这样的预言，诸如"'中国问题'在 20 世纪会显得更加迫切"，"中华民族有足够的实力自立于世界民族之林"，"中国必定拥有一个伟大的未来"，但是他又认为，中国的一切需要"只有基督教文明才能持久、完整地提供出来"。译完全书，我们感觉到这似乎是一本善意和傲慢并存、真相和偏见同在的书，或者说，这本书三分之一是事实，三分之一是谎言，三分之一是误读。在本书辟出专章予以论述的二十多个"中国人的性格"中，绝大多数都是缺点，如死要面子、漠视时间、漠视精确、善于误解、拐弯抹角、固执、智力混沌、神经麻木、轻视外国人、缺乏公共精神、保守、漠视舒适和便利、缺乏同情心、相互猜疑、缺乏诚信和缺乏宗教精神等，能称得上优点的却只有区区几个，如节俭、勤劳、忍耐和坚韧、相互负责和遵纪守法等，而那些被作者当做“优点”来写的某些性格，最终却被写成了“缺点”，如注重礼节、知足常乐、孝顺、仁慈和富有生命力等。可见，在明恩溥看来，中国人即便不是一无是处，也是短处多于长处的。世界上的任何一个民族无疑都是既有其长也有其短的，而且或许都是长处多于短处的，否则就难以解释其继续存在的合理性。中华民族如果的确像明恩溥的“速写”所呈现的这样，大约也难以繁衍生息到如今，更谈不上“自立于世界民族之林”和“拥有一个伟大的未来”了。但是，我们今天翻译、阅读此书，主要的目的恐怕不是为了去与其作者辩论和较劲，我们似乎更应该在这些方面展开我们的思考：

首先，以一种自信而又虚心、坦然而又警觉的心态来面对一切批评，只要这种批评不是蓄意的诽谤和恶毒的中伤。中国有两句老话，一句叫“旁观者清”，一句叫“有则改之，无则加勉”，把它们用作阅读此书时的座右铭或许是贴切的。平心而论，明恩溥所举出的一些实例，的确是中国生活中的常见现象，让今天的我们依然感到似曾相识。比如死要面子活受罪；比如神秘地环顾左右，然后贴着别人的耳朵根子传话；比如为了敲诈勒索而有意指错路，甚至把路挖断（译者之一就曾在天津乡村亲眼遇到这样的场景，只不过挖路的工具已经变成了现代化的挖掘机；各种各样的“碰瓷”活儿如今更是不鲜见）；比如在任何一次交易中都要相互欺骗；只要有了别人想要的东西便不肯轻易出手，等等等等，都可以说是所谓中国国民“劣根性”的生动描绘。译者之一同样以研究外国文化为职业，读到明恩溥书中的这些段落，每每不禁感慨于他对中国人及其文化之理解的细腻、深刻和独到。译者甚至以为，读《中国人的气质》，更应该关注的恰恰就是其作者为我们描绘、归纳出来的这些“缺点”，而无论其作者出于什么样的立场，带有什么样的情感，因为，较之于那些似是而非的“正面评价”，这些“揭短”更能让我们正视自己，反思自己，并进而改正我们的确可能具有的那些不良习气。

其次，要注意到《中国人的气质》一书写作、发表的历史和社会背景。应该意识到，明恩溥笔下的中国，正是中国历史上一个最为贫弱的时代，清政府后期的无能统治，两次鸦片战争给中国带来的深重灾难，连年的自然灾害等，使亿万普通中国人生活、挣扎在水深火热之中。换句话说，明恩溥所接触的中国人，可能是中国历史上生活得最为贫困、最为屈辱的一代人。对中国和中国人不无感情的明恩溥，却又是以一个文化征服者、殖民者的身份来到中国的，这就决定了他的观察视野和他的解读方式。意识到这一点，我们也就不难理解了，这位仁慈的传教士为什么也会不时暴露出这样的刻薄乃至冷酷来："在那些敌视外国人的地区，可随身携带的喷水枪可能就是外国旅行者最佳的防身武器。我们确信，两英寸粗细的水管里喷出的冷水能在五分钟之内驱散外国人在中国见到过的最凶狠的暴徒。霰弹的效果也会相形见绌，因为很多人会拥过来捡弹壳，而冷水却是自汉朝以来的每一个中国人都深感厌恶的一种东西，就像猫怕水一样。"邻居幼小的孩子被马蜂蜇了居然没事，这也成了他的嘲讽对象，"孩子剃了个光头，头皮通红通红的。蜂群不知是被这非同寻常的入侵激怒了，还是把孩子的光头误认成了一朵大大的牡丹花，它们迅速地落在这颗光脑袋上，使劲儿蜇了起来。"明恩溥尚且如此，当时在华的其他外国人对中国人会持一种什么样的态度，这就不难猜度了。在这样的情况下，再来指责中国人"轻视外国人"的"性格"，岂不荒唐！在那个年代一直遭受着外国列强欺辱、盘剥的中国人，内心充满着的不仅是"轻视"而应该是"仇恨"。将《中国人的气质》一书带回那样一个历史语境中去，一方面，可以使我们对书中的种种误读找出一个更加客观、合理的原因，另一方面，也可以使我们对那个时代我们同胞们的生活"真相"有一个非常具体、直观的印象，并在心底生出相应的警醒。

最后，时过境迁之后再读《中国人的气质》，一种比较的目光就显得更为重要了。在穿越了一个多世纪的时空之后，我们不妨再来盘点一下明恩溥笔下的国人"性格"，有哪些依然如故，有哪些荡然无存，又有哪些改头换面了。比如，要"面子"、商业活动中的缺乏诚信、官场上的贪污腐败、社会生活中公共精神的缺失、慈善事业的表面化和形式化，等等，如今仍旧是我们所面临的人性和社会顽疾。这些已经为他人所指出、已经为我们自己所意识到的“性格弱点”，为什么就能经久不衰呢？这恐怕要更多地到文化传统和社会体制中去寻找更为深层的原因了。不过，我们也要欣喜地看到，明恩溥所罗列出来的一些“缺点”，中国人已经成功地“改正”了，比如中国人的不守时和不精细如今就大有改进，中国人的“保守”也似乎无从谈起了，大到对外国资金和技术的开放，小到对外国文化潮流和消费风尚的追逐，中国人毫无“保守”，甚至“接轨”过头了，反而让人担心起民族文化传统的捍卫和延续问题来了。再比如，如果说当年的中国人不关心儿童和妇女，如今的“小皇帝”现象已经引起了全社会的警觉；如果说当年的中国人冷淡外国人，如今的外国人则变成了竞相接近、追逐的对象；如果说当年的中国人勤俭节约，如今的中国人则大手大脚……这样就引导出了另一个问题来，即对那些所谓“缺点”的修正是否一定都会给民族的健康发展带来正面的影响。民族性格是一个复杂的有机构成，其中孰优孰劣，哪些该继承哪些该扬弃，哪些会在特定的社会背景下浮上表面，哪些又会逐渐沉降为历史的积淀，这些问题都是发人深省的。明恩溥先生的这本《中国人的气质》或许无法为我们提供出现成的答案，但如果带着比较（中西的比较、过去和当下的比较）的目光来阅读此书，或许能促进、深化我们的相关思索。

如前所述，《中国人的气质》一书已有多种汉译，译者之所以冒昧再译，原因有三：一是叶渭渠先生和周晓苹女士的信赖和邀请，蒙叶先生不弃，我们斗胆上阵，其间又得到了周晓苹女士的帮助，在此谨向他们两人表示感谢；二是由于某些“旧译”的质量实在不敢恭维，译者没有去刻意收集已有的译本，但手边的两种译本却十分粗糙，每一页上几乎都有原文理解和中文表达上的错误，甚至连“张之洞”、“通州”这样的人名、地名都译错了，这让我们感到实有重译之必要，以免以讹传讹。当然，作为“前车”的某些旧译也在提醒我们，我们这个译本也同样可能是漏洞百出的，衷心希望每一位读者给我们以指教。最后，这也是我们父女在翻译方面的第一次合作，我们所学专业不同，但对语言文字的爱好却很一致，在长达数月的翻译中我们不断切磋，不仅深化了对英文和中文的理解，对翻译之甘苦的理解，而且也深化了对我们民族之性格的理解，对西方人的中国观的理解，甚至还深化了我们父女相互之间的理解，这或许是一份翻译之外的收获吧。

翻译所依据的原文，是由爱丁堡和伦敦的 Oliphant，Anderson & Rerrier 于 1906 年推出的“新版”。

译　者

2007 年 5 月 4 日于京西近山居

双语译林　壹力文库
丛书书目

第一辑

动物庄园〔英国〕乔治·奥威尔

一九八四〔英国〕乔治·奥威尔

雾都孤儿〔英国〕查尔斯·狄更斯

傲慢与偏见〔英国〕简·奥斯汀

简·爱〔英国〕夏洛蒂·勃朗特

呼啸山庄〔英国〕艾米莉·勃朗特

包法利夫人〔法国〕古斯塔夫·福楼拜

茶花女〔法国〕小仲马

红字〔美国〕纳撒尼尔·霍桑

嘉莉妹妹〔美国〕西奥多·德莱塞

小妇人〔美国〕路易莎·梅·奥尔柯特

契诃夫中短篇小说选〔俄罗斯〕安东·契诃夫

莫泊桑中短篇小说选〔法国〕居伊·德·莫泊桑

马克·吐温中短篇小说选〔美国〕马克·吐温

欧·亨利中短篇小说选〔美国〕欧·亨利
泰戈尔诗选〔印度〕罗宾德拉纳特·泰戈尔
勃朗宁夫人十四行诗〔英国〕伊丽莎白·勃朗宁
莎士比亚十四行诗〔英国〕威廉·莎士比亚
莎士比亚四大悲剧〔英国〕威廉·莎士比亚
莎士比亚四大喜剧〔英国〕威廉·莎士比亚
沉思录〔古罗马〕马可·奥勒留
世界简史〔英国〕H.G. 威尔斯
君主论〔意大利〕尼可罗·马基雅弗利
瓦尔登湖〔美国〕亨利·戴维·梭罗
社会契约论〔法国〕让-雅克·卢梭
假如给我三天光明〔美国〕海伦·凯勒
人性的弱点〔美国〕戴尔·卡耐基
人性的优点〔美国〕戴尔·卡耐基
致加西亚的信〔美国〕埃尔伯特·哈伯德
教子书〔英国〕查斯特菲尔德
安徒生童话〔丹麦〕汉斯·克里斯蒂安·安徒生
爱的教育〔意大利〕埃得蒙多·德·亚米契斯
原来如此〔英国〕鲁德亚德·吉卜林
爱丽丝漫游奇境记〔英国〕路易斯·卡罗尔
小王子〔法国〕圣-埃克苏佩里

第二辑

白夜〔俄罗斯〕费奥多尔·陀思妥耶夫斯基

鲁滨孙漂流记〔英国〕丹尼尔·笛福

格列弗游记〔英国〕乔纳森·斯威夫特

红与黑〔法国〕司汤达

都柏林人〔爱尔兰〕詹姆斯·乔伊斯

理智与情感〔英国〕简·奥斯汀

双城记〔英国〕查尔斯·狄更斯

儿子与情人〔英国〕D. H. 劳伦斯

野性的呼唤〔美国〕杰克·伦敦

海狼〔美国〕杰克·伦敦

消失的地平线〔英国〕詹姆斯·希尔顿

蝴蝶梦〔英国〕达夫妮·杜穆里埃

了不起的盖茨比〔美国〕F. 司各特·菲茨杰拉德

小人物日记〔英国〕乔治·格罗史密斯 威登·格罗史密斯

最后一课〔法国〕阿尔丰斯·都德

爱伦·坡短篇小说选〔美国〕爱伦·坡

里柯克幽默小品选〔加拿大〕斯蒂芬·里柯克

一个已婚男人的自述〔新西兰〕凯瑟琳·曼斯菲尔德

忏悔录（精华本）〔法国〕让-雅克·卢梭

罗马十二帝王传〔古罗马〕苏维托尼乌斯

培根论说文集〔英国〕弗朗西斯·培根

文化和价值〔英国〕路德维希·维特根斯坦

菊与刀〔美国〕露丝·本尼迪克特

中国人的气质〔美国〕明恩溥

富兰克林自传〔美国〕本杰明·富兰克林

金银岛〔英国〕罗伯特·路易斯·史蒂文森

八十天环游地球〔法国〕儒勒·凡尔纳

时间机器〔英国〕H.G. 威尔斯

克雷洛夫寓言选〔俄罗斯〕尼古拉·克雷洛夫

伊索寓言〔古希腊〕伊索

CHINESE CHARACTERISTICS

Arthur Henderson Smith

图书在版编目（CIP）数据

中国人的气质：英汉对照／（美）明恩溥著；刘文飞，刘晓旸译．—南京：译林出版社，2012.10
（双语译林．壹力文库）
ISBN 978-7-5447-3223-9

Ⅰ．①中…　Ⅱ．①明…　②刘…　③刘…　Ⅲ．①英语-汉语-对照读物②民族性-研究-中国　Ⅳ．①H319.4：C

中国版本图书馆CIP数据核字（2012）第209042号

CONTENTS

Within the Four Seas all are brethren.

Confucian Analects, XII., v. 4

The scientific study of Man is the most difficult of all branches of knowledge.

O. W. Holmes

We are firm believers in the maxim that for all right judgment of any man or thing it is useful—nay, essential—to see his good qualities before pronouncing on his bad.

Carlyle

CHINESE CHARACTERISTICS

INTRODUCTION

A WITNESS when put upon the stand is expected to tell the truth, the whole truth, and nothing but the truth. Many witnesses concerning the Chinese have told the truth, but perhaps few of them have succeeded in telling nothing but the truth, and no one of them has ever told the whole truth. No single individual, whatever the extent of his knowledge, could by any possibility know the whole truth about the Chinese. The present volume of essays is therefore open to objection from three different points of view.

First, it may be said that the attempt to convey to others an idea of the real characteristics of the Chinese is vain. Mr. George Wingrove Cooke, the China correspondent of the London *Times* in 1857–58, enjoyed as good an opportunity of seeing the Chinese under varied circumstances, and through the eyes of those well qualified to help him to a just understanding of the people, as any writer on China up to that time. In the preface to his published letters, Mr. Cooke apologises as follows for his failure to describe the Chinese character: "I have, in these letters, introduced no elaborate essay upon Chinese character. It is a great omission. No theme could be more tempting, no subject could afford wider scope for ingenious hypothesis, profound generalisation, and triumphant dogmatism. Every small critic will probably utterly despise me for not having made something out of such opportunities. The truth is, that I have written several very fine characters for the whole Chinese race, but having the misfortune to have the people under my eye at the same time with my essay, they were always saying something or doing something which rubbed so rudely against my hypothesis, that in the interest of truth I burnt several successive letters. I may add that I have often talked over this matter with the most eminent and candid sinologues, and have always found them ready to agree with me as to the impossibility of a conception of Chinese character as a whole. These difficulties, however, occur only to those who know the Chinese practically; a smart writer, entirely ignorant of the subject, might readily strike off a brilliant and antithetical analysis, which should leave nothing to be desired but truth. Some day, perhaps, we may acquire the necessary knowledge to give to each of the glaring inconsistencies of a Chinaman's mind its proper weight and influence in the general mass. At present, I, at least, must be content to avoid strict definitions, and to describe a Chinaman[①] by his most prominent qualities."

Within the past thirty years, the Chinese has made himself a factor in the affairs of many lands. He is seen to be irrepressible; is felt to be incomprehensible. He cannot, indeed, be rightly understood in any country but China, yet the impression still prevails that he is a bundle of contradictions who cannot be understood at all. But after all there is no apparent reason, now that several hundred years of our acquaintance with China have elapsed, why what is actually known of its people should not be co-ordinated, as well as any other combination of complex phenomena.

A more serious objection to this particular volume is that the author has no adequate qualifications for writing it. The circumstance that a person has lived for twenty-two years in China is no more a guarantee that he is competent to write of the characteristics of the Chinese, than the fact that another man has for twenty-two years been buried in a silver mine is a proof that he is a fit person to compose a treatise on metallurgy, or on bi-metallism. China is a vast whole, and one who has never even visited more than half its provinces, and who has lived in but two of them, is certainly not entitled to generalise for the whole Empire. These papers were originally prepared for the *North-China Daily News* of Shanghai, with no reference to any wider circulation. Some of the topics treated excited, however, so much interest,

① It is a matter of surprise, and even more of regret, that this barbarous compound seems to have rooted itself in the English language, to the exclusion of the proper word *Chinese*. We do not know of a foreign periodical in China in which natives of that country are not constantly called "Chinamen," nor of a single writer in the Empire who consistently avoids the use of the term.

not only in China, but also in Great Britain, in the United States, and in Canada, that the author was asked to reproduce the articles in a permanent form.[①]

A third objection, which will be offered by some, is that parts of the views here presented, especially those which deal with the moral character of the Chinese, are misleading and unjust.

It should be remembered, however, that impressions are not like statistics which may be corrected to a fraction. They rather resemble photographic negatives, no two of which may be alike, yet each of them may present truthfully something not observable in any of the rest. The plates on which the photographs are taken differ; so do the lenses, and the developers, and the resulting views differ too.

Many old residents of China, whose knowledge of the country is very much greater than that of the writer, have expressed themselves as in substantial agreement with his opinions, while others, whose judgment is entitled to equal respect, think that a somewhat lighter colouring in certain parts would increase the fidelity of the too "monochromatic" picture. With this undoubtedly just criticism in mind, the work has been revised and amended throughout. While the exigencies of republication at this time have rendered convenient the omission of one-third of the characteristics originally discussed, those that remain contain nevertheless the most important portions of the whole, and the chapter on Content and Cheerfulness is altogether new.

There can be no valid excuse for withholding commendation from the Chinese for any one of the many good qualities which they possess and exhibit. At the same time, there is a danger of yielding to *à priori* considerations, and giving the Chinese credit for a higher practical morality than they can justly claim—an evil not less serious than indiscriminate condemnation. It is related of Thackeray, that he was once asked how it happened that the good people in his novels were always stupid, and the

① "Chinese Characteristics" was published in Shanghai in 1890; after being widely circulated throughout China and the East, the edition was exhausted more than two years ago.

bad people clever. To this the great satirist replied that he had no brains above his eyes. There is a wood-cut representing an oak tree, in the outlines of which the observer is invited to detect a profile of Napoleon on the island of St. Helena, standing with bowed head and folded arms. Protracted contemplation frequently fails to discover any such profile, and it would seem that there must be some mistake, but when once it is clearly pointed out, it is impossible to look at the picture and not see the Napoleon too. In like manner, many things are to be seen in China which do not at first appear, and many of them once seen are never forgotten.

While it has been impossible to introduce a qualifying clause into every sentence which is general in its form, the reader is expressly warned that these papers are not intended to be generalisations for a whole Empire, nor yet comprehensive abstracts of what foreigners have observed and experienced. What they are intended to be is merely a notation of the impression which has been made upon one observer, by a few out of many "Chinese Characteristics." They are not meant as a portrait of the Chinese people, but rather as mere outline sketches in charcoal of some features of the Chinese people, as they have been seen by that one observer. Taken together, they constitute only a single ray, of which an indefinite number are required to form a complete beam of white light. They may also be considered as studies in induction, in which many particulars taken from the experience not of the writer only, but of various other individuals at various times, are grouped. It is for this reason that the subject has been so largely treated by exemplification.

Mr. Meadows, the most philosophical of the many writers on China and the Chinese, expressed the opinion that the best way to convey to the mind of another person a correct idea of the genius of a foreign people would be to hand him for perusal a collection of notes, formed by carefully recording great numbers of incidents which had attracted one's attention, particularly those that seemed at all extraordinary, together with the explanation of the extraordinary parts as given by natives of the country.

From a sufficient number of such incidents a general principle is inferred. The inferences may be doubted or denied, but such particulars as are cited cannot, for that reason alone, be set aside, being so far as they go truthful, and they must ultimately be reckoned with in any theory of the Chinese character.

The difficulty of comparing Chinese with Anglo-Saxons will be most strongly felt by those who have attempted it. To such it will soon become evident that many things which seem "characteristic" of the Chinese are merely Oriental traits; but to what extent this is true, each reader in the light of his own experience must judge for himself.

It has been said that in the present stage of our intercourse with Chinese there are three ways in which we can come to some knowledge of their social life—by the study of their novels, their ballads, and their plays. Each of these sources of information doubtless has its worth, but there is likewise a fourth, more valuable than all of them combined, a source not open to every one who writes on China and the Chinese. It is the study of the family life of the Chinese in their own homes. As the topography of a district can be much better understood in the country than in the city, so it is with the characteristics of the people. A foreigner may live in a Chinese city for a decade, and not gain as much knowledge of the interior life of the people as he can acquire by living twelve months in a Chinese village. Next to the Family we must regard the Village as the unit of Chinese social life, and it is therefore from the standpoint of a Chinese village that these papers have been written. They are of purpose not intended to represent the point of view of a missionary, but that of an observer not consciously prejudiced, who simply reports what he sees. For this reason no reference is made to any characteristics of the Chinese as they may be modified by Christianity. It is not assumed that the Chinese need Christianity at all, but if it appears that there are grave defects in their character, it is a fair question how those defects may be remedied.

The "Chinese question," as already remarked, is now far more than a national one. It is international. There is reason to think that in the twentieth century it will be an even more pressing question than at present. The problem of the means by which so vast a part of the human race may be improved cannot be without interest to any one who wishes well to mankind.

If the conclusions to which we may find ourselves led are correct, they will be supported by a line of argument heretofore too much neglected. If these conclusions are wrong, they will, however supported, fall of themselves.

It is many years since Lord Elgin's reply to an address from the merchants of Shanghai, but his words are true and pertinent today. "When the barriers which prevent free access to the interior of the country shall have been removed, Christian civilisation of the West will find itself face to face not with barbarism, but with an ancient civilisation in many respects effete and imperfect, but in others not without claims to our sympathy and respect. In the rivalry which will then ensue, Christian civilisation will have to win its way among a sceptical and ingenious people, by making it manifest that a faith which reaches to heaven furnishes better guarantees for public and private morality than one which does not rise above the earth."

CHAPTER I

FACE

AT first sight nothing can be more irrational than to call that which is shared with the whole human race a "characteristic" of the Chinese. But the word "face" does not in China signify simply the front part of the head, but is literally a compound noun of multitude, with more meanings than we shall be able to describe, or perhaps to comprehend.

In order to understand, however imperfectly, what is meant by "face," we must take account of the fact that as a race the Chinese have a strongly dramatic instinct. The theatre may almost be said to be the only national amusement, and the Chinese have for theatricals a passion like that of the Englishman for athletics, or the Spaniard for bull-fights. Upon very slight provocation, any Chinese regards himself in the light of an actor in a drama. He throws himself into theatrical attitudes, performs the salaam, falls upon his knees, prostrates himself and strikes his head upon the earth, under circumstances which to an Occidental seem to make such actions superfluous, not to say ridiculous. A Chinese thinks in theatrical terms. When roused in self-defence he addresses two or three persons as if they were a multitude. He exclaims: "I say this in the presence of You, and You, and You, who are all here present." If his troubles are adjusted he speaks of himself as having "got off the stage" with credit, and if they are not adjusted he finds no way to "retire from the stage." All this, be it clearly understood, has nothing to do with realities. The question is never of facts, but always of form. If a fine speech has been delivered at the proper time and in the proper way, the requirement of the play is met. We are not to go behind the scenes, for that would spoil all the plays in the world. Properly to execute acts like these in all the complex relations of life, is to have "face." To fail of them, to ignore them, to be thwarted in the performance of them, this is to "lose face." Once rightly apprehended, "face" will be found to be in itself a key to the combination lock of many of the most important characteristics of the Chinese.

It should be added that the principles which regulate "face" and its attainment are often wholly beyond the intellectual apprehension of the Occidental, who is constantly forgetting the theatrical element, and wandering off into the irrelevant regions of fact. To him it often seems that Chinese "face" is not unlike the South Sea Island taboo, a force of undeniable potency, but capricious, and not reducible to rule, deserving only to be abolished and replaced by common sense. At this point Chinese and Occidentals must agree to disagree, for they can never be brought to view the same things in the same light. In the adjustment of the incessant quarrels which distract every hamlet, it is necessary for the "peace-talkers" to take as careful account of the balance of "face" as European statesmen once did of the balance of power. The object in such cases is not the execution of even-handed justice, which, even if theoretically desirable, seldom occurs to an Oriental as a possibility, but such an arrangement as will distribute to all concerned "face" in due proportions. The same principle often obtains in the settlement of lawsuits, a very large percentage of which end in what may be called a drawn game.

To offer a person a handsome present is to "give him face." But if the gift be from an individual it should be accepted only in part, but should seldom or never be altogether refused. A few examples of the thirst for keeping face will suffice for illustration. To be accused of a fault is to "lose face," and the fact must be denied, no matter what the evidence, in order to save face. A tennis-ball is missed, and it is more than suspected that a coolie picked it up. He indignantly denies it, but goes to the spot where the ball disappeared, and soon finds it lying there (dropped out of his sleeve), remarking, "Here is your 'lost' ball." The waiting-woman who secreted the penknife of a guest in her master's house afterwards discovers it under the table-cloth, and ostentatiously produces it. In each case "face" is saved. The servant who has carelessly lost an article which he knows he must replace or forfeit an equivalent from his wages, remarks loftily, as he takes his dismissal, "The money for that silver spoon I do not want," and thus his "face" is intact. A man has a debt owing to him which he knows that he shall not collect; but going to the debtor, he raises a terrible disturbance, by which means he shows that he knows what ought to be done. He does not get the money, but he saves his "face" and thus secures himself from imposition in the future. A servant neglects or refuses to perform some duty. Ascertaining that his master intends to turn him off, he repeats his former offence, dismisses himself, and saves his "face."

To save one' s face and lose one's life would not seem to us very attractive, but we have heard of a Chinese District Magistrate who, as a special favour, was allowed to be beheaded in his robes of office in order to save his face!

CHAPTER II

ECONOMY

THE word "economy" signifies the rule by which the house should be ordered, especially with reference to the relation between expenditure and income. Economy, as we understand the term, may be displayed in three several ways: by limiting the number of wants, by preventing waste, and by the adjustment of forces in such a manner as to make a little represent a great deal. In each of these ways the Chinese are pre-eminently economical.

One of the first things which impress the traveller in China is the extremely simple diet of the people. The vast bulk of the population seems to depend upon a few articles, such as rice, beans in various preparations, millet, garden vegetables, and fish. These, with a few other things, form the staple of countless millions, supplemented it may be on the feast-days, or other special occasions, with a bit of meat.

Now that so much attention is given in Western lands to the contrivance of ways in which to furnish nourishing food to the very poor, at a minimum cost, it is not without interest to learn the undoubted fact that, in ordinary years, it is in China quite possible to furnish wholesome food in abundant quantity at a cost for each adult of not more than two cents a day. Even in famine times, thousands of persons have been kept alive for months on an allowance of not more than a cent and a half a day. This implies the general existence in China of a high degree of skill in the preparation of food. Poor and coarse as their food often is, insipid and even repulsive as it not infrequently seems to the foreigner, it is impossible not to recognise the fact that, in the cooking and serving of what they have, the Chinese are past-masters of the culinary art. In this particular, Mr. Wingrove Cooke ranked them below the French, and above the English (and he might have added the Americans). Whether they are really below any one of these nationalities we are by no means so certain as Mr. Cooke may have been, but their superiority to some of them is beyond dispute. In the few simple articles which we have mentioned, it is evident that even from the point of view of the scientific physiologist, the Chinese have made a wise choice of their staple foods. The thoroughness of their mode of preparing food, and the great variety in which these few constituents are constantly presented, are known to all who have paid the least attention to Chinese cookery.

Another fact of extreme significance does not force itself upon our notice, but can easily be verified. There is very little waste in the preparation of Chinese food, and everything is made to do as much duty as possible. What there is left after an ordinary Chinese family have finished one of their meals would represent but a fraction of the net cost of the food. In illustration of this general fact, it is only necessary to glance at the physical condition of the Chinese dog or cat. On the leavings of human beings it is the unhappy function of these animals to "live," and their lives are uniformly protracted at "a poor dying rate." The populations of new countries are proverbially wasteful, and we have not the least doubt that it would be possible to support sixty millions of Asiatics in comparative luxury with the materials daily wasted in a land like the United States, where a living is easily to be had. But we should like to see how many human beings could be fattened from what there is left after as many Chinese have "eaten to repletion," and the servants or children have all had their turn at the remains! Even the tea left in the cups is poured back into the teapot to be heated again.

It is a fact which cannot fail to force itself upon our notice at every turn, that the Chinese are not as a race gifted with that extreme fastidiousness in regard to food which is frequently developed in Western lands. All is fish that comes to their net, and there is very little which does not come there first or last. In the northern parts of China the horse, the mule, the ox, and the donkey are in universal use, and in large districts the camel is made to do full duty. Doubtless it will appear to some of our readers that economy is carried too far, when we mention that it is the general practice to eat *all* of these animals as soon as they expire, no matter whether the cause of death be an accident, old age, or disease. This is done as a matter of course, and occasions no remark whatever, nor is the habit given up because the animal may chance to have died of some epidemic malady, such as the pleuro-pneumonia in cattle. Such meat is not considered so wholesome as that of animals which have died of other diseases, and this truth is recognised in the lower scale of prices asked for it, but it is all sold, and is all eaten. Certain disturbances of the human organisations into which such diseased meat has entered are well recognised by the people, but it is doubtless considered more economical to eat the meat at the reduced rates, and run the risk of the consequences, which, it should be said, are by no means constant. Dead dogs and cats are subject to the same processes of absorption as dead horses, mules, and donkeys. We have been personally cognisant of several cases in which villagers cooked and ate dogs which had been purposely poisoned by strychnine to get rid of them. On one of these occasions some one was thoughtful enough to consult a foreign physician as to the probable results, but as the animal was "already in the pot," the survivors could not make up their minds to forego the luxury of a feast, and no harm appeared to come of their indulgence!

Another example of Chinese economy in relation to the preparation of food is found in the nice adjustment of the material of the cooking-kettles to the exigencies of the requisite fuel. The latter is scarce and dear, and consists generally of nothing but the leaves, stalks, and roots of the crops, making a rapid blaze which quickly disappears. To meet the needs of the case the bottoms of the boilers are made as thin as possible, and require very careful handling. The whole business of collecting this indispensable fuel is an additional example of economy in an extreme form. Every smallest child, who can do nothing else, can at least gather fuel. The vast army of fuel-gatherers, which in the autumn and winter overspread all the land, leave not a weed behind the hungry teeth of their bamboo rakes. Boys are sent into the trees to beat off with clubs the autumnal leaves, as if they were chestnuts, and even straws are scarcely allowed leisure to show which way the wind blows, before some enterprising collector has "seized" them.

Every Chinese housewife knows how to make the most of her

materials. Her dress is not in its pattern or its construction wasteful like those of her sisters in Occidental countries, but all is planned to save time, strength, and material. The tiniest scrap of foreign stuff is always welcome to a Chinese woman, who will make it reappear in forms of utility if not of beauty, of which a whole parliament of authoresses of "Domestic Economies" would never have dreamed. What cannot be employed in one place is sure to be just the thing for another, and a mere trifle of bias stuff is sufficient for the binding of a shoe. The benevolent person in London or New York who gives away the clothing for which he has no further use entertains a wild hope that it may not be the means of making the recipients paupers, and so do more harm than good. But whoever bestows similar articles upon the Chinese, though the stuffs which they use and the style of wear are so radically different from ours, has a well-grounded confidence that the usefulness of those particular articles has now at last begun, and will not be exhausted till there is nothing left of them for a base with which other materials can unite.

The Chinese often present their friends with complimentary inscriptions written on paper loosely *basted* upon a silk background. Basting is adopted instead of pasting, in order that the recipient may, if he chooses, eventually remove the inscription, when he will have a very serviceable piece of silk!

Chinese economy is exhibited in the transactions of retail merchants, to whom nothing is too small for attention. A dealer in odds and ends, for example, is able to give the precise number of matches in a box of each of the different kinds, and he knows to a fraction the profit on each box.

Every scrap of a Chinese account-book is liable to be utilised in pasting up windows, or in the covering of paper lanterns.

The Chinese constantly carry their economy to the point of depriving themselves of food of which they are really in need. They see nothing irrational in this, but do it as a matter of course. A good example is given in Dr. B. C. Henry's "The Cross and the Dragon." He was carried by three coolies for five hours a distance of twenty-three miles, his bearers then returning to Canton to get the breakfast which was furnished them. Forty-six miles before breakfast, with a heavy load half the way, to save five cents!

In another case two chair coolies had gone with a chair thirty-five miles, and were returning by boat, having had nothing to eat since 6 A. M., rather than pay three cents for two large bowls of rice. The boat ran aground, and did not reach Canton till 2 P. M. next day. Yet these men, having gone twenty-seven hours without food, carrying a load thirty-five miles, offered to take Dr. Henry fifteen miles more to Canton, and but for his baggage would have done so!

Many of the fruits of Chinese economy are not at all pleasing to the Westerners, but we cannot help admitting the genuine nature of the claim which may be built on them. In parts of the Empire, especially (strange to say) in the north, the children of both sexes roam around in the costume of the Garden of Eden, for many months of the year. This comes to be considered more comfortable for them, but the primary motive is economy. The stridulous squeak of the vast army of Chinese wheelbarrows is due to the absence of the few drops of oil which might stop it, but which never do stop it, because to those who are gifted with "an absence of nerves" the squeak is cheaper than the oil.

If a Japanese emigrates, it is specified in his contract that he is to be furnished daily with so many gallons of hot water, in which he may, according to custom, parboil himself. The Chinese have their bathing-houses too, but the greater part of the Chinese people never go near them, nor indeed ever saw one. "Do you wash your child every day?" said an inquisitive foreign lady to a Chinese mother, who was seen throwing shovelfuls of dust over her progeny, and then wiping it off with an old broom. "Wash him every day!" was the indignant response; "he was never washed since he was born!" To the Chinese generally, the motto could never be made even intelligible which was put in his window by a dealer in soap, "Cheaper than dirt."

The Chinese doubtless regard the average foreigner as it is said the Italians do the English, whom they term "soap-wasters." Washing of clothes in China by and for the Chinese there certainly is, but it is on a very subdued scale, and in comparison with what we call cleanliness it might almost be left out of account. Economy of material has much to do with this, as we cannot help thinking, for many Chinese appreciate clean things as much as we do, and some of them are models of neatness, albeit under heavy disadvantages.

It is due to the instinct of economy that it is generally impossible to buy any tool ready-made. You get the parts in a "raw" shape, and adjust the handles, etc., yourselves. It is generally cheaper to do this for one's self than to have it done, and as every one takes this view of it, nothing is to be had ready-made.

We have spoken of economical adjustments of material, such as that found in ordinary houses, where a dim light, which costs next to nothing, is made to diffuse its darkness over two apartments by being placed in a hole in the dividing wall. The best examples of such adjustments are to be found in Chinese manufactures, such as the weaving of all kinds of fabrics, working in pottery, metal, ivory, etc. Industries of this sort do not seem to us to exemplify ingenuity so much as they illustrate Chinese economy. Many better ways can be devised of doing Chinese work than the ways which they adopt, but none which make insignificant materials go further than they do with the Chinese. They seem to be able to do almost everything by means of almost nothing, and this is a characteristic generally of their productions, whether simple or complex. It applies as well to their iron-foundries, on a minute scale of completeness in a small yard, as to a cooking-range of strong and perfect draft, made in an hour out of a pile of mud bricks, lasting indefinitely, operating perfectly, and costing nothing.

No better and more characteristic example of economy of materials in accomplishing great tasks could be found, even in China, than the arrangements, or rather the entire lack of arrangements, for the handling of the enormous amount of grain which is sent as tribute to Peking. This comes up the Peiho from Tientsin, and is discharged at T'ung-chou. It would surprise a "Corn Exchange" merchant to find that all the machinery needed for unloading, measuring, and removing this mountain of rice and millet is simply an army of coolies, a supply of boxes made like a truncated cone, which are the "bushel" measures, and an indefinite number of reed mats. Only this and nothing more. The mats are spread on the ground, the grain is emptied, remeasured, sacked, and sent off, and the mats being taken up, the Emperor's Corn Exchange is once more a mere mud-bank!

On an American tobacco plantation one of the heaviest expenses is the building of the long and carefully constructed sheds for drying. In Chinese tobacco farms there is for this object no expense at all. The sheds are made of thatch, and when they are worn out the old material is just as good for fuel as the new. When the tobacco is picked, the stout, stiff stalks are left standing. Straw ropes are stretched along these stalks, and upon the ropes are hung the tobacco leaves, which are taken in at night with the ropes attached, like clothes hung to a line. For simplicity and effectiveness this device could hardly be excelled.

Every observant resident in China would be able to add to these illustrations of a Chinese social fact, but perhaps no more characteristic instance could be cited than the case of an old Chinese woman, who was found hobbling along in a painfully slow way, and on inquiry of whom it was ascertained that she was going to the home of a relative, so as to die in a place convenient to the family graveyard, and thus avoid the expense of coffin-bearers for so long a distance!

CHAPTER III

INDUSTRY

INDUSTRY is defined as habitual diligence in any employment—steady attention to business. In this age of the world industry is one of the most highly prized among the virtues, and it is one which invariably commands respect.

The industry of a people, speaking roughly, may be said to unite the three dimensions of length, breadth, and thickness; or, to use a different expression, it may be said to have two qualities of extension, and one of intension. By the quality of length, we mean the amount of time during which the industry is exercised. By the quality of breadth, we mean the number of persons to whom the predicate of industrious may be fairly applied. By intension, we mean the amount of energy which is displayed in the "habitual diligence," and in "steady attention to business." The aggregate result will be the product of these three factors. It is by no means always the case that the impressions of the casual traveller and those of the old residents are the same, but there can be little doubt that casual travellers, and residents of the longest standing, will agree in a profound conviction of the diligence of the Chinese people. The very first glance which a new-comer gets of the Chinese, induces him to think that this people is carrying out in social affairs the maxim which John Wesley named as the rule for a successful church—"All at it, and always at it." Idleness in China is not conspicuous. Every one *seems* to be doing something. There are of course plenty of wealthy persons, albeit a mere microscopic fraction of the whole community, who can abundantly live without doing any work, but their life is not ordinarily of a kind which is externally visible to the foreigner. Wealthy people in China do not commonly retire from business, but devote themselves to it with the same kind and degree of attention as when they were poor.

The Chinese classify themselves as Scholars, Farmers, Workmen, and Merchants. Let us glance at each of these subdivisions of society, and see what they have to say for the industry of the people.

It is exceedingly difficult for Occidentals to enter sympathetically into such a scheme of education as that of the Chinese. Its gross defects are not likely to be overlooked, but one feature of it is adapted to thrust itself on the attention at all times—it has no real rewards, except for diligence. The many back doors which are always open to those who have the money to purchase degrees would seem well calculated to dampen the ardour of any student, but such is not the main effect of the sale of office. The complaint is made in all the provinces that there are far more eligible candidates for every position than there are positions to be filled. All the examination halls, from the lowest to the highest, seem to be perpetually crowded, and the number of students who compete in any single prefecture often rises to above ten thousand. When we consider the amount of mental toil which the mere entrance to any one of these examinations involves, we get a vivid conception of the intellectual industry of the Chinese. The traditional diligence of the standard heroes mentioned in the Trimetric Classic, who studied by the light of a glow-worm, or who tied their books to the horns of the ox with which they were ploughing, is imitated at the present day, with various degrees of approximation, by thousands in all parts of China. In many cases this industry begins to disappear with the initial success of the first degree, but the Chinese do not consider such a one a scholar at all, but reserve this title of honour for those who keep on in the narrow and thorny path, until at length their perseverance is crowned with success. In what land but China would it be possible to find examples of a grandfather, son, and grandson all competing in the same examination for the same degree, age and indomitable perseverance being rewarded at the age of eighty years by the long-coveted honour?

In the spring of 1889 various memorials appeared in the Peking *Gazette* relating to aged candidates at the provincial examinations. The Governor-General reported that at the autumnal examination in Foochow nine candidates over eighty years of age, and two over ninety, went through the prescribed tests and sent in essays of which the composition was good and the handwriting firm and distinct. Aged candidates, he says, who have passed through an interval of sixty years from attaining their bachelor's degree, and who have attended the three last examinations for the higher, are, if unsuccessful the fourth time, entitled to an honorary degree. The Governor of Honan in like manner reported thirteen candidates over eighty years of age, and one over ninety, who all "went through the whole nine days' ordeal, and wrote essays which were perfectly accurate in diction and showed no signs of failing years." But even this astonishing record was surpassed in the province of Anhui, where thirty-five of the competitors were over eighty years of age, and eighteen over ninety! Could any other country afford a spectacle like this?

If the life of the scholar in China is one of unremitting diligence, that of the farmer is not less so. His work, like that of a housekeeper, is never done. With the exception of a comparatively brief period in the middle of the winter, throughout the northern provinces there never appears to be a time when there is not only something to do, but a great deal of it. Doubtless this is more or less true of farming everywhere, but the Chinese farmer is industrious with an industry which it would be difficult to surpass.

That which is true of the farmer class, is true with still greater emphasis of the mere labourer, who is driven by the constant and chronic reappearance of the wolf at his door to spend his life in an everlasting grind. As the farmer bestows the most painstaking thought and care upon every separate stalk of cabbage, picking off carefully each minute insect, thus at last tiring out the ceaseless swarms by his own greater perseverance, so does the labourer watch for the most insignificant job, that he may have something for his stomach and for his back, and for other stomachs and backs that are wholly dependent upon him. Those who have occasion to travel where cart-roads exist, will often be obliged to rise soon after midnight and pursue their journey, for such, they are told, is the custom. But no matter at what hour one is on the way, there are small bodies of peasants patrolling the roads, with fork in hand and basket on their back, watching for opportunities to collect a little manure. When there is no other work pressing, this is an invariable and an inexhaustible resource.

It is by no means uncommon to see those who are hard pressed to find the means of support, following two different lines of occupation which dovetail into each other. Thus the boatmen of Tientsin, whose business is spoiled by the closing of the rivers, take to the swift ice-sled, by which means it is possible to be transported rapidly at a minimum cost. In the same way, most of the rural population of some districts spend all the time which can be spared from the exigencies of farm work in making hats or in plaiting the braid, now so large an article of export. Chinese women are not often seen without a shoe-sole in their hands on which they are perpetually taking stitches, even while talking gossip at the entrance of their alleys; or perhaps it is a reel of cotton which they are spinning. But idle they are not.

The indefatigable activity of the classes which have been named is well matched by that of the merchants and their employés. The life of a merchant's clerk, even in Western lands, is not that of one who holds a sinecure, but as compared with that of a Chinese clerk it is comparative idleness. For to the work of the latter there is no end. His holidays are few and his tasks heavy, though they may be interspersed with periods of comparative torpor.

Chinese shops are always opened early, and they close late. The system of bookkeeping by a species of double entry appears to be so minute that the accountants are often kept busy till a very late hour recording the sales and balancing the entries. When nothing else remains to be done, clerks can be set to sorting over the brass cash taken in, in quest of rare coins which may be sold at a profit.

It is a matter of surprise that the most hard-worked class of the Chinese race is that class which is most envied, and into which every ambitious Chinese strives to raise himself—to wit, the official. The number and variety of transactions with which a Chinese official of any rank must occupy himself, and for the success of which he is not only theoretically but very practically responsible, is likewise surprising. How would our Labour Unions, who are so strenuous about the coming Eight Hours a Day, relish a programme of a day's work such as the following, which is taken from a statement made to an interpreter in one of the Foreign Legations in Peking by an eminent Chinese statesman? "I once asked a member of the Chinese cabinet, who was complaining of fatigue and overwork, for an account of his daily routine. He replied that he left home every morning at two o'clock, as he was on duty at the Palace from three to six. As a member of the Privy Council, he was engaged in that body from six until nine. From nine until eleven he was at the War Department, of which he was President. Being a member of the Board of Punishment, he was in attendance at the office of that body daily from twelve until two, and, as one of the senior Ministers of the Foreign Office, he spent every day, from two till five or six in the afternoon, there. These were his regular daily duties. In addition to them he was frequently appointed to serve on special boards or commissions, and these he sandwiched in between the others as he could. He seldom reached home before seven or eight o'clock in the evening." It is not strange to be told that this officer died six months after this conversation, from overwork and exhaustion, nor is it at all unlikely that the same state of things may put an end to many careers in China the continuance of which would have been valuable to the interests of the government.

The quality of extension, of which we have spoken, applies to the number of those who are industrious, but it also applies to the extent of time covered by that industry, which, as we have seen, is very great. The Chinese day begins at a dim period, often not at a great remove from midnight. The Emperor holds his daily audiences at an hour when every Court of Europe is wrapped in the embrace of Morpheus. To an Occidental this seems simply inexplicable, but to a Chinese it doubtless appears the most natural thing in the world. And the conduct of the Son of Heaven is imitated more or less closely by the subjects of the Son of Heaven, in all parts of his Empire. The copper workers of Canton, the tinfoil workers of Foochow, the wood-carvers of Ningpo, the rice-mill workers of Shanghai, the cotton-cleaners and workers in the treadmill for bolting flour in the northern provinces, may all be heard late at night, and at a preposterous hour in the morning. Long before daylight the traveller comes upon a countryman who has already reached a distance of many miles from his home, where he is posted in the darkness waiting for the coming of daylight, when he will begin the sale of his cabbages! By the time an Occidental has had his breakfast, a Chinese market is nearly over. There are few more significant contrasts than are suggested by a stroll along the principal street in Shanghai, at the hour of half-past five on a summer's morning. The lordly European, who built those palaces which line the water-front, and who does his business therein, is conspicuous by his total absence, but the Asiatic is on hand in full force, and has been on hand for a long time. It will be hours before the Occidentals begin to jostle the Chinese from the sidewalks, and to enter with luxurious ease on their round of work, and by that time the native will have finished half his day' s labour.

Sir John Davis was quite right in his comments on *the cheerful labour* of the Chinese, as a sign that their government has succeeded in securing them great content with their condition. This quality of their labour is one of its most striking characteristics, and to be comprehended must be long observed and well weighed.

It remains to say a word of the quality of *intension* in Chinese industry. The Chinese are Asiatics, and they work as such. It is in vain to attempt to make over this virile race on the model of our own. To us they certainly appear lacking in the heartiness which we esteem so highly. The Anglo-Saxon needs no scriptural hint to enable him to see the importance of doing with his might what his hand finds to do, but the Chinese cannot be made to change his pace, though the combined religions and philosophy of the ages were brought to bear upon him. He has profited by the accumulated experience of millenniums, and, like the gods of Homer, he is never in a hurry.

One cannot help forecasting a time when the white and the yellow races will come into a keener competition than any yet known. When that inevitable day shall have arrived, which of them will have to go to the wall?

Surely if Solomon was right in his economic maxim that the hand of the diligent maketh rich, the Chinese ought to be among the most prosperous of the peoples of the earth. And so they doubtless would be, if there were with them a balance of virtues, instead of a conspicuous absence of some of those fundamental qualities which, however they may be enumerated as "constant virtues," are chiefly "constant" in their absence. When, by whatever means, these qualities of honesty and sincerity shall have been restored to their theoretical place in the Chinese moral consciousness, then (and not sooner) will the Chinese reap the full reward of their unmatched Industry.

CHAPTER IV

POLITENESS

THERE are two quite different aspects in which the politeness of the Chinese, and of Oriental peoples generally, may be viewed—the one of appreciation, the other of criticism. The Anglo-Saxon, as we are fond of reminding ourselves, has, no doubt, many virtues, and among them is to be found a very large percentage of *fortiter in re*, but a very small percentage of *suaviter in modo*. When, therefore, we come to the Orient, and find the vast populations of the immense Asiatic continent so greatly our superiors in the art of lubricating the friction which is sure to arise in the intercourse of man with man, we are filled with that admiration which is the tribute of those who cannot do a thing to those who can do it easily and well. The most bigoted critic of the Chinese is forced to admit that they have brought the practice of politeness to a pitch of perfection which is not only unknown in Western lands, but, previous to experience, is unthought of and almost unimaginable.

The rules of ceremony, we are reminded in the Classics, are three hundred, and the rules of behaviour three thousand. Under such a load as this, it would seem unreasonable to hope for the continuance of a race of human beings, but we very soon discover that the Chinese have contrived to make their ceremonies, as they have made their education, an instinct rather than an acquirement. The genius of this people has made the punctilio, which in Occidental lands is relegated to the use of courts and to the intercourse of diplomatic life, a part of the routine of daily contact with others. We do not mean that in their everyday life the Chinese are bound by such an intricate and complex mass of rules as we have mentioned, but that the code, like a set of holiday clothes, is always to be put on when the occasion for it arises, which happens at certain junctures the occurrence of which the Chinese recognise by an unerring instinct. On such occasions, not to know what to do would be for a Chinese as ridiculous as for an educated man in a Western land not to be able to tell, on occasion, how many nine times nine are.

The difficulty of Occidental appreciation of Chinese politeness is that we have in mind such ideas as are embodied in the definition which affirms that "politeness is real kindness kindly expressed." So it may be in the view of a civilisation which has learned to regard the welfare of one as (theoretically) the welfare of all, but in China politeness is nothing of this sort. It is a ritual of technicalities which, like all technicalities, are important, not as the indices of a state of mind or of heart, but as individual parts of a complex whole. The entire theory and practice of the use of honorific terms, so bewildering, not to say maddening, to the Occidental, is simply that these expressions help to keep in view those fixed relations of graduated superiority which are regarded as essential to the conservation of society. They also serve as lubricating fluids to smooth human intercourse. Each antecedent has its consequent, and each consequent its antecedent, and when both antecedent and consequent are in the proper place, everything goes on well. It is like a game of chess in which the first player observes, "I move my insignificant King's pawn two squares." To which his companion responds, "I move my humble King's pawn in the same manner." His antagonist then announces, "I attack your honourable King's pawn with my contemptible King's knight, to his King's bishop's mean third," and so on through the game. The game is not affected by the employment of the adjectives, but just as the chess-player who should be unable to announce his next move would make himself ridiculous by attempting what he does not understand, so the Chinese who should be ignorant of the proper ceremonial reply to any given move is the laughing-stock of every one, because in the case of the Chinese the adjectives are the game itself, and not to know them is to know nothing.

At the same time, the rigidity of Chinese etiquette varies directly as the distance from the centres at which it is most essential, and when one gets among rustics, though there is the same appreciation of its necessity, there is by no means the familiarity with the detailed requirements which is found in an urban population.

But it must at the same time be admitted that there are very few Chinese who do not know the proper thing to be done at a given time, incomparably better than the most cultivated foreigner, who, as compared with them, is a mere infant in arms; generally, unless he has had a long preliminary experience, filled with secret terror lest he should make a wrong move, and thus betray the superficial nature of his knowledge. It is this evident and self-confessed incapacity to comply with the very alphabet of Chinese ceremonial politeness which makes the educated classes of China look with such undisguised (and not unnatural) contempt on the "Barbarians," who do not understand "the round and the square," and who, even when they have been made acquainted with the beauties of the usages of polite life, manifest such disdainful indifference, as well as such invincible ignorance.

Politeness has been likened to an air-cushion. There is nothing in it, but it eases the jolts wonderfully. At the same time it is only fair to add that the politeness which the Chinese exercises to the foreigner (as well as much of that which he displays to his own people) is oftener prompted by a desire to show that he really understands the proper moves to be made, than by a wish to do that which will be agreeable to his guest. He insists on making a fire which you do not want, in order to steep for you a cup of tea which you detest, and in so doing fills your eyes with smoke, and your throat with a sensation of having swallowed a decoction of marshmallows; but the host has at least established the proposition that he knows how a guest ought to be treated, and if the guest is not pleased, so much the worse for the guest. In the same manner the rural host, who thinks it is his duty to have the humble apartment in which you are to be lodged, swept and (figuratively) garnished, postpones this process until you have already arrived, and despite your entreaties to desist he will not, though he put your eyes out by raising the dust of ages. The Book of Rites teaches, perhaps, that a room shall be swept, and swept it shall be, whatever the agonies of the traveller in the process. The same rule holds at feasts, those terrors of the uninitiated (and not seldom of the too initiated), where the zealous host is particular to pile on your plate the things that it is good for you to like, regardless of the fact that you do not want them and cannot swallow a morsel of them. So much the worse for you, he seems to say, but of one thing he is sure, he will not be lacking in *his* part. No one shall be able to accuse him of not having made the proper moves at the proper times. If the foreigner does not know the game, that is his own affair, not that of the host.

It was upon this principle that a Chinese bride, whose duty it had become to call upon a foreign lady, deliberately turned her back upon the latter, and made her obeisance towards a totally different quarter, to the amazement and annoyance of her hostess. Upon subsequent inquiry it turned out that the bride had performed her prostration to the north because that is the direction of the abode of the Emperor, no attention being paid to the circumstance that the person to whom the bride was supposed to be paying her respects was on the south side of the room. If the foreign lady did not know enough to take her place on the proper side of the room, the bride did not consider that any concern of hers; she, at least, would show that *she* knew in what direction to knock her head!

Chinese politeness often assumes the shape of a gift. This, as already remarked, gives the recipient "face." There are certain stereotyped forms which such offerings take. One who has much to do with the Chinese will be always liable to deposits of packages, neatly tied up in red paper, containing a mass of greasy cakes which he cannot possibly eat, but which the giver will not take back, even though he is informed by the unwilling recipient (driven to extremities) that he shall be obliged to give them all to some other Chinese.

Chinese politeness by no means forbids one to "look a gift horse in the mouth." One is often asked how much a present cost him, and guests in taking leave of a host or hostess constantly use the formula:"I have made you much trouble; I have forced you to spend a great deal of money!"

A foreigner who had been invited to a wedding, at which bread-cakes are provided in abundance, observed that when the feast was well advanced a tray was produced containing only two or three bread-cakes, which were ostentatiously offered as being hot (if any preferred them so). They were first passed to the foreigner as the guest of honour, who merely declined them with thanks. For some unexplained reason, this seemed to throw a kind of gloom over the proceedings, and the tray was withdrawn without being passed to any one else. It is the custom for each guest at a wedding to contribute a fixed sum towards the expenses of the occasion. It was the usage of this locality to collect these contributions while the guests were still at the table, but as it would not conform to Chinese ideas of propriety to *ask* a guest for his offering, it was done under the guise of passing him hot biscuit. Every one understood this polite fiction except the ill-informed foreigner, whose refusal rendered it improper for any one else to make his contribution at that time. At a subsequent wedding to which he was invited in the same family, this foreigner was interested in hearing the master of ceremonies, taught by dear experience, remark to the guests with more than Occidental directness, "This is the place for those who have accounts to come in and settle them!"

After all abatements have been made for the tediously minute and often irksome detail of trifles of which Chinese politeness takes account, for all of which it prescribes regulations, it still remains true that we have much to learn from the Chinese in the item of social intercourse. It is quite possible to retain our sincerity without retaining all our brusqueness, and the sturdy independence of the Occident would be all the better for the admixture of a certain amount of Oriental suavity.

There are, however, many Occidentals who could never be brought to look at the matter in this light. An acquaintance of the writer's resided for so many years in Paris that he had unconsciously adopted the manners of that capital. When at length he returned to London, he was in the habit of removing his hat, and making a courteous bow to every friend whom he met. Upon one occasion, one of the latter returned his salutations with the somewhat unsympathetic observation, "See here, old fellow, *none of your French monkey tricks here*!" Happy the man who is able to combine all that is best in the East and in the West, and who can walk securely along the narrow and often thorny path of the Golden Mean.

CHAPTER V

THE DISREGARD OF TIME

IT is a maxim of the developed civilisation of our day, that "time is money." The complicated arrangements of modern life are such that a business man in business hours is able to do an amount and variety of business which, in the past century, would have required the expenditure of time indefinitely greater. Steam and electricity have accomplished this change, and it is a change for which the Anglo-Saxon race was prepared beforehand by its constitutional tendencies. Whatever may have been the habits of our ancestors when they had little or nothing to do but to eat, drink, and fight, we find it difficult to imagine a period when our race was not characterised by that impetuous energy which ever drives the individuals of it onward to do something else, as soon as another something is finished.

There is a significant difference in the salutations of the Chinese and of the Anglo-Saxon. The former says to his comrade whom he casually meets, "Have you eaten rice?" The latter asks, "How do you *do*?" Doing is the normal condition of the one, as eating is the normal condition of the other. From that feeling which to us has become a second nature, that time is money, and under ordinary circumstances is to be improved to its final second, the Chinese, like most Orientals, are singularly free. There are only twelve hours in the Chinese day, and the names of these hours do not designate simply the point where one of them gives place to another, but denote as well all the time covered by the twelfth part of a day which each of them connotes. In this way the term "noon", which would seem as definite as any, is employed of the entire period from eleven to one o' clock. "What time is it?" a Chinese inquired in our hearing, "when it is noon by the moon?" Phrased in less ambiguous language, the question which he intended to propound was this: "What is the time of night when the moon is at the meridian?"

Similar uncertainties pervade almost all the notes of time which occur in the language of everyday life. "Sunrise" and "sunset" are as exact as anything in Chinese can be expected to be, though used with much latitude (and much longitude as well), but "midnight" like "noon" means nothing in particular, and the ordinary division of the night by "watches" is equally vague, with the exception of the last one, which is often associated with the appearance of daylight. Even in the cities the "watches" are of more or less uncertain duration. Of the portable time-pieces which we designate by this name, the Chinese as a people know nothing, and few of those who really own watches govern their movements by them, even if they have the watches cleaned once every few years and ordinarily keep them running, which is not often the case. The common people are quite content to tell their time by the altitude of the sun, which is variously described as one, two, or more "flagstaffs," or if the day is cloudy a general result can be arrived at by observing the contraction and dilatation of the pupil of a cat's eye, and such a result is quite accurate enough for all ordinary purposes.

The Chinese use of time corresponds to the exactness of their measures of its flight. According to the distinction described by Sydney Smith, the world is divided into two classes of persons, the antediluvians and the post-diluvians. Among the latter the discovery has been made that the age of man no longer runs into the centuries which verge on a millennium, and accordingly they study compression, and adaptation to their environment. The antediluvians, on the contrary, cannot be made to realize that the days of Methusaleh have gone by, and they continue to act as if life were still laid out on the patriarchal plan.

Among these "antediluvians" the Chinese are to be reckoned. A good Chinese story-teller, such as are employed in the tea-shops to attract and retain customers, reminds one of Tennyson's "Brook." Men may come and men may go, but *he* goes on "forever ever." The same is true of theatrical exhibitions, which sometimes last for days, though they fade into insignificance in comparison with those of Siam, where we are assured by those who claim to have survived one of them that they are known to hold for two months together! The feats of Chinese jugglers when well done are exceedingly clever and very amusing, but they have one fatal defect—they are so long drawn out by the prolix and inane conversation of the participants, that long before the jugglers finish, the foreign spectator will have regretted that he ever weakly consented to patronise them. Not less formidable, but rather far more so, are the interminable Chinese feasts, with their almost incredible number and variety of courses, the terror and despair of all foreigners who have experienced them, although to the Chinese these entertainments seem but too short. One of their most pensive sayings observes that "there is no feast in the world which must not break up at last" though to the unhappy barbarian lured into one of these traps this hopeful generality is often lost in despair of the particular.

From his earliest years, the Chinese is thoroughly accustomed to doing everything on the antediluvian plan. When he goes to school, he generally goes for the day, extending to all the period from sunrise to dark, with one or two intermissions for food. Of any other system, neither pupils nor master have ever heard. The examinations for degrees are protracted through several days and nights, with all grades of severity, and while most of the candidates experience much inconvenience from such an irrational course, it would be difficult to convince any of them of its inherent absurdity as a test of intellectual attainments.

The products of the minds of those thus educated are redolent of the processes through which they have passed. The Chinese language itself is essentially antediluvian, and to overtake it requires the lifetime of a Methuselah. It is as just to say of the ancient Chinese as of the ancient Romans, that if they had been obliged to learn their own language they would never have said or written anything worth setting down! Chinese histories are antediluvian, not merely in their attempts to go back to the ragged edge of zero for a point of departure, but in the interminable length of the sluggish and turbid current which bears on its bosom not only the mighty vegetation of past ages, but wood, hay, and stubble past all reckoning. None but a relatively timeless race could either compose or read such histories; none but the Chinese memory could store them away in its capacious "abdomen."

Chinese disregard of time is manifested in their industry, the quality of intension in which we have already remarked to be very different from that in the work of Anglo-Saxons.

How many of those who have had the pleasure of building a house in China, with Chinese contractors and workmen, thirst to do it again? The men come late and go early. They are perpetually stopping to drink tea. They make long journeys to a distant lime-pit carrying a few quarts of liquid mud in a cloth bag, when by using a wheelbarrow one man could do the work of three; but this result is by no means the one aimed at. If there is a slight rain all work is suspended. There is generally abundant motion with but little progress, so that it is often difficult to perceive what it is which represents the day' s "labour" of a gang of men. We have known a foreigner, dissatisfied with the slow progress of his carpenters in lathing, accomplish while they were eating their dinner as much work as all four of them had done in half a day.

The mere task of keeping their tools in repair is for Chinese workmen a serious matter in expenditure of time. If the tools belong to the foreigner, however, there is no embarrassment on this score. They are broken mysteriously, and yet no one has touched them. *Non est inventus* is the appropriate motto for them all. Poles and small rafters are pitched over the wall, and all the neighbourhood loins appear to be girded with the rope which was purchased for supporting the staging. During the entire progress of the work, each day is a crisis. All previous experience goes for nothing. The sand, the lime, the earth of this place will not do for any of the uses for which sand, lime, and earth are in general supposed to be adapted. The foreigner is helpless. He is aptly represented by Gulliver held down by threads, which, taken together, are too much for him. Permanently have we enshrined in our memory a Cantonese contractor, whose promises, like his money, vanished in smoke, for he was unfortunately a victim of the opium pipe. At last, forbearance having ceased to be a virtue, he was confronted with a formidable bill of particulars of the things wherein he had come short. "You were told the size of the glass. You measured the windows three several times. Every one of those you have made is wrong, and they are useless. Not one of your doors is properly put together. There is not an ounce of glue about them. The flooring- boards are short in length, short in number, full of knot-holes, and wholly unseasoned." After the speaker had proceeded in this way for some time, the mild-mannered Cantonese gazed at him sadly, and when he brought himself to speak he remarked, in a tone of gentle remonstrance: "Don't say dat! Don't say dat! *No gentleman talk like dat*!"

To the Chinese the chronic impatience of the Anglo-Saxon is not only unaccountable, but quite unreasonable. It has been wisely suggested that they consider this trait in our character as objectionable as we do their lack of sincerity.

In any case, appreciation of the importance of celerity and promptness is difficult to cultivate in a Chinese. We have known a bag full of foreign mail detained for some days between two cities twelve miles apart, because the carrier' s donkey was ailing and needed rest! The administration of the Chinese telegraph system is frequently a mere travesty of what it might be and ought to be.

But in no circumstances is Chinese indifference to the lapse of time more annoying to a foreigner than when the occasion is a mere social call. Such calls in Western lands are recognised as having certain limits, beyond which they must not be protracted. In China, however, there are no limits. As long as the host does not offer his guest accommodations for the night, the guest must keep on talking, though he be expiring with fatigue. In calling on foreigners the Chinese can by no possibility realise that there is an element of time, which is precious. They will sit by the hour together, offering few or no observations of their own, and by no means offering to depart. The excellent pastor who had for his motto the saying, "The man who wants to see me is the man I want to see," would have modified this dictum materially had he lived for any length of time in China. After a certain experience of this sort, he would not improbably have followed the example of another busy clergyman, who hung conspicuously in his study the scriptural motto, "The Lord bless *thy goings out*!" The mere enunciation of his business often seems to cost a Chinese a mental wrench of a violent character. For a long time he says nothing, and he can endure this for a period of time sufficient to wear out the patience of ten Europeans. Then when he begins to speak, he realises the truth of the adage which declares that "it is easy to go on the mountains to fight tigers, but to open your mouth and out with a thing this is hard!" Happy is the foreigner situated like the late lamented Dr. Mackenzie, who, finding that his incessant relays of Chinese guests, the friends "who come but never go," were squandering the time which belonged to his hospital work, was wont to say to them, "Sit down and make yourselves at home; I have urgent business, and must be excused." And yet more happy would he be if he were able to imitate the naive terseness of a student of Chinese who, having learned a few phrases, desired to experiment with them on the teacher, and who accordingly filled him with stupefaction by remarking at the end of a lesson, "Open the door! Go!"

CHAPTER VI

THE DISREGARD OF ACCURACY

THE first impression which a stranger receives of the Chinese is that of uniformity. Their physiognomy appears to be all of one type, they all seem to be clad in one perpetual blue, the "hinges" of the national eye do not look as if they were "put on straight," and the resemblance between one Chinese cue and another is the likeness between a pair of peas from the same pod. But in a very brief experience the most unobservant traveller learns that, whatever else may be predicated of the Chinese, a dead level of uniformity cannot be safely assumed. The speech of any two districts, no matter how contiguous, varies in some interesting and perhaps unaccountable ways. Divergences of this sort accumulate until they are held to be tantamount to a new "dialect," and there is no wanting those who will gravely assure us that in China there are a great number of different "languages" spoken, albeit the written character is the same. The same variations, as we are often reminded, obtain in regard to customs, which, according to a saying current among the Chinese, do not run uniform for ten *Li* together, a fact of which it is impossible not to witness singular instances at every turn. A like diversity is found to prevail in those standards of quantity upon the absolute invariability of which so much of the comfort of life in Western lands is found to depend.

The existence of a double standard of any kind, which is often so keen an annoyance to an Occidental, is an equally keen joy to the Chinese. Two kinds of cash, two kinds of weights, two kinds of measures, these seem to him natural and normal, and by no means open to objection. A man who made meat dumplings for sale was asked how many of these dumplings were made in a day; to which he replied that they used about "one hundred [Chinese] pounds of flour," the unknown relation between this amount of flour and the number of resultant dumplings being judiciously left to the inquirer to conjecture for himself. In like manner, a farmer who is asked the weight of one of his oxen gives a figure which seems much too low, until he explains that he has omitted to estimate the bones! A servant who was asked his height mentioned a measure which was ridiculously inadequate to cover his length, and upon being questioned admitted that he had left out of account all above his shoulders! He had once been a soldier, where the height of the men's clavicle is important in assigning the carrying of burdens. And since a Chinese soldier is to all practical purposes complete without his head, this was omitted. Of a different sort was the measurement of a rustic who affirmed that he lived "ninety *li* from the city," but upon cross-exanvlnation he consented to an abatement, as this was reckoning both to the city and back, the real distance being, as he admitted, only "forty-five *li* one way !"

The most conspicuous instance of this variabillity in China is seen in the method of reckoning the brass cash, which constitute the only currency of the Empire. The system is everywhere a decimal one, which is the easiest of all systems to be reckoned, but no one is ever sure, until he has made particular inquiries, what number of pieces of brass cash are expected in any particular place to pass for a hundred. He will not need to extend his travels over a very large part of the eighteen provinces to find that this number varies, and varies with a lawlessness that nothing can explain, from the full hundred which is the theoretical "string," to 99, 98, 96, 83 (as in the capital of Shansi), down to 33, as in the eastern part of the province of Chihli, and possibly to a still lower number elsewhere. The same is true, but in a more aggravated degree, of the weight by which silver is sold. No two places have the same "ounce," unless by accident, and each place has a great variety of different ounces, to the extreme bewilderment of the stranger, the certain loss of all except those who deal in silver, and the endless vexation of all honest persons, of whom there are many, even in China. The motive for the perpetuation of this monetary chaos is obvious, but we are at present concerned only with the fact of its existence.

The same holds true universally of measures of all sorts. The bushel of one place is not the same as that of any other, and the advantage which is constantly taken of this fact in the exactions connected with the grain tax would easily cause political disturbances among a less peaceable people than the Chinese. So far is it from being true that "a pint is a pound the world around," in China a "pint" is not a pint, nor is a "pound" a pound. Not only does the theoretical basis of each vary, but it is a very common practice (as in the salt monopoly, for example) to fix some purely arbitrary standard, such as twelve ounces, and call that a pound (catty). The purchaser pays for sixteen ounces and receives but twelve, but then it is openly done and is done by all dealers within the same range, so that there is no fraud, and if the people think of it at all, it is only as an "old-time custom" of the salt trade. A similar uncertainty prevails in the measurement of land. In some districts the "acre" is half as large again as in others, and those who happen to live on the boundary are obliged to keep a double set of measuring apparatus, one for each kind of "acre."

It is never safe to repeat any statement (as travellers in China are constantly led to do) in regard to the price of each "catty" of grain or cotton, until one has first informed himself what kind of "catty" they have at that point. The same holds as to the amount of any crop yielded per "acre," statistics of which are not infrequently presented in ignorance of the vital fact that "acre" is not a fixed term. That a like state of things prevails as to the terms employed to measure distance, every traveller in China is ready to testify. It is always necessary in land travel to ascertain, when the distance is given in "miles" (*li*), whether the "miles" are "large" or not! That there is *some* basis for estimates of distances we do not deny, but what we do deny is that these estimates or measurements are either accurate or uniform. It is, so far as we know, a universal experience that the moment one leaves a great imperial highway the "miles" become "long." If 120 *li* constitute a fair day's journey on the main road, then on country roads it will take fully as long to go 100 *li*, and in the mountains the whole day will be spent in getting over 80 *li*. Besides this, the method of reckoning is frequently based, not on absolute distance, even in a Chinese sense, but on the relative difficulty of getting over the ground. Thus it will be "ninety *li*" to the top of a mountain the summit of which would not actually measure half that distance from the base, and this number will be stoutly held to, on the ground that it is as much trouble to go this "ninety *li*" as it would be to do that distance on level ground. Another somewhat peculiar fact emerges in regard to linear measurements, namely, that the distance from A to B is not necessarily the same as the distance from B to A! It is vain to cite Euclidian postulates that "quantities which are equal to the same quantity are equal to each other." In China this statement requires to be modified by the insertion of a negative. We could name a section of one of the most important highways in China, which from north to south is 183 *li* in length, while from south to north it is 190 *li*, and singularly enough, this holds true no matter how often you travel it or how carefully the tally is kept! ①

Akin to this is another intellectual phenomenon, to wit, that in China it is not true that the "whole is equal to the sum of all its parts." This is especially the case in river travel. On inquiry you ascertain that it is "forty *li*" to a point ahead. Upon more careful analysis, this "forty" turns out to be

① Since this was written, we have met in Mr. Baber's "Travels in Western China" with a confirmation of the view here taken. "We heard, for instance, with incredulous ears, that the distance between two places depended upon which end one started from; and all the informants, separately questioned, would give the same differential estimate. Thus from A to B would be unanimously called one mile, while from B to A would, with equal unanimity, be set down as three. An explanation of this offered by an intelligent native was this: Carriage is paid on a basis of so many cash per mile, it is evident that a coolie ought to be paid at a higher rate if the road is uphill. Now it would be very troublesome to adjust a scale of wages rising with the gradients of the road. It is much more convenient for all parties to assume that the road in difficult or precipitous places is longer. This is what has been done, and these conventional distances are now all that the traveller will succeed in ascertaining. 'But,' I protested, 'on the same principle, wet weather must elongate the road, and it must be farther by night than by day.' 'Very true, but a little extra payment adjusts that.' This system may be convenient for the natives, but the traveller finds it a continual annoyance. The scale of distances is something like this: On level ground, one statute mile is called two *li*; on ordinary hill roads, not very steep, one mile is called five *li* on very steep roads, one mile is called fifteen *li*. The natives of Yunnan, being good mountaineers, have a tendency to underrate the distance on level ground, but there is so little of it in their country, that the future traveller need scarcely trouble himself with the consideration. It will be sufficient to assume five local *li*, except in very steep places, as being one mile."

In Mr. Little's "Through the Yang-tse Gorges," he mentions a stage which down the river was called ninety *li* while up-stream it was 120 *li*. He estimates 3.62 *li* to a statute mile, or 250 to a degree of latitude.

composed of two "eighteens," and you are struck dumb with the statement that "four nines are forty, are they not?" In the same manner, "three eighteens" make "sixty," and so on generally. We have heard of a case in which an imperial courier failed to make a certain distance in the limits of time allowed by rule, and it was set up in his defence that the "sixty *li*" were "large." As this was a fair plea, the magistrate ordered the distance measured, when it was found that it was in reality "eighty-three *li*," and it has continued to be so reckoned ever since.

Several villages scattered about at distances from a city varying from one *li* to six, may each be called "The Three-Li Village." One often notices that a distance which would otherwise be reckoned as about a *li*, if there are houses on each side of the road, is called five *li*, and every person in that hamlet will gravely assure us that such is the real length of the street.

Under these circumstances, it cannot be a matter of surprise to find that the regulation of standards is a thing which each individual undertakes for himself. The steel-yard maker perambulates the street, and puts in the little dots (called "stars") according to the preferences of each customer, who will have not less than two sets of balances, one for buying and one for selling. A ready-made balance, unless it might be an old one, is not to be had, for the whole scale of standards is in a fluid condition, to be solidified only by each successive purchaser.

The same general truth is illustrated by the statements in regard to age, particularity in which is a national trait of the Chinese. While it is easy to ascertain one's age with exactness, by the animal governing the year in which he was born, and to which he therefore "belongs," nothing is more common than to hear the wildest approximation to exactness. An old man is "seventy or eighty years of age," when you know to a certainty that he was seventy only a year ago. The fact is, that in China a person becomes "eighty" the moment he stops being seventy, and this "general average" must be allowed for, if precision is desired. Even when a Chinese intends to be exact, it will often be found that he gives his age as it will be after the next New-Year' s day—the national birthday in China. The habit of reckoning by "tens" is deep-seated, and leads to much vagueness. A few people are "ten or twenty," a "few tens," or perhaps "ever so many tens," and a strictly accurate enumeration is one of the rarest of experiences in China. The same vagueness extends upwards to "hundreds," "thousands," and "myriads," the practical limit of Chinese counting. For greater accuracy than these general expressions denote, the Chinese do not care.

An acquaintance told the writer that two men had spent "200 strings of cash" on a theatrical exhibition, adding a moment later, "It was 173 strings, but that is the same as 200—is it not?"

Upon their departure for the home land, a gentleman and his wife who had lived for several years in China, were presented by their Chinese friends with two handsome scrolls, intended not for themselves but for their aged mothers—the only surviving parents—who happened to be of exactly the same age. One of the inscriptions referred to "Happiness, great as the sea," and to "Old age, green as the perpetual pines," with an allusion in smaller characters at the side to the fact that the recipient had attained "seven decades of felicity." The other scroll contained flowery language of a similar character, but the small characters by the side complimented the lady on having enjoyed "six decades of glory." After duly admiring the scrolls, one of the persons whose mother was thus honoured, ventured to inquire of the principal actor in the presentation, why, considering the known parity of ages of the two mothers, one was assigned seventy years, and the other only sixty. The thoroughly characteristic reply was given, that to indicate upon each of two such scrolls the identical legend, "seven decades," would look as if the writers were entirely destitute of originality!

Chinese social solidarity is often fatal to what we mean by accuracy. A man who wished advice in a lawsuit told the writer that he himself "lived" in a particular village, though it was obvious from his narrative that his abode was in the suburbs of a city. Upon inquiry, he admitted that he did not *now* live in the village, and further investigation revealed the fact that the removal took place nineteen generations ago! "But do you not almost consider yourself a resident of the city now?" He was asked. "Yes," he replied simply, "we do live there now, but the old root is in that village!"

Another individual called the writer's attention to an ancient temple in his own native village, and remarked proudly, "*I* built that temple." Upon pursuing the subject, it appeared that the edifice dated from a reign in the Ming Dynasty, more than three hundred years ago, when "I" only existed in the potential mood.

One of the initial stumbling-blocks of the student of Chinese is to find a satisfactory expression for identity, as distinguished from resemblance. The whole Chinese system of thinking is based on a line of assumptions different from those to which we are accustomed, and they can ill comprehend the mania which seems to possess the Occidental to ascertain everything with unerring exactness. The Chinese does not know how many families there are in his native village, and he does not wish to know. What any human being can want to know this number for is to him an insoluble riddle. It is "a few hundreds," "several hundreds," or "not a few," but a fixed and definite number it never was and never will be.

The same lack of precision which characterises the Chinese use of numbers, is equally conspicuous in their employment of written and even of printed characters. It is not easy to procure a cheap copy of any Chinese book which does not abound in false characters. Sometimes the character which is employed is more complex than the one which should have been used, showing that the error was not due to a wish to economise work, but it is rather to be credited to the fact that ordinarily accuracy is considered as of no importance. A like carelessness of notation is met with in far greater abundance in common letters, a character being often represented by another of the same sound, the mistake being due as much to illiteracy as to carelessness.

Indifference to precision is nowhere more flagrantly manifested than in the superscription of epistles. An ordinary Chinese letter is addressed in bold characters, to "My Father Great Man," "Compassionate Mother Great Man," "Ancestral Uncle Great Man," "Virtuous Younger Brother Great Man," etc., etc., generally with no hint as to the *name* of the "Great Man" addressed.

It certainly appears singular that an eminently practical people like the Chinese should be so inexact in regard to their own personal names as observation indicates them to be. It is very common to find these names written now with one character and again with another, and either one, we are informed, will answer. But this is not so confusing as the fact that the same man often has several different names, his family name, his "style," and, strange to say, a wholly different one, used only on registering for admission to literary examinations. It is for this reason not uncommon for a foreigner to mistake one Chinese for two or three. The names of villages are not less uncertain, sometimes appearing in two or even three entirely different forms, and no one of them is admitted to be more "right" than another. If one should be an acknowledged corruption of another, they may be employed interchangeably, or the correct name may be used in official papers and the other in ordinary speech, or yet again, the corruption may be used as an adjective, forming with the original appellation a compound title.

The Chinese are unfortunately deficient in the education which comes from a more or less intimate acquaintance with chemical formulae, where the minutest precision is fatally necessary. The first generation of Chinese chemists will probably lose many of its number as a result of the process of mixing a "few tens of grains" of something with "several tens of grains" of something else, the consequence being an unanticipated earthquake. The Chinese are as capable of learning minute accuracy in all things as any nation ever was—nay, more so, for they are endowed with infinite patience—but what we have to remark of this people is that, as at present constituted, they are free from the quality of accuracy and that they do not understand what it is. If this is a true statement, two inferences would seem to be legitimate. First, much allowance must be made for this trait in our examination of Chinese historical records. We can readily deceive ourselves by taking Chinese statements of numbers and of quantities to be what they were never intended to be—exact. Secondly, a wide margin must be left for all varieties of what is dignified with the title of a Chinese "census." The whole is not greater than its parts, Chinese enumeration to the contrary notwithstanding. When we have well considered all the bearings of a Chinese "census," we shall be quite ready to say of it, as was remarked of the United States Supreme Court by a canny Scotchman who had a strong realisation of the "glorious uncertainty of the law," that it has "the last guess at the case!"

CHAPTER VII

THE TALENT FOR MISUNDERSTANDING

THIS remarkable gift of the Chinese people is first observed when the foreigner knows enough of the language to employ it as a vehicle of thought. To his pained surprise, he finds that he is not understood. He therefore returns to his studies with augmented diligence, and at the end of a series of years is able to venture with confidence to accost the general public, or any individual thereof, on miscellaneous topics. If the person addressed is a total stranger, especially if he has never before met a foreigner, the speaker will have opportunity for the same pained surprise as when he made his maiden speech in this tongue. The auditor evidently does not understand. He as evidently does not expect to understand. He visibly pays no attention to what is said, makes no effort whatever to follow it, but simply interrupts you to observe, "When you speak, we do not understand." He has a smile of superiority, as of one contemplating the struggles of a deaf-mute to utter articulate speech, and as if he would say, "Who supposed that you could be understood? It may be your misfortune and not your fault that you were not born with a Chinese tongue, but you should bear your disabilities, and not worry us with them, for when you speak we do not understand you." It is impossible to retain at all times an unruffled serenity in situations like this, and it is natural to turn fiercely on your adversary, and inquire, "Do you understand what I am saying at this moment?" "No" he replies, "I do not understand you!"

Another stage in the experience of Chinese powers of misunderstanding is reached when, although the words are distinctly enough apprehended, through a disregard of details the thought is obscured even if not wholly lost. The "Foreigner in Far Cathay" needs to lay in a copious stock of phrases which shall mean, "on this condition," "conditionally," "with this understanding," etc., etc. It is true that there do not appear to be any such phrases, nor any occasion for them felt by the Chinese, but with the foreigner it is different. The same is true in regard to the notation of tenses. The Chinese do not care for them, but the foreigner is compelled to care for them.

Of all subjects of human interest in China, the one which most needs to be guarded against misunderstanding is *money*. If the foreigner is paying out this commodity (which often appears to be the principal function of the foreigner as seen from the Chinese standpoint) a future-perfect tense is "a military necessity." "When you shall have done your work, you will receive your money." But there is no future-perfect tense in Chinese or tense of any description. A Chinese simply says, "Do work, get money," the last being the principal idea which dwells in his mind, the "time relation" being absent. Hence when he is to do anything for a foreigner he wishes his money at once, in order that he may "eat," the presumption being that if he had not stumbled on the job of this foreigner he would never have eaten any more! Eternal vigilance, we must repeat, is the price at which immunity from misunderstandings about money is to be purchased in China. Who is and who is not to receive it, at what times, in what amounts, whether in silver ingots or brass cash, what quality and weight of the former, what number of the latter shall pass as a "string"—these and other like points are those in regard to which it is morally impossible to have a too definite and fixed understanding. If the matter be a contract in which a builder, a compradore, or a boatman is to do on his part certain things and furnish certain articles, no amount of preliminary precision and exactness in explanations will come amiss.

To "cut off one's nose to spite one's face" is in China a proceeding too common to attract the least attention. A boatman or a carter who is engaged to go wherever the foreigner who hires his boat may direct, sometimes positively refuses to fulfill his contract. The inflexible obstinacy of a Chinese carter on such occasions is aptly illustrated by the behaviour of one of his mules, which, on coming to a particularly dusty place in the road, lies down with great deliberation to its dust-bath. The carter meantime lashes the mule with his whip to the utmost limit of his strength, but in vain. The mule is as indifferent as if a fly were tickling it. In considering the phenomena to which this is analogous, we have been frequently reminded of the caustic comments of De Quincey, in which, with a far too sweeping generalisation, he affirms that the Chinese race is endued with "an obstinacy like that of mules." The Chinese are not obstinate like mules, for the mule does not change his mood, while the same obstreperous carter who defies his employer in the middle of his journey, though expressly warned that his "wine-money" will be wholly withheld should he persist, is at the end of the journey ready to spend half a day in pleading and in prostrations for the favour which at a distance he treated with contemptuous scorn. That a traveller should have a written agreement with his carters, boatmen, etc., is a matter of ordinary prudence. No loophole for a possible misconstruction must be left open.

"Plain at first, afterwards no dispute" is the prudent aphorism of the Chinese. Yet the chances are that, after exhausting one's ingenuity in preliminary agreements, some occasion for misunderstanding will arise. And whatever be his care on this point, money will probably make the foreigner in China more trouble than any other single cause. Whether the Chinese concerned happen to be educated scholars or ignorant coolies, makes little difference. All Chinese are gifted with an instinct for taking advantage of misunderstandings. They find them as a January north wind finds a crack in a door, as the water finds a leak in a ship, instantly and without apparent effort. The Anglo-Saxon race is in some respects singularly adapted to develop this Chinese gift. As the ancient Persians were taught principally the two arts of drawing the long bow and speaking the truth, so the Anglo-Saxon is soon perceived by the Chinese to have a talent for veracity and doing justice as well towards enemies as towards friends. To the Chinese these qualities seem as singular as the Jewish habit of suspending all military operations every seventh day, no matter how hard-pressed they might be, must have appeared to the Romans under Titus, and the one eccentricity proves as useful to the Chinese as the other did to the Romans.

Foreign intercourse with China for the century preceding 1860 was one long illustration of the Chinese talent for misunderstanding, and the succeeding years have by no means exhausted that talent. The history of foreign diplomacy with China is largely a history of attempted explanations of matters which have been deliberately misunderstood. But in these or in other cases, the initial conviction that a foreigner will do as he has promised is deeply rooted in the Chinese mind, and flourishes in spite of whatever isolated exceptions to the rule are forced upon observation. The confidence, too, that a foreigner will act justly (also in spite of some private and many national examples to the contrary) is equally firm. But given these two fixed points, the Chinese have a fulcrum from which they may hope to move the most obstinate foreigner. "You said thus and thus." "No, I did not say so." "But I understood you to say so. We all understood you to say so. Please excuse our stupidity, and please pay the money, as you said you would." Such is the substance of thousands of arguments between Chinese and foreigners, and in ninety-seven cases out of a hundred the foreigner pays the money, just as the Chinese knew he would, in order to seem strictly truthful as well as strictly just. In the remaining three cases some other means must be devised to accomplish the result, and of these three two will succeed.

Examples of the everyday misunderstanding on all subjects will suggest themselves in shoals to the experienced reader, for their name is legion. The coolie is told to pull up the weeds in your yard, but to spare the precious tufts of grass just beginning to sprout, and in which you see visions of a longed-for turf. The careless buffalo takes a hoe and chops up every green thing he meets, making a wilderness and calling it peace. He did not "understand" you. The cook was sent a long distance to the only available market, with instructions to buy a carp and a young fowl. He returns with no fish, and three tough geese, which were what he thought you ordered. He did not "understand" you. The messenger that was sent just before the closing of the mail with an important packet of letters to the French Consulate returns with the information that the letters could not be received. He has taken them to the Belgian Consulate, and the mail has closed. He did not "understand" you.

How easy it is for the poor foreigner both to misunderstand and to be misunderstood is well illustrated in the experience of a friend of the writer, who visited a Chinese bank with the proprietors of which he was on good terms, and in the neighbourhood of which there had recently been a destructive conflagration. The foreigner congratulated the banker that the fire had not come any nearer to his establishment. On this the person addressed grew at once embarrassed and then angry, exclaiming: "What sort of talk is this? This is not a proper kind of talk!" It was not till some time afterwards that the discovery was made that the point of the offence against good manners lay in the implied hint that if the fire had come too near it might have burned the cash-shop, which would have been most unlucky, and the very contemplation of which, albeit in congratulatory language, was therefore taboo! A foreigner who was spending a short time in the capital met a drove of camels, among which was a baby camel. Turning to the driver of the cart, who had been for many years in the employ of foreigners, he said: "When you come back to the house, tell my little boy to come out and look at this little camel, as he has never seen one, and it will amuse him very much." After a considerable lapse of time, during which, as in the last case, the idea was undergoing slow fermentation, the carter replied thoughtfully: "If you should *buy* the camel, you could not *raise* it—it would be sure to die! "

The writer was once present at a service in Chinese, when the speaker treated the subject of the cure of Naaman. He pictured the scene as the great Syrian general arrived at the door of Elisha' s house, and represented the attendants striving to gain admittance for their master. Struggling to make this as pictorial as possible, the speaker cried out dramatically, on behalf of the Syrian servants, "Gatekeeper, open the door; the Syrian general has come!" To the speaker's surprise a man in the rear seat disappeared at this point as if he had been shot out, and it subsequently appeared that this person had laboured under a misunderstanding. He was the gate-keeper of the premises, and oblivious of what had gone before, on hearing himself suddenly accosted he had rushed out with commendable promptness to let in Naaman!

Not less erroneous were the impressions of another auditor of a missionary in one of the central provinces, who wished to produce a profound impression upon his audience by showing with the stereopticon a highly magnified representation of a very common parasite. As the gigantic body of this reptile, much resembling an Egyptian crocodile, was thrown athwart the canvas, one of the spectators present was heard to announce in an awed whisper the newly gained idea, “See, this is the great Foreign Louse! ”

CHAPTER VIII

THE TALENT FOR INDIRECTION

ONE of the intellectual habits upon which we Anglo-Saxons pride ourselves most is that of going directly to the marrow of a subject, and when we have reached it saying exactly what we mean. Considerable abatements must no doubt be made in any claim set up for such a habit, when we consider the usages of polite society and those of diplomacy, yet it still remains substantially true that the instinct of rectilinearity is the governing one, albeit considerably modified by special circumstances. No very long acquaintance is required with any Asiatic race, however, to satisfy us that their instincts and ours are by no means the same—in fact, that they are at opposite poles. We shall lay no stress upon the redundancy of honorific terms in all Asiatic languages, some of which in this respect are indefinitely more elaborate than the Chinese. Neither do we emphasise the use of circumlocutions, periphrases, and what may be termed aliases, to express ideas which are perfectly simple, but which no one wishes to express with simplicity. Thus a great variety of terms may be used in Chinese to indicate that a person has died, and not one of the expressions is guilty of the brutality of saying so; nor does the periphrasis depend for its use upon the question whether the person to whom reference is made is an emperor or a coolie, however widely the terms employed may differ in the two cases. Nor are we at present concerned, except in a very general way, with the quality of veracity of language. When every one agrees to use words in "a Pickwickian sense," and every one understands that every one else is doing so, the questions resulting are not those of veracity but of method.

No extended experience of the Chinese is required to enable a foreigner to arrive at the conclusion that it is impossible, from merely hearing what a Chinese says, to tell what he means. This continues to be true, no matter how proficient one may have become in the colloquial—so that he perhaps understands every phrase, and might possibly, if worst came to worst, write down every character which he has heard in a given sentence; and yet he might be unable to decide exactly what the speaker had in mind. The reason of this must of course be that the speaker did not express what he had in mind, but something else more or less cognate to it, from which he wished his meaning or a part of it to be inferred.

Next to a competent knowledge of the Chinese language, large powers of inference are essential to any one who is to deal successfully with the Chinese, and whatever his powers in this direction may be, in many instances he will still go astray, because these powers were not equal to what was required of them. In illustration of this all-pervading phenomenon of Chinese life, let us take as an illustration a case often occurring among those who are the earliest, and often by no means the least important, representatives to us of the whole nation—our servants. One morning the "Boy" puts in an appearance with his usual expressionless visage, merely to mention that one of his "aunts" is ailing, and that he shall be obliged to forego the privilege of doing our work for a few days while he is absent prosecuting his inquiries as to her condition. Now it does not with certainty follow from such a request as this that the "Boy" has no aunt, that she is not sick, and that he has not some more or less remote idea of going to see about her, but it is, to put it mildly, much more probable that the "Boy" and the cook have had some misunderstanding, and that as the prestige of the latter happened in this case to be the greater of the two, his rival takes this oblique method of intimating that he recognises the facts of the case, and retires to give place to another.

The individual who has done you a favour, for which it was impossible to arrange at the time a money payment, politely but firmly declines the gratuity which you think it right to send him in token of your obligation. What he says is that it would violate all the Five Constant Virtues for him to accept anything of you for such an insignificant service, and that you wrong him by offering it, and would disgrace him by insisting on his acceptance of it. What does this mean? It means that his hopes of what you would give him were blighted by the smallness of the amount, and that, like Oliver Twist, he "wants more." And yet it may not mean this after all, but may be an intimation that you do now, or will at some future time, have it in your power to give him something which will be even more desirable, to the acquisition of which the present payment would be a bar, so that he prefers to leave it an open question till such time as his own best move is obvious.

If the Chinese are thus guarded when they speak of their own interests, it follows from the universal dread of giving offence that they will be more cautious about speaking of others, when there is a possibility of trouble arising in consequence. Fond as they are of gossip and all kinds of small-talk, the Chinese distinguish with a ready intuition cases in which it will not do to be too communicative, and under these circumstances, especially where foreigners are concerned, they are the grave of whatever they happen to know. In multitudes of instances the stolid-looking people by whom we are surrounded could give us "points," the possession of which would cause a considerable change in our conduct towards others. But unless they clearly see in what way they are to be benefited by the result, and protected against the risks, the instinct of reticence will prevail, and our friends will maintain an agnostic silence.

Nothing is more amusing than to watch the demeanour of a Chinese who has made up his mind that it is best for him to give an intimation of something unfavourable to some one else. Things must have gone very far indeed when, even under these conditions, the communication is made in plain and unmistakable terms. What is far more likely to occur is the indirect suggestion, by oblique and devious routes, of a something which cannot, which *must* not be told. Our informant glances uneasily about as though he feared a spy in ambush. He lowers his voice to a mysterious whisper. He holds up three fingers of one hand, to shadow dimly forth the notion that the person about whom he is not speaking, but gesturing, is the third in the family. He makes vague introductory remarks, leading up to a revelation of apparent importance, and just as he gets to the climax of the case he suddenly stops short, suppresses the predicate upon which everything depends, nods significantly, as much as to say, "Now you see it, do you not?" when all the while the poor unenlightened foreigner has seen nothing, except that there is nothing whatever to see. Nor will it be strange if, after working things up to this pitch, your "informant" (falsely so called) leaves you as much in the dark as he found you, intimating that at some other time you will perceive that he is right!

It is a trait which the Chinese share with the rest of the race, to wish to keep back bad news as long as possible, and to communicate it in a disguised shape. But "good form" among Chinese requires this deception to be carried to an extent which certainly seems to us at once surprising and futile. We have known a fond grandmother, having come unexpectedly upon the whispered consultation of two friends, who had arrived expressly to break to her the news of the sad death of a grandchild away from home, to be assured with the emphasis of iteration that they were only discussing a bit of gossip, though within half an hour the whole truth came out. We have known a son, returning to his home after an absence of several months, advised by a friend in the last village at which he called before reaching his home *not* to stay and see a theatrical exhibition, from which he inferred, and rightly, that his mother was dead! We once had a Chinese letter entrusted to us for transmission to a person at a great distance from home, the contents of the missive being to the effect that during his absence the man's wife had died suddenly, and that the neighbours, finding that no one was at hand to prevent it, had helped themselves to every article in the house, which was literally left unto him desolate. Yet on the exterior of this epistle were inscribed in huge characters the not too accurate words, "A peaceful family letter"!

The Chinese talent for indirection is often exhibited in refraining from the use of numerals where they might reasonably be expected. Thus the five volumes of a book will be labelled Benevolence, Justice, Propriety, Wisdom, Confidence, because this is the invariable order in which the Five Constant Virtues are named. The two score or more volumes of K'ang Hsi's Dictionary are often distinguished, not, as we should anticipate, by the radicals which indicate their contents but by the twelve "time-cycle characters." At examinations students occupy cells designated by the thousand successive characters of the millenary classic, which has no duplicates.

Another illustration of this subject is found in the oblique terms in which references are made, both by members of her family and others, to married women. Such a woman literally has no name, but only two surnames, her husband's and that of her mother' s family. She is spoken of as "the mother of so-and-so." Thus a Chinese with whom you are acquainted, talks of the illness of "the Little Black One his mother." Perhaps you never heard in any way that he had a "Little Black One" in his household, but he takes it for granted that you must know it. If, however, there are no children, then the matter is more embarrassing. Perhaps the woman is called the "Aunt" of a "Little Black One," or by some other periphrasis. Elderly married women have no hesitation in speaking of their "Outside," meaning the one who has the care of things out of the house; but a young married woman not blessed with children is sometimes put to hard straits in the attempt to refer to her husband without intimating the connection in words. Sometimes she calls him her "Teacher," and in one case of which we have heard she was driven to the desperate expedient of dubbing her husband by the name of his business—"Oilmill says thus and so!"

A celebrated Chinese general, on his way to the war, bowed low to some frogs in a marsh which he passed, wishing his soldiers to understand that valour like that of these reptiles is admirable. To an average Occidental it might appear that this general demanded of his troop somewhat "large powers of inference," but not greater, perhaps, than will be called for by the foreigner whose lot is cast in China. About the time of a Chinese New-Year when the annual debt-paying season had arrived, an acquaintance, upon meeting the writer, made certain gestures which seemed to have a deep significance. He pointed his finger at the sky, then at the ground, then at the person whom he was addressing, and last at himself, all without speaking a word. There was certainly no excuse for misapprehending this proposition, though we are ashamed to say that we failed to take it in at its full value. He thought that there would be no difficulty in one's inferring from his pantomime that he wished to borrow a little money, and that he wished to do it so secretly that only "Heaven," "Earth," "You," and "I" would know! The phrase “eating [gluttony], drinking [of wine], lust, and gambling” denotes the four most common vices, to which is now added opium smoking. A speaker sometimes holds up the fingers of one hand and remarks, “He absorbed them all,” meaning that some one was guilty in all these ways.

It is an example of the Chinese talent for indirection, that owing to their complex ceremonial code one is able to show great disrespect for another by methods which to us seem preposterously oblique. The manner of folding a letter, for example, may embody a studied affront. The omission to raise a Chinese character above the line of other characters may be a greater indignity than it would be in English to spell the name of a person without capital letters. In social intercourse rudeness may be offered without the utterance of a word to which exception could be taken, as by not meeting an entering guest at the proper point, or by neglecting to escort him the distance suited to his condition. The omission of any one of a multitude of simple acts may convey a thinly disguised insult, instantly recognised as such by a Chinese, though the poor untutored foreigner has been thus victimised times without number, and never even knew that he had not been treated with distinguished respect! All Chinese revile one another when angry, but those whose literary talents are adequate to the task delight to convey an abusive meaning by such delicate innuendo that the real meaning may for the time quite escape observation, requiring to be digested like the nauseous core of a sugar-coated pill. Thus, the phrase *tung-hsi*—literally “east-west” means a thing, and to call a person “a thing” is abusive. But the same idea is conveyed by indirection, by saying that one is *not* “north-south,” which implies that he *is* “east-west,” that is, “a thing”!

Every one must have been struck by the wonderful fertility of even the most illiterate Chinese in the impromptu invention of plausible excuses, each one of which is in warp and woof fictitious. No one but a foreigner ever thinks of taking them seriously, or as any other than suitable devices by which to keep one’s “face.” And even the too critical foreigner requires no common ability to pursue, now in air, now in water, and now in the mud, those to whom most rigid economy of the truth has become a fixed habit. And when driven to close quarters, the most ignorant Chinese has one firm and sure defense which never fails, he can fall back on his ignorance in full assurance of escape. He "did not know," he "did not understand," twin propositions, which, like charity, cover a multitude of sins.

No more fruitful illustration of our theme could be found than that exhibited in the daily issues of the Peking *Gazette*. Nowhere is the habit of what, in classical language, is styled "pointing at a deer and calling it a horse" carried to a higher pitch, and conducted on a more generous scale. Nowhere is it more true, even in China, that "things are not what they seem," than in this marvellous lens, which, semi-opaque though it be, lets in more light on the real nature of the Chinese government than all other windows combined. If it is a general truth that a Chinese would be more likely than not to give some other than the real reason for anything, and that nothing requires more skill than to guess what is meant by what is said, this nowhere finds more perfect exemplification than in Chinese official life, where formality and artificiality are at their maximum. When a whole column of the "leading journal" of China is taken up with a description of the various aches and pains of some aged mandarin who hungers and thirsts to retire from His Majesty' s service, what does it all mean? When his urgent prayer to be relieved is refused, and he is told to go back to his post at once, what does that mean? What do the long memorials reporting as to matters of fact really connote? When a high official accused of some flagrant crime is ascertained—as per memorial printed—to be innocent, but guilty of something else three shades less blame-worthy, does it mean that the writer of the memorial was not influenced to a sufficient extent, or has the official in question really done those particular things ? Who can decide?

Firmly are we persuaded that the individual who can peruse a copy of the Peking *Gazette* and, while reading each document, can form an approximately correct notion as to what is really behind it, knows more of China than can be learned from all the works on this Empire that ever were written. But is there no reason to fear that by the time any outside barbarian shall have reached such a pitch of comprehension of China as this implies, we shall be as much at a loss to know what *he* meant by what *he* said, as if he were really Chinese?

CHAPTER IX

FLEXIBLE INFLEXIBILITY

THE first knowledge which we acquire of the Chinese is derived from our servants. Unconsciously to themselves, and not always to our satisfaction, they are our earliest teachers in the native character, and the lessons thus learned we often find it hard to forget. But in proportion as our experience of the Chinese becomes broad, we discover that the conclusions to which we had been insensibly impelled by our dealings with a very narrow circle of servants are strikingly confirmed by our wider knowledge, for there is a sense in which every Chinese may be said to be an epitome of the whole race. The particular characteristic with which we have now to deal, although not satisfactorily described by the paradoxical title which seems to come nearest to an adequate expression, can easily be made intelligible by a very slight description.

Of all the servants employed in a foreign establishment in China, there is no one who so entirely holds the peace of the household in the hollow of his hands, as the cook. His aspect is the personification of deference as he is told by his new mistress what are the methods which she wishes him to employ, and what methods she most emphatically does *not* wish employed. To all that is laid down as the rule of the establishment he assents with a cordiality which is prepossessing, not to say winning. He is, for example, expressly warned that the late cook had a disagreeable habit of putting the bread into the oven before it was suitably raised, and that as this is one of the details on which a mistress feels bound to insist, he and his mistress parted. To this the candidate responds cheerfully, showing that whatever his other faults may be, obstinacy does not seem to be one of them. He is told that dogs, loafers, and smoking will not be tolerated in the kitchen ; to which he replies that he hates dogs, has never learned to smoke, and being a comparative stranger, has but few friends in the city, and none of them are loafers. After these preliminaries his duties begin, and it is but a few days before it is discovered that this cook is a species of "blood brother" of the last one in the item of imperfectly risen bread, that there is an unaccountable number of persons coming to and departing from the kitchen, many of them accompanied by dogs, and that a not very faint odour of stale tobacco is one of the permanent assets of the establishment. The cook cordially admits that the bread is not quite equal to his best, but is sure that it is *not* due to imperfect kneading. He is particular on that point. The strangers seen in the kitchen are certain "yard brothers" of the coolie, but none of them had dogs, and they are all gone now and will not return—though they are seen again next day. Not one of the servants ever smokes, and the odour must have come over the wall from the establishment of a man whose servants are dreadful smokers. The cook is the personification of reasonableness, but as there is nothing to change he does not know how to change it.

The same state of things holds with the coolie who is set to cut the grass with a foreign sickle, bright and sharp. He receives it with a smile of approval, and is seen later in the day doing the work with a Chinese reaping-machine, which is a bit of old iron about four inches in length, fitted to a short handle. "The old," he seems to say, "is better." The washerman is provided with a foreign washing-machine, which economises time, soap, labour, and, most of all, the clothing to be washed. He is furnished with a patent wringer which requires no strength, and does not damage the fabrics. The washing-machine and the wringer are alike suffered to relapse into "innocuous desuetude," and the washerman continues to scrub and wrench the garments into holes and shreds as in former days. Eternal vigilance is the price at which innovations of this nature are to be defended.

The gardener is told to repair a decayed wall by using some adobe bricks which are already on hand, but he thinks it better to use the branches of trees buried a foot deep in the top of the wall, and accordingly does so, explaining, if he is questioned, the superiority of his method. The messenger who is employed to take an important mail to a place several days' journey distant, receives his packages late in the evening, that he may start the next morning by daylight. The next afternoon he is seen in a neighbouring alley, and on being sent for and asked what he means, he informs us that he was obliged to take a day and wash his stockings! It is the same experience with the carter whom you have hired by the day. He is told to go a particular route, to which, like all others in the cases supposed, he assents, and takes you by an entirely different one, because he has heard from some passing stranger that the other was not so good. Cooks, coolies, gardeners, carters—all agree in distrusting *our* judgment, and in placing supreme reliance upon their own.

Phenomena illustrating our subject are constantly observed wherever there is a foreign dispensary and hospital. The patient is examined carefully and prescribed for, receives his medicine in a specified number of doses, with directions thrice repeated to avoid mistakes, as to the manner in which and times at which it is to be taken. Lest he should forget the details, he returns once or twice to make sure, goes home and swallows the doses for two days at a gulp, because the excellence of the cure *must* be in the direct ratio of the dose. The most minute and emphatic cautions against disturbing a plaster jacket are not sufficient to prevent its summary removal, because the patient does not wish to become a "turtle," and have a hard shell grow to his skin.

It is not a very comforting reflection, but it is one which seems to be abundantly justified by observation, that the opinion of the most ignorant assistant in a dispensary seems (and therefore is) to the average patient as valuable as that of the physician in charge, though the former may not be able to read a character, does not know the name of a drug or the symptoms of any disease, and though the latter may have been decorated with all the letters in the alphabet of medical titles, and have had a generation of experience. Yet a hint from the gatekeeper or the coolie may be sufficient to secure the complete disregard of the directions of the physician, and the adoption of something certainly foolish, and possibly fatal.

Thus far, we have spoken of instances of inflexibility in which foreigners are concerned, for those are the ones to which our attention is soonest drawn, and which possess for us the most practical interest.

But the more our observation is directed to the relations of the Chinese to one another, through which if anywhere their true dispositions are to be manifested, the more we perceive that the state of things indicated by the expressive Chinese phrase "Outwardly is, inwardly is not," is not exceptional. Chinese servants are yielding and complaisant to Chinese masters, as Chinese servants are to foreign masters, but they have no idea of not doing things in their own way, and it is not unlikely that their masters never for a moment suppose that their orders will be literally obeyed. A foreign employer requires his employees to do exactly as they are told, and because they do not do so he is in a state of chronic hostility to some of them. A friend of the writer who had one of that numerous class of servants who combine extreme faithfulness with extreme mulishness—thus making themselves an indispensably necessary nuisance—happily expressed a dilemma into which the masters of such servants are often brought, when he remarked that as regarded that particular "Boy," he was in a condition of chronic indecision, whether to kill him or to raise his wages! The Chinese master knows perfectly well that his commands will be ignored in various ways, but he anticipates this inevitable result as one might set aside a reserve for bad debts, or allow a margin for friction in mechanics.

The same greater or less disregard of orders appears to prevail through all the various ranks of Chinese officials in their relations to one another, up to the very topmost round. There are several motives any one of which may lead to the contravening of instructions, such as personal indolence, a wish to oblige friends, or, most potent of all, the magnetic influence of cash. A district magistrate who lived in a place where the water is brackish, ordered his servant to take a water-cart and draw water from a river several miles distant. The servant did nothing of the kind, but merely went to a village where he knew the water to be sweet, and provided the magistrate with as much as he wanted of this fluid, to the saving of two thirds the distance and to the entire satisfaction of all parties. If the magistrate had known to a certainty that he was disobeyed, it is not probable that he would have uttered a whisper on the subject so long as the water was good. In China "the cat that catches the rat is the good cat." Nothing succeeds like success. The dread of giving offence and the innate Chinese instinct of avoiding a disturbance would prevent misdemeanours of disobedience from being reported, though five hundred people might be in the secret. That was a typical Chinese servant who, having been told to empty the water from a cistern into something which would save it for future use, was found to have poured it all into a well! Thus he contrived to preserve the shell of conformity, with the most absolute negation of any practical result. Dr. Rennie mentions the case of an official at Amoy, who cut in two an Imperial proclamation, posting the last part first, so that it could not easily be read. Such devices are common in matters concerning foreigners, whom mandarins seldom wish to please.

It is easy to see how such a policy of evasion may come into collision with the demands of justice. The magistrate sentences a criminal to wear a heavy wooden collar for a period of two months, except at night, when it is to be removed. By the judicious expenditure of cash "where it will do the most good," this order is only so far carried out that the criminal is decorated with the cangue at such times as the magistrate is making his entrance to and his exit from the yamên. At all other times the criminal is quite free from the obnoxious burden. Does the magistrate not suspect that his sentence will be defeated by bribery, and will he slip out the back way in order to come upon the explicit proof of disobedience? By no means. The magistrate is himself a Chinese, and he knew when the sentence was fixed that it would not be regarded, and with this in mind he made the term twice as long as it might otherwise have been. This seems to be a sample of the intricacies of official intercourse in all departments, as exemplified by what foreigners continually observe. The higher officer orders the lower to see that a certain step is taken. The lower official reports respectfully that it has been done. Meanwhile nothing has been done at all. In many cases this is the end of the matter. But if there is a continued pressure from some quarter, and the orders are urgent, the lower magistrate transmits the pressure to those still lower, and throws the blame upon them, until the *momentum* of the pressure is exhausted, and then things go on just as they were before. This is called "reform," and is often seen on a great scale, as in the spasmodic suppression of the sale of opium, or of the cultivation of the poppy, with results which are known to all.

There are doubtless those to whom the Chinese seem the most "obstinate" of peoples, and to such the adjective "flexible," which we have employed to characterise the "inflexibility" of the Chinese, will appear singularly inappropriate. Nevertheless, we must repeat the conviction that the Chinese are far from being the most obstinate of peoples, and that they are in fact far less obstinate than the Anglo-Saxons. We call them "flexible" because, with a "firmness" like that of mules, they unite a capacity of bending of which the Anglo-Saxon is frequently destitute.

No better illustration of this talent of the Chinese for "flexibility" can be cited, than their ability to receive *gracefully* a reproof. Among the Anglo-Saxon race it is a lost art, or rather it is an art that was never discovered. But the Chinese listens patiently, attentively, even cordially, while you are exposing to him his own shortcomings, assents cheerfully, and adds, "I am in fault, I am in fault." Perhaps he even thanks you for your kindness to his unworthy self, and promises that the particulars which you have specified shall be immediately, thoroughly, permanently reformed. These fair promises you well know to be "flowers in the mirror, and the bright moon in the water," but despite their unsubstantial nature, it is impossible not to be mollified therewith, and this, be it noted, is the object for which they were designed.

Few comparisons of the sort hit the mark more exactly than that which likens the Chinese to the bamboo. It is graceful, it is everywhere useful, it is supple, and it is hollow. When the east wind blows it bends to the west. When the west wind blows it bends to the east. When no wind blows it does not bend at all. The bamboo plant is a grass. It is easy to tie knots in grasses. It is difficult, despite its suppleness, to tie knots in the bamboo plant. Nothing in nature is more flexible than a human hair. It can be drawn out a large percentage of its own length, and when the tactile force is withdrawn, it at once contracts. It bends in any direction by its own weight alone. There is a certain growth of hair on many human heads which consists of definite tufts, quite persistent in the direction of their growth, and generally incapable of any modification. Such a growth is vulgarly called a "cow-lick," and as it cannot be controlled, the remaining hairs, however numerous they may be, must be arranged with reference thereto. If the planet on which we dwell be considered as a head, and the several nations as the hair, the Chinese race is a venerable cow-lick, capable of being combed, clipped, and possibly shaved, but which is certain to grow again just as before, and the general direction of which is not likely to be changed.

CHAPTER X

INTELLECTUAL TURBIDITY

IN speaking of "intellectual turbidity" as a Chinese characteristic, we do not wish to be understood as affirming it to be a peculiarity of the Chinese, or that all Chinese possess it. Taken as a whole, the Chinese people seem abundantly able to hold their own with any race now extant, and they certainly exhibit no weakness of the intellectual powers, nor any tendency to such a weakness. At the same time it must be borne in mind that education in China is restricted to a very narrow circle, and that those who are but imperfectly educated, or who are not educated at all, enjoy in the structure of the Chinese language what is called by the lawyers an "accessory before the fact" to any most flagrant intellectual turbidity of which they may be disposed to be guilty.

Chinese nouns, as is by this time known to several, appear to be indeclinable. They are quite free from "gender" and "case." Chinese adjectives have no degrees of comparison. Chinese verbs are not hampered by any "voice," "mode," "tense," "number," or "person." There is no recognisable distinction between nouns, adjectives, and verbs, for any character may be used indiscriminately in either capacity (or incapacity), and no questions asked. We are not about to complain that the Chinese language cannot be made to convey human thought, nor that there are wide ranges of human thought which it is difficult or impossible to render intelligible in the Chinese language (though this appears to be a truth), but only to insist that such a language, so constructed, invites to "intellectual turbidity" as the incandescent heats of summer gently woo to afternoon repose.

Nothing is more common in conversation with an uneducated Chinese than to experience extreme difficulty in ascertaining what he is talking about. At times his remarks appear to consist exclusively of predicates, which are woven together in an intricate manner, the whole mass seeming, like Mohammed' s coffin, to hang in the air, attached to nothing whatever. To the mind of the speaker, the omission of a nominative is a point of no consequence. *He* knows what he is talking about, and it never occurs to him that this somewhat important item of information is not conveyed to the mind of his auditor by any kind of intuition. It is remarkable what expert guessers long practice has made most Chinese, in reading a meaning into words which do not convey it, by the simple practice of supplying subjects or predicates as they happen to be lacking. It is often the most important word in the whole sentence which is suppressed, the clue to which may be entirely unknown. There is very frequently nothing in the form of the sentences, the manner of the speaker, his tone of voice, nor in any concomitant circumstance, to indicate that the subject has changed, and yet one suddenly discovers that the speaker is not now speaking of himself as he was a moment ago, but of his grandfather who lived in the days of Tao Kuang. How the speaker got there and also how he got back again, often remains an insoluble mystery, but we see the feat accomplished every day. To a Chinese there is nothing more remarkable in a sudden, invisible leap, without previous notice, from one topic, one person, one century to another, than in the ability of a man who is watching an insect on the window-pane to observe at the same time and without in the least deflecting his eyes, a herd of cattle situated in the same line of vision on a distant hill.

The fact that Chinese verbs have no tenses, and that there is nothing to mark transitions of time, or indeed of place, does not tend to clarify one's perceptions of the inherently turbid. Under such circumstances the best the poor foreigner can do, who wishes to keep up the appearance at least of following in the train of the vanished thought, is to begin a series of catechetical inquiries, like a frontier hunter "blazing" his way through a pathless forest with a hatchet. "Who was this person that you are talking about now?" This being ascertained, it is possible to proceed to inquire, "Where was this?" "When was it?" "What was it that this man did?" "What was it that they did about it?" "What happened then?" At each of these questions your Chinese friend gazes at you with a bewildered and perhaps an appealing look, as if in doubt whether you have not parted with all your five senses. But a persistent pursuit of this silken thread of categorical inquiry will make it the clue of Ariadne in delivering one from many a hopeless labyrinth.

To the uneducated Chinese any idea whatever comes as a surprise, for which it is by no means certain that he will not be totally unprepared. He does not understand, because he does not expect to understand, and it takes him an appreciable time to get such intellectual forces as he has into a position to be used at all. His mind is like a rusty old smooth-bore cannon mounted on a decrepit carriage, which requires much hauling about before it can be pointed at anything, and then it is sure to miss fire. Thus when a person is asked a simple question, such as "How old are you?" he gazes vacantly at the questioner, and asks in return, "I?" To which you respond, "Yes, you." To this he replies with a summoning up of his mental energies for the shock, "How old?" "Yes, how old?" Once more adjusting the focus, he inquires, "How old am I?" "Yes," you say, "how old are you?" "Fifty-eight," he replies, with accuracy of aim, his piece being now in working order.

A prominent example of intellectual turbidity is the prevalent habit of announcing as a reason for a fact, the fact itself. "Why do you not put salt into bread-cakes?" you ask of a Chinese cook. "We do not put salt into bread-cakes," is the explanation. "How is it that with so much and such beautiful ice in your city none of it is stored up for winter?" "No, we do not store up ice for winter in our city." If the Latin poet who observed, "Happy is he who is able to know the reasons of things," had lived in China, he might have modified his dictum so as to read, "Unhappy is the man who essays to find out the reasons of things."

Another mark of intellectual torpor is the inability of an ordinary mind to entertain an idea, and then pass it on to another in its original shape. To tell A something which he is to tell B, in order that C may govern his actions thereby, is in China one of the most fatuous of undertakings. Either the message will never be delivered at all, because the parties concerned did not understand that it was of importance, or it reaches C in such a shape that he cannot comprehend it, or in a form totally at variance with its original. To suppose that three cogs in so complicated a piece of machinery are capable of playing into each other without such friction as to stop the works, is to entertain a very wild hope. Even minds of considerable intelligence find it hard to take in and then give out an idea without addition or diminution, just as clear water is certain to refract the image of a straight stick as if it were a broken one.

Illustrations of these peculiarities will meet the observant foreigner at every turn. "Why did he do so?" you inquire in regard to some preposterous act. "Yes," is the compendious reply. There is a certain numeral word in constant use, which is an aggravating accessory to vague replies. It signifies both interrogatively, "How many?" and affirmatively, "Several." "How many days have you been here?" you ask. "Yes, I have been here several days," is the reply. Of all the ambiguous words in the Chinese language, probably the most ambiguous is the personal (or impersonal) pronoun *t'a*, which signifies promiscuously "he," "she," or "it." Sometimes the speaker designates the subject of his remarks by vaguely waving his thumb in the direction of the subject's home, or towards the point where he was last heard of. But more frequently the single syllable *t'a* is considered wholly sufficient as a relative, as a demonstrative pronoun, and as a specifying adjective. Under these circumstances, the talk of a Chinese will be like the testimony of a witness in an English court, who described a fight in the following terms: "He'd a stick, and he'd a stick, and he w'acked he, and he w'acked he, and if he'd a w'acked he as hard as he w'acked he, he'd a killed he, and not he he."

"Why did you not come when you were called?" you venture to inquire of a particularly negligent servant. "Not on account of any reason," he answers, with what appears to be frank precision. The same state of mental confusion leads to a great variety of acts, often embarrassing, and to a well-ordered Occidental intellect always irritating. The cook makes it a matter of routine practice to use up the last of whatever there may be in his charge, and then serves the next meal minus some invariable concomitant. When asked what he means by it, he answers ingenuously that *there was no more*. "Then why did you not ask for more in time?" "I did not ask for any more," is his satisfactory explanation. The man to whom you have paid a sum of cash in settlement of his account, going to the trouble of unlocking your safe and making change with scrupulous care, sits talking for "an old half-day" on miscellaneous subjects, and then remarks with nonchalance, "I have still another account besides this one." "But why did you not tell me when I had the safe open, so that I could do it all at once?" "Oh, I thought that account and this one had nothing to do with each other!" In the same way a patient in a dispensary who has taken a liberal allowance of the time of the physician, retires to the waiting-room, and when the door is next opened advances to re-enter. Upon being told that his case has been disposed of, he observes, with delightful simplicity, "But I have got another different disease besides that one!"

An example of what seems to us immeasurable folly, is the common Chinese habit of postponing the treatment of diseases because the patient happens to be busy, or because the remedy would cost something. It is often considered cheaper to undergo severe and repeated attacks of intermittent fever, than to pay ten cash—about one cent—for a dose of quinia, morally certain to cure. We have seen countless cases of the gravest diseases sometimes nourished to the point where they became fatal simply to save time, when they might have been cured gratuitously.

A man living about half a mile from a foreign hospital, while away from home contracted some eye trouble, and waited in agony for more than two weeks after his return before coming for treatment, hoping each day that the pain would stop, instead of which, one eye was totally destroyed by a corneal ulcer.

Another patient, who had been under daily treatment for a deeply ulcerated neck, mentioned *on the eighteenth day* that his leg prevented his sleeping. Upon examination he was found to have there ulcer about the size and depth of a teacup! When his neck was well he was intending to speak about his leg!

Many such phenomena of Chinese life may serve to remind one of a remark in one of the novels of Charles Reade, that "Mankind are not lacking in intelligence, but they have one intellectual defect—they are Muddle-heads!"

A Chinese education by no means fits its possessors to grasp a subject in a comprehensive and practical manner. It is popularly supposed in Western lands that there are certain preachers of whom it can be truthfully affirmed that if their text had the smallpox, the sermon would not catch it. The same phenomenon is found among the Chinese in forms of peculiar flagrance. Chinese dogs do not as a rule take kindly to the pursuit of wolves, and when a dog is seen running after a wolf it is not unlikely that the dog and the wolf will be moving, if not in opposite directions, at least at right angles to each other. Not without resemblance to this oblique chase, is the pursuit by a Chinese speaker of a perpetually retreating subject. He scents it often, and now and then he seems to be on the point of overtaking it, but he retires at length, much wearied, without having come across it in any part of his course.

China is the land of sharp contrasts, the very rich and the wretchedly poor, the highly educated and the utterly ignorant, living side by side. Those who are both very poor and very ignorant, as is the fate of millions, have indeed so narrow a horizon that intellectual turbidity is compulsory. Their existence is merely that of a frog in a well, to which even the heavens appear only as a strip of darkness. Ten miles from their native place many such persons have never been, and they have no conception of any conditions of life other than those by which they have always been surrounded. In many of them even that instinctive curiosity common to all races seems dormant or blighted. Many Chinese, who know that a foreigner has come to live within a mile from their homes, never think to inquire where he came from, who he is, or what he wants. They know how to struggle for an existence, and they know nothing else. They do not know whether they have three souls, as is currently supposed, or one, or none, and so long as the matter has no relation to the price of grain, they do not see that it is of any consequence whatever. They believe in a future life in which the bad will be turned into dogs and insects, and they also believe in annihilation pure and simple, in which the body becomes dirt, and the soul if there be one fades into the air. They are the ultimate out-come of the forces which produce what is in Western lands called a "practical man," whose life consists of two compartments, a stomach and a cash-bag. Such a man is the true positivist, for he cannot be made to comprehend anything which he does not see or hear, and of causes as such he has no conception whatever. Life is to him a mere series of facts, mostly disagreeable facts, and as for anything beyond, he is at once an atheist, a polytheist, and an agnostic. An occasional prostration to he knows not what, or perhaps an offering of food to he knows not whom, suffices to satisfy the instinct of dependence, but whether this instinct finds even this expression will depend largely upon what is the custom of those about him. In him the physical element of the life of man has alone been nourished, to the utter exclusion of the psychical and the spiritual. The only method by which such beings can be rescued from their torpor is by a transfusion of a new life, which shall reveal to them the sublime truth uttered by the ancient patriarch, "There is a spirit in man," for only thus is it that "the inspiration of the Almighty gives them understanding."

CHAPTER XI

THE ABSENCE OF NERVES

IT is a very significant aspect of modern civilisation which is expressed in the different uses of the word "nervous." Its original meaning is "possessing nerve; sinewy; strong; vigorous." One of its derivative meanings, and the one which we by far most frequently meet, is, "Having the nerves weak or diseased; subject to, or suffering from, undue excitement of the nerves; easily excited; weakly." The varied and complex phraseology by which the peculiar phases of nervous diseases are expressed has become by this time familiar in our ears as household words. There is no doubt that civilisation, as exhibited in its modern form, tends to undue nervous excitement, and that nervous diseases are relatively more common than they were a century ago.

But what we have now to say does not concern those who are specially subject to nervous diseases, but to the general mass of Occidentals, who, while not in any specific condition of ill health, are yet continually reminded in a great variety of ways that their nervous systems are a most conspicuous part of their organisation. We allude, in short, to people who are "nervous," and we understand this term to include *all* our readers. To the Anglo-Saxon race, at least, it seems a matter of course that those who live in an age of steam and of electricity must necessarily be in a different condition, as to their nerves, from those who lived in the old slow days of sailing-packets and of mail-coaches. Ours is an age of extreme activity. It is an age of rush. There is no leisure so much as to eat, and the nerves are kept in a state of constant tension, with results which are sufficiently well known.

Business men in our time have an eager, restless air (at least those who do their business in Occidental lands), as if they were in momentary expectation of a telegram—as they often are—the contents of which may affect their destiny in some fateful way. We betray this unconscious state of mind in a multitude of acts. We cannot sit still, but we must fidget. We finger our pencils while we are talking, as if we ought at this particular instant to be rapidly inditing something that it be forever too late. We rub our hands together as if preparing for some serious task, which is about to absorb all our energies. We twirl our thumbs, we turn our heads with the swift motion of the wild animal which seems to fear that something dangerous may have been left unseen. We have a sense that there is something which we ought to be doing now, and into which we shall proceed at once to plunge as soon as we shall have dispatched six other affairs of even more pressing importance. The effect of overworking our nerves shows itself not mainly in such affections as "fiddler's cramp," "telegrapher's cramp," "writer's cramp," and the like, but in a general tension. We do not sleep as we once did, either as regards length of time or soundness of rest. We are wakened by slight causes, and often by those which are exasperatingly trivial, such as the twitter of a bird on a tree, a chance ray of light straggling into our darkened rooms, the motion of a shutter in the breeze, the sound of a voice, and when sleep is once interrupted it is banished. We have taken our daily life to rest with us, and the result is that we have no real rest. In an age when it has become a kind of aphorism that a bank never succeeds until it has a president who takes it to bed with him, it is easy to understand that while the shareholders reap the advantage, it is bad for the president.

We have mentioned thus fully these familiar facts of our everyday Western life, to point the great contrast to them which one cannot help seeing, and feeling too, when he begins to become acquainted with the Chinese. It is not very common to dissect dead Chinese, though it has doubtless been done, but we do not hear of any reason for supposing that the nervous anatomy of the "dark-haired race" differs in any essential respect from that of the Caucasian. But though the nerves of a Chinese as compared with those of the Occidental may be, as the geometricians say, "similar and similarly situated," nothing is plainer than that they are nerves of a very different sort from those with which we are familiar.

It seems to make no particular difference to a Chinese how long he remains in one position. He will write all day like an automaton. If he is a handicraftsman, he will stand in one place from dewy morn till dusky eve, working away at his weaving, his gold-beating, or whatever it may be, and do it every day without any variation in the monotony, and apparently with no special consciousness that there is any monotony to be varied. In the same way Chinese school-children are subjected to an amount of confinement, unrelieved by any recesses or change of work, which would soon drive Western pupils to the verge of insanity. The very infants in arms, instead of squirming and wriggling as our children begin to do almost as soon as they are born, lie as impassive as so many mud gods. And at a more advanced age, when Western children would vie with the monkey in its wildest antics, Chinese children will often stand, sit, or squat in the same posture for a great length of time.

It seems to be a physiological fact that to the Chinese exercise is superfluous. They cannot understand the desire which seems to possess all classes of foreigners alike, to walk when there is no desire to go anywhere; much less can they comprehend the impulse to race over the country at the risk of one's life, in such a singular performance as that known as a "paper hunt," representing "hare and hounds"; or the motive which impels men of good social position to stand all the afternoon in the sun, trying to knock a base-ball to some spot where it shall be inaccessible to some other persons, or, on the other hand, struggling to catch the same ball with celerity, so as to "kill" another person on his "base!" A Cantonese teacher asked a servant about a foreign lady whom he had seen playing tennis: "How much is she *paid* for rushing about like that?" On being told "Nothing," he would not believe it. Why any mortal should do acts like this, when he is abundantly able to hire coolies to do them for him, is, we repeat, essentially incomprehensible to a Chinese, nor is it any more comprehensible to him because he has heard it explained.

In the item of sleep, the Chinese establishes the same difference between himself and the Occidental as in the directions already specified. Generally speaking, he is able to sleep anywhere. None of the trifling disturbances which drive us to despair annoy him. With a brick for a pillow, he can lie down on his bed of stalks or mud bricks or rattan and sleep the sleep of the just, with no reference to the rest of creation. He does not want his room darkened, nor does he require others to be still. The "infant crying in the night" may continue to cry for all he cares, for it does not disturb him. In some regions the entire population seem to fall asleep, as by a common instinct (like that of the hibernating bear), during the first two hours of summer afternoons, and they do this with regularity, no matter where they may be. At two hours after noon the universe at such seasons is as still as at two hours after midnight. In the case of most working people, at least, and also in that of many others, position in sleep is of no sort of consequence. It would be easy to raise in China an army of a million men—nay, often millions tested by competitive examination as to their capacity to go to sleep across three wheelbarrows, with head downwards, like a spider, their mouths wide open and a fly inside!

Beside this, we must take account of the fact that in China breathing seems to be optional. There is nowhere any ventilation worth the name, except when a typhoon blows the roof from a dwelling, or when a famine compels the owner to pull the house down to sell the timbers. We hear much of Chinese overcrowding, but overcrowding is the normal condition of the Chinese, and they do not appear to be inconvenienced by it at all, or in so trifling a degree that it scarcely deserves mention. If they had an outfit of Anglo-Saxon nerves, they would be as wretched as we frequently suppose them to be.

The same freedom from the tyranny of nerves is exhibited in the Chinese endurance of physical pain. Those who have any acquaintance with the operations in hospitals in China, know how common, or rather how almost universal, it is for the patients to bear without flinching a degree of pain from which the stoutest of us would shrink in terror. It would be easy to expand this topic alone into an essay, but we must pass it by, merely calling attention to a remark of George Eliot's, in one of her letters. "The highest calling and election," she says—irritated, no doubt, by theological formulas for which she had no taste—"is to do without opium, and to bear pain with clear-eyed endurance." If she is right, there can be little doubt that most

Chinese, at least, have made their calling and election sure.

It is a remark of Mrs. Browning's, that "Observation without sympathy is torture." So it doubtless is to persons of a sensitive organisation like the distinguished poetess, as well as to a multitude of others of her race. An Occidental does not like to be watched, especially if he is doing any delicate or difficult work. But perhaps a Chinese does his best work under close observation. We all of us grow rapidly weary of being stared at by the swarms of curious Chinese who crowd about a foreigner, in every spot to which foreigners do not commonly resort. We often declare that we shall "go wild" if we cannot in some way disperse those who are subjecting us to no other injury than that of unsympathetic observation. But to the Chinese this instinctive feeling of the Occidental is utterly incomprehensible. He does not care how many people see him, nor when, nor for how great a length of time and he cannot help suspecting that there must be something wrong about persons who so vehemently resent mere inspection.

It is not alone when he sleeps that an Occidental requires quiet, but most of all when he is sick. Then, if never before, he demands freedom from the annoyance of needless noises. Friends, nurses, physicians, all conspire to insure this most necessary condition for recovery; and if recovery is beyond hope, then more than ever is the sufferer allowed to be in as great peace as circumstances admit. Nothing in the habits of the Chinese presents a greater contrast to those of Westerners, than the behaviour of the Chinese to one another in cases of sickness. The notification of the event is a signal for all varieties of raids upon the patient from every quarter, in numbers proportioned to the gravity of the disease. Quiet is not for a moment to be thought of, and, strange to say, no one appears to desire it. The bustle attendant upon the arrival and departure of so many guests, the work of entertaining them, the wailings of those who fear that a death is soon to take place, and especially the pandemonium made by priests, priestesses, and others to drive away the malignant spirits, constitute an environment from which death would be to most Europeans a happy escape. Occidentals cannot fail to sympathies with the distinguished French lady who sent word to a caller that she "begged to be excused, as she was engaged in dying." In

China such an excuse would never be offered, nor, if it were offered, would it be accepted.

It remains to speak of the worries and anxieties to which humanity is everywhere subjected in this distracted world. The Chinese are not only as accessible to these evils as any other people, but far more so. The conditions of their social life are such that in any given region there is a large proportion who are always on the ragged edge of ruin. A slight diminution of the rainfall means starvation to hundreds of thousands. A slight increase in the rainfall means the devastation of their homes by destructive floods, for which there is no known remedy. No Chinese is safe from the entanglement of a lawsuit, which, though he be perfectly innocent, may work his ruin. Many of these disasters are not only seen, but their stealthy and steady approach is perceived, like the gradual shrinking of the iron shroud. To us nothing is more dreadful than the momentary expectation of a calamity which cannot be forefended, and which may bring all that is horrible in its train. The Chinese face these things, perhaps because they seem to be inevitable, with a "clear-eyed endurance," which is one of the most remarkable phenomena of the race. Those who have witnessed the perfectly quiet starvation of millions in times of devastating famine will be able to understand what is here meant. To be fully appreciated, it must be seen, but seen on no matter what scale, it is as difficult for an Occidental really to understand it as it is for a Chinese truly to understand the idea of personal and social liberty, which the Anglo-Saxon has inherited and developed.

In whatever aspect we regard them, the Chinese are and must continue to be to us more or less a puzzle, but we shall make no approach to comprehending them until we have it settled firmly in our minds that, as compared with us, they are gifted with the "absence of nerves." What the bearing of this pregnant proposition may be on the future impact of this race with our own—an impact likely to become more violent as the years go by—we shall not venture to conjecture. We have come to believe, at least in general, in the survival of the most fit. Which is the best adapted to survive in the struggles of the twentieth century, the "nervous" European, or the tireless, all-pervading, and phlegmatic Chinese?

CHAPTER XII

CONTEMPT FOR FOREIGNERS

IT is difficult for the European traveller who visits the city of Canton for the first time, to realise the fact that this Chinese emporium has enjoyed regular intercourse with Europeans for a period of more than three hundred and sixty years. During much the greater part of that time there was very little in the conduct of any Western nation in its dealings with the Chinese of which we have any reason to be proud. The normal attitude of the Chinese towards the people of other lands who chose to come to China for any purpose whatever, has been the attitude of the ancient Greeks to every nation not Grecian, considering and treating them as "barbarians." It is only since 1860, by a special clause in the treaties, that a character which signifies "barbarian," and which the Chinese had been in the habit of employing in official documents as synonymous with the word "foreign," was disallowed.

It must always be remembered in connection with the behaviour of the Chinese towards outside nations of the West, that the Chinese had for ages been surrounded only by the most conspicuous inferiority, and had thus been flattered in the most dangerous because the most plausible and therefore the most effective, way. Finding, as they did, that the foreigners with whom they came into contact could be alternately cajoled and bullied into conforming to the wishes of the Chinese, the latter were but confirmed in their conviction of their own unspeakable superiority, and invariably acted upon this theory, until compelled by the capture of Peking to do otherwise. Since that time, although only a generation has passed away, great changes have come over China, and it might be supposed that now at length foreign civilisation and foreigners would be appreciated by the Chinese at their full value. No very extended or intimate acquaintance with the Chinese people is needed, however, to convince any candid observer that the present normal attitude of the Chinese mind, official and unofficial, towards foreigners, is not one of respect. If the Chinese do not feel for us an actual contempt, they do feel condescension, and often unintentionally manifest it. It is this phenomenon with which we have now to deal.

The first peculiarity which the Chinese notice in regard to foreigners is their dress, and in this we think no one will claim that we have much of which we can be proud. It is true that all varieties of the Oriental costume seem to us to be clumsy, pendulous, and restrictive of "personal liberty," but that is because our requirements in the line of active motion are utterly different from those of any Oriental people. When we consider the Oriental modes of dress as adapted to Orientals, we cannot help recognising the undoubted fact that for Orientals this dress is exactly suited. But when Orientals, and especially Chinese, examine our costume, they find nothing whatever to admire, and much to excite criticism, not to say ridicule. It is a postulate in Oriental dress that it shall be loose, and shall be draped in such a way as to conceal the contour of the body. A Chinese gentleman clad in a short frock would not venture to show himself in public, but numbers of foreigners are continually seen in every foreign settlement in China, clad in what are appropriately styled "monkey jackets." The foreign sack-coat, the double-breasted frock-coat (not a single button of which may be in use), and especially the hideous and amorphous abortion called a "dresscoat," are all equally incomprehensible to the Chinese, particularly as some of these garments do not pretend to cover the chest, which is the most exposed part of the body, made still more exposed by the unaccountable deficiencies of a vest cut away so as to display a strip of linen. Every foreigner in China is seen to have two buttons securely fastened to the tail of his coat, where there is never anything to button, and where they are as little ornamental as useful.

If the dress of the male foreigner appears to the average Chinese to be essentially irrational and ridiculous, that of the foreign ladies is far more so. It violates Chinese ideas of propriety, not to say of decency, in a great variety of ways. Taken in connection with that freedom of intercourse between the sexes which is the accompaniment of Occidental civilisation, it is not strange that the Chinese, who judge only from traditional standards of fitness, should thoroughly misunderstand and grossly misconstrue what they see.

Foreign ignorance of the Chinese language is a fertile occasion for a feeling of superiority on the part of the Chinese. It makes no difference that a foreigner may be able to converse fluently in every language of modern Europe, if he cannot understand what is said to him by an ignorant Chinese coolie, the coolie will despise him in consequence. It is true that in so doing the coolie will only still further illustrate his own ignorance, but his feeling of superiority is not the less real on account of its inadequate basis. If the foreigner is struggling with his environment, and endeavouring to master the language of the people, he will be constantly stung by the air of disdain with which even his own servants will remark in an audible "aside," "Oh, he does not *understand*!" when the sole obstacle to understanding lies in the turbid statement of the Chinese himself. But the Chinese does not recognise this fact, nor if he should do so would it diminish his sense of innate superiority. This general state of things continues indefinitely for all students of Chinese, for no matter how much one knows, there is always a continental area which he does not know. It seems to be a general experience, though not necessarily a universal one, that the foreigner in China, after the preliminary stages of his experience are passed, gets little credit for anything which he happens to know, but rather discredit for the things which he does not know. The Chinese estimate of the value of the knowledge which foreigners display of the Chinese language and Chinese literature is frequently susceptible of illustration by a remark of Dr. Johnson's in regard to woman's preaching, which he declared to be like a dog's walking on its hind legs—it is not well done, but then it is a surprise to find it done at all!

Foreign ignorance of the customs of the Chinese is another cause of a feeling of superiority on the part of the Chinese. That anyone should be ignorant of what they have always known, seems to them to be almost incredible.

The fact that a foreigner frequently does not know when he has been snubbed by indirect Chinese methods, leads the Chinese to look upon their unconscious victim with conscious contempt. Scornful indifference to what "the natives" may think of us, brings its own appropriate and sufficient punishment.

Many Chinese unconsciously adopt towards foreigners an air of amused interest, combined with depreciation, like that with which Mr. Littimer regarded David Copperfield, as if mentally saying perpetually, "So young, sir, so young!" This does not apply equally to all stages of one's experience in China, for experience accumulates more or less rapidly for shrewd observers, as foreigners in China are not unlikely to be. Still, whatever the extent of one's experience, there are multitudes of details, in regard to social matters, of which one must necessarily be ignorant for the reason that he has never heard of them, and there must be a first time for every acquisition.

Foreign inability to do what any ordinary Chinese can do with the greatest ease, leads the Chinese to look down upon us. We cannot eat what they eat, we cannot bear the sun, we cannot sleep in a crowd, in a noise, nor without air to breathe. We cannot scull one of their boats, nor can we cry "Yi! yi!" to one of their mule-teams in such a way that the animals will do anything which we desire. It is well known that the artillery department of the British army, on the way to Peking in 1860, was rendered perfectly helpless near Hohsi-wu by the desertion of the native carters, for not a man in the British forces was able to persuade the Chinese animals to take a single step!

Inability to conform to Chinese ideas and ideals in ceremony, as well as in what we consider more important matters, causes the Chinese to feel a thinly disguised contempt for a race whom they think will not and cannot be made to understand "propriety." It is not that a foreigner cannot make a bow, but he generally finds it hard to make a Chinese bow in a Chinese way, and the difficulty is as much moral as physical. The foreigner feels a contempt for the code of ceremonials, often frivolous in their appearance, and he has no patience, if he has the capacity, to spend twenty minutes in a polite scuffle, the termination of which is foreseen by both sides with absolute certainty. The foreigner does not wish to spend his time in talking empty nothings for "an old half-day." To him time is money, but it is very far from being so to a Chinese, for in China everyone has an abundance of time, and very few have any money. No Chinese has ever yet learned that when he kills time it is well to make certain that it is time which belongs to him, and not that of some one else.

With this predisposition to dispense as much as possible with superfluous ceremony because it is distasteful, and because the time which it involves can be used more agreeably in other ways, it is not strange that the foreigner, even in his own eyes, makes but a poor figure in comparison with a ceremonious Chinese. Compare the dress, bearings, and action of a Chinese official, his long, flowing robes and his graceful motions, with the awkward genuflections of his foreign visitor. It requires all the native politeness of the Chinese to prevent them from laughing outright at the contrast. In this connection it must be noted that nothing contributes so effectively to the instinctive Chinese contempt for the foreigner as the evident disregard which the latter feels for that official display so dear to the Oriental. What must have been the inner thought of the Chinese who were told that they were to behold the "great American Emperor," and who saw General Grant in citizen' s costume with a cigar in his mouth, walking along the open street? Imagine a foreign Consul, who ranks with a Chinese Taotai, making a journey to a provincial capital to interview the Governor, in order to settle an international dispute. Thousands are gathered on the city wall to watch the procession of the great foreign magnate, a procession which is found to consist of two carts and riding horses, the attendants of the Consul being an interpreter, a Chinese acting as messenger, and another as cook! Is it any wonder that Orientals, gazing on such a scene, should look with a curiosity which changes first to indifference and then to contempt?

The particulars in which we consider ourselves to be unquestionably superior to the Chinese do not make upon them the impression which we should expect, and which we could desire. They recognise the fact that we are their superiors in mechanical contrivances, but many of these contrivances are regarded in the light in which we should look upon feats of sleight-of-hand—curious, inexplicable, and useless. Our results appear to them to be due to some kind of supernatural power, and it is remembered that Confucius refused to talk of magic. How profoundly indifferent the Chinese are to the wonders of steam and electricity practically applied, an army of disappointed contractors who have been in China have discovered. With few exceptions, the Chinese do not wish (though they may be forced to take) foreign models for anything whatever. They care nothing for sanitation, for ventilation, nor for physiology. They would like some, but by no means all, of the results of Western progress without submitting to Western methods, but rather than submit to Western methods they will cheerfully forego the results. Whatever has a direct, unmistakable tendency to make China formidable as a "power," that they want and will have, but the rest must wait; and if there were not a *Zeitgeist*, or Spirit-of-the-Age, superior to any Chinese, other improvements might wait long. Some Chinese scholars and statesmen, apparently realising the inferiority of China, claim that Western nations have merely used the data accumulated by ancient Chinese who cultivated mathematical and natural science to a high degree, but whose modern descendants have unfortunately allowed the secrets of nature to be stolen by the men of the West.

The Chinese do not appear to be much impressed by the undoubted ability of individual foreigners in practical lines. Saxons admire the man who "can," and, as Carlyle was so fond of remarking, they make and call him "king." The skill of the foreigner is to the Chinese amusing and perhaps amazing, and they will by no means forget or omit to make demands upon it the next time they chance to want anything done; but so far from regarding the foreigner in this respect as a model for imitation, it is probable that the idea does not even enter the skull of one Chinese in ten thousand. To them the ideal scholar continues to be the literary fossil who has learned everything, forgotten nothing, taken several degrees, has hard work to keep from starvation, and with claws on his hands several inches in length, cannot do any one thing (except to teach school) by which he can keep soul and body together, for "the Superior Man is not a Utensil."

Western nations, taken as a whole, do not impress educated Chinese with a sense of the superiority of such nations to China. This feeling was admirably exemplified in the reply of His Excellency Kuo, former Chinese Minister to Great Britain, when told, in answer to a question, that in Dr. Legge's opinion the moral condition of England is higher than that of China. After pausing to take in this judgment in all its bearings, His Excellency replied, with deep feeling, "I am very much surprised." Comparisons of this sort cannot be successfully made in a superficial way, and least of all from a diplomatic point of view. They involve a minute acquaintance with the inner life of both nations, and an ability to appreciate the operations of countless causes in the gradual multiplication of effects. Into any such comparison it is far from being our purpose now to enter. It is now well recognised that the Literati of China are the chief enemies of the foreigner, who, though he may have sundry mechanical mysteries at his disposal, is held to be wholly incapable of appreciating China's moral greatness. This feeling of jealous contempt is embodied in the typical Chinese scholar, "with his head in the Sung Dynasty and his feet in the present." It is men of this class who prepared and put in circulation the flood of bitter anti-foreign literature with which in recent years central China has been inundated.

It was once thought that with Western inventions China could be taken by storm. Knives, forks, stockings, and pianos were shipped to China from England, under the impression that this Empire was about to be "Europeanised." If there ever had been a time when the Chinese Empire was to be taken by storm in this way, that time would have been long ago, but there never was such a time. China is not a country, and the Chinese are not a people, to be taken by storm with anything whatsoever. The only way to secure the solid and permanent respect of the Chinese race for Western peoples as a whole is by convincing object lessons, showing that Christian civilisation in the mass and in detail accomplishes results which cannot be matched by the civilisation which China already possesses. If this conviction cannot be produced, the Chinese will continue, and not without reason, to feel and to display in all their relation to foreigners both condescension and contempt.

CHAPTER XIII

THE ABSENCE OF PUBLIC SPIRIT

THE Book of Odes, one of the most ancient of the Chinese Classics, contains the following prayer, supposed to be uttered by the husbandmen: "May it rain first on our public fields, and afterwards extend to our private ones." Whatever may have been true of the palmy days of the Chou Dynasty and of those which preceded it, there can be no doubt that very little praying is done in the present day, either by husbandmen or any other private individuals, for rain which is to be applied "first" on the "public fields." The Chinese government, as we are often reminded, is patriarchal in its nature, and demands filial obedience from its subjects. A plantation negro who had heard the saying, "Every man for himself, and God for us all," failed to reproduce the precise shade of its thought in his own modified version, as follows, "Every man for himself, and *God for himself*!" This new form of an old adage contains in a nutshell the substance of the views of the average Chinese with regard to the powers that be. "I, for my part, am obliged to look out for myself," he seems to think, if indeed he bestows any thought whatever on the government, and "the government is old enough and strong enough to take care of itself without any help of mine." The government, on the other hand, although patriarchal, is much more occupied in looking after the Patriarch, than in caring for the Patriarch's family. Generally speaking, it will do very little to which it is not impelled by the danger, if it does nothing at first, of having to do all the more at a later date. The people recognise distinctly that the prospective loss of taxes is the motive force in government efforts to mitigate disasters such as the continual outbreaks of irrepressible rivers. What the people do for themselves in endeavouring to prevent calamities of this sort, is due to the instinct of self-preservation, for the people thus make sure that the work is done, and also escape the numberless exactions which are sure to be the invariable concomitants of government energy locally applied.

No more typical example could be selected of the neglect of public affairs by the government, and the absence of public spirit among the people, than the condition of Chinese roads. There are abundant evidences in various parts of the Empire that there once existed great imperial highways connecting many of the most important cities, and that these highways were paved with stone and bordered with trees. The ruins of such roads are found not only in the neighbourhood of Peking, but in such remote regions as Hunan and Szechuen. Vast sums must have been expended on their construction, and it would have been comparatively easy to keep them in repair, but this has been uniformly neglected, so that the ruins of such highways present serious impediments to travel, and the tracks have been abandoned from sheer necessity. It has been supposed that this decay of the great lines of traffic took place during the long period of disturbances before the close of the Ming Dynasty, and at the beginning of the present Manchu line; but making all due allowance for political convulsions, a period of two hundred and fifty years is surely sufficiently long in which to restore the arteries of the Empire. No such restoration has either taken place or been attempted, and the consequence is the state of things with which we are but too familiar.

The attitude of the government is handsomely matched by that of the people, who each and all are in the position of one who has no care or responsibility for what is done with the public property so long as he personally is not the loser. In fact, the very conception that a road, or that anything, belongs to "the public" is totally alien to the Chinese mind. The "streams and mountains" (that is, the Empire) are supposed to be the property in fee simple of the Emperor for the time, to have and to hold as long as he can. The roads are his too, and if anything is to be done to them let him do it. But the greater part of the roads do not belong to the Emperor in any other sense than that in which the farms of the peasants belong to him, for these roads are merely narrow strips of farms devoted to the use of those who wish to use them, not with the consent of the owner of the land, for that was never asked, but from the force of necessity. The entire road belongs to some farm, and pays taxes like any other land, albeit the owner derives no more advantage from its use than does any one else. Under these circumstances, it is evidently the interest of the farmer to restrict the roads as much as he can, which he does by an extended system of ditches and banks designed to make it difficult for any one to traverse any other than the narrow strip of land which is indispensable for communication. If the heavy summer rains wash away a part of the farm into the road, the farmer goes to the road and digs his land out again, a process which, combined with natural drainage and the incessant dust-storms, results eventually in making the road a canal. Of what we mean by "right of way" no Chinese has the smallest conception.

Travellers on the Peiho River between Tientsin and Peking have sometimes noticed in the river little flags, and upon inquiry have ascertained that they indicated the spots where torpedoes had been planted, and that passing boats were expected to avoid them! A detachment of Chinese troops engaged in artillery practice has been known to train their cannon directly across one of the leading highways of the Empire, to the great interruption of traffic and to the terror of the animals attached to carts, the result being a serious runaway accident.

A man who wishes to load or to unload his cart leaves it in the middle of the roadway while the process is going on, and whoever wishes to use the road must wait until the process is completed. If a farmer has occasion to fell a tree he allows it to fall across the road, and travellers can tarry until the trunk is chopped up and removed.

The free and easy ways of the country districts are well matched by the encroachments upon the streets of cities. The wide streets of Peking are lined with stalls and booths which have no right of existence, and which must be summarily removed if the Emperor happens to pass that way. As soon as the Emperor has passed, the booths are in their old places. The narrow passages which serve as streets in most Chinese cities are choked with every form of industrial obstruction. The butcher, the barber, the peripatetic cook with his travelling-restaurant, the carpenter, the cooper, and countless other workmen, plant themselves by the side of the tiny passage which throbs with the life of a great metropolis, and do all they can to form a strangulating clot. Even the women bring out their quilts and spread them on the road, for they have no space so broad in their exiguous courts. There is very little which the Chinese do at all which is not at some time done on the street.

Nor are the obstructions to traffic of a movable nature only. The carpenter leaves a pile of huge logs in front of his shop, the dyer hangs up his long bolts of cloth, and the flour-dealer his strings of vermicelli across the principal thoroughfare, for the space opposite to the shop of each belongs not to an imaginary "public," but to the owner of the shop. The idea that this alleged ownership of the avenues of locomotion entails any corresponding duties in the way of repair, is not one which the Chinese mind, in its present stage of development, is capable of taking in at all. No one individual, even if he were disposed to repair a road (which would never happen), has the time or the material wherewith to do it, and for many persons to combine for this purpose would be totally out of the question, for each would be in deep anxiety lest he should do more of the work, and receive less of the benefit, than some other person. It would be very easy for each local magistrate to require the villages lying along the line of the main highways, or within a reasonable distance thereof, to keep them passable at almost all seasons, but it is doubtful whether this idea ever entered the mind of any Chinese official.

Not only do the Chinese feel no interest in that which belongs to the "public," but all such property, if unprotected and available, is a mark for theft. Paving-stones are carried off for private use, and square rods of the brick facing to city walls gradually disappear. A wall enclosing a foreign cemetery in one of the ports of China was carried away till not a brick remained, as soon as it was discovered that the place was in charge of no one in particular. It is not many years since an extraordinary sensation was caused in the Imperial palace in Peking by the discovery that extensive robberies had been committed on the copper roofs of some of the buildings within the forbidden city. It is a common observation among the Chinese that, within the Eighteen Provinces, there is no one so imposed upon and cheated as the Emperor.

The question is often raised whether the Chinese have any patriotism, and it is not a question which can be answered in a word. There is undoubtedly a strong national feeling, especially among the literary classes, and to this feeling much of the hostility exhibited to foreigners and their inventions is to be traced. Within recent years the province of Hunan has been flooded with streams of anti-foreign literature full of malignant calumniations, and designed to cause riots which shall drive the foreign devil out of the Celestial Empire. From the Chinese point of view the impulse which leads to these publications is as praiseworthy as we should consider resistance to anarchists to be. The charges are partly due to misapprehension, and in part also to that race hatred from which Western nations are by no means free. Probably many Chinese consider these attacks thoroughly patriotic. But that any considerable body of Chinese are actuated by a desire to serve their country, because it is their country, aside from the prospect of emolument, is a proposition which will require much more proof than has yet been offered to secure its acceptance by any one who knows the Chinese. It need not be remarked that a Chinese might be patriotic without taking much interest in the fortunes of a Tartar Dynasty like the present, but there is the best reason to think that, whatever the dynasty might happen to be, the feeling of the mass of the nation would be the same as it is now—a feeling of profound indifference. The key-note to this view of public affairs was sounded by Confucius himself, in a pregnant sentence found in the "Analects": "The Master said: He who is not in an office has no concern with plans for the administration of its duties." To our thought these significant words are partly the result, and to a very great degree the cause, of the constitutional unwillingness of the Chinese to interest themselves in matters for which they are in no way responsible.

M. Huc gives an excellent example of this spirit. "In 1851, at the period of the death of the Emperor Tao Kuang, we were travelling on the road from Peking, and one day when we had been taking tea at an inn, in company with some Chinese citizens, we tried to get up a little political discussion. We spoke of the recent death of the Emperor, an important event which of course must have interested everybody. We expressed our anxiety on the subject of the succession to the Imperial throne, the heir to which was not yet publicly declared. 'Who knows,' said we, 'which of the three sons of the Emperor will have been appointed to succeed him? If it should be the eldest, will he pursue the same system of government? If the younger, he is still very young, and it is said that there are contrary influences, two opposing parties at court; to which will he lean? ' We put forward, in short, all kinds of hypotheses, in order to stimulate these good citizens to make some observation. But they hardly listened to us. We came back again and again to the charge, in order to elicit some opinion or other on questions that really appeared to us of great importance. But to all our piquant suggestions they replied by shaking their heads, puffing out whiffs of smoke, and taking great gulps of tea. This apathy was really beginning to provoke us, when one of these worthy Chinese, getting up from his seat, came and laid his two hands on our shoulders in a manner quite paternal, and said, smiling rather ironically: 'Listen to me, my friend! Why should you trouble your heart and fatigue your head by all these vain surmises? The mandarins have to attend to affairs of state; they are paid for it. Let them earn their money, then. But don't let us torment ourselves about what does not concern us. We should be great fools to want to do political business for nothing.' 'That is very conformable to reason,' cried the rest of the company; and thereupon they pointed out to us that our tea was getting cold and our pipes were out."

When it is remembered that in the attack on Peking, in 1860, the British army was furnished with mules bought of the Chinese in the province of Shantung; that Tientsin and Tungchow made capitulations on their own account, agreeing to provide the British and French with whatever was wanted if these cities were not disturbed; that most indispensable coolie work was done for the foreign allies by Chinese subjects hired for the purpose in Hong Kong; and that when these same coolies were captured by the Chinese army they were sent back to the British ranks with their cues cut off—it is not difficult to perceive that patriotism and public spirit, if such things exist at all in China, do not mean what these words imply to Anglo-

Saxons.

Upon the not infrequent occasions when it is necessary for the people to rise and resist the oppressions and exactions of their rulers, it is always indispensable that there should be a few men of capacity to take the lead. Under them the movement may gather such momentum that the government must make some practical concessions. But whatever it does with the mass of the "stupid people," the leaders are invariably marked men, and nothing less than their heads will satisfy the demands of justice. To be willing not merely to risk but almost certainly losing one's life in such a cause is the highest possible example of public spirit.

At critical epochs in Chinese history, especially when there is likely to be a change of dynasties, single-hearted and resolute men have often thrown themselves into the breach, with a chivalrous devotion to the cause which they espoused worthy of the highest praise. Such men are not only true patriots, but are irrefragable proofs that the Chinese are capable of being stirred to the most heroic exertions in following public-spirited leaders.

CHAPTER XIV

CONSERVATISM

IT is true of the Chinese, to a greater degree than of any other nation in history, that their Golden Age is in the past. The sages of antiquity themselves spoke with the deepest reverence of more ancient "ancients." Confucius declared that he was not an originator, but a transmitter. It was his mission to gather up what had once been known, but long neglected or misunderstood. It was his painstaking fidelity in accomplishing this task, as well as the high ability which he brought to it, that gave the Master his extraordinary hold upon the people of his race. It is his relation to the past, as much as the quality of what he taught, that constitutes the claim of Confucius to the front rank of holy men. It is the Confucian theory of morals that a good ruler will make a good people. The prince is the dish, the people are the water; if the dish is round, the water is round, if the dish is square, the water will be square also. Upon this theory, it is not strange that all the virtues are believed to have flourished in the days when model rulers existed. The most ignorant coolie will upon occasion remind us that in the days of "Yao and Shun" there was no necessity for closing the doors at night, for there were no thieves; and that if an article was lost on the highway it was the duty of the first comer to stand as a nominal guard over it until the next one happened along, who took his turn until the owner arrived, who always found his property perfectly intact. It is a common saying that the present is inferior to the past in the items of benevolence and justice; but that in violations of conscience the past cannot compete with the present.

This tendency to depreciate the present time is by no means confined to China or to the Chinese, but is found with impartiality all over the earth; yet in the Celestial Empire it seems to have attained a sincerity of conviction not elsewhere equalled. All that is best in the ancient days is believed to have survived in the *literature* to which the present day is the heir, and it is for this reason that this literature is regarded with such unmixed idolatry. The orthodox Chinese view of the Chinese Classics appears to be much the same as the orthodox Christian view in regard to the Hebrew Scriptures; they are supposed to contain all that is highest and best of the wisdom of the past, and to contain all that is equally adapted to the present time and to the days of old. That anything is needed to supplement the Chinese Classics is no more believed by a good Confucianist, than it is believed by a good Christian that supplementary additions to the Bible are desirable or to be expected. Both Christians and Confucianists agree in the general proposition that when a thing is as good as it can be, it is idle to try to make it any better.

Just as many good Christians make some Bible "text" a pretext for something which the biblical writers never had in mind, so Confucian scholars are upon occasion able to find in "the old masters" not only authority for all the modern proceedings of the government, but the real roots of ancient mathematics, and even of modern science.

The literature of antiquity is that which has molded the Chinese nation, and has brought about a system of government which, whatever its other qualities, has been proved to possess that of persistence. Since self-preservation is the first law of nations as of individuals, it is not singular that a form of rule which an experience of unmatched duration has shown to be so well adapted to its end should have come to be regarded with a reverence akin to that felt for the Classics. It would be a curious discovery if some learned student of Chinese history should succeed in ascertaining and explaining the processes by which the Chinese government came to be what it is. If ever those processes should be discovered, we think it certain that it will then be clearly seen why there have been in China so few of those interior revolutions to which all other peoples have been subject. There is a story of a man who built a stone wall six feet wide and only four feet high, and on being asked his reasons for so singular a proceeding, he replied that it was his purpose that when the wall blew over, it should be higher than it was before! The Chinese government is by no means incapable of being blown over, but it is a cube, and when it capsizes, it simply falls upon some other face, and to external appearance, as well as to interior substance, is the same that it has always been. Repeated experience of this process has taught the Chinese that this result is as certain as that a cat will fall upon its feet, and the conviction is accompanied by a most implicit faith in the divine wisdom of those who planned and built so wisely and so well. To suggest improvements would be the rankest heresy. Hence it has come about that the unquestioned superiority of the ancients rests upon the firm basis of the recognised inferiority of those who come after them.

With these considerations clearly in mind, it is not difficult to perceive the *rationale* of what seems at first the blind and obstinate adherence of the Chinese to the ways of the past. To the Chinese, as to the ancient Romans, manners and morals are interchangeable ideas, for they have the same root and are in their essence identical. To the Chinese an invasion of their customs is an invasion of the regions which are most sacred. It is not necessary for this effect that the customs should be apprehended in their ultimate relations, or indeed, strictly speaking, apprehended at all. They are resolutely defended by an instinct similar to that which leads a she-bear to protect her cubs. This is not a Chinese instinct merely, but it belongs to human nature. It has been profoundly remarked that millions of men are ready to die for a faith which they do not comprehend, and by the tenets of which they do not regulate their lives.

Chinese customs, like the Chinese language, have become established in some way to us unknown. Customs, like human speech, once established resist change. But the conditions under which Chinese customs and language crystallised into shape are in no two places exactly the same. Hence we have those perplexing variations of usage indicated in the common proverb that customs differ every ten miles. Hence, too, we have the bewildering dialects. When once the custom or the dialect has become fixed, it resembles plaster-of-Paris which has set, and while it may be broken, it cannot be changed. This, at least, is the theory, but, like other theories, it must be made sufficiently elastic to suit the facts, which are that no mere custom is necessarily immortal, and, given certain conditions, a change can be effected.

No better illustration of this truth could be given than one drawn from the experience of the present dynasty in introducing an entirely new style of tonsure among their Chinese subjects. It was inevitable that such a conspicuous and tangible mark of subjection should have been bitterly resisted, even to the death, by great numbers of the Chinese. But the Manchus showed how well they were fitted for the high task which they had undertaken, by their persistent adherence to the requirement, compliance with which was made at once a sign and a test of loyalty. The result is what we see. The Chinese people are now more proud of their cues than of any other characteristic of their dress, and the rancorous hostility to the edict of the Manchus survives only in the turbans of the natives of the provinces of Canton and Fukien, coverings once adopted to hide the national disgrace.

The introduction of the Buddhist religion into China was accomplished only at the expense of warfare of the most determined character; but once thoroughly rooted, it appears as much like a native as Taoism, and not less difficult to supplant.

The genesis of Chinese customs being what it is, it is easy to perceive that it is the underlying assumption that whatever is is right. Thus a long-established usage is a tyranny. Of the countless individuals who conform to the custom, not one is at all concerned with the origin or the reason of the acts. His business is to conform, and he conforms. The degree of religious faith in different parts of the Empire doubtless differs widely, but nothing can be more certain than that all the rites of the "three religions" are performed by millions who are as destitute of anything which ought to be called faith, as they are of an acquaintance with Egyptian hieroglyphics. To any inquiry as to the reason for any particular act of religious routine, nothing is more common than to receive two answers: the first, that the whole business of communication with the gods has been handed down from the ancients, and must therefore be on the firmest possible basis; the second, that "everybody" does so, and therefore the person in question *must* conform. In China the machinery moves the cogs, and not the cogs the machinery. While this continues to be always and everywhere true, it is also true that the merest shell of conformity is all that is demanded.

It is a custom in Mongolia for every one who can afford it to use snuff, and to offer it to his friends. Every one is provided with a little snuff-box, which he produces whenever he encounters a friend. If the person with the snuff-box happens to be out of snuff, that does not prevent the passing of the snuff-box, of which each guest takes a deliberate, though an imaginary pinch, and returns the box to its owner. To seem to notice that the box is empty would not be "good form," but by compliance with the proper usages the "face" of the host is saved, and all is according to well-settled precedent. In many important particulars it is not otherwise with the Chinese. The life may have long departed, but there remains the coral reef, the avenues to which, in order to avoid ship-wreck, must be diligently respected.

The fixed resolution to do certain acts in certain ways, and in no other, is not peculiar to China. The coolies in India habitually carried burdens upon their heads, and applied the same principle to the removal of earth for railways. When the contractors substituted wheelbarrows, the coolies merely transferred the barrows to the tops of their skulls. The coolies in Brazil carry burdens in the same way as those of India. A foreign gentleman in the former country gave a servant a letter to be posted, and was surprised to see him put the letter on his head and weight it with a stone to keep it in place. The exact similarity of mental processes reveals a similarity of cause, and it is a cause very potent in Chinese affairs. It leads to those multiplied instances of imitativeness with which we are all so familiar, as when the cook breaks an egg and throws it away each time that he makes a pudding, because on the first occasion when he was shown how to make a pudding an egg happened to be bad; or when the tailor puts a patch on a new garment because an old one given him as a measure chanced to be thus decorated. Stories of this sort are doubtless often meant as harmless exaggerations of a Chinese characteristic, but they represent the reality with great fidelity.

Every one acquainted with Chinese habits will be able to adduce instances of a devotion to precedent which seems to us unaccountable, and which really is so until we apprehend the postulate which underlies the act. In a country which stretches through some twenty-five degrees of latitude, but in which winter furs are taken off and straw hats are put on according to a fixed rule for the whole Empire, it would be strange if precedent were not a kind of divinity. In regions where the only heat in the houses during the cold winter comes from the scanty fire under the "stove-bed," or *k'ang*, it is not uncommon for travellers who have been caught in a sudden "cold snap" to find that no arguments can induce the landlord of the inn to heat the *k'ang*, because the season for heating it has not arrived!

The reluctance of Chinese artificers to adopt new methods is sufficiently well known to all, but perhaps few even of these conservatives are more conservative than the head of the company of workmen employed to burn bricks in a kiln which, with all that appertained thereto, was the property of foreigners and not of those who worked it. As there was occasion to use a kind of square bricks larger than those which happened to be in fashion in that region, the foreigner ordered larger ones to be made. All that was necessary for this purpose was simply the preparation of a wooden tray, the size of the required brick, to be used as a mould. When the bricks were wanted they were not forthcoming, and the foreman, to whom the orders had been given, being called to account for his neglect, refused to be a party to any such innovation, adducing as his all-sufficient reason the affirmation that *under the whole heavens there is no such mould as this*!

The bearing of the subject of conservatism upon the relation of foreigners to China and the Chinese is not likely to be lost sight of for a moment by any one whose lot is cast in China, and who has the smallest interest in the future welfare of this mighty Empire. The last quarter of the nineteenth century seems destined to be a critical period in Chinese history. A great deal of very new wine is offered to the Chinese, who have no other provision for its reception than a varied assortment of very old wine-skins. Thanks to the instinctive conservatism of the Chinese nature, very little of the new wine has thus far been accepted, and, for that little, new bottles are in course of preparation.

The present attitude of China towards the lands of the West is an attitude of procrastination. There is on the one hand small desire for that which is new, and upon the other no desire at all, or even willingness, to give up the old. As we see ancient mud huts, that ought long ago to have reverted to their native earth, shored up with clumsy mud pillars which but postpone the inevitable fall, so we behold old customs, old superstitions, and old faiths now outworn, propped up and made to do the same duty as heretofore. "If the old does not go, the new does not come," we are told, and not without truth. The process of change from the one to the other may long be resisted, and may then come about suddenly.

At a time when it was first proposed to introduce telegraphs, the Governor-General of a maritime province reported to the Emperor that the hostility of the people to the innovation was so great that the wires could not be put up. But when war with France was imminent, and the construction of the line was placed upon an entirely different basis, the provincial authorities promptly set up the telegraph posts, and saw that they were respected.

Not many years ago the superstition *fêng-shui* was believed by many to be an almost insuperable obstacle to the introduction of railways in China. The very first short line, constructed as an outlet for the K'ai-p'ing coal mine, passed through a large Chinese cemetery, the graves being removed to make way for it, as they would have been in England or in France. A single inspection of that bisected graveyard was sufficient to produce the conviction that *fêng-shui* could never stand before an engine, when the issue is narrowed down to a trial of strength between "wind-water" and steam. The experience gained in the subsequent extension of this initial fine shows clearly that however financial considerations may delay the introduction of railways, geomantic superstitions are for this purpose quite inert.

The union of the conservative instinct with the capacity for invasion of precedents is visible in important Chinese affairs. In China no principle is better settled than that, when one of his parents dies, an official must retire from office. Yet against his repeated and "tearful" remonstrance, the most powerful subject in the Empire was commanded by the Throne to continue his attention to the intricate details of the most important plexus of duties to be found in the Empire, through all the years of what should have been mourning retirement after the death of his mother. No principle would seem to be more firmly established in China than that a father is the superior of his son, who must always do him reverence. Equally well established is the principle that the Emperor is superior to all his subjects, who must always do *him* reverence. When, therefore, as at the last change of rulers, it happens that from a collateral line is adopted a young Emperor whose father is still living, it would appear to be inevitable that the father must either commit suicide, or go into a permanent retirement. Such, it was supposed when Kuang Hsû ascended the throne, would actually be the end of Prince Ch'un. Yet during the illness of the latter, his son, the Emperor, made repeated calls upon his subordinate-superior, the father; and some *modus vivendi* was arrived at, since this same father until his death held important offices under his son.

As already remarked, the conservative instinct leads the Chinese to attach undue importance to precedent. But rightly understood and cautiously used, this is a great safeguard for foreigners in their dealings with so sensitive, so obstinate, and so conservative a people. It is only necessary to imitate the Chinese method, to take things for granted, to *assume* the existence of rights which have not been expressly withheld, to defend them warily when they are assailed, *and by all means to hold on*. Thus, as in the case of the right of foreign residence in Peking, the right of foreign residence in the interior, and in many others, wise conservatism is the safest defence. The threatening reef which seemed so insuperable a barrier to navigation, once penetrated, offers upon the inner side a lagoon of peace and tranquillity, safe from the storms and breakers which vainly beat against it.

CHAPTER XV

INDIFFERENCE TO COMFORT AND CONVENIENCE

IN what we have now to say, it must be premised at the outset that all that is affirmed of Chinese indifference to comfort and convenience respects not Oriental but Occidental standards, the principal object being to show how totally different those standards are.

Let us first direct our attention for a moment to the Chinese dress. In speaking of Chinese contempt for foreigners, we have already had occasion to mention that Western modes of apparel have very little which is attractive to the Chinese; we are now forced to admit that the converse is equally true. To us it certainly appears singular that a great nation should become reconciled to such an unnatural custom as shaving off the entire front part of the head, leaving that exposed which nature evidently intended should be protected. But since the Chinese were driven to adopt this custom at the point of the sword, and since, as already remarked, it has become a sign and a test of loyalty, it need be no further noticed in this connection than to call attention to the undoubted fact that the Chinese themselves do not recognise any discomfort from the practice, and would probably be exceedingly unwilling to revert to the Ming Dynasty tonsure.

The same considerations do not apply to the Chinese habit of going bareheaded at almost all seasons of the year, and especially in summer. The whole nation moves about in the blistering heats of the summer months holding one arm aloft with an open fan held at such an angle as to obstruct a portion of the rays of the sun. Those who at any part of their lives hold an umbrella in their hands to ward off heat, must constitute but a small part of the population. While men do often wear hats upon certain provocation, Chinese women, so far as we have observed, have no other kind of head-dress than that which, however great its failure viewed from the unsympathetic Western standpoint, is intended to be ornamental. One of the very few requisites for comfort, according to Chinese ideas, is a fan—that is to say, in the season when it is possible to use such an accessory to comfort. It is not uncommon in the summer to see coolies, almost or quite devoid of clothing, struggling to track a heavy salt-junk up-stream, vigorously fanning themselves meanwhile. Even beggars frequently brandish broken fans.

It is one of the unaccountable phenomena of Chinese civilisation that this people, which is supposed to have been originally pastoral, and which certainly shows a high degree of ingenuity in making use of the gifts of nature, has never learned to weave wool in such a way as to employ it as clothing. The only exceptions to this general statement of which we are aware relate to the western parts of the Empire, where, to a certain extent, woolen fabrics are manufactured. But it is most extraordinary that the art of making such goods should not have become general, in view of the great numbers of sheep which are to be seen, especially in the mountainous regions.

It is believed that in ancient times, before cotton was introduced, garments were made of some other vegetable fibers, such as rushes. However this may be, it is certain that the nation as a whole is at present absolutely dependent upon cotton. In those parts of the Empire where the winter cold is severe, the people wear an amount of wadded clothing almost sufficient to double the bulk of their bodies. A child clad in this costume, if he happens to fall down, is often as utterly unable to rise as if he had been strapped into a cask. Of the discomfort of such clumsy dress we never hear the Chinese complain. The discomfort is in the want of it. It is certain, however, that no Anglo-Saxon would willingly tolerate the disabilities of such an attire, if he could by any possibility be relieved of it.

In connection with the heavy clothing of winter must be mentioned the total lack of any kind of underclothing. To us it seems difficult to support existence without woolen undergarments, frequently changed. The Chinese are conscious of no such need. Their burdensome wadded clothes hang around their bodies like so many bags, leaving yawning spaces through which the cold penetrates to the flesh, but they do not mind this circumstance, although ready to admit that it is not ideal. An old man of sixty-six, who complained that his circulation was torpid, was presented with a foreign undershirt, but told to keep it on every day, to avoid taking cold. A day or two later it was ascertained that he had taken it off, as he was "roasted to death."

Chinese shoes are made of cloth, and are always porous, absorbing moisture on the smallest provocation. Whenever the weather is cold this keeps the feet more or less chilled all the time. The Chinese have, indeed, a kind of oiled boots which are designed to keep out the dampness, but, like many other conveniences, on account of the expense, the use of them is restricted to a very few. The same is true of umbrellas as a protection against rain. They are luxuries, and are by no means regarded as necessities. Chinese who are obliged to be exposed to the weather do not as a rule think it important, certainly not necessary, to change their clothes when they have become thoroughly wet, and do not seem to find the inconvenience of allowing their garments to dry upon them at all a serious one. While the Chinese admire foreign gloves, they have none of their own, and while clumsy mittens are not unknown, even in the extreme north they are rarely seen.

One of the most annoying characteristics of Chinese costume, as seen from the foreign standpoint, is the absence of pockets. The average Westerner requires a great number of these to meet his needs. He demands breast-pockets in his coats for his memorandum books, pockets behind for his handkerchiefs, pockets in his vest for pencil, tooth-pick, etc., as well as for his watch, and in other accessible positions for the accommodation of his pocket-knife, his bunch of keys, and his wallet. If the foreigner is also provided with a pocket-comb, a folding foot-rule, a cork-screw, a boot-buttoner, a pair of tweezers, a minute compass, a folding pair of scissors, a pin-ball, a pocket mirror, and a fountain pen, it will not mark him out as a singular exception to his race. Having become accustomed to the constant use of these articles, he cannot dispense with them. The Chinese, on the other hand, has few or none of such things; if he were presented with them he would not know where to put them. If he has a handkerchief it is thrust into his bosom, and so also is a child which he may have to carry around. If he has a paper of some importance, he carefully unties the strap which confines his trousers to his ankle, inserts the paper, and goes on his way. If he wears outside drawers, he simply tucks in the paper without untying anything. In either case, if the band loosens without his knowledge, the paper is lost—a constant occurrence. Other depositaries of such articles are the folds of the long sleeves when turned back, the crown of a turned up hat, or the space between the cap and the head. Many Chinese make a practice of ensuring a convenient, although a somewhat exiguous, supply of ready money, by always sticking a cash in one ear. The main dependence for security of articles carried, is the girdle, to which a small purse, the tobacco pouch and pipe, and similar objects, are attached. If the girdle should work loose, the articles are liable to be lost. Keys, moustache-combs, and a few ancient cash are attached to some prominent button of the jacket, and each removal of this garment involves care-taking to prevent the loss of the appendages.

If the daily dress of the ordinary Chinese seems to us objectionable, his nocturnal costume is at least free from criticism on the score of complexity, for he simply strips to the skin, wraps himself in his quilt, and sleeps the sleep of the just. Night-dress he or she has none. It is indeed recorded that Confucius "required his sleeping-dress to be half as long again as his body." It is supposed, however, that the reference in this passage is to a robe which the Master wore when he was fasting, and not to an ordinary night-dress; but it is at all events certain that modern Chinese do not imitate him in his night-robe, and do not fast if they can avoid it. Even new-born babes, whose skins are exceedingly sensitive to the least changes of temperature, are carelessly laid under the bedclothes, which are thrown back whenever the mother wishes to exhibit the infant to spectators. The sudden chill which this absurd practice occasions, is thought by competent judges to be quite sufficient to account for the very large number of Chinese infants who, before completing the first month of their existence, die in convulsions. When children have grown larger, instead of being provided with diapers, they are in some regions clad in a pair of bifurcated bags partly filled with sand or earth, the mere idea of which is sufficient to fill the breast of tender-hearted Western mothers with horror. Weighted with these strange equipments, the poor child is at first rooted to one spot like the frog which was "loaded" with buck-shot. In the particular districts where this custom prevails, it is common to speak of a person who exhibits small practical knowledge, as one who has not yet been taken out of his "earth-trousers! "

Chinese indifference to what we mean by comfort is exhibited as much in their houses as in their dress. In order to establish this proposition, it is necessary to take account not of the dwellings of the poor, who are forced to exist as they can, but rather of the habitations of those whose circumstances enable them to do as they please. The Chinese do not care for the shade of trees about their houses, but much prefer poles covered with mats. Those who are unable to afford such a luxury, however, and who might easily have a grateful shade-tree in their courtyard, do not plant anything of this sort, but content themselves with pomegranates or some other merely ornamental shrubs. When, owing to the fierce heat, the yard is intolerable, the occupants go and sit in the street, and when that is insufferable they retire to their houses again. Few houses have a north door opposite the main entrance on the south side. Such an arrangement would produce a draught, and somewhat diminish the miseries of the dog-days. When asked why such a convenience is not more common, the frequent reply is that "*We do not have north doors*!"

North of the thirty-seventh parallel of latitude the common sleeping-place of the Chinese is the k'ang, a raised "brick-bed" composed of adobe bricks, and heated by the fire used for cooking. If there happens to be no fire, the cold earth appears to a foreigner the acme of discomfort. If the fire happens to be too great, he wakes in the latter part of the night, feeling that he is undergoing a process of roasting. In any event, the degree of heat will not be continuous throughout the night. The whole family is huddled together on this terrace. The material of which it is composed becomes infested with insects, and even if the adobe bricks are annually removed there is no way to secure immunity from these unwelcome guests, which are fixed occupants of the walls of all classes of dwellings.

Other universally prevalent animal infestations there are, with which most Chinese are very familiar, but there are few who seem to regard parasites as a preventable evil, even if they are recognised as an evil at all. The nets which are used to keep winged torments at bay, are beyond the means of all but a small proportion even of the city population, and, so far as we know, are rarely heard of elsewhere. Sand-flies and mosquitoes are indeed felt to be a serious nuisance, and occasionally faint efforts are made to expel them by burning aromatic weeds, but such pests do not annoy the Chinese a thousandth part as much as they annoy us.

One of the typical instances of different standards of comfort is in the conception of what a pillow ought to be. In Western lands, a pillow is a bag of feathers adjusted to support the head. In China a pillow is a support for the neck, either a small stool of bamboo, a block of wood, or more commonly a brick. No Occidental could use a Chinese pillow in a Chinese way without torture, and it is not less certain that no Chinese would tolerate under his head for ten minutes the bags which we use for that purpose.

We have spoken of the singular fact that the Chinese do not to any extent weave wool. It is still more unaccountable that they take no apparent interest in the feathers which they pluck in such vast quantities from the fowls which they consume. It would be exceedingly easy to make up wadded bedding by employing feathers, and the cost of the feathers would be little or nothing, since they are allowed to blow away as beneath the notice even of the strict economy of the Chinese. Yet, aside from sale to foreigners, we do not know of any use to which such feathers are at present put, except that the larger ones are loosely tied to sticks to serve as dusters, and in western China, feathers are sometimes thickly sprinkled on growing wheat and beans, to prevent their being eaten by animals turned out to forage for themselves.

To an Occidental the ideal bed is at once elastic and firm. The best example of such is perhaps that made from what is known as woven wire, which in recent years has come into such general use. But when one of the finest hospitals in China was furnished with these luxurious appliances, the kind-hearted physician who had planned for them was disgusted to find that, as soon as his back was turned, those patients who were strong enough to do so crawled from their elastic beds down upon the floor, where they felt at home!

Chinese houses are nearly always ill-lighted at night. The native vegetable oils are exceedingly disagreeable to the smell, and only afford sufficient illumination to make darkness visible. The great advantages of kerosene are indeed recognised, but in spite of them it is still true that throughout enormous areas the oil made from beans, cotton-seed, and peanuts continues to be used long after kerosene has been known, simply from the force of conservative *inertia*, backed by profound indifference to the greater comfort of being able to see clearly, as compared with being able to see scarcely at all.

Chinese furniture strikes a Westerner as being clumsy and uncomfortable. Instead of the broad benches on which our ancestors used to recline, the Chinese are generally content with very narrow ones, and it will not be surprising if some of the legs are loose, or are so placed as to tip off the unwary person who seats himself when there is no one at the other end. The Chinese are the only Asiatic nation using chairs, but according to our ideas Chinese chairs are models of discomfort. Some of them are made on a pattern which prevailed in England in the days of Queen Elizabeth or Queen Anne, tall, straight of back, and inordinately angular. The more common ones are shaped so as to accommodate persons who weigh about two hundred and fifty pounds, but the strength of the chairs is by no means proportioned to the magnitude, and they soon fall to pieces.

The greatest objections which Westerners have to Chinese dwellings are undoubtedly the dampness and the cold. The radical error in the construction of buildings, is that which economises in the foundation. The inevitable and permanent result is dampness. Floors of earth or of imperfectly burned brick are to most foreigners not only sources of great discomfort, but are extremely prejudicial to health. Not less annoying are the loose doors, resting on pivots. The double leaves of these doors admit the cold air at each side at the top and at the bottom. Even if the cracks are pasted up with stout paper, a door is but an imperfect protection against the bitter winter weather, because it is almost impossible to teach Chinese to keep an outside door shut. The notice which a business man posted on his office door, "Everybody shuts the doors but you," would be a gross falsehood in China, where nobody shuts a door. The frames of doors, both to houses and to yards, are often made so low that a person of average stature must at each passage either bow his head or bump it.

Chinese paper windows will not keep out wind, rain, sun, heat, or dust. Window-shutters are not very common, and when they exist are often unused.

Most Chinese houses have only one cooking-boiler, a large concave iron bowl, with a capacity of several gallons. But one kind of food is generally cooked at a time, and when a meal is in preparation hot water is not to be had. The stalks and grass which are the fuel must be incessantly pushed under the low kettle by a person squatting or sprawling in front of the small flue. Almost all cooking is done in this way. Steam and often smoke fill the room to an extent adapted to blind and strangle a foreigner, but the Chinese seem to be indifferent to these evils, although aware that serious diseases of the eye are a common consequence.

A Chinese dwelling in winter always appears to a Westerner a thesaurus of discomfort, on account of the absence of artificial heat. The vast majority of the people, even where the winters are severe, have no other heat than that modicum obtained from the fuel burned in cooking, and conveyed to the *k'ang*. The Chinese so highly appreciate the comfort of a *k'ang* that the women sometimes speak of it as their "own mother." But while it is indeed the point of minimum discomfort in the establishment, to Occidentals who wish to feel positive heat from some source diffusing itself in grateful currents all over the body, a Chinese *k'ang* on a cold night is a very inadequate substitute for the "chimney-corner" or for the stove. In regions where coal is accessible, it is indeed employed as fuel, but as compared with the whole country these districts are very limited, and the smoke always escapes into the room, which becomes gradually filled with carbonic acid gas. Charcoal is very sparingly used even by those who are in good circumstances, and the danger from its incautious use, like that from the use of coal, is very great. The houses are so uncomfortable that even at home if the weather is cold the inmates often wear all the clothes they can put on. When abroad they have no more to add. "Are you cold?" we ask them. "Of course," is the constant reply. They have never been artificially warmed, in an Occidental sense, during their whole lives. In the winter their blood seems to be like water in the rivers, congealed at the surface, and only moving with a sluggish current underneath. Considering these characteristics of Chinese dwellings, it is no wonder that a certain Taotai who had been abroad remarked that in the United States the prisoners in jail had quarters more comfortable than his yamên.

We have already had occasion to point out the Chinese in difference to crowding and noise. As soon as the weather becomes cold the Chinese huddle together as a matter of course, in order to keep warm. Even in the depth of the dog-days, it is not uncommon to see boats loaded with such numbers of passengers that there must be barely room to sit or to lie. No Westerners would tolerate such crowding, yet the Chinese do not appear to mind it. Occidentals like to have their dwellings at a little distance from those of the nearest neighbours, for ventilation and for privacy. The Chinese know nothing either of ventilation or of privacy, and they do not seem to appreciate these conditions when they are realised. Every little Chinese village is built on the plan of a city without any plan. In other words, the dwellings are huddled together as if land were excessively valuable. The inevitable effect is to raise the price of land, just as in a city, though for quite different reasons. Hence narrow courts, cramped accommodations, unhealthful overcrowding, even where there is abundant space to be had close at hand and at a moderate rate.

A Chinese guest at a Chinese inn enjoys the bustle which is concomitant upon the arrival of a long train of carts, and falls asleep as soon as he has bolted his evening meal. His fellow-traveller from Western climes lies awake half the night listening to the champing of three-score mules, varied by kicks and squeals that last as long as he keeps his consciousness. These sounds are alternated by the beating of a huge wooden rattle, and by the yelping of a large force of dogs. It is not uncommon to see as many as fifty donkeys in one inn-yard, and the pandemonium which they occasion at night can be but faintly imagined. The Chinese, as M. Huc has mentioned, are not unaware that the braying of this animal can be stopped by suspending a brick to its tail, but repeated inquiries fail to elicit information of a single instance in which the thing has been actually done. The explanation is simply that a Chinese does not particularly care whether fifty donkeys bray singly, simultaneously, or not at all. No Occidental would be likely to remain neutral on such a question. That this feeling is not confined to any particular stratum of the Chinese social scale might be inferred from the circumstance that the wife of the leading statesman of China had at one time in the vice-regal yamên about one hundred cats!

The Buddhist religion is responsible for the reluctance of the Chinese to put an end to the wretched existence of the pariah dogs with which all Chinese cities are infested, yet the trait of character thus exhibited is not so much Chinese as Oriental. Mr. J. Ross Browne, who was once Minister from the United States to China, published an entertaining volume of travels in the East, adorned with drawings of his own. One of these represented what appeared to be a congress of all varieties of lean and mangy dogs, which was offered as "a general view of Constantinople." The same cut would do good service as a sketch of many Chinese cities. The Chinese do not appear to experience any serious discomfort from the reckless and irrepressible barking of this vast army of curs, nor do they take much account of the really great dangers arising from mad dogs, which are not infrequently encountered. Under such circumstances, the remedy adopted is often that of binding some of the hair of the dog into the wound which it has caused, a curious analogy to the practice which must have originated our proverb that "the hair of the same dog will cure." The death of the dog does not seem to be any part of the object in view.

Most of the instances already adduced relate to Chinese indifference to comfort. It would not be difficult to cite as many more which bear upon disregard of convenience, but a few examples will be sufficient. The Chinese pride themselves upon being a literary nation; in fact, *the* literary nation of the world. Pens, paper, ink, and ink-slabs are called the "four precious things," and their presence constitutes a "literary apartment." It is remarkable that not one of these four indispensable articles is carried about the person. They are by no means sure to be at hand when wanted, and all four of them are utterly useless without a fifth substance, to wit, water, which is required for rubbing up the ink. The pen cannot be used without considerable previous manipulation to soften its delicate hairs; it is very liable to be injured by inexpert handling, and lasts but a comparatively short time. The Chinese have no substitute for the pen, such as lead-pencils, nor if they had them would they be able to keep them in repair, since they have no penknives, and no pockets in which to carry them. We have previously endeavoured, in speaking of the economy of the Chinese, to do justice to their great skill in accomplishing excellent results with very inadequate means, but it is not the less true that such labour-saving devices as are so constantly met in Western lands are unknown in China. In a modern hotel in the Occident one has but to push something or to pull something and he gets whatever he wants—hot or cold water, lights, heat, service. But the finest hostelry in the Eighteen Provinces, like all inferior places of accommodation, obliges its guest, whenever he is conscious of an unsupplied need, to go to the outer door of his apartment and yell at the top of his voice, vainly hoping to be heard for his much speaking.

Many articles constantly required by the Chinese are not to be had on demand, but only when the dealer in the same happens to make his irregular appearance. At all other times one might as well find himself dropped in the interior of the Soudan, so far as the supply of current wants is concerned. In the city every one carries a lantern at night, yet in some cities, at least, lanterns are to be had only when the peddler brings them around, and those who want them buy at such times, as we do of a milkman or a dealer in fresh yeast. That percentage of the whole population which lives in Chinese cities cannot be a large one, and in the country this limitation of traffic is the rule and not the exception. In some districts, for example, it is customary to sell timber for house-building in the second moon, and the same logs are often dragged about the country from one large fair to another, till they are either sold, or taken back to their point of departure. But should any inexperienced person be so rash as to wish to buy timber in the fifth moon, he will soon ascertain why the wisest of Orientals remarked that "there is a time to every purpose under the heaven."

In speaking of economy we have mentioned that as most Chinese tools are not to be had in a completed state, the customer buys the parts and has them united to suit himself, which does not comport with our conception of convenience.

The writer once instructed a servant to buy a hatchet for splitting wood. There was none to be had, but he returned instead with fourteen large (imported) horse-shoes, which a blacksmith hammered into something resembling a miner's pick, to which a carpenter affixed a handle, the total cost being much greater than that of a good foreign axe!

Few inconveniences of the Celestial Empire make upon the Western mind a more speedy and a more indelible impression than the entire absence of "sanitation." Whenever there has been an attempt made to accomplish something in the way of drainage, as in Peking, the resultant evils are very much greater than those which they were designed to cure. No matter how long one has lived in China, he remains in a condition of mental suspense, unable to decide that most interesting question so often raised, Which is the filthiest city in the Empire? A visitor from one of the northern provinces boasted to a resident in Amoy that, in offensiveness to the senses, no city in south China could equal those of the north. With a view to decide this moot point, the city of Amoy was extensively traversed, and found to be unexpectedly clean that is, for a Chinese city. Jealous for the pre-eminence of his adopted home the Amoy resident claimed that he was taken at a disadvantage, as a heavy rain had recently done much to wash the streets! The traveller thinks he has found the worst Chinese city when he has inspected Foochow; he is certain of it when he visits Ningpo, and doubly sure on arriving in Tientsin. Yet, after all, it will not be strange if he heartily recants when he reviews with candour and impartiality the claims of Peking!

The three points upon which the Occidental mind is sure to lay principal stress when contemplating the inconveniences of Chinese civilisation, are the absence of postal facilities, the state of the roads, and the condition of the currency. Private companies do of course exist, by which letters and parcels may be transmitted from certain places in China to certain other places, but their functions are exceedingly limited, and compared with the whole Empire, the areas which they accommodate are but trifling. Of Chinese roads we have already spoken, when discussing the absence of public spirit. There is a road many miles in length cut through a mountain in Shantung, which is so narrow that carts cannot pass one another. Guards are stationed at each end, and traffic is only allowed in one direction in the forenoon, and in the other during the afternoon! It is because the Chinese costume—especially Chinese shoes—is what has been described, and because Chinese roads are what we know them to be, that whenever the weather is bad the Chinese confine themselves to their dwellings. In Western lands we speak of an unintelligent person as one who does not know enough to go in when it rains, but in China one should rather say of such a person that he does not know enough to stay in when it rains.

One of the most common characters in the Chinese language, used to denote *imperative necessity*, is composed of two parts, which signify "stopped by the rain." With the possible exception of official service, the idea that any human being has functions the discharge of which can be harmonised with the rapid precipitation of moisture in the outer atmosphere, is one that can only be introduced to most Chinese skulls by a process of trepanning. Not even public business is necessarily urgent, the proverb to the contrary notwithstanding. We have heard of a Chinese fort of undoubted strength, in a most important position, armed with the most elaborate muniments of war, such as Krupp guns, and provided with foreign drilled troops, where on occasion of a rain every one of the sentries judiciously retired to the guard-houses, leaving not a single man anywhere in sight. They were "stopped by the rain!" The Tientsin massacre of 1870 might have been quadrupled in atrocity, but for a timely rain which deterred the desperadoes already on their way to the Settlement. A portable shower would be one of the most perfect defenses which a foreign traveller in the hostile parts of China could desire. We are confident that a steady stream of cold water delivered from a two-inch nozzle would, within five minutes of solar time, disperse the most violent mob ever seen by a foreigner in China. Grape-shot would be far less effectual, for many would stop to gather up the spent shot, while cold water is something for which every Chinese from the Han Dynasty downwards entertains the same aversion as does a cat. Externally or internally administered, he regards it as equally fatal.

The subject of Chinese currency demands not a brief paragraph, but a comprehensive essay, or rather a volume. Its chaotic eccentricities would drive any Occidental nation to madness in a single generation, or more probably such gigantic evils would speedily work their own cure. In speaking of the disregard of accuracy we have mentioned a few of the more prominent annoyances. A hundred cash are not a hundred, and a thousand cash are not a thousand, but some other and totally uncertain number, to be ascertained only by experience. In wide regions of the Empire one cash counts for two; that is, it does so in numbers above twenty, so that when one hears that he is to be paid five hundred cash he understands that he will receive two hundred and fifty pieces, less the local abatement, which perpetually shifts in different places. There is a constant intermixture of small or spurious cash, leading to inevitable disputes between dealers in any commodity. At irregular intervals the local magistrates become impressed with the evil of this debasement of the currency, and issue stern proclamations against it. This gives the swarm of underlings in the magistrate's yamên an opportunity to levy squeezes on all the cash-shops in the district, and to make the transaction of all business more or less difficult. Prices at once rise to meet the temporary necessity for pure cash. As soon—as the paying ore in this vein is exhausted—and it is not worked to any extent—the bad cash returns, but prices do not fall. Thus the irrepressible law by which the worse currency drives out the better, is never for an instant suspended. The condition of the cash becomes worse and worse, until, as in some parts of the province of Honan, every one goes to market with two entirely distinct sets of cash, one of which is the ordinary mixture of good with bad, and the other is composed exclusively of counterfeit pieces. Certain articles are paid for with the spurious cash only. But in regard to other commodities, this is matter of special bargain, and accordingly there is for these articles a double market price.

Chinese cash is emphatically "filthy lucre." It cannot be handled without contamination. The strings, of five hundred or a thousand (nominal) pieces, are exceedingly liable to break, which involves great trouble in recounting and re-tying. There is no uniformity of weight in the current copper cash, but all is both bulky and heavy. Cash to the value of a Mexican dollar weigh not less than eight pounds avoirdupois. A few hundred cash are all that any one can carry about in the little bags which are suspended for this purpose from the girdle. If it is desired to use a larger sum than a few strings, the transportation becomes a serious matter. The losses on transactions in ingots of silver are always great, and the person who uses them is inevitably cheated both in buying and in selling. If he employs the bills of cash-shops, the difficulty is not greatly relieved, since those of one region are either wholly uncurrent in another region not far away, or will be taken only at a heavy discount, while the person who at last takes them to be redeemed has in prospect a certain battle with the harpies of the shop by which the bills were issued, as to the quality of the cash which is to be paid for them. Under these grave disabilities, the wonder is that the Chinese are able to do any business at all; and yet, as we daily perceive, they are so accustomed to these annoyances that their burden appears scarcely felt, and the only serious complaint on this score comes from foreigners.

It is very common for the traveller through a Chinese village to see a donkey lying at full length, and attached to a post by a strong strap passed about his neck. But instead of adjusting himself to the length of his strap, the beast frequently drags himself to the utmost limit of his tether, and reclines with his head at an angle of forty-five degrees, his neck stretched in such a way as to threaten the dislocation of the cervical vertebrae. We wonder why he does not break his neck, and still more what pleasure there can be in the apparent attempt to do so. No Occidental donkey would behave in such a way. The reader who has followed us thus far through these inadequate illustrations of our topic will bear in mind that the Chinese rac, though apparently in a condition of semi-strangulation, seems to itself comparatively comfortable, which is but to say that the Chinese standard of comfort and convenience, and the standard to which we are accustomed, are widely variant, which is the proposition with which we began. The Chinese has learned to accommodate himself to his environment. To such inconveniences as he encounters, he submits with exemplary patience, well knowing them to be inevitable.

It is not unusual to hear persons who have considerable acquaintance with the Chinese and their ways, especially in the aspects to which our attention has just been drawn, affirm that the Chinese are not civilised. This very superficial and erroneous judgment is due to an unphilosophical confounding of civilisation and comfort. In considering the present condition of China, which is much what it was three centuries ago, it is well to look upon the changes through which we ourselves have passed, for thus only can we arrive at a just comparison. We cannot think of the England of Milton, Shakespeare, and Elizabeth as an uncivilised country, but nothing is more certain than that to the most of us it would now prove to be intolerable.

It is superfluous to allude to the manifold and complex causes which have brought about such astonishing changes in the British Islands within the past three centuries. Yet more wonderful is the radical revolution which within the last fifty years has taken place in the standard of comfort and convenience. If we were compelled to return to the crude ways of our great-grandfathers and grandfathers, it might be a question whether life for us would be worth living. Times have changed, and we have changed with them. In China, on the contrary, times have not changed, and neither have the people. The standard of comfort and convenience is the same now as it has been for centuries. When new conditions arise, these standards will inevitably alter. That they will ever be the same as those to which we have become accustomed is, however, to be neither expected nor desired.

CHAPTER XVI

PHYSICAL VITALITY

That physical vitality which forms so important a background for other Chinese characteristics, deserves consideration by itself. It may be regarded in four aspects: the reproductive power of the Chinese race, its adaptation to different circumstances, its longevity, and its recuperative power.

The first impression which the traveller derives from the phenomena of Chinese life is that of redundance. China seems to be full of people. It seems to be so because it is so. Japan, too, appears to have a large population, but it does not take a very discriminating eye to perceive that the dense population of Japan bears no proportion to the dense population of China. In respect of relative and absolute density of population, China, more nearly resembles India than any other country. But the people and the languages of India are many and various, while the people of China, with some exceptions not materially affecting the issue, are one and the same. This first, impression of a redundant population is everywhere confirmed, no matter in what portion of this broad Empire we set our foot. Where the population is in reality sparse, this is generally found to be due to causes which are susceptible of easy explanation. The terrible inroads of the great T'aip'ing rebellion, followed by the only less destructive Mohammedan rebellion, and by the almost unparalleled famine of 1877–78, extending over five provinces, reduced the total population of China, perhaps by many scores of millions. The devastations due to war are not so soon repaired to the eye as they would be in Western lands, owing to the great reluctance of the Chinese to leave their ancestral homes and go into new regions. Nevertheless, it is not difficult to perceive that the forces of waste, no matter how devastating, are not so powerful as the forces of repair. With a few decades of peace and good crops, almost any part of China would, we think, recuperate from the disasters which during this century have come in such battalions. The provision for this recuperation is visible to every one, and forces itself upon his notice whether he does or does not desire to contemplate it. In any part of the Chinese Empire the most conspicuous objects in the towns and villages are the troops of Chinese children, with which, as Charles Lamb says in his deprecation of the pride of overproud mothers, "every blind alley swarms." It is one of the standing marvels of Chinese society by what means such a vast army of little ones is fed and clothed, and it must be well borne in mind that many of them are not "fed and clothed" to any extent; in other words, that the most extreme poverty does not apparently tend to diminish Chinese population.

The only permanent and effective check upon the rapid increase of the Chinese population appears to be the confirmed use of opium, a foe to the Chinese race as deadly as war, famine, or pestilence. It is by no means necessary, in order to receive a high idea of the multiplying power of the Chinese, to assume the existence in China of a population far vaster in numbers than that of any other country. Even if we take the lowest estimate of about two hundred and fifty millions, the point is abundantly established, for the question is not one of the mere number of people, but of the rate of increase. In the absence of trustworthy statistics, we must be content to come at conclusions in a general and inexact way; but fortunately in this matter it is almost impossible to go wrong. The Chinese marry at a very early age, and the desire for posterity is the one ruling passion in which, next to the love of money, the Chinese race is most agreed.

Contrast the apparent growth of the Chinese at any point, with the condition of the population in France, where the rate of increase is the lowest in all Europe, and where the latest returns show an absolute decrease in the number of inhabitants. Such facts have excited the gravest fears as to the future of that great country. The Chinese, on the other hand, show no more signs of race decay than the Anglo-Saxons. The earliest recorded command given by God to mankind was that in which they were instructed to "be fruitful and multiply and replenish the earth." That command, as a learned professor once remarked, "has been obeyed, and it is the only command of God that has been obeyed," and of no country is this more true than of China.

The Chinese Empire, as we have already had occasion to remark, extends through a great area in latitude and longitude, and embraces within itself almost every variety of soil, climate, and production. So far as appears, the Chinese flourish equally in the subtropical region, the subarctic region, or anywhere between. Whatever differences are observed seem to be due to the character of the region itself and its capacity to sustain the population, rather than to any inherent difference in the capacity of the people to adapt themselves to one region rather than to another. The emigrating portions of the Chinese people come from a relatively minute area in the provinces of Kuangtung and Fukien, but wherever they go, to India, Burma, Siam, the East Indies, the Pacific Islands, Australasia, Mexico, the United States, the West Indies, Central America, or South America, we never hear that they fail to adapt themselves with wonderful and immediate success to their environment, whatever it may chance to be. What we do hear, however, is that their adaptation is so quick and so perfect, their industry and their economy so in excess of those of the natives of these lands, their solidarity and their power of mutual cohesion so phenomenal, that it is necessary for the security of the remainder of the human race that "the Chinese must go!" Under these circumstances, it is certainly most fortunate for the peace of mind of that portion of mankind which is not Chinese, that this people does not as a whole take to emigration on a large scale. If the eastern part of the Asiatic continent were now as full of irrepressible human beings, longing to turn their energies towards the rest of the planet, as was Central Asia in the middle ages, it is hard to see what would become either of us, or of our doctrine that the fittest only survive.

The utter absence of any kind of statistics renders it impossible to speak of the longevity of the Chinese people in any other than the most general way. Probably all observers would agree in the conclusion that there is no part of China in which old people are not exceedingly numerous. The aged are always treated with great respect, and old age is held to be an exceedingly great honour, and is reckoned as the foremost of the five varieties of felicity. The extreme care which is taken to preserve accurate records of the date of birth, down to the precise hour, tends to precision of statement when there is any occasion for such precision, albeit the ordinary method of counting, as has been mentioned, is so loose and inaccurate. The testimony of graveyard tablets is in favour of a considerable degree of longevity among the common people, but except in the vicinity of supplies of stone these tablets are found over only a few graves, so that, whatever inferences might otherwise be drawn from them as witnesses, the tablets are practically valueless.

It is not common to hear of Chinese who are more than a hundred years of age, but short of that limit the numbers of very aged who could anywhere be collected, if sufficient inducement were offered, we must consider as very large. Indeed, when the exceedingly imperfect nutrition of the poor, who constitute so large a part of the population of China, is taken into account, it becomes a wonder how such numbers of people survive to so great an age. It is well known that in all Western lands throughout the present century the average duration of life has been constantly rising. This is due to the increased attention paid to the laws of life, to improved means of preventing disease, and to better means of treating it. It must be remembered that in China, on the other hand, the conditions of life do not seem to vary greatly from what they were when Columbus discovered America. If social and medical science could do for China what has been done for England within the past fifty years, the number of very old people in the former country would certainly be very greatly increased.

The complete ignorance of the laws of hygiene which characterises almost all Chinese, and their apparent contempt for those laws even when apprehended, are well known to all foreigners who live in China. To a foreign observer it is a standing problem why the various diseases which this ignorance and defiance of natural laws invite, do not exterminate the Chinese altogether. While vast numbers of people do die every year in China of diseases which are entirely preventable, the fact that the number of such persons is not indefinitely greater argues on the part of the Chinese a marvellous capacity to resist disease and to recover from it. The readiness of Chinese to throw away their lives on very slight provocation is a characteristic as marked as the tenacity of their hold upon them.

In the total absence of those vital statistics to which we have already so often regretfully referred, we are obliged to depend upon the recorded observations of foreigners, which, owing to the constantly increasing number of foreign dispensaries and hospitals, are becoming year by year more numerous and more valuable.

To analyse and tabulate the medical reports issued even in a single year, with a view to illustrating the recuperative power of the Chinese, would be a most useful task, and the result would certainly present the object in a fresh and forcible manner. We must, however, be content with the mere statement of a few cases, by way of illustration, two of which occurred within the knowledge of the writer, while the third is taken from the published reports of a large hospital in Tientsin. The whole force of instances of this sort depends upon the undoubted fact that they are by no means isolated and altogether exceptional cases, but are such as could be matched by the observation of very many of our readers.

Several years ago, while living in a house with a Chinese family, the writer heard one afternoon the most dismal screams under the window, where was placed a large beehive, made of adobe bricks, and open at the bottom. A little boy fourteen months of age was playing in the yard, and seeing this opening into what looked like a convenient play-house, had injudiciously crawled in. The child's head was shaved perfectly bare, and was very red. The bees, either resenting the unusual intrusion, or mistaking the bald pate for a huge peony, promptly lit upon the head and began to sting. Before he could be removed the child had received more than thirty stings. The child cried but a few moments, and then, being laid on the *k'ang*, went to sleep. No medicine of any sort being at hand, nothing was applied to the skin. During the night the child was perfectly quiet, and the next day no trace of the swelling remained.

In the year 1878 a carter in the employ of a foreign family in Peking was taken with the prevalent typhus fever, of which so many died. On the thirteenth day, when the disease reached a crisis, the patient, who had been very ill indeed, became exceedingly violent, exhibiting the strength of several men. Three persons were deputed to watch him, all of whom were exhausted with their labors. During the night of this day the patient was tied to the bed to prevent his escape. While the watchers were all asleep he contrived to loosen the cords with which he was bound, and escaped from the house perfectly naked. He was missed at about 3 A.M., and the whole premises were searched, including the wells, into which it was feared he might have plunged. He was traced to the wall of the compound, which was nine or ten feet in height, and which he had scaled by climbing a tree. He leaped or fell to the ground on the outer side of this wall, and at once made his way to the moat just inside the great wall which separates the Tartar city of Peking from the Chinese city. Here he was found two hours later, his head wedged fast between the upright iron bars which prevent passage through the culvert under the wall. As he had passionately demanded to be taken to this place to cool his fever, it was evident that he had been in this situation for a great length of time. On being taken home, his fever was found to be thoroughly broken, and though troubled with rheumatism in the legs, he made a slow but sure recovery.

A Tientsin man, about thirty years of age, had been in the habit of making a living by collecting spent shells around the ground where Chinese troops were engaged in artillery practice. On one occasion he secured a shell, when, on attempting to break it open, it exploded and blew off his left leg. He was admitted to the hospital, and an amputation was performed below the knee. Instead of being cured of this dangerous mode of getting a precarious living, the man returned to it again as soon as possible, and about six months later, under similar circumstances, another explosion took place, which blew off his left hand about two inches above the wrist, leaving a ragged wound. The upper portion of the right arm was severely singed by powder. Deep lacerations took place over the bridge of the nose and on the upper lip; punctured wounds, the result of exploding pieces of shell, were made on the right cheek, on the right upper eyelid, on the posterior edge of the frontal bone, and on the right wrist. There was also a deep cut over the right tibia, exposing the bone. On receiving these severe injuries the man lay in a semi-unconscious and helpless condition for four hours, exposed to the heat of the sun. A mandarin happening to see him, ordered some coolies to carry him to the hospital, himself accompanying them for two miles. The bearers apparently became tired of their burden, and as soon as the mandarin was gone, threw the poor wretch into a ditch to die. Though much exhausted by the hemorrhage, he managed to crawl out and hop for five hundred yards to a grain-shop, where he found a large basket of meal, which he overturned with his sound arm and coiled himself inside. To get rid of him the owners of the shop carried him in the basket to the hospital gates, where he was left outside to die. Although in a condition of extreme collapse, and with a feeble pulse, due to the loss of so much blood, the patient had no mental impairment and was able to converse intelligibly. He had been addicted to opium smoking, a circumstance which could not have been favourable to recovery. Yet with the exception of diarrhea on the fifth and sixth days, and slight attacks of malaria, the patient had throughout no bad symptoms, and left the hospital with a wooden leg four weeks after his admission.

If a people with such physical endowments as the Chinese were to be preserved from the effects of war, famines, pestilence, and opium, and if they were to pay some attention to the laws of physiology and of hygiene, and to be uniformly nourished with suitable food, there is reason to think that they alone would be adequate to occupy the principal part of the planet and more.

CHAPTER XVII

PATIENCE AND PERSEVERANCE

THE term "patience" embraces three quite different meanings. It is the act or quality of expecting long, without complaint, anger, or discontent. It is the power or the act of suffering or bearing quietly or with equanimity any evil—calm endurance. It is also employed as a synonym of perseverance. That the group of qualities to which reference is here made has a very important bearing on the life of the people to whom they belong, is obvious at a glance. The disadvantage arising from a separate and a distinct examination of individual Chinese characteristics is nowhere more obvious than in the consideration of the qualities of patience and perseverance. These characteristics of the Chinese are inseparably connected with their comparative "absence of nerves" with their "disregard of time," and especially with that quality of "industry" by which the national patience and perseverance are most conspicuously and most effectively illustrated. What has been already said upon these topics will have served to suggest one of the chief virtues in the Chinese character, but the necessarily desultory treatment involved in such incidental mention deserves to be supplemented by a more comprehensive presentation.

Among a dense population like that of the Chinese Empire, life is often reduced to its very lowest terms, and those terms are literally a "struggle for existence." In order to live, it is necessary to have the means of living, and those means each must obtain for himself as best he can. The Chinese have been well said to "reduce poverty to a science." Deep poverty and a hard struggle for the means of existence will of themselves never make any human being industrious; but if a man or a race is endowed with the instinct of industry, these are the conditions which will tend most effectually to develop industry. The same conditions will also tend to the development of economy, which, as we have seen, is a prominent Chinese quality. These conditions also develop patience and perseverance. The hunter and the fisherman, who know that their livelihood depends upon the stealth and wariness of their movements, and the patience with which they wait for their opportunity, will be stealthy, wary, and patient, no matter whether they happen to belong to the races of mankind classed as "civilised," to those called "semi-civilised," or to those known as "savage." The Chinese have for ages been hunting for a living under conditions frequently the most adverse, and they have thus learned to combine the active industry of the most civilised peoples with the passive patience of the North American Indian.

The Chinese are willing to labour a very long time for very small rewards, because small rewards are much better than none. Ages of experience have taught them that it is very difficult to make industry a stepping-stone to those wider opportunities which we of the West have come to look upon as its natural results. They are "natural" results only in the sense that when appropriate conditions are found these results will follow. A population of five hundred to the square mile, it is scarcely necessary to observe, is not one of the conditions adapted to lead to practical verification of the adage that industry and economy are the two hands of fortune. But the Chinese is content to toil on for such rewards as he may be able to get, and in this contentment he illustrates his virtue of patience.

It is related of the late General Grant, that on his return from his trip around the globe, he was asked what was the most remarkable thing that he saw. He replied at once that the most extraordinary sight which he anywhere beheld was the spectacle of a petty Chinese dealer by his keen competition driving out a Jew. There was great significance in the observation. The qualities of Jewish people are by this time well known, and have led to most surprising results, but the Jews are after all but a small part of the human race. The Chinese, on the other hand, are a considerable percentage of the whole population of the planet. The Jew who was driven out by the Chinese did not presumptively differ in any essential respect from any other Jew. The result of the competition would probably have been the same though the competitors had been different in their identity, for it is morally certain that the successful Chinese did not differ in any essential particular from millions of other Chinese who might have chanced to be in his situation.

It is in his *staying quality* that the Chinese excels the world. Of that quiet persistence which impels a Chinese student to keep on year after year attending the examinations, until he either takes his degree at the age of ninety or dies in the effort, mention has been already made. No rewards that are likely to ensue, nor any that are possible, will of themselves account for this extraordinary perseverance. It is a part of that innate endowment with which the Chinese are equipped, and is analogous to the fleetness of the deer or the keen sight of the eagle. A similar quality is observed in the meanest beggar at a shop door. He is not a welcome visitor, albeit so frequent in his appearances. But his patience is unfailing, and his perseverance invariably wins its modest reward, a single brass cash.

There is a story of an Arab whose turban was stolen by some unknown person, upon which the loser of this important article of apparel promptly betook himself to the tribal burial-place and seated himself at the entrance. Upon being asked his reason for this strange behaviour, and why he did not pursue the thief, he made the calm and characteristically Oriental reply, "He must come here at last!" One is not infrequently reminded of this exaggeration of passive persistence, not only in the behaviour of individual Chinese, but in the acts of the government as well. The long and splendid reign of the Emperor K'ang Hsi, lasting from 1662 until 1723, made his name more celebrated than that of any other Asiatic monarch. Yet it was in the reign of this greatest of Chinese rulers that the Chinese patriotic pirate, known under the name of Koxinga, ravaged the coasts of the provinces of Kuangtung and Fukien to such a degree that the government junks were totally unable to cope with him. Under these circumstances, K'ang Hsi hit upon the happy expedient of ordering all the people inhabiting this extended coast line to retire into the interior to a distance of thirty *li*, or about nine miles, at which point they were inaccessible even to such stout attacks as this adherent of the old order of things was able to make. This strange command was generally obeyed, and was quite successful in accomplishing its design. Koxinga retired, baffled in his plans, and contented himself with driving the Dutch out of Formosa, and was eventually ennobled under the title of the "Sea-quelling Duke," by which means he was at once pacified and extinguished. Every foreigner reading this singular account is impelled to assent to the comment of the author of the "Middle Kingdom," that a government which was strong enough to compel such a number of maritime subjects to leave their towns and villages, and to retire at such great loss into the interior, ought to have been strong enough to equip a fleet and to put an end to the attacks upon these desolated homes.

Another example of the persistence of the Chinese government is not less remarkable, and is still fresh in the minds of foreign residents in China. In the year 1873 the Chinese General Tso Tsung-tang established himself in Barkoul and Hami, having been sent by the government to endeavour to put a stop to the great Mohammedan rebellion, which, beginning with a mere spark, had spread like wildfire all over western China and through Central Asia. The difficulties to be overcome were so great as to appear almost insuperable. It was then common to meet with articles in the foreign press in China ridiculing both the undertaking of Tso and the fatuity of the government in endeavouring to raise money by loans, in order to pay the heavy war expenses thus incurred. Within a year of his arrival in the rebellious districts, Tso's army was marching on either side of the lofty T'ien-shan in parallel columns, driving the rebels before them. When they reached a country in which the supplies were insufficient, the army was turned into a farming colony and set to cultivating the soil with a view to raising crops for their future support. Thus alternately planting and marching, the "agricultural army" of Tso thoroughly accomplished its work, an achievement which has been thought to be among "the most remarkable in the annals of any modern country."

That quality of Chinese patience which to us seems the most noteworthy of all, is its capacity to wait without complaint and to bear with calm endurance. It has been said that the true way to test the real disposition of a human being is to study his behaviour when he is cold, wet, and hungry. If that is satisfactory, take the individual in question, "warm him, dry him, and fill him up, and you have an angel." There is a conviction which often finds utterance in current literature, that it is as dangerous to meet an Englishman deprived of his dinner as a she-bear robbed of her cubs, and it is not easy to perceive why the truth which underlies this statement is not as applicable to all Anglo-Saxons as to the inhabitants of the British Isles. With all our boasted civilisation we are under bondage to our stomachs.

The writer once saw about one hundred and fifty Chinese, most of whom had come several miles in order to be present at a feast, meet a cruel disappointment. Instead of being able, as was expected, to sit down at about ten o'clock to the feast, which was for many of them the first meal of the day, owing to a combination of unforeseen circumstances they were compelled to stand aside and act as waiters on about as many more individuals. The latter ate with relish and that deliberation which is a trait of Chinese civilisation in which it is far in advance of our own. Before the meal for which they had so long and so patiently waited could be served, another delay became necessary, as unforeseen as the first, and far more exasperating. What did these hundred and fifty outraged persons do? If they had been inhabitants of the British Isles, or even of some other portions of "nominally Christian lands," we know very well what they would have done. They would have worn looks of sour discontent, and would have spent the entire day until three o'clock in the afternoon, when it was at last possible to sit down, in growling at their luck, and in snarling at their environment generally. They would have passed fiery resolutions, and have "written a letter with five 'Now, Sirs,' to the London *Times*." The hundred and fifty Chinese did nothing whatever of the sort, and were not only good-tempered all day, but repeatedly observed to their hosts with evident sincerity and with true politeness that it was of no consequence whatever that they had to wait, and that one time was to them exactly as good as another! Does the reader happen to know of any form of Occidental civilisation which would have stood such a sudden and severe strain as that?

That Chinese nerves are totally different from those with which we are endowed has been already shown, but that does not prove that the "obtuse-nerved Turanian" is a stoic like the North American Indian. The Chinese bear their ills not only with fortitude, but, what is often far more difficult, with patience. A Chinese who had lost the use of both eyes applied to a foreign physician to know if the sight could be restored, adding simply that if it could not be restored he should stop being anxious about it. The physician told him that nothing could be done, upon which the man remarked, "Then my heart is at ease." His was not what we call resignation, much less the indifference of despair, but merely the quality which enables us to "bear the ills we have." We have come to recognise worry as the bane in our modern life, the rust which corrodes the blade far more than the hardest use can destroy it. It is well for the Chinese that they are gifted with the capacity not to worry, for taking the race as a whole, there are comparatively few who do not have some very practical reason for deep anxiety. Vast districts of this fertile Empire are periodically subject to drought, flood, and, in consequence, to famine. Social calamities, such as lawsuits, and disasters even more dreaded because indefinite, overhang the head of thousands, but this fact would never be discovered by the observer. We have often asked a Chinese whose possession of his land, his house, and sometimes of his wife, was disputed, what the outcome would be. "There will never be any peace," is a common reply. "And when will the matter come to a head?" "Who knows?" is the frequent answer; "it may be early or it may be late, but there is sure to be trouble in plenty." For life under such conditions what can be a better outfit than an infinite capacity for patience?

The exhibition of Chinese patience which is likely to make the strongest impression upon a foreigner, is that which is unfortunately so often to be seen in all parts of the Empire, when the calamities to which reference has just been made have been realised upon an enormous scale. The provinces of China with which foreigners are most familiar are seldom altogether free from disasters due to flood, drought, and resultant famine. The recollection of the terrible sufferings in the famine of 1877–78, which involved untold millions of people, will not soon fade from the memories of those who were witnesses of that distress. Since then the woes inflicted upon extensive regions by the overflows of the Yellow River, and by its sudden change of channel, have been past all computation or comprehension. Some of the finest parts of several different provinces have been devastated, and fertile soil has been buried a fathom deep in blighting sands of desolation. Thousands of villages have been annihilated, and the wretched inhabitants who have escaped death by flood have been driven forth as wanderers on the face of the earth, without homes and without hope. Great masses of human beings, suddenly ruined and reduced to desperation by no fault of their own, are not agreeable objects of contemplation to any government. Self-preservation is the first law of nature, and what is more natural than that those who, through no preventable causes, have been suddenly brought to starvation, should combine to compel those who have food to share with those who have none?

While it is true that relief is extended in a certain way in some large cities, and where the poor sufferers are most congregated, it is also true that this relief is limited in quantity, brief in duration, and does not provide the smallest remedy for more than a minute percentage of even the worst distress. Towards the prolongation of the lives of those who suffer from great calamities, the government feels itself able to do but a trifle. Towards the reclamation of their land, the reconstruction of their houses, and the resumption of life under new conditions, the government does nothing whatever. It does all that the people expect if it remits its taxes, and it frequently does not remit them until it has been again and again demonstrated to the district magistrate that out of nothing comes. To a foreigner from the lands of the West, where the revolutionary cry of "Bread, bread, or blood!" has become familiar, it is hard to understand why the hordes of homeless, famishing, and desperate refugees, who roam over the provinces blighted by flood or famine, do not precipitate themselves in a mass upon the district magistrate of the region where they have been ruined, and demand some form of succour. It is true that the magistrate would be quite powerless to give them what they demand, but he would be forced to do something, and this would be a precedent for something more. If he failed to "tranquillise" the people he would be removed, and some other official put in his place. To repeated and pressing inquiries put to the Chinese in the great famine as to the reasons why some such plan was not taken, the invariable answer was in the words, "Not dare." It is vain to argue, in reply to this statement, that one might as well be killed for rebellion, albeit unjustly, as to starve to death—nay, much better. The answer is still the same, "Not dare, not dare."

There seem to be two reasons why the Chinese do not adopt some such course. They are a most practical people, and by a kind of instinct the futility of the plan is recognised, and hence it would be next to impossible to effect the needed combination. But we must believe that the principal reason is the unlimited capacity of the Chinese for patient endurance. This it is which brings about one of the most melancholy spectacles to be seen in China, that of thousands of persons quietly starving to death within easy reach of overflowing abundance. The Chinese are so accustomed to this strange sight that they are hardened to it, as old veterans disregard the horrors of battle. Those who suffer these evils have been all their lives confronted by them, although at a little distance. When the disaster comes it is therefore accepted as alike inevitable and remediless. If those who are overtaken by it can trundle their families on wheelbarrows off to some region where a bare subsistence can be begged, they will do that. If the family cannot be kept together, they will disperse, picking up what they can, and reuniting if they succeed in pulling through the distress. If no relief is to be had near at hand, whole caravans will beg their way a journey of a thousand miles in mid-winter to some province where they hope to find that the crops have been better, that labour is more in demand, and that the chances of survival are greater. If the floods have abated, the mendicant farmer returns to his home long enough to scratch a crack in the mud while it is still too soft to bear the weight of an animal for ploughing, and in this tiny rift he deftly drops a little seed wheat, and again goes his devious way, begging a subsistence until his small harvest shall be ripe. If Providence favours him he becomes once more a farmer, and no longer a beggar, but with the distinctly recognised possibility of ruin and starvation never far away.

It has always been thought to be a powerful argument for the immortality of the soul, that its finest powers often find in this life no fit opportunity for expansion. If this be a valid argument, is there not reason to infer that the unequalled patient endurance of the Chinese race must have been designed for some nobler purpose than merely to enable them to bear with fortitude the ordinary ills of life and the miseries of gradual starvation? If it be the teaching of history that the fittest survive, then surely a race with such a gift, backed by a splendid vitality, must have before it a great future.

CHAPTER XVIII

CONTENT AND CHEERFULNESS

WE have already seen that the capacity of the Chinese to bear the ills they have, is a wonderful, and to us in most cases an incomprehensible talent, which has well been called a psychological paradox. Notwithstanding their apparently hopeless condition, they do not appear to lose hope, or rather, they seem to struggle on without it and often against it. We do not perceive among them that restlessness which characterises the people of most other nations, especially towards the close of the nineteenth century. They do not cherish plan sing," and they do not appear to suppose that there is any such time to be expected.

But the terms "patience" and "perseverance" by no means cover the whole field of the Chinese virtues in this direction. "We must also take account of their quietness of mind in conditions often very unfavourable to it, and of that chronic state of good spirits which we designate by the term "cheerfulness." Our main object is to call attention to the existence of such virtues; yet we may perhaps be able incidentally to suggest certain considerations which in part help to account for them.

By the term "contentedness" we do not mean to imply that any individual in China is satisfied with what he possesses in such a way and to such a degree that he does not wish to better his condition. The contentedness of the Chinese, as we have seen in speaking of their conservatism, is most conspicuously seen when we consider the system under which they live. That system they do not wish to change. That this is the temper of the great mass of the Chinese, we have no doubt whatever. It is a mode of viewing the phenomena of life which we designate by the general name "conservative," and of this the Chinese are as conspicuous examples as any people of whom we have any record. It must be evident that such conceptions of Chinese society, permeating the whole mass of the people and inherited from distant ages, powerfully tend to repress any practical exhibitions of discontent with the allotments of fortune. Evils of course they feel, but these are considered to be inevitable. Persons who seriously and uniformly take this view are not the ones who are likely to endeavour to upset the established order of things simply because the pressure upon themselves is severe. In no country is the educated class more really a leader of thought and action than in China. But the educated class is firmly persuaded that for China and the Chinese the present system is the best obtainable. Their vast and varied experience in the long reach of Chinese history has taught the Chinese by convincing object-lessons that solid, practical improvements in their system are not to be got for the trying. Their adamantine conservatism is the slow outgrowth of this experience.

Without being fully aware of the fact, the Chinese are a nation of fatalists. There is a great deal in the Classics about the "decrees of heaven." There is a great deal in popular speech about "heaven's will." Expressions of this sort often bear a close analogy to the manner in which we speak of Providence. But there is this radical distinction in the underlying thought: to us "Providence" signifies the care and forethought of a Being who is in distinct relations to all creatures that on earth do dwell, all of whom are included in His thought and forethought; to the Chinese, whose practical conception of "heaven" is an altogether impersonal one and utterly vague, whatever the mode of expression, the practical aspect of the matter is simply that of fate. "Good fate" and "bad fate" are phrases which have to the Chinese a meaning similar to that conveyed by the expressions in children's story-books, "good fairy" and "bad fairy." By means of these mysterious agencies anything whatever can be done, anything whatever can be undone.

The whole complicated theory and practice of Chinese geomancy, necromancy, and fortune-telling, are based upon the play and interplay of forces which are visibly expressed by means of straight lines. The number of Chinese who make a living out of these theories of the universe practically applied, is past all estimation. While the extent to which such superstitions influence the daily life of the people varies greatly in different parts of the

Empire, they are everywhere real and living factors in the minds of the masses. Nothing is more common than to hear an especially unfortunate Chinese man or woman remark, "It is my fate." The natural outcome of such a creed would be to cause despair, or if the hopefulness with which mankind, and especially the Chinese, are mercifully endowed come to the rescue, to urge them to a patient biding till their time shall come, and fate shall again favor them. Perhaps the Chinese are not as consistent fatalists as the Turks, and perhaps the "fate" of the Chinese is not identical with "Kismet"; but it is evident that a people so persuaded of the existence of fate as are the Chinese, must be indisposed for violent struggles against what they believe to be, in the nature of things, unavoidable.

It is a venerable observation of the Greeks that history is philosophy teaching by examples. As we have just seen, their own history has been the teacher of the Chinese, and the lessons which they have drawn are all of a conservative character. But no nation is educated by simply knowing its own annals, as no man can be said to know anything who knows only what has happened to himself. It is at this point that Chinese knowledge is fatally defective. Of those great episodes in modern history which we denote by the expressions the Renaissance, the Reformation, the discovery of America, and the birth of modern science, the Chinese know nothing. By those influences which brought nations into a more intimate contact than ever before, and which have slowly developed a conception of the rights of man, the Chinese as a people have been totally unaffected.

The improvement of the condition of the people is not a living issue to those who exist and have all their being in the extinct dynasties of the past. The application of the great laws of political economy to the advantage of all departments of the state, has no attractions to those who know no more of political economy than our ancestors at the time of the crusades, and who would not care for it if they did know of it. The first impulse to improvement comes from seeing the superior condition of others. The vast mass of the Chinese people do not see any evidence of such a better condition elsewhere, because they know nothing whatever about other countries. Those, on the other hand, who do know something of such countries, and who might know much more, are chained by fetters of conservatism. Nothing really beneficial to the masses can be done, except upon a large scale, and no body of persons in China capable of working upon a large scale wishes anything done in these lines. While this does not of itself promote content among the masses, it strangles any effective manifestation of discontent before it can find expression. Thus, viewed from the social standpoint, Chinese contentedness is the antithesis of progress, and interdicts it.

We have already spoken of the fact that Chinese experience is against the practicability of any amelioration of the condition of the people by means which are at hand. To the foreigner, acquainted with the experience of other lands in modern times, the simple, obvious, indispensable recipe for the relief of many of the ills to which the Chinese are subject, is emigration. This we know from induction to be the remedy which the Chinese could adopt most easily, and with the greatest assurance of success. But this is an expedient which the Chinese themselves will never adopt, for the reason that it will take them away from the home of their fathers and from the graves of their ancestors, to which, by the theory of Confucianism, they are inexorably linked. Generally speaking, no Chinese will leave his home to seek his fortune at a distance, unless he is in some way driven to do so. His ideal of life is to be:

> Fixed like a plant on his peculiar spot,
> To draw nutrition, propagate, and rot.

Generally speaking, no Chinese leaves his home not intending to return. His hope is always to come back rich, to die and be buried where his ancestors are buried. As long as this fatal "thirst for decomposing under the immediate feet of their posterity" continues to be the principal passion of the Chinese, so long will they be debarred from the one obvious method by which their ills might be effectually lightened. Real amelioration of the condition of the mass of the Chinese people where they are, we believe to be well-nigh impossible, and transplantation on any adequate scale they would not tolerate except as a decree of "fate." An unconscious consciousness of this state of things checks the expression of a discontent which has abundant cause to make itself heard.

But what we have thus far said in elucidation of the peculiar Chinese faculty of being contented, to which we in Western lands have nothing corresponding, fails after all to go to the root of the matter. The truth seems to be that the Chinese is a being formed for contentment, as the fin of the fish is formed for the water, or the wing of the bird for the air. He is what he calls "heaven-endowed" with a talent for industry, for peace, and for social order. He is gifted with a matchless patience, and with unparalleled forbearance under ills the causes of which are perceived to be beyond his reach. As a rule, he has a happy temperament, no nervous system to speak of, and a digestion like that of the ostrich. For these reasons, and others which we have imperfectly expressed, instead of spending his energies in butting against stone walls, which he has found to be more or less unyielding, he simply submits for the most part without serious complaint to what he cannot help. He acts in the spirit of the old adage, "What can't be cured must be endured." In short, a Chinese knows how to abound, and he knows how to want, and, what is of capital importance, he knows how to be contented in either condition.

The cheerfulness of the Chinese, which we must regard as a national characteristic is intimately connected with their contentedness of mind. To be happy is more than they expect, but, unlike us, they are generally willing to be as happy as they can. Inordinate fastidiousness is not a common Chinese failing. They are generally model guests. Any place will do, any food is good enough for them. Even the multitudes who are insufficiently clothed and inadequately fed, preserve their serenity of spirit in a way which to us appears marvellous.

An almost universal illustration of Chinese cheerfulness is to be found in their sociability, in striking contrast to the glum exclusiveness so often characteristic of the Anglo-Saxon. One of the main enjoyments of the Chinese seems to be chatting with one another, and whether they are old friends or perfect strangers makes very little difference. That this appreciation of human society is a great alleviation of many of the miseries which the Chinese suffer, cannot be doubted.

It is also to be noted that many Chinese have the happy art of adorning their very humble surroundings with plants and flowers, of which they are extremely fond. This is but an inarticulate way of saying, "We have not much, but we make the most of what we have."

Many as are the criticisms which we perhaps justly make upon our Chinese servants, it is only fair to mention that they will frequently submit to serious inconveniences, and will do extra work for many persons for a great length of time, not only without complaint, but often with an apparent unconsciousness that there is anything to complain of.

The Chinese who is in the service of others and is in the habit of bewailing his hard fate, is often laughed at by his companions, and sometimes he becomes a by-word and a proverb. Of the tireless industry of the Chinese we have already spoken, but it is noteworthy that those whose spindle is heard till after midnight, working it may be in the dark in order to save a farthing's worth of oil, are not the ones whose mouths are filled with bitter plaints. They rise early and toil late, and they do so as a matter of course. Some of those whose labour is most exhausting, as coolies, boat-trackers, and wheelbarrow men, not only are not heard to murmur at the unequal distribution of this world's goods, but when they have opportunities of resting do so in excellent spirits, and with an evident enjoyment of their humble fare. Discerning travellers have often called attention to this very significant trait of the Chinese workman. In Mr. Hosie's "Three Years in Western China," he says, speaking of the upper Yang-tse: "The trackers, too, deserve a word of mention. They were, with the exception of the musician and the diver, almost all lithe young fellows, always willing to jump on shore, never spending more than a quarter of an hour over their rice and vegetables, and never out of temper." Mr. Archibald Little, in his "Through the Yang-tse Gorges," bears a similar testimony: "Our five trackers clung on their hands and feet to the jagged rocks, as they pulled the boat up inch by inch. I cannot sufficiently admire the pluck and endurance of these poor coolies, earning but two dollars in cash for the two months' voyage, and getting three meals of coarse rice, flavoured with a little fried cabbage, for their sustenance, upon which they are called to put forth their strength from dawn to dark daily."

The writer is acquainted with a Chinese who was employed by a foreigner in pushing a heavy barrow, on journeys often months in duration. Upon these trips it was necessary to start early, to travel late, to transport heavy loads over steep and rugged mountains, in all seasons and in all weathers, fording chilling rivers with bare feet and legs, and at the end of every stage to prepare his master's food and lodging. All this laborious work was done for a very moderate compensation, and always without complaint, and at the end of several years of his service his master testified that he had never once seen this servant out of temper! Is there any reader of these lines of whom, *mutatis mutandis*, the same statement could be truthfully made?

Perhaps it is in time of sickness that the innate cheerfulness of the Chinese disposition shows to most advantage. As a rule, they take the most optimistic view, or, at all events, wish to seem to do so, both of their own condition and of that of others. Their cheery hopefulness often does not forsake them even in physical weakness and in extreme pain. We have known multitudes of cases where Chinese patients, suffering from every variety of disease, frequently in deep poverty, not always adequately nourished, at a distance from their homes, sometimes neglected or even abandoned by their relatives, and with no ray of hope for the future visible, yet maintained a cheerful equanimity of temper, which was a constant albeit an unintentional rebuke to the nervous impatience which, under like circumstances, would be sure to characterise the Anglo-Saxon.

Chinese endued with this happy temperament we believe to be by no means rare. Every one of much experience in China has met them. We repeat that if the teaching of history as to what happens to "the fittest" is to be trusted, there is a magnificent future for the Chinese race.

CHAPTER XIX

FILIAL PIETY

TO discuss the characteristics of the Chinese without mentioning filial piety, is out of the question. But the filial piety of the Chinese is not an easy subject to treat. These words, like many others which we are obliged to employ, have among the Chinese a sense very different from that which we are accustomed to attach to them, and a sense of which no English expression is an exact translation. This is also true of a great variety of terms used in Chinese, and of no one more than of the word ordinarily rendered "ceremony" (*li*), with which filial piety is intimately connected. To illustrate this, and at the same time to furnish a background for what we have to say of the characteristic under discussion, we cannot do better than to cite a passage from M. Gallery (quoted in the "Middle Kingdom"): "Ceremony epitomises the entire Chinese mind; and in my opinion, the Book of Rites is *per se* the most exact and complete monograph that China has been able to give of herself to other nations. Its affections, if it has any, are satisfied by ceremony; its duties are fulfilled by ceremony; its virtues and vices are referred to ceremony; the natural relations of created beings essentially link themselves in ceremonial—in a word, to that people ceremonial is man as a moral, political, and religious being, in his multiplied relations with family, society, and religion." Every one must agree in Dr. Williams's comment upon this passage, that it shows how "meagre a rendering is 'ceremony' for the Chinese idea of *li*, for it includes not only the external conduct, but involves the right principles from which all true etiquette and politeness spring."

One of the most satisfactory methods to ascertain the Chinese view of filial piety would be to trace the instruction which is contained on this subject in the Four Books, and in the other Classics, especially in the "Filial

Piety Classic." Our present object is merely to direct attention to the doctrine as put into practice by the Chinese, of whom filial piety, in the sense in which they understand it, is not merely a characteristic but a peculiarity. It must be remembered that Chinese filial piety is many-sided, and the same things are not to be seen in all situations or by all observers.

At the Missionary Conference held in Shanghai in the year 1877, a paper was read by Dr. Yates on "Ancestral Worship," in which he embodied the results of his thirty years' experience in China. In one of the opening sentences of this elaborate essay, the author, after speaking of ancestral worship considered merely as a manifestation of filial piety, continues: "The term 'filial' is misleading, and we should guard against being deceived by it. Of all the people of whom we have any knowledge, the sons of the Chinese are most unfilial, disobedient to parents, and pertinacious in having their own way from the time they are able to make known their wants." Dr. Legge, the distinguished translator of the Chinese Classics, who retired from China after thirty-three years' experience, has quoted this passage from Dr. Yates, for the purpose of most emphatically dissenting from it, declaring that his experience of the Chinese has been totally different. This merely illustrates the familiar truth that there is room for honest difference of opinion among men, as among thermometers, and that a correct view can only be reached by combining results that appear to be absolutely inharmonious into a whole that shall be even more comprehensive than either of its parts.

That Chinese children have no proper discipline, that they are not taught to obey their parents, and that as a rule they have no idea of prompt obedience as we understand it, is a most indubitable fact attested by wide experience. But that the later years of these ungoverned or half-governed children generally do not exhibit such results as we should have expected, appears to be not less a truth. The Chinese think and say that "the crooked tree, when it is large, will straighten itself," by which metaphor is figured the belief that children when grown will do the things which they ought to do. However it may be in regard to other duties, there really appears to be some foundation for this theory in the matter of filial behaviour. The occasion of this phenomenon seems to lie in the nature of the Chinese doctrine of filial piety, the manner in which it is taught, and the prominence which is everywhere given to it. It is said in the "Filial Piety Classic" that: "There are three thousand crimes to which one or the other of the five kinds of punishment is attached as a penalty, and of these no one is greater than disobedience to parents." One of the many sayings in common circulation runs as follows: "Of the hundred virtues filial conduct is the chief, but it must be judged by the intentions, not by acts; for, judged by acts, there would not be a filial son in the world." The Chinese are expressly taught that a defect of any virtue, when traced to its root, is a lack of filial piety. He who violates propriety is deficient in filial conduct. He who serves his prince but is not loyal lacks filial piety. He who is a magistrate without due respect for its duties is lacking in filial piety. He who does not show proper sincerity towards his friends lacks filial piety. He who fails to exhibit courage in battle lacks filial piety. Thus the doctrine of filial conduct is seen to embrace much more than mere acts, and descends into the motives, taking cognisance of the whole moral being.

In the popular apprehension, the real basis of the virtue of filial conduct is felt to be gratitude. This is emphasised in the "Filial Piety Classic," and in the chapter of the Sacred Edicts on the subject. The justification of the period of three years' mourning is found, according to Confucius, in the undoubted social fact that "for the first three years of its existence the child is not allowed to leave the arms of its parents," as if the one term were in some way an offset for the other. The young lamb is proverbially a type of filial behaviour, for it has the grace to kneel when sucking its dam. Filial piety demands that we should preserve the bodies which our parents gave us, otherwise we seem to slight their kindness. Filial piety requires that we should serve our parents while they live, and worship them when dead. Filial piety requires that a son should follow in the steps of his father. "If for the three years he does not alter from the way of his father," says Confucius, "he may be called filial." But if the parents are manifestly in the wrong, filial piety does not forbid an attempt at their reformation, as witness the following, quoted by Dr. Williams from the Book of Rites: "When his parents are in error, the son, with a humble spirit, pleasing countenance, and gentle tones, must point it out to them. If they do not receive his reproof, he must strive more and more to be dutiful and respectful to them till they are pleased, and then he must again point out their error. But if he does not succeed in pleasing them, it is better that he should continue to reiterate reproof than permit them to do injury to the whole department, district, village, or neighbourhood. And if the parents, irritated and displeased, chastise their son till the blood flows from him, even then he must not dare to harbour the least resentment; but on the contrary, should treat them with increased respect and dutifulness." It is to be feared that in most Western lands the admonition of parents upon these terms would be allowed to fall into desuetude, and it is not to be wondered that we do not hear much of it even in China!

In the second book of the "Confucian Analects" we find record of several different answers which Confucius gave as to the nature of filial piety, his replies being varied according to the circumstances of the questioners. The first answer which is mentioned is that to an officer of the State of Lu, and is comprised in the compendious expression "wu-wei," which he apparently left in the mind of the querist as a kind of seed to be developed by time and reflection. The words "wu-wei" simply mean "not disobedient," and it is natural that Mang I, the officer who had inquired, so understood them. But Confucius, like the rest of his countrymen since, had a "talent for indirection," and instead of explaining himself to Mang I, he waited until sometime later when one of Confucius' disciples was driving him out, when the Master repeated the question of Mang I to this disciple, and also the reply. The disciple, whose name was Fan Ch'ih, on hearing the words "wu-wei," very naturally asked, "What did you mean?" which gave the Master the requisite opportunity to tell what he really meant, in the following words: "That parents when alive should be served according to propriety, that when dead they should be buried according to propriety, and that they should be sacrificed to according to propriety." The conversation between Confucius and Fan Ch'ih was intended by the former to lead the latter to report it to Mang I, who would thus discover what was meant to be inferred from the words "wu-wei!" In other answers of the Master to the question, What is denoted by filial piety? Confucius laid stress upon the requirement that parents should be treated with reverence, adding that when they are not so treated, mere physical care for them is on a plane with the care bestowed upon dogs and horses.

These passages have been quoted in this connection, to show that the notion that filial piety consists largely in compliance with the wishes of parents, and in furnishing them what they need and what they want, is a very ancient idea in China. Confucius expressly says: "The filial piety of the present time means (only) the support of one's parents," implying that in ancient times, of which he was so fond, and which he wished to revive, it was otherwise. Many ages have elapsed since these conversations of the Master took place, and his doctrine has had time to penetrate the marrow of the Chinese people, as indeed it has done. But if Confucius were alive today, there is good reason to think that he would affirm more emphatically than ever, "The filial piety of the present time means only the support of one's parents." That the popular conscience responds to the statement of the claims of filial piety, as to no other duty, has been already observed, but in the same connection it ought to be clearly understood what this filial piety is supposed to connote. If ten uneducated persons, taken at random, were to be asked what they mean by being "filial," it is altogether probable that nine of them would reply, "Not letting one's parents get angry," that is, because they are not properly served. Or, in a more condensed form, filial piety is "wu-wei," "not disobedient," which is what the Master said it is, albeit he used the words in "a Pickwickian sense."

If any of our readers wish to see this theory in a practical form, let them consider the four-and-twenty ensamples of filial piety, immortalised in the familiar little book called by that name. In one of these cases, a boy who lived in the "After Han Dynasty," at the age of six paid a visit to a friend, by whom he was entertained with oranges. The precocious youth on this occasion executed the common Chinese feat of stealing two oranges, and thrusting them up his sleeve. But as he was making his parting bows the fruit rolled out, and left the lad in an embarrassing situation, to which, however, he was equal. Kneeling down before his host, he made the memorable observation which has rendered his name illustrious for nearly two millenniums: "My mother loves oranges very much, and I wanted them for her." As this lad's father was an officer of high rank, it would seem to an Occidental critic that the boy might have enjoyed other opportunities for gratifying her desire for oranges, but to the Chinese the lad is a classic instance of filial devotion, because at this early age he was thoughtful for his mother, or perhaps so quick at inventing an excuse. Another lad, of the Chin Dynasty, whose parents had no mosquito nets, at the age of eight hit upon the happy expedient of going to bed very early, lying perfectly quiet all night, not even brandishing a fan, in order that the family mosquitoes might gorge themselves upon him alone, and allow his parents to sleep in peace! Another lad of the same dynasty lived with a stepmother who disliked him, but as she was very fond of carp, which were not to be obtained during the winter, he adopted the injudicious plan of taking off his clothes and lying on the ice, which so impressed a brace of carp who had observed the proceeding from the under side that they made a hole in the ice and leaped forth in order to be cooked for the benefit of the irascible stepmother!

According to the Chinese teaching, one of the instances of unfilial conduct is found in "selfish attachment to wife and children." In the chapter of the Sacred Edict already quoted, this behaviour is mentioned in the same connection with gambling, and the exhortations against each are of the same kind. The typical instance of true filial devotion among the twenty-four just mentioned, is a man who lived in the Han Dynasty, and who, being very poor, found that he had not sufficient food to nourish both his mother and his child, three years of age. "We are so poor," he said to his wife, "that we cannot even support mother. Moreover, the little one shares mother's food. Why not bury the child? We may have another, but if mother should die we cannot obtain her again." His wife dared not oppose him, and accordingly a hole was dug more than two feet deep, when a vase of gold was found with a suitable inscription, stating that Heaven bestowed this reward on a filial son. If the golden vase had not emerged, the child would have been buried alive, and according to the doctrine of filial piety, as commonly understood, rightly so. "Selfish attachment to wife and children" must not hinder the murder of a child to prolong the life of its grandparent.

The Chinese believe that there are cases of obstinate illness of parents, which can only be cured by the offering of a portion of the flesh of a son or a daughter, which must be cooked and eaten by the unconscious parent. While the favourable results are not certain, they are very probable. The Peking *Gazette* frequently contains references to cases of this sort. The writer is personally acquainted with a young man who cut off a slice of his leg to cure his mother, and who exhibited the scar with the pardonable pride of an old soldier. While such cases are doubtless not very common, they are probably not excessively rare.

The most important aspect of Chinese filial piety is indicated in a saying of Mencius, that: "There are three things which are unfilial, and to have no posterity is the greatest of them." The necessity for posterity arises from the necessity for continuing the sacrifices for ancestors, which is thus made the most important duty in life. It is for this reason that every son must be married at as early an age as possible. It is by no means uncommon to find a Chinese a grandfather by the time he is thirty-six. An acquaintance of the writer's accused himself upon his death-bed of having been unfilial in two particulars: first, that he had not survived long enough to bury his old mother; and second, that he had neglected to arrange for the marriage of his son, a child of about ten years of age. This view of filial piety would doubtless commend itself to the average Chinese.

The failure to have male children is mentioned first among the seven causes for the divorce of a wife. The necessity for male children has led to the system of concubinage, with all its attendant miseries. It furnishes a ground, eminently rational to the Chinese mind, for the greatest delight at the birth of sons, and a corresponding depression on occasion of the birth of daughters. It is this aspect of the Chinese doctrine which is responsible for a large proportion of the enormous infanticide which is known to exist in China. This crime is much more common in the south of China than in the north, where it often seems to be wholly unknown. But it must be remembered that it is the most difficult of all subjects upon which to secure exact information, just in proportion to the public sentiment against it. The number of illegitimate children can never be small, and there is everywhere the strongest motive to destroy all such, whatever the sex. Even if direct testimony to the destruction of the life of female infants in any region were much less than it is, it would be a moral certainty that a people among whom the burial alive of a child of three in order to facilitate the support of its grandmother is held to be an act of filial devotion, could not possibly be free from the guilt of destroying the lives of unwelcome female infants.

Reference has already been made to the theory of Chinese mourning for parents, which is supposed to consume three full years, but which in practice is mercifully shortened to twenty-seven months. In the seventeenth book of the "Confucian Analects" we read of one of the disciples of the Master, who argued stoutly against three years as a period for mourning, maintaining that one year was enough. To this the Master conclusively replied that the superior man could not be happy during the whole three years of mourning, but that if this particular disciple thought he could be happy by shortening it a year, he might do so, but the Master plainly regarded him as "no gentleman."

The observance of this mourning takes precedence of all other duties whatsoever, and amounts to an excision of so much of the lifetime of the sons, if they happen to be in government employ. There are instances in which extreme filial devotion is exhibited by the son's building a hut near the grave of the mother or father, and going there to live during the whole time of the mourning. The most common way in which this is done is to spend the night only at the grave, while during the day the ordinary occupations are followed as usual. But there are some sons who will be content with nothing less than the whole ceremonial, and accordingly exile themselves for the full period, engaging in no occupation whatever, but being absorbed by grief. The writer is acquainted with a man of this class, whose extreme devotion to his parents' grave for so long a time unsettled his mind and made him a useless burden to his family. To the Chinese such an act is highly commendable, irrespective of its consequences, which are not considered at all. The ceremonial duty is held to be absolute and not relative.

It is not uncommon to meet with cases of persons who have sold their land to the last fraction of an acre, and even pulled down the house and disposed of the timbers, in order to provide money for a suitable funeral for one or both of the parents. That such conduct is a social wrong, few Chinese can be brought to understand, and no Chinese can be brought to realise. It is accordant with Chinese instinct. It is accordant with *li,* or propriety, and therefore it was unquestionably the thing to be done.

The Abbé Huc gives from his own experience an excellent example of that ceremonial, filial conduct, which to the Chinese is so dear. While the Abbé was living in the south of China, during the first year of his residence in this Empire, he had occasion to send a messenger to Peking, and he bethought him that perhaps a Chinese schoolmaster in his employ, whose home was in Peking, would like to embrace the rare opportunity to send a message to his old mother, from whom he had not heard for four years, and who did not know of her son's whereabouts. Hearing that the courier was to leave soon, the teacher called to one of his pupils, who was singing off his lesson in the next room, "Here, take this paper, and write me a letter to my mother. Lose no time, for the courier is going at once." This proceeding struck M. Huc as singular, and he inquired if the lad was acquainted with the teacher's mother, and was informed that the boy did not even know that there was such a person. "How then was he to know what to say, not having been told?" To this the schoolmaster made the conclusive reply: "Don't he know quite well what to say? For more than a year he has been studying literary composition, and he is acquainted with a number of elegant formulas. Do you think he does not know perfectly well how a son ought to write to a mother?" The pupil soon returned with the letter not only all written, but sealed up, the teacher merely adding the superscription with his own hand. The letter would have answered equally well for any other mother in the Empire, and any other would have been equally pleased to receive it.

The amount of filial conduct on the part of Chinese children to their parents will vary in any two places. Doubtless both extremes are to be found everywhere. Parricides are not common, and such persons are usually insane, though that makes no difference in the cruel punishment which they suffer. But among the common people, groaning in deepest poverty, some harsh treatment of parents is inevitable. On the other hand, voluntary substitutions of a son for the father, in cases of capital punishment, are known to occur, and such instances speak forcibly for the sincerity and power of the instinct of filial devotion to a parent, though this parent may be a deeply dyed criminal.

To the Occidental, fresh from the somewhat too loose bonds of family life which not infrequently prevail in lands nominally Christian, the theory of Chinese filial conduct presents some very attractive features. The respect for age which it involves is most beneficial, and might profitably be cultivated by Anglo-Saxons generally. In Western countries, when a son becomes of age he goes where he likes, and does what he chooses. He has no necessary connection with his parents, nor they with him. To the Chinese such customs must appear like the behaviour of a well-grown calf or colt to the cow and the mare, suitable enough for animals, but by no means conformable to *li* as applied to human beings. An attentive consideration of the matter from the Chinese standpoint will show that there is abundant room in our own social practice for improvement, and that most of us really live in glass houses, and would do well not to throw stones recklessly. Yet, on the other hand, it is idle to discuss the filial piety of the Chinese without making most emphatic its fatal defects in several particulars.

This doctrine seems to have five radical faults, two of them negative and three of them positive. It has volumes on the duty of children towards parents, but no word on the duty of parents to children. China is not a country in which advice of this kind is superfluous. Such advice is everywhere most needed, and always has been so. It was an inspired wisdom which led the Apostle Paul to combine in a few brief sentences addressed to his Colossian church the four pillars of the ideal home: "Husbands, love your wives, and be not bitter against them." "Wives, submit yourselves unto your own husbands, as it is fit in the Lord." "Children, obey your parents in all things, for this is well pleasing unto the Lord." "Fathers, provoke not your children to anger, lest they be discouraged." What is there in all Confucian morality which for practical wisdom can for a moment be put into competition with these far-reaching principles? The Chinese doctrine has nothing to say on behalf of its daughters, but everything on behalf of its sons. If the Chinese eye had not for ages been color-blind on this subject, this gross outrage on human nature could not have failed of detection. By the accident of sex the infant is a family divinity. By the accident of sex she is a dreaded burden, liable to be destroyed, and certain to be despised.

The Chinese doctrine of filial piety puts the wife on an inferior plane. Confucius has nothing to say of the duties of wives to husbands or of husbands to wives. Christianity requires a man to leave his father and mother, and cleave to his wife. Confucianism requires a man to cleave to his father and mother, and to compel his wife to do the same. If the relation between the husband and his parents conflicts with that between the husband and his wife, the latter, as the lesser and inferior, is the relation which must yield. The whole structure of Chinese society, which is modelled upon the patriarchal plan, has grave evils. It encourages the suppression of some of the natural instincts of the heart that other instincts may be cultivated to an extreme degree. It results in the almost entire subordination of the younger during the whole life of those who are older. It cramps the minds of those who are subjected to its iron pressure, preventing development and healthful change.

That tenet of the Chinese doctrine which makes filial conduct consist in leaving posterity is responsible for a long train of ills. It compels the adoption of children, whether there is or is not any adequate provision for their support. It leads to early marriages, and brings into existence millions of human beings, who, by reason of the excessive pinch of poverty, can barely keep soul and body together. It is the efficient cause of polygamy and concubinage, always and inevitably a curse. It is expressed and epitomised in the worship of ancestors, which is the real religion of the Chinese race. This system of ancestral worship, when rightly understood in its true significance, is one of the heaviest yokes which ever a people was compelled to bear. As pointed out by Dr. Yates in the essay to which reference has been already made, the hundreds of millions of living Chinese are under the most galling subjection to the countless thousands of millions of the dead. "The generation of today is chained to the generations of the past." Ancestral worship is the best type and guarantee of that leaden conservatism to which attention has already been directed. Until that conservatism shall have received some mortal wound, how is it possible for China to adjust herself to the wholly new conditions under which she finds herself in this last quarter of the century? And while the generations of those who have passed from the stage continue to be regarded as the true divinities by the Chinese people, how is it possible that China should take a single real step forward?

The true root of the Chinese practice of filial piety we believe to be a mixture of fear and self-love, two of the most powerful motives which can act on the human soul. The spirits must be worshipped on account of the power which they have for evil. From the Confucian point of view, it was a sagacious maxim of the Master, that "to respect spiritual beings, but to keep aloof from them, may be called wisdom." If the sacrifices are neglected the spirits will be angry. If the spirits are angry they will take revenge. It is better to worship the spirits by way of insurance. This appears to be a condensed statement of the Chinese theory of all forms of worship of the dead. As between the living, the process of reasoning is equally simple. Every son has performed his filial duties to his father, and demands the same from his own son. That is what children are for. Upon this point the popular mind is explicit. "Trees are raised for shade, children are reared for old age." Neither parents nor children are under any illusions upon this subject. "If you have no children to foul the bed, you will have no one to burn paper at the grave." Each generation pays the debt which is exacted of it by the generation which preceded it, and in turn requires from the generation which comes after, full payment to the uttermost farthing. Thus is filial piety perpetuated from generation to generation, and from age to age.

It is a melancholy comment upon the exaggerated Chinese doctrine of piety that it not only embodies no reference to a Supreme Being, but that it does not in any way lead up to a recognition of His existence. Ancestral worship, which is the most complete and the ultimate expression of this filial piety, is perfectly consistent with polytheism, with agnosticism, and with atheism. It makes dead men into gods, and its only gods are dead men. Its love, its gratitude, and its fears are for earthly parents only. It has no conception of a Heavenly Father, and feels no interest in such a being when He is made known. Either Christianity will never be introduced into China, or ancestral worship will be given up, for they are contradictories. In the death struggle between them the fittest only will survive.

CHAPTER XX

BENEVOLENCE

THE Chinese have placed the term "benevolence" at the head of their list of the Five Constant Virtues. The character which denotes it, is composed of the symbols for "man" and "two," by which is supposed to be shadowed forth the view that benevolence is something which ought to be developed by the contact of any two human beings with each other. It is unnecessary to remark that the theory which the form of the character seems to favour, is not at all substantiated by the facts of life among the Chinese, as those facts are to be read by the intelligent and attentive observer. Nevertheless, it is far from being true, as a superficial examination would seem to indicate, that there is among the Chinese no benevolence, though this has been often predicated by those who ought to have known the truth. "The feeling of pity," as Mencius reminds us, "is common to all men," widely as they differ in its expression. The mild and in some respects really benevolent teachings of the Buddhist religion have not been without a visible effect upon the Chinese people. There is, moreover, among the Chinese a strong practical instinct in every direction, and when the attention has once been directed towards the "practice of virtue," there is a great variety of forms in which there is certain to be abundant scope for the exercise of benevolence.

Among the kinds of benevolence which have commended themselves to the Chinese may be named the establishment of foundling hospitals, refuges for lepers and for the aged, and free schools. As China is a land which for most practical purposes is quite free from a census, it is impossible to ascertain to what extent these forms of benevolent action are to be found. Rev. David Hill, who has investigated the charities of central China, reports thirty benevolent institutions in the city of Hankow, expending annually some eight thousand pounds sterling. But it is hazarding little to say that such establishments must be relatively rare; that is to say, as regards the enormous population, and the enormous aggregation of that population in huge hives, where the needs are greatest.

The vast soup-kitchens which are set up anywhere and everywhere when some great flood or famine calls for them are familiar phenomena, as well as the donation of winter clothing to those who are destitute. It is not the government only which engages in these enterprises, but the people also co-operate in a highly creditable manner, and instances are not uncommon in which large sums have been thus judiciously expended. The ordinary streams of refugees which swarm over the country in a bad year are also allowed to camp down in cart-sheds, empty rooms, etc., but this is to a considerable extent a necessity. When such refugees come in extensive bands, and meet in all quarters with repulses, they are certain to be provoked into some form of reprisal. Common prudence dictates some concessions to those in such circumstances.

We do not reckon among the benevolences of the Chinese such associations as the provincial clubs for the care of those who may be destitute at a distance from home, and who without this help could not return, or who, having died, could not otherwise be taken home and buried. This is an ordinary business transaction of the nature of insurance, and is probably so regarded by the Chinese themselves.

In some of the books which have for their express object exhortations to "virtue," an account is opened, in which the individual charges himself with every bad act which he can remember, and credits himself with every good act. The balance between the two exhibits his standing at any particular time in the account books of the Chinese Rhadamanthus. This system of retributive bookkeeping exhibits clearly the practical character of the Chinese, already remarked, as well as their constant and irrepressible tendency to consider the next life, if there be one, as only an extension and an amplification of the present state of existence. The apparent motive for a large percentage of Chinese benevolence is therefore the reflex benefit which such acts are expected to insure to the man who indulges his benevolent impulses. The open avowal of a selfish motive in all acts of merit sometimes leads to curious results. In the month of April, 1889, the prefect of Hangchow attempted to raise funds for the sufferers from the Yellow River floods, by levying a tax on each cup of tea sold in the tea-houses of that great city. To the people of that ancient capital this assessment presented itself in a light similar to that in which the Bostonians of 1773 regarded the tea tax of their day. The prefect endeavoured to win the people over by a proclamation, in which they were informed that "happiness was sure to be their reward, if they cheerfully contributed to so excellent a cause." The people, however, boycotted the tea-shops, and were in the end entirely victorious. It is not every day that we are treated to the spectacle of a cityful of people banded together to resist compulsory "happiness!"

Among the acts by which merit is to be accumulated may be named the providing of coffins for those too poor to buy them; the gathering of human bones which have become exposed, and their reburial in a suitable manner; the collection of written or printed paper that it may be burned to save it from desecration; and the purchase of live birds and fish, that they may be restored to their native element. In some places plasters of a mysterious nature are also given to all applicants, free vaccination is (theoretically) furnished, and "virtue books" are provided for sale at a price below cost, or are even given away. While such works of merit occupy a very prominent place in Chinese benevolence, so far as our observation goes, acts of kindly good-will to men and women occupy a very subordinate place. When such acts occur they are almost sure to be on some stereotyped pattern, involving a minimum of trouble and thought on the part of the doer. It is much easier to stand on the brink of a river, watch a fisherman lower his net, pay for his entire catch, and throw it back again into the water, than to look into the cases of the needy at one's doors, and give help in a judicious manner.

Moreover, to the mind of the practical Chinese there is a very important difference. As soon as the fish touches the water or the bird skims the air they are on a wholly self-supporting basis, and that is the end of the work. They will not expect the man who has released them to provide them and their numerous families with means of subsistence. For the man it only remains to register his virtuous act and go about his business, sure of no disagreeable consequences. But in China "virtue's door is hard to open," and it is still harder to shut. No one can possibly foresee all the remote consequences of some well-meant act of kindness, and knowing the danger of incurring responsibility, the prudent will be wary what they undertake. A missionary living in an interior province was asked by some native gentlemen to do a kind act for a poor beggar who was totally blind, and restore to him his sight. It proved to be a case of cataract, and excellent vision was secured. When the result became certain, the missionary was waited upon by the same gentlemen, and told that as he had destroyed the only means by which the blind man could get a living, that is, by begging, it was the duty of the missionary to make it up to him by taking him into employ as a gatekeeper! Sometimes a benevolent old lady who is limited in the sphere of her activity makes a practice of entertaining other old ladies who seem to be deserving, but who are victims of cruel fate. We have heard of one case of this sort—and of one only—and they may not be so rare as is supposed. But after all abatements, it must be admitted that "real kindness kindly expressed" is not often to be met in Chinese life.

When a vast calamity occurs, like the great famine, or the outburst of the Yellow River, the government, local or general, often comes to the front with a greater or less degree of promptness, and attempts to help the victims. But instead of doing this on any uniform and extensive scale, such as the perpetual recurrence of the necessity might seem to suggest, it is done in a makeshift way, as if the occasion had never before arisen and might never arise again. The care of the refugees is moreover usually abandoned at the very time when they most need help, namely, in the early spring, when, having been weakened by their long suffering and by atrocious over-crowding, they are most liable to disease. It is then that they are sent away with a little ready money, to make the best of their way home, and to get back into their normal state of life as best they can. The excuses for this are apparent: the funds are usually exhausted; there is work to be done on the farms, if the workers can but get food till wheat harvest. The government knows that they will die of pestilence if they remain till warm weather where they are, and destruction in detail seems to the officials to be a less, because a less conspicuous, evil than death in masses.

The same spirit is evinced in the curious ebullition of charitableness, which is known as the "twelve eight gruel." This performance may be regarded as a typical case of the most superficial form of Chinese benevolence. On the eighth day of the twelfth moon it is the custom for every one who has accumulated a quantity of benevolent impulses, which have had no opportunity for their gratification, to make the most liberal donations to all comers, of the very cheapest and poorest quality of soup, during about twelve hours of solar time. This is called "prastising virtue," and is considered to be a means of laying up merit. If the year happens to be one in which the harvest is bountiful, those who live in the country have perhaps no applicants for their coarse provender, as even the poorest people have as good or better at home. This circumstance does not, however, lead to the pretermission of the offer, much less to the substitution of anything of a better quality. On the contrary, the donors advertise their intentions with the same alacrity as in other years, not to say with greater, and when the day passes, and no one has asked for a single bowl of the rich gruel designed for them, it is merely put into the broken jars out of which the pigs are fed, and the wealthy man of practical benevolence retires to rest with the proud satisfaction that however it may be with the poor wretches who would not come to his feast, he at least has done his duty for another year, and can in good conscience pose as a man of benevolence and virtue. But if, on the other hand, the year should be a bad one, and grain rises to a fabulous price, then this same man of means and of virtue fails to send out any notices of the "practice of virtue" for this particular year, for the reason that he "cannot afford it!"

We have already referred to the gifts to beggars, of whom one almost everywhere sees a swarm. This donation also is of the nature of an insurance. In the cities the beggars are, as is well known, organised into guilds of a very powerful sort, more powerful by far than any with which they can have to contend, for the reason that the beggars have nothing to lose and nothing to fear, in which respects they stand alone. The shopkeeper who should refuse a donation to a stalwart beggar, after the latter has waited for a reasonable length of time, and has besought with what the Geneva arbitrators styled "due diligence," would be liable to an invasion of a horde of famished wretches, who would render the existence even of a stolid Chinese a burden, and who would utterly prevent the transaction of any business until their continually rising demands should be met. Both the shopkeepers and the beggars understand this perfectly well, and it is for this reason that benevolences of this nature flow in a steady, be it a tiny rill.

The same principle, with obvious modifications, applies to the small donations to the incessant stream of refugees to be seen so often in so many places. In all these cases it will be observed that the object in view is by no means the benefit of the person upon whom the "benevolence" terminates, but the extraction from the benefit conferred of a return benefit for the giver. Every such object of Chinese charity is regarded as a "little Jo," and the main aim of those who have anything to do with him is to make it reasonably certain that he will "move on."

To the other disabilities of Chinese benevolence must be added this capital one, that it is almost impossible for any enterprise, however good or however urgent, to escape the withering effects of the Chinese system of squeezes, which is as well organised as any other part of the scheme of Chinese government. It is not easy to possess one's self of full details of the working of any regular Chinese charity, but enough has been observed during such a special crisis as the great famine, to make it certain that the deepest distress of the people is no barrier whatever to the most shameful peculation on the part of officials entrusted with the disbursement of funds for relief. And if such scandals take place under these circumstances, when public attention is most fixed on the distress and its relief, it is not difficult to conjecture what happens when there is no outside knowledge either of the funds contributed or of their use.

When the Chinese come to know more of that Occidental civilisation of which too often only the worst side obtrudes itself upon them, it will certainly seem to them not a little remarkable that all Christendom is dotted with institutions such as have no parallel out of Christendom, and then it will perhaps occur to them to inquire into the *rationale* of so significant a fact. They may be led to notice the suggestive circumstance that the Chinese character for benevolence, unlike most of those which relate to the emotions, which generally have the heart radical, is written *without the heart*. The virtue for which it stands is also too often practiced without heart, with the general results which we have noticed. That state of mind in which practical philanthropy becomes an instinct, demanding opportunity to exhibit its workings whenever the need of it is clearly perceived, may be said to be almost wholly wanting among the Chinese. It is not, indeed, a human development. If it is to be created among the Chinese, it must be by the same process which has made it an integral constituent of life in the lands of the West.

CHAPTER XXI

THE ABSENCE OF SYMPATHY

ATTENTION has been directed to that aspect of Chinese life which is represented by the term "benevolence," the very first of the so-called Constant Virtues. Benevolence is well-wishing. Sympathy is fellow-feeling. Our present object, having premised that the Chinese do practise a certain amount of benevolence, is to illustrate the proposition that they are conspicuous for a deficiency of sympathy.

It must ever be borne in mind that the population of China is dense. The disasters of flood and famine are of periodical occurrence in almost all parts of the Empire. The Chinese desire for posterity is so overmastering a passion that circumstances which ought to operate as an effectual check upon population, and which in many other countries would do so, appear to be in China relatively inefficient for that purpose. The very poorest people continue to marry their children at an early age, and these children bring up large families, just as if there were any provision for their maintenance. The result of these and other causes is that a large proportion of the population lives, in the most literal sense, from hand to mouth. This may be said to be the universal condition of day-labourers, and it is a condition from which there appears to be no possibility of escape. No foreigner can long deal with the ordinary Chinese whom he everywhere meets, without at once becoming aware of the fact that hardly any one has any ready money. The moment that anything whatever is to be done, the first demand is for cash, that those who are to do it may get something to eat, the presumption being that as yet they have had nothing. It is often very hard even for well-to-do people to raise the most moderate sums of money when it suddenly becomes necessary to do so. There is a most significant expression commonly employed on such occasions, which speaks of a man who is obliged to collect a sum with which to prosecute a lawsuit, to arrange for a funeral, and the like, as "putting through a famine," that is, acting like a starving person, in the urgency and persistency of his demands for help. None but those who are well off ever expect to be able to manage affairs of this sort without assistance. Hopeless poverty is the most prominent fact in the Chinese Empire, and the bearing of this fact upon the relations of the people to one another must be evident to the most careless observer. The result of the pressure for the means of subsistence, and of the habits which this pressure cultivates and fixes, even after the immediate demand is no longer urgent, is to bring life down to a hard materialistic basis, in which there are but two prominent facts. Money and food are twin foci of the Chinese ellipse, and it is about them as centres that the whole social life of the people revolves.

The deep poverty of the masses of the people of the Chinese Empire, and the terrible struggle constantly going on to secure even the barest subsistence, have familiarised them with the most pitiable exhibitions of suffering of every conceivable variety. Whatever might be the benevolent impulses of any Chinese, he is from the nature of the case wholly helpless to relieve even a thousandth part of the misery which he sees about him all the time—misery multiplied many times in any year of special distress. A thoughtful Chinese must recognise the utter futility of the means which are employed to alleviate distress, whether by individual kindness or by government interference. All these methods, even when taken at their best, amount simply to a treatment of the symptoms, and do absolutely nothing towards removing disease. Their operation is akin to that of societies which should distribute small pieces of ice among the victims of typhoid fever—so many ounces to each patient, with no hospitals, no dieting, no medicine, and no nursing. It is not, therefore, strange that the Chinese are not in practical ways more benevolent, but rather that, with the total lack of system, of prevision, and of supervision, benevolence continues at all. We are familiar with the phenomenon of the effect, upon the most cultivated persons, of constant contact with misery which they have no power either to hinder or to help, for this is illustrated in every modern war. The first sight of blood causes a sinking of the epigastric nerves, and makes an indelible impression; but this soon wears away, and is succeeded by a comparative callousness, which, even to him who experiences it, is a perpetual surprise. In China there is always a social war, and every one is too accustomed to its sickening effects to give them more than a momentary attention.

One of the manifestations of Chinese lack of sympathy is their attitude towards those who are in any way physically deformed. According to the popular belief, the lame, the blind, especially those who are blind of but one eye, the deaf, the bald, the cross-eyed, are all persons to be avoided. It appears to be the assumption that since the physical nature is defective, the moral nature must be so likewise. So far as our observation extends, such persons are not treated with cruelty, but they excite very little of that sympathy which in Western lands is so freely and so spontaneously extended. They are looked upon as having been overtaken by a punishment for some secret sin, a theory exactly accordant with that of the ancient Jews.

The person who is so unfortunate as to be branded with some natural defect or some acquired blemish will not go long without being reminded of the fact. One of the mildest forms of this practice is that in which the peculiarity is employed as a description in such a way as to attract to it public attention. "Great elder brother with the pockmarks," says an attendant in a dispensary to a patient, "from what village do you come?" It will not be singular if the man whose eyes are afflicted with strabismus hears an observation to the effect that "when the eyes look asquint, the heart is askew;" or if the man who has no hair is reminded that "out of ten bald men, nine are deceitful, and the other would be so also, were he not dumb." Such freaks of nature as albinos form an unceasing butt for a species of cheap wit, which appears never for an instant to be intermitted. The unfortunate possessor of peculiarities like this must resign himself (or herself) to a lifetime of this treatment, and happy will he be if his temperament admits of his listening to such talk in perpetual reiteration without becoming by turns furious and sullen.

The same excess of frankness is displayed towards those who exhibit any mental defects. "This boy," remarks a bystander, "is idiotic." The lad is probably not at all "idiotic," but his undeveloped mind may easily become blighted by the constant repetition in his presence of the proposition that he has no mind at all. This is the universal method of treating all patients afflicted with nervous diseases, or indeed with any other. All their peculiarities, the details of their behaviour , the method in which the disease is supposed to have originated, the symptoms which attend its exacerbations, are all public property, and are all detailed in the presence of the patient, who must be thoroughly accustomed to hearing himself described as "crazy," "half-witted," "besotted in his intellect," etc., etc.

Among a people to whom the birth of male children is so vital a matter, it is not surprising that the fact of childlessness is a constant occasion of reproach and taunts, just as in the ancient days, when it was said of the mother of the prophet Samuel that "her adversary also provoked her sore, for to make her fret." If it is supposed for any reason, or without reason, that a mother has quietly smothered one of her children, it will not be strange if the announcement of the same is publicly made to a stranger.

One of the most characteristic methods in which the Chinese lack of sympathy is manifested is in the treatment which brides receive on their wedding-day. They are often very young, are always timid, and are naturally terror-stricken at being suddenly thrust among strangers. Customs vary widely, but there seems to be a general indifference to the feelings of the poor child thus exposed to the public gaze. In some places it is allowable for anyone who chooses to turn back the curtains of the chair and stare at her. In other regions, the unmarried girls find it a source of keen enjoyment to post themselves at a convenient position as the bride passes, to throw upon her handfuls of hay-seed or chaff, which will obstinately adhere to her carefully oiled hair for a long time. Upon her emergence from the chair at the house of her new parents, she is subjected to the same kind of criticism as a newly bought horse, with what feelings on her part it is not difficult to imagine.

Side by side with the punctilious ceremony which is so dear to the Chinese heart is the apparent inability to perceive that some things must be disagreeable to other persons, and should for that reason be avoided. A Chinese friend, who had not the smallest idea of saying what would be deficient in politeness, remarked to the writer that when he first saw foreigners it seemed most extraordinary that they should have beards that reached all round their faces *just like those of monkeys*, but he added, reassuringly, "I am quite used to it now!" The teacher who is asked in the presence of his pupils as to their capacity, replies before them all that the one nearest the door is much the brightest, and will be a graduate by the time he is twenty years of age, but the two at the next table are certainly the stupidest children he ever saw. That such observations have any reflex effect upon the pupils, never for a moment enters into the thought of any one.

The whole family life of the Chinese illustrates their lack of sympathy. While there are great differences in different households, and while from the nature of the case generalisation is precarious, it is easy to see that most Chinese homes which are seen at all are by no means happy homes. It is impossible that they should be so, for they are deficient in that unity of feeling which to us seems so essential to real home life. A Chinese family is generally an association of individuals who are indissolubly tied together, having many of their interests the same, and many of them very different. The result is not our idea of a home, and it is not sympathy.

Daughters in China are from the beginning of their existence more or less unwelcome. This fact has a most important bearing on their whole subsequent career, and furnishes many significant illustrations of the absence of sympathy.

Mothers and daughters who pass their days in the narrow confinement of a Chinese court under the conditions of Chinese life, are not likely to lack topics of disagreement, in which abusive language is indulged in with a freedom which the unconstraint of everyday life tends to promote. It is a popular saying, full of significance to those who know Chinese homes, that a mother cannot by reviling her own daughter make her cease to be her own daughter! When a daughter is once married she is regarded as having no more relations with her family than those which are inseparable from community of origin. There is a deep-seated reason for omitting daughters from all family registers. She is no longer our daughter, but the daughter-in-law of some one else. Human nature will assert itself in requiring visits to the mother's home, at more or less frequent intervals, according to the local usage. In some districts these visits are very numerous and very prolonged, while in others the custom seems to be to make them as few as possible, and liable to almost complete suspension for long periods in case of a death in the family. But whatever the details of usage, the principle holds good that the daughter-in-law belongs to the family of which she has become a part. When she goes to her mother's home, she goes on a strictly business basis. She takes with her it may be a quantity of sewing for her husband's family, which the wife's family must help her get through with. She is accompanied on each of these visits by as many of her children as possible, both to have her take care of them and to have them out of the way when she is not at hand to look after them, and most especially to have them fed at the expense of the family of the maternal grandmother for as long a time as possible. In regions where visits of this sort are frequent, and where there are many daughters in a family, their constant raids on the old home are a source of perpetual terror to the whole family, and a serious tax on the common resources. For this reason these visits are often discouraged by the fathers and the brothers, while secretly favoured by the mothers. But as local custom fixes for them certain epochs, such as a definite date after the New-Year, special feast-days, etc., the visits cannot be interdicted.

When the daughter-in-law returns to her mother-in-law, it is true of her, as the adage says of a thief, that she never comes back empty-handed. She must take a present of some sort for her mother-in-law, generally food. Neglect of this established rite, or inability to comply with it, will soon result in dramatic scenes. If the daughter is married into a family which is poor, or which has become so, and if she has brothers who are married, she will find that her visits to her mother are, in the language of the physicians, "contra-indicated." There is war between the daughters-in-law of a family and the married sisters of the same family, like that between the Philistines and the children of Israel, each regarding the territory as peculiarly its own, and the other party as interlopers. If the daughters-in-law are strong enough to do so, they will, like the Philistines, levy a tax upon the enemy whom they cannot altogether exterminate or drive out. A daughter-in-law is regarded as a servant for the whole family, which is precisely her position, and in getting a servant it is obviously desirable to get one who is strong and well grown, and who has already been taught the domestic accomplishments of cooking, sewing, and whatever industries may be the means of livelihood in that particular region, rather than a child who has little strength or capacity. Thus we have known of a case where a buxom young woman of twenty was married to a slip of a boy literally only half her age, and in the early years of their wedded life she had the pleasure of nursing him through the smallpox, which is considered as a disease of infancy.

The woes of daughters-in-law in China should form the subject rather for a chapter than for a brief paragraph. When it is remembered that all Chinese women marry, and generally marry young, being for a considerable part of their lives under the absolute control of a mother-in-law, some faint conception may be gained of the intolerable miseries of those daughters-in-law who live in families where they are abused. Parents can do absolutely nothing to protect their married daughters, other than remonstrating with the families into which they have married, and exacting an expensive funeral if the daughters should be actually driven to suicide. If a husband should seriously injure or even kill his wife, he might escape all legal consequences by representing that she was "unfilial" to his parents. Suicides of young wives are, we must repeat, excessively frequent, and in some regions scarcely a group of villages can be found where they have not recently taken place. What can be more pitiful than a mother's reproaches to a married daughter who has attempted suicide and been rescued: "Why didn't you die when you had a chance?"

The Governor of Honan, in a memorial published in the Peking *Gazette* a few years ago, showed incidentally that while there is responsibility in the eye of the law for the murder of a child by a parent, this is rendered nugatory by the provision that even if a married woman should willfully and maliciously murder her young daughter-in-law, the murderess may ransom herself by a money payment. The case reported was that in which a woman had burned the girl who was reared to become her son's wife with incense sticks, then roasted her cheeks with red-hot pincers, and finally boiled her to death with kettlefuls of scalding water. Other similar instances are referred to in the same memorial, the source of which places its authenticity beyond doubt. Such extreme barbarities are probably rare, but the cases of cruel treatment which are so aggravated as to lead to suicide, or to an attempt at suicide, are so frequent as to excite little more than passing comment. The writer is personally acquainted with many families in which these occurrences have taken place.

The lot of Chinese concubines is one of exceeding bitterness. The homes in which they are to be found—happily relatively few in number—are the scenes of incessant bickerings and open warfare. "The magistrate of the city in which I live," writes a resident of China of long experience, "was a wealthy man, a great scholar, a doctor of literature, an able administrator, well acquainted with the good teachings of the Classics; but he would lie and curse and rob, and torture people to any extent to gratify his evil passions. One of his concubines ran away; she was captured, brought back, stripped, hung up to a beam by her feet, and cruelly and severely beaten."

In a country like China the poor have no time to be sick. Ailments of women and children are apt to be treated by the men of the family as of no consequence, and are constantly allowed to run into incurable maladies, because there was no time to attend to them, or because the man "could not afford it."

As we have noticed in speaking of filial piety, it is a constituent part of the theory that the younger are relatively of little account. They are valued principally for what they may become, and not for what they are. Thus the practice of most Western lands is in China reversed. The youngest of three travellers is proverbially made to take the brunt of all hardships. The youngest servant is uniformly the common drudge of the rest. In the grinding poverty of the mass of the people, it is not strange that the spirit even of a Chinese boy often rebels against the sharp limitations to which he finds himself pinned, and that he not infrequently runs away. The boy who has made up his mind to go will seldom fail to find some slight thread by which he may attach himself to some one else. The causes for this behaviour on the part of boys are various, but so far as we have observed, the harsh treatment of others is by far the most common. In a case of this sort, a boy recently recovered from a run of typhus fever, being possessed by the hearty appetite common to such patients, and finding the coarse black bread of the family fare hard eating, went to a local market and indulged in the luxury of expending cash to the value of about twenty cents. For this he was severely reproved by his father, upon which the lad ran away to Manchuria, an unfailing resort of lads all over the northeastern provinces, and was never heard of again.

It was a saying of George D. Prentice, that man was the principal object in creation, woman being merely "a side issue." The phrase is a literal expression of the position of a wife in a Chinese family. The object had in view in matrimony by the family of the girl is to get rid of supporting her. The object on the part of the husband's family is to propagate that family. These objects are not in themselves open to criticism, except on the ground of a too complete occupation of the field of human motives. But in China no one indulges in any illusions on the subject.

That which is true of the marriages of those in the ordinary walks of life is pre-eminently true of the poorer classes. It is a common observation in regard to a widow who has remarried, that "now she will not starve." It is a popular proverb that a second husband and a second wife are husband and wife only as long as there is anything to eat; when the food-supply fails each shifts for himself. In times of famine relief cases have often been observed where the husband simply abandons the wife and the children, leaving them to pick up a wretched subsistence or to starve. In many instances daughters-in-law were sent back to their mothers' family to be supported or starved as the event might be. "She is your daughter, take care of her yourself." In other cases where special food was given by distributers of famine relief to women who were nursing small infants, it was sometimes found that this allowance had been taken from the women and devoured by the men, although these instances were probably exceptional.

While it would be obviously unfair to judge a people only by the phenomena of such years as those of great famine, there is an important sense in which such occasions are a species of touchstone by which the underlying principles of social life may be ascertained with more accuracy and certainty than on ordinary occasions. The sale of wives and of children in China is a practice not confined to years of peculiar distress, but during those years it is carried on to an extent which throws all ordinary transactions of this nature into insignificance. It is perfectly well known to those acquainted with the facts, that during several recent years in many districts stricken with famine, the sale of women and children was conducted as openly as that of mules and donkeys, the only essential difference being that the former were not driven to market. During the great famine of 1878, which extended over nearly all parts of the three most northern provinces, as well as further south, so extensive a traffic sprung up in women and girls who were exported to the central provinces that in some places it was difficult to hire a cart, as they had all been engaged in the transportation of the newly purchased females to the regions where they were to be disposed of. In these cases young women were taken from a region where they were in a condition of starvation, and where the population was too redundant, to a region which had been depopulated by rebels, and where for many years wives had been hard to procure. It is one of the most melancholy features of this strange state of affairs, that the enforced sales of members of Chinese families to distant provinces was probably the best thing for all parties, and perhaps the only way in which the lives, both of those who were sold as well as the lives of those who sold them, could be preserved.

We have referred to the common neglect of sickness in the family because the victims are "only women and children." Smallpox, which in Western lands we regard as a terrible scourge, is so constant a visitor in China that the people never expect to be free from its ravages. But it is not much thought of, because its victims are mainly children! It is exceedingly common to meet with persons who have lost the sight of both eyes in consequence of this disease. The comparative disregard of the value of infant life is displayed in ways which we should by no means have expected from the Chinese, who object so strongly to the mutilation of the human body. Young children are often either not buried at all, an ordinary expression for their death being the phrase "thrown out," or if rolled in a mat, they are so loosely covered that they soon fall a prey to dogs. In some places the horrible custom prevails of crushing the body of a deceased infant into an indistinguishable mass, in order to prevent the "devil" which inhabited it from returning to vex the family!

While the Chinese are so indifferent to smallpox, our fear of which they fail to appreciate, they have a similar dread of typhus and typhoid fevers, which are regarded much as we regard the scarlet fever. It is very difficult to get proper attention, or any attention at all, if one happens to be taken with either of these diseases when away from home. To all appeals for help it is a conclusive reply, "That disease is contagious." While this is true to some extent of many fevers, it is perhaps most conspicuous in a terrible scourge found in some of the valleys of Yunnan, and described by Mr. Baber: [①] "The sufferer is soon seized with extreme weakness, followed in a few hours by agonising aches in every part of the body; delirium shortly ensues, and in nine cases out of ten the result is fatal." According to the native accounts:"All parts of the sick-room are occupied by devils; even the tables and mattresses writhe about and utter voices, and offer intelligible replies to all who question them. Few, however, venture into the chamber. The missionary assured me that the patient is, in most cases, deserted like a leper, for fear of contagion. If an elder member of the family is attacked, the best attention he receives is to be placed in a solitary room with a vessel of water by his side. The door is secured, and a pole laid near it, with which twice a day the anxious relatives, cautiously peering in, poke and prod the sick person to discover if he retains any symptoms of life."

Among a people of so mild a disposition as the Chinese there must be a great deal of domestic kindness of which nothing is seen or heard. Sickness and trouble are peculiarly adapted to call out the best side of human nature, and in a foreign hospital for Chinese we have witnessed many instances of devotion not merely on the part of parents towards children, or children towards parents, but of wives towards husbands and also of husbands towards wives. The same thing is even more common among strangers towards one another. Many a Chinese mother nursing an infant will give of

① "Travels and Researches in Western China"

her overflowing abundance to a motherless child which else might starve.

Unwillingness to give help to others, unless there is some special reason for doing so, is a trait that runs through Chinese social relations in multifold manifestations. It is a common and in many cases a perfectly valid excuse which is made when a bright boy is advised to try to learn to read a little, although he has no opportunity to go to school, that no one will tell him the characters, although there may be plenty of reading men within reach who have abundant leisure. The very mention of such an ambition is certain to excite unmeasured ridicule on the part of those who have had the longest experience of Chinese schools, as if they were saying: "By what right does this fellow think to take a short cut, and pick up in a few months what cost us years of toil, and then was forgotten in half the time which we took to get it? Let him hire a teacher for himself as we did." It is very rare indeed to meet with a genuine case of one who has anything which can be called a knowledge of characters, even of the most elementary description, which he has "picked up" for himself, though such cases do occasionally occur.

The general omission to do anything for the relief of the drowning strikes every foreigner in China. A few years ago a foreign steamship was burned in the Yang-tse River, and the crowds of Chinese who gathered to witness the event did little or nothing to rescue the passengers and crew. As fast as they made their way to the shore many of them were robbed even of the clothing which they had on, and some were murdered outright. Yet it should be remarked in connection with such atrocities as this, that it is not so very long ago that wrecking was a profession in England. On the other hand, in the autumn of 1892 a large British steamer went ashore on the China coast, and both the local fishermen and the officials did everything in their power to rescue and relieve the survivors. It remains true, however, that there is in China a general callousness to the many cases of distress which are to be seen almost everywhere, especially along lines of travel. It is a common proverb that to be poor at home is not to be counted as poverty, but to be poor when on the high-road, away from home, will cost a man his life.

It is in travelling in China that the absence of helpful kindness on the part of the people towards strangers is perhaps most conspicuous. When the summer rains have made all land travel almost impossible, he whose circumstances make travel a necessity will find that "heaven, earth, and man" are a threefold harmony in combination against him. No one will inform him that the road which he has taken will presently end in a quagmire. If you choose to drive into a morass, it is no business of the contiguous tax-payers. We have spoken of the neglect of Chinese highways. When the traveller has been plunged into one of the sloughs with which all such roads at certain seasons abound, and finds it impossible to extricate himself, a great crowd of persons will rapidly gather from somewhere, "their hands in their sleeves, and idly gazing," as the saying goes. It is not until a definite bargain has been made with them that any one of these bystanders, no matter how numerous, will lift a finger to help one in any particular. Not only so, but it is a constant practice on such occasions for the local rustics to dig deep pits in difficult places, with the express purpose of trapping the traveller, that he may be obliged to employ these same rustics to help the traveller out! When there is any doubt as to the road in such places, one might as well plunge forward, disregarding the cautions of those native to the spot, since one can never be sure that the directions given are not designed to hinder rather than help.

We have heard of one instance in which a foreign family, moving into an interior city of China, was welcomed with apparent cordiality by the people, the neighbours even volunteering to lend them articles for housekeeping until such time as they might be able to procure an outfit of their own. Other examples there doubtless are, but it is well known that these are wholly exceptional. By far the most usual reception is total indifference on the part of the people, except so far as curiosity is excited to see what the new-comers are like; a spirit of cupidity to make the most of the fat geese whom fate has sent thither to be plucked; and sullen hostility. In the case of foreigners who may have been reduced to distress, we have never heard of any assistance voluntarily given by Chinese, though of course there may have been such cases. We have known of instances in which sailors have attempted the journey overland from Tientsin to Chefoo, and from Canton to Swatow, and during the whole time of their travel they were never once given a lodging or a mouthful of food.

It is often difficult, and frequently impossible, for those who are taking a dead body home to secure admission to an inn. We have known a case of this sort where the brother of the deceased was obliged to stand guard all night in the street, because the landlord would not allow the coffin to come within the gate. An extortionate price is exacted for ferrying a corpse over a river, and we have been cognisant of several instances in which a dead body has been doubled up into a parcel and tied with mat wrappings, to make it appear like merchandise, to avoid suspicion. It was reported during a recent severe winter in Shantung, that the keeper of an inn in the city of Wei Hsien refused to allow several travellers who were half dead with cold to enter his inn, lest they should die there, but turned them into the street, where they all froze to death!

There are some crimes committed in China for which the perpetrators are often not prosecuted before a magistrate, partly on account of the difficulty and expense of securing a conviction, and partly because of the shame of publicity. Many cases of adultery are thus dealt with by the law of private revenge. The offender is attacked by a large band of men, on the familiar Chinese principle that "where there are many persons, their prestige is great." Sometimes the man's legs are broken, sometimes his arms, and very often his eyes are destroyed by rubbing into them quicklime. The writer has known several instances of this sort, and they are certainly not uncommon. A very intelligent Chinese, himself not unfamiliar with Occidental ways of thought, upon hearing a foreigner remonstrate against this practice as a refinement of cruelty, expressed unfeigned surprise, and remarked that in China such a mode of dealing with a criminal is thought to be "extremely mild," as he is thus merely maimed for life, when he really ought to be killed!

"What do you keep coming here to eat for?" said a sister-in-law to her husband's brother, who had been away for several years, and having got into trouble had had his eyes rubbed out with quicklime. "We have no place for you. If you want something hard, here is a knife; and if you want something soft, there is a rope; so get along with you." This conversation was mentioned incidentally by an incurably blind man, as an explanation of his desire to get a little sight if that were possible, but if not, he intimated that either the "hard" or the "soft" could be made to adjust his difficulties. It is rare to hear of any instances in which the victim of such outrages succeeds in getting a complaint heard before a magistrate. The evidence against him would be overwhelming, and nine officials out of ten would probably consider that the man who had been thus dealt with deserved it all, and more. Even if the man were to win his case, he would be no better off than before, but rather the worse, as the irritation of his neighbours would only be increased, and his life would not be safe.

It must be understood that despite the sacredness of human life in China, there are circumstances in which it is worth very little. One of the crimes which are most exasperating to the Chinese is theft. In a crowded population always on the edge of ruin, this is regarded as a menace to society only less serious than murder. In a time of famine relief one of the distributers found an insane woman, who had become a kleptomaniac, chained to a huge millstone as if she were a mad dog. If a person becomes known as a thief or in other ways is a public nuisance, he is in danger of being made away with by a summary process, not differing essentially from the vigilance committees of the early days of California. Sometimes this is done by stabbing, but the method most frequently adopted is burying alive. Doubtless there are those who suppose this expression to be a mere figure of speech, as when (according to some) one is said "to swallow gold." It is, on the contrary, a very serious reality. The writer is acquainted with four persons who were threatened with death in this form. In two instances they were bound as a preliminary, and in one case the pit was actually dug, and in all cases the burial was only prevented by the intervention of some older member of the attacking party. In another instance, occurring in a village where the writer is well acquainted, a young man who was known to be insane was an incorrigible thief. A party of the villagers belonging to his own family only "consulted"(!) with his mother, and as the result of their deliberations he was bound, a hole made in the ice covering the river flowing near the village, and the youth was dropped in.

During the years in which the refluent waves of the great T'ai-p'ing rebellion overspread so large a part of China, the excitement was everywhere intense. At such times a stranger had but to be suspected to be seized, and subjected to a rigorous examination. If he could give no account of himself which was satisfactory to his captors, it went hard with him. Within a few hundred yards of the spot at which these lines are written two such tragedies occurred, little more than twenty years ago. The magistrates found themselves almost powerless to enforce the laws, and issued semiofficial notifications to the people to seize all suspicious characters. The villagers saw a man coming on a horse, who looked as if he were a native of another province, and who failed to give adequate explanations of his antecedents. His bedding being found to be full of articles of jewellery, which he had evidently plundered from somewhere, the man was tied up, a pit was dug, and the victim tumbled into it. While this was going on another was seen racing across the fields in a terrified manner, and it needed but the suggestion of some bystander that he was probably an accomplice, to secure for the second victim the same fate as the first. In some cases the strangers were compelled to dig their own graves. Any native of the provinces of China principally affected by the lawlessness of those lawless times, old enough to recollect the circumstances, will testify that instances of this sort were too numerous to be remembered or counted. In the epoch of terror caused by a mysterious cutting off of cues, in the year 1877, an intense panic seemed to pervade a large part of the Empire, and there can be no doubt that many persons who were suspected were made away with in this manner. Such periods of panic, however, under certain conditions, are common to all races, and must not be laid to the charge of the Chinese as a unique phenomenon.

One of the most striking of all the many exhibitions of the Chinese lack of sympathy is to be found in their cruelty. It is popularly believed by the Chinese that the Mohammedans in China are more cruel than the Chinese themselves. However this may be, there can be no doubt in the mind of any one who knows the Chinese that they display an indifference to the sufferings of others which is probably not to be matched in any other civilised country. Though children at home are almost wholly ungoverned, yet the moment their career of education is begun the reign of mildness ceases. The "Trimetrical Classic," the most general of the minor text-books of the Empire, contains a line to the effect that to teach without severity is a fault in a teacher. While this motto is very variously acted upon, according to the temperament of the pedagogue and the obtuseness of his pupils, great harshness is certainly common. We have seen a scholar fresh from a preceptor who was struggling to induct his pupils into the mysteries of examination essays, when the former presented the appearance of having been through a street fight, his head covered with wounds and streaming with blood. It is not rare that pupils are thrown into fits from the abuse which they receive from angry teachers. On the other hand, it is not unusual for mothers whose children are so unfortunate as to be subject to fits, to beat them in those paroxysms, as an expression of the extreme disgust which such inconvenient attacks excite. It is not difficult to perceive that mothers who can beat children because they fall into convulsions will treat any of their children with cruelty when irritated by special provocation.

Another example of "absence of sympathy" on the part of the Chinese is their system of punishments. It is not easy, from an examination of the legal code of the Empire, to ascertain what is and what is not in accordance with law, for custom seems to have sanctioned many deviations from the letter of the statutes. One of the most significant of these is the enormous number of blows with the bamboo which are constantly resorted to, often ten times the number named in the law, and sometimes one hundred times as many. We have no space even to mention the dreadful tortures which are inflicted upon Chinese prisoners in the name of justice. They may be found enumerated in any good work on China, such as "The Middle Kingdom," or "Huc's Travels." The latter author mentions seeing prisoners on the way to the yamên, with their hands nailed to the cart in which they were conveyed, because the constables had forgotten to bring fetters. Nothing so illustrates the proposition that though the Chinese have "bowels," they certainly have no "mercies," as the deliberate, routine cruelty with which all Chinese prisoners are treated who cannot pay for their exemption. A few years ago the press of Shanghai chronicled the infliction upon two old prisoners in the yamên of the District Magistrate of that city of a sentence for levying blackmail on a new prisoner. They received between two thousand and three thousand blows with the bamboo, and had their ankles broken with an iron hammer. Is it strange that the Chinese adage advises the dead to keep out of hell and the living to keep out of yamêns? ①

Since the preceding paragraphs were written an unexpected confirmation of some of the statements made has appeared from a most unimpeachable source. The following is an extract from a translation of the Peking *Gazette* of February 7, 1888:

"The Governor of Yunnan states that in some of the country districts of that province the villagers have a horrible custom of burning to death any man caught stealing corn or fruits in the fields. They at the same time compel the man's relations to sign a document, giving their consent to what is done, and then make them light the fire with their own hands, so as to deter them from lodging a complaint afterwards. Sometimes the horrible penalty is exacted for the breaking of a single branch or stalk, or even false accusations are made, and men put to death out of spite. This terrible practice, which seems incredible when heard, came into use during the time of the Yunnan rebellion; and the constant efforts of the authorities have not succeeded in extirpating it since."

Native Chinese newspapers have within a few years contained detailed accounts of an enforced suttee practised in a district near Foochow. Widows

---

① A Chinese who is practising law in the United States, Mr. Hang Yen-chang, in an article on the administration of the law in China, published in a leading religious journal, quotes what has been hereinbefore said of the Chinese "absence of nerves," remarking that the punishments of the Chinese are not regarded by themselves as cruel. While we are unable to agree with this view, it must not be forgotten that the Chinese being what they are, their laws and their customs being as they are, it would probably be wholly impracticable to introduce any essential amelioration of their punishments without a thoroughgoing reformation of the Chinese people as individuals. Physical force cannot safely be abandoned until some moral force is at hand adequate to take its place.

are compelled to strangle themselves, and their bodies are then burned, after which ornamental portals are erected to their virtuous memory! Magistrates have in vain endeavoured to stop this cruel custom, but their success has been only local and temporary.

China has many needs, among which her leading statesmen place armies, navies, and arsenals. To her foreign well-wishers it is plain that she needs a currency, railways, and scientific instruction. But does not a deeper diagnosis of the conditions of the Empire indicate that one of her profoundest needs is more human sympathy? She needs to feel with childhood that sympathy which for eighteen centuries has been one of the choicest possessions of races and peoples which once knew it not. She needs to feel sympathy for wives and for mothers, a sympathy which eighteen centuries have done so much to develop and to deepen. She needs to feel sympathy for man as man, to learn that quality of mercy which dropped as the gentle rain from heaven, twice blest in blessing him that gives and him that takes—that divine compassion which Seneca declared to be "a vice of the mind," but which the influence of Christianity has cultivated until it has become the fairest plant that ever bloomed upon the earth, the virtue in the exercise of which man most resembles God.

CHAPTER XXII

SOCIAL TYPHOONS

AMONG a population of such unexampled density as in China, where families often of great size are crowded together in narrow quarters, it is impossible that occasions for quarrels should not be all-pervasive. "How many are there in your family?" you inquire of your neighbour. "Between ten and twenty mouths," he replies. "And do you have everything in common?" you ask. "Yes," is the most common reply. Here, then, are fifteen or twenty human beings, probably representing three, if not four, generations, who live from the income of the same business or farm, an income which is all put into a common stock; and the wants of all the members of the family are to be met solely from this common property. The brothers each contribute their time and strength to the common fund, but the sisters-in-law are an element of capital importance, and very difficult it is to harmonise them. The elder sister-in-law enjoys tyrannising somewhat over the younger, and the younger ones are naturally jealous of the prerogatives of the elder. Each strives to make her husband feel that in this community of property he is the one who is worsted.

The younger generation of children furnish a prolific source of domestic unpleasantness. Where is the society capable of withstanding the strain to which it must be subjected under conditions such as these? Troubles of this nature are far from being uncommon in well-ordered homes in Western lands; how much more in the complex and compact life of the Chinese! The occasions for differences are as numerous as the objects and interests with which human beings have to do. Money, food, clothes, children and their squabbles, a dog, a chicken, anything or nothing, will serve as the first loop on which will be knit a complicated tangle of quarrel.

One of the most enigmatical characters in the Chinese language is that which is used to denote the rise of passion, and which has been euphemistically translated "wrath-matter." The word "*ch'i*" is a most important one in all kinds of Chinese philosophy and in practical life. *Ch'i* is generated when a man becomes very angry, and the Chinese believe that there is some deadly connection between this developed "wrath-matter" and the human system generally, so that a violent passion is constantly named as the exciting cause of all varieties of diseases and ailments, such as blindness, failure of the heart, etc. One of the first questions which a Chinese doctor asks his patient is, "What was it that threw you into a passion?" Foreign physicians in China of wide experience are ready to believe that Chinese *ch'i* is capable of producing all that is claimed for it by the Chinese themselves. Of this the following case is a striking illustration: A man living in the mountains in central Shantung had a wife and several children, two of them of tender age. In October, 1889, the wife died. This made the husband very angry, not, as he explained, in answer to a question, because he was specially attached to his wife, but because he could not see how he was to manage the small children. In a paroxysm of fury he seized a Chinese razor, and made three deep cuts in his abdomen. Some of his friends afterwards sewed up the wound with cotton thread. Six days later the man had another accession of *ch'i*, and ripped open the wound. On each occasion he was afterwards unable to remember what he had done. From these fearful injuries he nevertheless recovered, to such an extent that six months later he was able to walk several hundred miles to a foreign hospital for treatment. The abdominal wound had partly closed, leaving only a small fistula, but the normal action of the bowels was interrupted. He is a striking exemplification of that physical vitality to which attention has been already directed.

The habit of yelling to enforce command or criticism is ingrained in the Chinese, and appears to be ineradicable. To expostulate with another in an ordinary tone of voice, pausing at times to listen to his opponent's reply, is to a Chinese almost a psychological impossibility. He *must* shout, he *must* interrupt, by a necessity as inexorable as that which leads a dog labouring under great excitement to bark.

The Chinese have carried to a degree of perfection known only among Orientals the art of reviling. The moment that a quarrel begins abusive words of this sort are poured forth in a filthy stream to which nothing in the English language offers any parallel, and with a virulence and pertinacity suggestive of the fish-women of Billingsgate. The merest contact is often sufficient to elicit a torrent of this invective, as a touch induces the electric spark, and it is in constant and almost universal use by all classes and both sexes, always and everywhere. It is a common complaint that women use even viler language than men, and that they continue it longer, justifying the aphorism that what Chinese women have lost in the compression of their feet seems to have been made up in the volubility of their tongues. Children just beginning to talk learn this abusive dialect from their parents and often employ it towards them, which is regarded as extremely amusing. The use of this language has become to the Chinese a kind of second nature. It is confined to no class of society. Literary graduates and officials of all ranks up to the very highest, when provoked, employ it as freely as their coolies. It is even used by common people on the street as a kind of bantering salutation, and as such is returned in kind.

Occidental curses are sometimes not loud but deep, but Chinese maledictions are nothing if not loud. An English oath is a winged bullet; Chinese abuse is a ball of filth. Much of this abusive language is regarded as a sort of spell or curse. A man who has had the heads removed from his field of millet stands at the entrance of the alley which leads to his dwelling, and pours forth volleys of abuse upon the unknown (though often not unsuspected) offender. This proceeding is regarded as having a double value: first, as a means of notifying the public of his loss and of his consequent fury, thus freeing his mind; and second, as a prophylactic, tending to secure him against the repetition of the offence. The culprit is (theoretically) in ambush, listening with something like awe to the frightful imprecations levelled at him. He cannot, of course, be sure that he is not detected, which is often the case. Perhaps the loser knows perfectly well who it was who stole his goods, but contents himself with a public reviling, as a formal notice that the culprit is either known or suspected, and will do well to avoid the repetition of his act. If provoked too far the loser will, it is thus tacitly proclaimed, retaliate. This is the Chinese theory of public reviling. They frankly admit that it not only does not stop theft, but that it has no necessary tendency to prevent its repetition, since among a large population the thief or other offender is by no means certain to know that he has been reviled.

The practice of "reviling the street" is often indulged in by women, who mount the flat roof of the house and shriek away for hours at a time, or until their voices fail. A respectable family would not allow such a performance if they could prevent it, but in China, as elsewhere, an enraged woman is a being difficult to restrain. Abuse delivered in this way, on general principles, attracts little or no attention, and one sometimes comes upon a man at the head of an alley, or a woman on the roof, screeching themselves red in the face, with not a single auditor in sight. If the day is a hot one the reviler bawls as long as he (or she) has breath, then proceeds to refresh himself by a season of fanning, and afterwards returns to the attack with renewed fury.

If a Chinese quarrel be at all violent, it is next to impossible that it should be concluded without more or less personal vilification. English travellers in the south of Europe have noted the astonishment of the Latin races at the invariable habit of the inhabitant of the British Isles to strike out from the shoulder if he gets into a fight. The Chinese, like the Italians, have seldom learned to box, or if they have learned it is not scientific boxing. The first and chief resource of Chinese when matters come to extremities is to seize the cue of their opponent, endeavouring to pull out as much hair as possible. In nine fights out of ten, where only two parties are concerned, and where neither party can lay hold of any weapon, the "fight" resolves itself simply into a hair-pulling match.

A Chinese quarrel is also a reviling match, low language and high words. But an infinitesimal fraction of the participants in Chinese fights is seriously disabled in other respects than that by incessant bawling they have become hoarse. We should be surprised to hear that any one ever saw a Chinese crowd egg on combatants. What we have seen, what we always expect to see, is the instant and spontaneous appearance on the scene of the peace-maker. He is double, perhaps quadruple. Each of the peace-makers seizes a roaring belligerent, and tranquillises him with good advice. As soon as he finds himself safely in charge of the peace-maker, the principal in the fight becomes doubly furious. He has judiciously postponed losing control of himself until there is some one else ready to take that control, and then he gives way to spasms of apparent fury, unquestionably innocuous both to himself and to others. In his most furious moments a Chinese is amenable to "reason," for which he has not only a theoretical, but a very practical, respect. Who ever saw a belligerent turn and rend the officious peace-maker, who is holding him from flying at his foe? This is the crucial point in the struggle. Even in his fury the Chinese recognises the desirableness of peace in the abstract only he thinks that in his concrete case peace is inapplicable. The peace-maker judges differently, and nearly always drags away the bellicose reviler, who yells back to his opponent malignant defiance as he goes.

It is a curious feature of the universal Chinese practice of reviling that it is not considered "good form" in hurling this abuse at another to touch upon his actual faults, but rather to impute to him the most ignoble origin, and to heap contempt upon his ancestors. The employment of this language towards another is justly regarded as a great indignity and a grave offence, but the point of the insult consists not in the use of such language in the presence of another, nor even principally in its application to him, but in the loss of "face" which this application of such terms implies. The proper apology for the commission of this offence is not that the person who has been guilty of it has demeaned himself, and has done a disgraceful act, but that he was wrong in applying those terms to that person at that time.

It is fortunate for the Chinese that they have not the habit of carrying weapons about them, for if they had revolvers or swords, like the former *samurai* class of Japan, it would not be possible to predict the amount of mischief which the daily evolution of *ch'i* would produce.

When any Chinese is once seized of the idea that he has been deeply wronged, there is no power on earth which can prevent the sudden and often utterly ungovernable development of a certain amount of *ch'i*, or rather of a very uncertain amount of it. We have heard of a man who applied for baptism to an old and experienced missionary and was very properly refused, whereupon he got a knife and threatened to attack the missionary to prove by ordeal of battle the claim to the rite of initiation. Happily this method of taking the kingdom of heaven by violence does not commend itself to most novitiates, but the underlying principle is one that is constantly acted upon in all varieties of Chinese social life. An old woman who will not take "no" for an answer asks for financial assistance, and throws herself on the ground in front of your carter's mules. If she is run over so much the better for her, for she is thus reasonably sure of a support for an indefinite period. An old vixen living in the same village as the writer was constantly threatening to commit suicide, but though ill her neighbours were willing to lend their aid, she never seemed to accomplish her purpose. At last she threw herself into one of the village mud holes with intent to drown, but found to her disgust that the water was only up to her neck. She lacked that versatility of invention which would have enabled her to put her head under water and hold it there, but contented herself with reviling the whole village at the top of her voice for her *contretemps*. The next time she was more successful.

If a wrong has been committed for which there is no legal redress, such as abuse of a married daughter beyond the point which custom warrants, a party of the injured friends will visit the house of the mother-in-law, and if they are resisted, will engage in a pitched battle. If they are not resisted, and the offending persons have fled, the assailants will proceed to smash all the crockery in the house, the mirrors, the water-jars, and whatever else is frangible, and having thus allowed their *ch'i* to escape, they depart. If their coming is known in advance, the very first step is to remove all these articles to the house of some neighbour. One of the Chinese newspapers mentioned a case which occurred in Peking, where a man had arranged for a wedding with a beautiful woman, who turned out to be ugly, bald-headed, and elderly. The disappointed bridegroom became greatly enraged, struck the go-betweens, reviled the whole company, and smashed the bride's wedding-outfit. Any Chinese would have acted in the same way, if he was in such relations to his environment that he dared to do so.[①] It is after the preliminary paroxysms of *ch'i* have had opportunity to subside, that the work of the "peace-talker"—that useful factor in Chinese social life—is accomplished. Sometimes these most essential individuals are so deeply impressed with the necessity of peace, that even when the matter is not one which concerns them personally, they are willing to go from one to the other making prostrations now to this side and now to that, in the interests of harmony.

Whenever social storms prove incapable of adjustment by the ordinary processes—in other words, when there is such a preponderance of *ch'i* that it cannot be dispersed without an explosion—there is the beginning of the lawsuit, a term in China of fateful significance. The same blind rage which leads a person to lose all control of himself in a quarrel leads him, after the first stages of the outbreak have passed, to determine to take the offender before a magistrate, in order "to have the law on him." This proceeding in Western lands is generally injudicious, but in China it is sheer madness. There is sound sense in the proverb which praises the man who will suffer himself to be imposed upon to the death before he will go to the law, which will often be worse than death. We smile at the fury of the immigrant whose dog had been shot by a neighbour, and who was remonstrated with by a friend when the resolution to go to law was declared. "What was the value of the dog? Ze dog vas vort nottings, but since he was so mean as to kill him, he shall pay ze full value of him." In an Occidental land such a suit would be dismissed with costs, and there it would end. In China it might go on to the ruin of both parties, and be a cause of feud for generations yet to come. But generally speaking, every Chinese lawsuit calls out upon each side the omnipresent peace-talker, whose services are invaluable. Millions

① It was reported in Peking that the present Emperor was not pleased with the choice of a wife which was made for him. He had been so often crossed in his wishes by the Empress Dowager that any selection which was made by her would have been distasteful. It was also whispered that scenes occurred in the palace not remotely unlike those mentioned as taking place at the wedding of one of his subjects. "When those above act, those below will imitate."

of lawsuits are thus strangled before they reach the fatal stage. In a village numbering a thousand families, the writer was informed that for more than a generation there had not been a single lawsuit, owing to the restraining influence of a leading man who had a position in the yamên of the District Magistrate.

A social machinery so complicated as that of China must often creak, and sometimes under extreme pressure bend, yet it seldom actually breaks beneath the strain, for, like the human body, the Chinese body politic is provided, as we see, with little sacs of lubricating fluid, distilled, a drop at a time, exactly when and where they are most needed. It is the peaceable quality of the Chinese which makes him a valuable social unit. He loves order and respects law, even when it is not in itself respectable. Of all Asiatic peoples, the Chinese are probably most easily governed, when governed on lines to which they are accustomed. Doubtless there are other forms of civilisation which are in many or in most respects superior to that of China, but perhaps there are few which would sustain the tension to which Chinese society has for ages been subject, and it may be that there is none better entitled to claim the benediction once pronounced upon the peace-makers.

CHAPTER XXIII

MUTUAL RESPONSIBILITY AND RESPECT FOR LAW

ONE of the most distinctive features of Chinese society is that which is epitomised in the word "responsibility," a word which carries with it a significance and embraces a wealth of meaning to which Western lands are total strangers. In those lands, as we well know, the individual is the unit and the nation is a large collection of individuals. In China the unit of social life is found in the family, the village, or the clan, and these are often convertible terms. Thousands of Chinese villages comprise exclusively persons having the same surname and the same ancestors. The inhabitants have lived in the same spot ever since they began to live at all, and trace an unbroken descent for many hundred years back to the last great political upheaval, such as the overthrow of the Ming Dynasty or its establishment. In such a village there can be no relationship laterally more distant than "cousin," and every male member of an older generation is either a father, an uncle, or some kind of a "grandfather." Sometimes eleven generations are represented in the same small hamlet. This does not imply, as might be supposed, extreme old age on the part of any representative of the older generations. The Chinese marry young, marry repeatedly, often late in life, and constantly adopt children. The result is such a tangle among relatives that without special inquiry and minute attention to the particular characters which are employed in writing the names of all who belong to the same "generation," it is impossible to determine who constitute "the rising generation," and who form the generation which rose long ago. An old man nearly seventy years of age affirms that a young man of thirty is his "grandfather." All the numerous "cousins" of the same generation are termed "brothers," and if the perplexed foreigner insists upon accuracy, and inquires whether they are "own brothers," he will not infrequently be enlightened with the reply that they are "own brother-cousins." The writer once proposed a question of this sort, and after some little hesitation the person addressed replied, "Why, yes, you might call them own brothers."

These items are but particulars under the general head of the social solidarity of the Chinese. It is this solidarity which forms the substratum upon which rests Chinese responsibility. The father is responsible for his son, not merely until the latter attains to "years of discretion," but as long as life lasts, and the son is responsible for his father's debts. The elder brother has a definite responsibility for the younger brother, and the "head of the family"—usually the oldest representative of the oldest generation—has his responsibility for the whole family or clan. What these responsibilities actually are will depend, however, upon circumstances.

Customs vary widely, and the "personal equation" is a most important factor, of which mere theory takes no account. Thus in a large and influential family, embracing many literary men, some of whom are local magnates and perhaps graduates, the "head of the clan" may be an addle-headed old man who can neither read nor write, and who has never in his life been ten miles from home.

The influence of an elder brother over a younger, or indeed of any older member over a younger member of the same family, is of the most direct and positive sort, and is entirely irreconcilable with what we mean by personal liberty. The younger brother is employed as a servant and would like to give up his place, but his elder brother will not let him do so. The younger brother wishes to buy a winter garment, but his elder brother thinks the cost is too great, and will not allow him to incur the expense. Even while these remarks are committed to paper, a case is reported in which a Chinese has a number of rare old coins, which a foreigner desires to purchase. Lest the owner should refuse to sell—as is the Chinese way when one happens to have what another wants—the middleman who made the discovery proposes to the foreigner that he should send to *the uncle* of the owner of the coins a present of foreign candy and other trifles, by which oblique means such pressure will be brought to bear upon the owner of the coins that he will be obliged to give them up!

There is a burlesque tale which relates that a traveller in a Western land once came upon a very old man with a long white beard, who was crying bitterly. Struck with the singularity of this spectacle, the stranger halted and asked the old man what he was crying about, and was surprised to be told that it was because his father had just whipped him! "Where is your father?" "Over there," was the reply. Riding in the direction named, the traveller found a much older man, with a beard much longer and whiter than the other. "Is that your son?" asked the traveller. "Yes, it is." "Did you whip him?" "Yes, I did." "Why?" "Because he was saucy to his grandfather, and if he does it again I will whip him some more!" Translated into the conditions of Chinese life the burlesque disappears.

Next in order to the responsibility of members of a family for one another comes the mutual responsibility of neighbours for neighborus. Whether these "neighbours" are or are not related makes no difference in their responsibility, which depends solely upon proximity. This responsibility is based upon the theory that virtue and vice are contagious. Good neighbours will make good neighbours, and bad neighbours will make others like them. The mother of Mencius removed three times in order to reach a desirable neighbourhood. To an Occidental, fresh from the republican ideas which dominate the Anglo-Saxons, it seems a matter of little or no consequence who his neighbours are, and if he be a resident of a city he may occupy a dwelling for a year in ignorance even of the name of the family next door. But in China it is otherwise. If a crime takes place the neighbours are held guilty of something analogous to what English law calls "misprision of treason," in that when they knew of a criminal intention they did not report it. It is vain to reply "I did not know." You are a "neighbour," and therefore you must have known.

The proceedings which are taken when the crime of killing a parent has been committed, furnish a striking illustration of the Chinese theory of responsibility. As has been already mentioned in speaking of filial piety, in such instances the criminal is often alleged to be insane, as indeed one must be who voluntarily subjects himself to death by the slicing process when he might escape it by suicide. In a memorial published in the Peking

Gazette a few years since, the Governor of one of the central provinces reported in regard to a case of parricide that he had had the houses of all the neighbours pulled down, on the ground of their gross dereliction of duty in not exerting a good moral and reformatory influence over the criminal! Such a proceeding would probably strike an average Chinese as eminently reasonable. In some instances when this crime has occurred in a district, in addition to all the punishments of persons, the city wall itself is pulled down in parts, or modified in shape, a round corner substituted for a square one, or a gate removed to a new situation, or even closed up altogether. If the crime should be repeated several times in the same district, it is said that the whole city would be razed to the ground, and a new one founded elsewhere, but of this we have met with no certain examples.

Next above the neighbours comes the village constable or bailiff, whose functions are of a most miscellaneous nature, sometimes confined to a single village, and sometimes extending to many. In either case he is the medium of communication between the local magistrate and the people, and is always liable to get into trouble from any one of innumerable causes, and may be beaten to a jelly by a captious official for not reporting what he could not possibly have known.

At a vast elevation above the village constables stand the District Magistrates, who, so far as the people are concerned, are by far the most important officers in China. As regards the people below them they are tigers. As regards the officials above them they are mice. A single local magistrate combines functions which ought to be distributed among at least six different officers. A man who is at once the civil and the criminal judge, the sheriff, the coroner, the treasurer, and the tax-commissioner for a large and populous district, cannot attend to the details of all his work. This vicious agglomeration of duties in one office renders it both a physical and a moral impossibility that these duties should be properly discharged. Many magistrates have no interest whatever in the business which they dispatch, except to extract from it all that it can be made to yield, and, from the nature of their miscellaneous and incongruous duties, they are largely dependent upon their secretaries and other subordinates. Having so much to do, even with the best intentions these officials can not fail to make numerous mistakes, and many things must go wrong, for which they will be held responsible. The District Magistrate, like all Chinese officials, is supposed to have an exhaustive acquaintance with everything within his jurisdiction which is an object of knowledge, and an unlimited capacity to prevent what ought to be prevented. To facilitate this knowledge and that of the local constables, each city and village is divided into compound atoms composed of ten families each. At every door hangs a placard or tablet upon which is inscribed the name of the head of the family, and the number of individuals which it comprises. This system of registration, analogous to the old Saxon tithings and hundreds, makes it easy to fix local responsibility. The moment a suspicious stranger appears in the district comprised in a tithing, he is promptly reported to the head of the tithing by whoever sees him first. By the head of the tithing he is immediately reported to the local constable, and by the local constable to the District Magistrate, who at once takes steps "rigorously to seize and severely to punish." By the same simple process all local crimes, not due to "suspicious-looking strangers" but to permanent residents, are instantly detected before they have hatched into overt acts, and thus the pure morals of the people are preserved from age to age.

It is evident that such regulations as these can be efficient only in a state of society where fixity of residence is the rule. It is also evident that even in China, where the most extreme form of permanence of abode is found, the system of tithing is to a large extent a mere legal fiction. Sometimes a city, where no one remembers to have seen them before, suddenly blossoms out with ten-family tablets on every door-post, which indicates the arrival of a District Magistrate who intends to enforce the regulations. In some places these tablets are observable in the winter season only, for this is the time when bad characters are most numerous and most dangerous. But so far as our knowledge extends, the system as such is little more than a theoretical reminiscence, and even when observed it is probably merely a form. Practically, it is not generally observed, and in some provinces at least one may travel for a thousand miles, and for months together, and not find ten-family tablets posted in more than one per cent, of the cities and villages along the route.

It may be mentioned in passing that the Chinese tithing system is intimately connected with the so-called census. If each doorway exhibits an accurate list, constantly corrected, of the number of persons in each family; if each local constable has accurate copies of the lists of all the tithings within his territory; if each District Magistrate has at his disposal accurate summaries of all these items—it is as easy to secure a complete and accurate census of the Empire as to do a long sum in addition, for the whole is equal to the aggregate of all its parts. But these are large *ifs*, and, as a matter of fact, none of the conditions are realised. The tablets are non-existent, and when the local magistrate is occasionally called upon for the totals which should represent them, neither he nor the numerous constables upon whom he is entirely dependent has the least interest in securing accuracy, which indeed from the nature of the case is difficult. There is no "squeeze" to be got from a census, and for this reason alone a really accurate Chinese census is a mere figment of the imagination. Even in the most enlightened Western lands the notion that a census means taxation appears to be ineradicable, but! in China the suspicion which it excites is so strong, that for this reason alone, unless the tithing system were carried out with uniform faithfulness in all places and at all times, an accurate enumeration would be impossible.

For a local magistrate to be guilty of all kinds of misdemeanours for which he gets into no trouble whatever, or getting into it, escapes scot-free by means of influential friends or by a judicious expenditure of silver, and yet after all to lose his post on account of something that happened within his jurisdiction but which he could not have prevented, is a constant occurrence.

How the system of responsibility operates in the domain of all the successive grades of officials, it is unnecessary to illustrate in detail. Multiplied examples are found in almost every copy of the translations from the Peking *Gazette*. A case was mentioned a few years ago, where a soldier on guard had stolen some thirty boxes of bullets placed in his care, and sold them to a tinner, who supposed them to be condemned and surplus stores. The soldier was beaten one hundred blows, and banished to the frontiers of the Empire in penal servitude. A petty officer whose duty it was to inspect the stores was condemned to eighty blows and dismissed from the service, though allowed to commute his punishment for a money payment. The purchasers of the material were considered innocent of any blame, but on general principles were beaten forty blows of the light bamboo. The lieutenant in charge was cashiered in order to be put upon trial for his "connivance" in the theft, but he judiciously disappeared. The Board to which the memorial was addressed was requested to determine the penalty to be inflicted upon the general in command, for his share in the matter. Thus each individual is a link in the chain which is followed up to the very end, and no link can escape by pleading ignorance or inability to prevent the crime.

Still more characteristic examples of Chinese responsibility are furnished by the memorials annually appearing in the Peking *Gazette*, reporting the outbreak of some irrepressible river. In the case of a flood in the Yung-ting River in the province of Chihli during the summer of 1888, the waters came down from the mountains with the velocity of a mill-race. The officials seem to have been promptly on hand, and to have risked their lives in struggling to do what was utterly beyond the powers of man. They were helpless as ants under a rain-spout during a summer torrent. But this did not prevent Li Hung-chang from requesting that they should be immediately stripped of their buttons, or deprived of their rank without being removed from their posts (a favourite mode of expressing Imperial dissatisfaction), and the Governor-General consistently concludes his memorial with the usual request that his own name should be sent to the Board of Punishments for the determination of a penalty to be inflicted upon him for his complicity in the affair. Similar floods have occurred several times since, and upon each occasion a similar memorial has been presented. The Emperor always instructs the proper Board to "take note." In like manner the failure of the embankments built a few years ago to bring back the Yellow River into its old channel was the signal for the degradation and banishment of a great number of officers, from the Governor of the province of Honan downwards.

The theory of responsibility is carried upwards with unflinching consistency to the Son of Heaven himself. It is no unusual thing for the Emperor in published edicts to confess to Heaven his shortcomings, taking upon himself the blame .of floods, famines, and revolutionary outbreaks, for which he begs Heaven's forgiveness. His responsibility to Heaven is as real as that of his officers to himself. If the Emperor loses his throne, it is because he has already lost "Heaven's decree," which is presumptively transferred to whoever can hold the Empire.

That aspect of the Chinese doctrine of responsibility which is the most repellent to Western standards of thought, is found in the Oriental practice of extinguishing an entire family for the crime of one of its members. Many instances of this sort were reported in connection with the T'aip'ing rebellion, and more recently the family of the chieftain Yakub Beg, who led the Mohammedan rebellion in Turkestan, furnished another. These atrocities are not, however, limited to cases of overt rebellion. In the year 1873 "a Chinese was accused and convicted of having broken open the grave of a relative of the Imperial family, in order to rob the coffin of certain gold, silver, and jade ornaments which had been buried in it. The entire family of the criminal, consisting of four generations, from a man more than ninety years of age to a female infant only a few months old, was exterminated. Thus eleven persons suffered death for the offence of one. And there was no evidence to show that any of them were parties to, or were even aware of, his crime."

The Chinese theory and practice of responsibility has been often cited as one of the causes of the perpetuity of Chinese institutions. It forges around every member of Chinese society iron fetters from which it is impossible that he should break loose. It constantly violates every principle of justice by punishing all grades of officers, as well as private individuals, for occurrences in which they had no part, and of which, as in the example just cited, they were not improbably utterly ignorant. It is the direct cause of deliberate and systematic falsification in all ranks of officials, from the very lowest to the very highest. If an officer is responsible for the existence of crimes which he does not find it easy to control, or of which he is ignorant till it is too late to prevent them, he will inevitably conceal the facts so as to screen himself.

This is what constantly happens in all departments of the government, to the complete subversion of justice, for it is not in human nature to give truthful reports of events when, in consequence of such reports, the person who makes them may be severely and unjustly punished. The abuse of this principle alone would suffice to account for a large part of the maladministration of justice in China, to which our attention is so often called.

An additional evil connected with the official system has been noticed by every writer on China. It is the absence of independent salaries for the officers, whose allowances are so absurdly small that often they would not pay the expenses of the yamên for a day. Besides this, the officials are subject to so many forfeitures that it is said that they rarely draw their nominal allowances at all, as it would be necessary to pay them all back again in fines. The absolute necessity for levying squeezes and taking bribes arises from the fact that there is no other way by which a magistrate can exist.

Still, while we are impressed with flagrant violations of justice which the Chinese theory of responsibility involves, it is impossible to be blind to its excellences.

In Western lands, where every one is supposed to be innocent until he is proved to be guilty, it is exceedingly difficult to fix responsibility upon any particular person. A bridge breaks down with a heavy train of cars loaded with passengers, and an investigation fails to find any one in fault. A lofty building falls and crushes scores of people, and while the architect is criticised, he shows that he did the best he could with the means at his disposal, and no one ever hears of his being punished. If an ironclad capsize, or a military campaign is ruined because the proper preparations were not made, or not made in time, eloquent speeches set forth the defects of the system which renders such events possible, but no one is punished. The Chinese are far behind us in their conceptions of public justice, but might we not wisely learn again from them the ancient lesson that every one should be held rigidly responsible for his own acts, in order to the security of the body politic?

The relation of the Chinese theory of responsibility to foreigners in China is one of great importance. The "Boy," into whose hands everything is committed, and who must produce every spoon, fork, or curio; the steward, who takes general charge of your affairs, suffering no one but himself to cheat you; the compradore, who wields vast powers but who is individually responsible for every piece of property and for every one of hundreds of coolies—these types of character we still have with us, and shall always have, as long as we have anything to do with the Chinese. Innkeepers in China are not noted for flagrant virtues of any kind, especially for consideration towards foreign travellers. Yet we have known of a Chinese innkeeper who ran half a mile after a foreigner, bringing an empty sardine-tin which he supposed to be a forgotten valuable. He knew that he was responsible, unlike American hotel-keepers, who coolly notify their guests that "the proprietor is not responsible for boots left in the hall to be blacked."

Responsibility for the character, behaviour, and debts of those whom they recommend or introduce, is a social obligation of recognised force, and one which it behoves foreigners dealing with Chinese to emphasise. The fact that a headman, whatever his position, is "responsible" for any and every act of omission or commission of all his subordinates, exerts over the whole series of links in the chain a peculiar influence, which has been instinctively appreciated by foreigners in all the long history of their dealings with Chinese. There is a tradition of a head compradore in a bank, who in the "more former days" was called to account because the "Boy" had allowed a mosquito to insinuate itself within the mosquito-net of the bank manager! If the Chinese perceive that a foreigner is ignorant of the responsibility of his employee's, or disregards it, it will not take them long to act upon this discovery in extremely disagreeable ways.

One of the many admirable qualities of the Chinese is their innate respect for law. Whether this element in their character is the effect of their institutions, or the cause of them, we do not know. But what we do know is that the Chinese are by nature and by education a law-abiding people. Reference has been already made to this trait in speaking of the national virtue of patience, but it deserves special notice in connection with Chinese theories of mutual responsibility. In China every man, woman, and child is directly responsible to some one else, and of this important fact no one for a moment loses sight. Though one should "go far and fly high" he cannot escape, and this he well knows. Even if he should himself escape, his family cannot escape. The certainty of this does not indeed make a bad man good, but it frequently prevents him from becoming tenfold worse.

It is an illustration of Chinese respect for law, and all that appertains thereto, that it often happens that men of literary rank are so terrified in the presence of a District Magistrate that they dare not open their mouths unless compelled to do so, although the case may not in any way concern themselves. We have indeed known of one instance where a man of this class appeared to be thrown into a condition resembling epilepsy by sheer fright in giving evidence. He was taken home in a fit, and soon after died.

Contrast the Chinese inherent respect for law with the spirit often manifested where republican institutions flourish most, and manifested, it must be said, by those whose antecedents would least lead us to expect it. College laws, municipal ordinances, state and national enactments, are quietly defied, as if the assertion of personal liberty were one of the greatest needs, instead of one of the principal dangers of the time. It is rightly regarded as one of the most serious indictments against the transaction of Chinese public business of all kinds, that every one not only connives at acts of dishonesty which it is his duty to prevent and to expose, but that such is the constitution of public and private society that every one must connive at such acts. But is it less disgraceful that in Christian countries men of education and refinement, as well as the uncultivated, quietly ignore or deliberately disregard the laws of the land as if by common consent, and as if it were now a well-ascertained fact that a law is more honoured in the breach than in the observance? How shall we explain or defend the existence upon our statute-books of multitudinous laws which are neither repealed nor enforced—laws which by their anomalous non-existent existence tend to bring all legislation into a common contempt? By what means shall we explain the alarming increase of crime in many Western lands during the last thirty years? How shall we explain that conspicuous indifference to the sacredness of human life which is unquestionably a characteristic of some Western lands? It is vain to dogmatise in regard to matters which from the nature of the case are beyond the reach of statistics. Still we must confess to a decided conviction that human life is safer in a Chinese city than in an American city—safer in Peking than in New York. We believe it to be safer for a foreigner to traverse the interior of China than for a Chinese to traverse the interior of the United States. It must be remembered that the Chinese as a whole are quite as ignorant as any body of immigrants in the United States, and not less prejudiced. They are, as we constantly see, ideal material for mobs. The wonder is not that such outbreaks take place, but that they have not occurred more frequently, and have not been more fatal to the lives of foreigners.

It is a Chinese tenet that Heaven is influenced by the acts and by the spirit of human beings. Upon this principle depends the efficacy of the self-mutilation on behalf of parents, to which reference was made in speaking of filial piety. That this is a correct theory we are not prepared to maintain, yet certain facts deserve mention which might seem to support it. The geographical situation and extent of the Eighteen Provinces of China bear a marked resemblance to that part of the United States of America east of the Rocky Mountains. The erratic eccentricities of the climate of the United States are, as little Marjorie Fleming remarked of the multiplication table, "more than human nature can bear." It was Hawthorne who observed of New England that it has "no climate, but only samples." Contrast the weather in Boston, New York, or Chicago with that of places in the same latitude in China. It is not that China is not, as the geographies used to affirm of the United States, "subject to extremes of heat and cold," for in the latitude of Peking the thermometer ranges through about one hundred degrees Fahrenheit, which ought to afford sufficient variety of temperature to any mortal.

But in China these alternations of heat and cold do not follow one another with that reckless and incalculable lawlessness witnessed in the great republic, but with an even and unruffled sequence suited to an ancient and a patriarchal system. The Imperial almanac is the authorised exponent of the threefold harmony subsisting in China between heaven, earth, and man. Whether the Imperial almanac is equally trustworthy in all parts of the Emperor's broad domain we do not know, but in those regions with which we happen to be familiar the almanac is itself a signal-service. At the point marked for the "establishment of spring," spring appears. In several different years we have remarked that the day on which the "establishment of autumn" fell was distinguished by a marked change in the weather, after which the blistering heats of summer returned no more. Instead of allowing the frost to make irregular and devastating irruptions in every month of the year—as is too often the case in lands where democracy rules—the Chinese calendar fixes one of its four-and-twenty "terms" as "frost-fall." A few years ago this "term" fell on the 23d of October. Up to that day no lightest frost had been seen. On the morning of that day the ground was covered with white frost, and continued to be so covered every morning thereafter. We have noted these correspondences for some years, and have seldom observed a variation of more than the usual three days of grace.

It is not inanimate nature only which in China is amenable to reason and to law, but animated nature as well. For some years we have noticed that on a particular day in early spring the window-frames were adorned with several flies, where for many months no flies had been seen, and on each occasion we have turned to the Imperial almanac with a confidence justified by the event, and ascertained that this particular day was the one assigned for the "stirring of insects!"

It has been remarked that there is in the blood of the English-speaking race a certain lawlessness, which makes us intolerant of rules and restless under restraints. "Our sturdy English ancestors," says Blackstone, "held it beneath the condition of a freeman to appear, or to do any other act, at the precise time appointed." But for this trait of our doughty forefathers the doctrine of personal liberty and the rights of man might have waited long for assertion.

But now that these rights are tolerably well established, might we not judiciously lay somewhat more emphasis upon the importance of subordinating the individual will to the public good, and upon the majesty of law? And in these directions have we not something to learn from the Chinese?

CHAPTER XXIV

MUTUAL SUSPICION

IT is an indisputable truth that without a certain amount of mutual confidence it is impossible for mankind to exist in an organised society, especially in a society so highly organised and so complex as that of China. Assuming this as an axiom, it is not the less necessary to direct our attention to a series of phenomena, which, however inharmonious they may appear with our theory, are sufficiently real to those who are acquainted with China. Much of what I shall have to say of the mutual suspicion of the Chinese is by no means peculiar to this people; it is rather a trait which they share in common with all Orientals, the manifestations of which are doubtless much modified by the genius of Chinese institutions. The whole subject is intimately connected with that of mutual responsibility, already discussed. Nothing is more likely to excite the suspicion not of the Chinese only but of any human being, than the danger that he may be held to account for something which has no concern whatever with himself, but the consequences of which may be most serious.

The first manifestation which attracts a stranger's attention of the chronic suspicion prevailing in China is the existence in all parts of the Empire of lofty walls which enclose all cities. The fact that the word for city is in Chinese the equivalent for a walled city, is as significant as the fact that in the Latin language the word which denoted army also meant drill or practice. The laws of the Empire require that every city shall be enclosed by a wall of a specified height. Like other laws this statute is much neglected in the letter, for there are many cities the walls of which are allowed to crumble into such decay that they are no protection whatever, and we know of one district city invested by the T'ai-p'ing rebels and occupied by them for many months, the walls of which, although utterly destroyed, were not restored at all for more than a decade afterwards. Many cities have only a feeble mud rampart, quite inadequate to keep out even the native dogs, which climb over it at will. But in all these cases the occasion of these lapses from the ideal state of things is simply the poverty of the country. Whenever there is an alarm of trouble, the first step is to repair the walls. The execution of such repairs affords a convenient way in which to fine officials or others who have made themselves too rich in too short a time.

The firm foundation on which rest all the many city walls in China is the *distrust* which the government entertains of the people. However the Emperor may be in theory the father of his people, and his subordinates called "father and mother officials," all parties understand perfectly that these are purely technical terms, like *plus* and *minus*, and that the real relation between the people and their rulers is that between children and a stepfather. The whole history of China appears to be dotted with rebellions, most of which might apparently have been prevented by proper action on the part of the general government if taken in time. The government does not expect to act in time. Perhaps it does not wish to do so, or perhaps it is prevented from doing so. Meantime, the people slowly rise, as the government knew they would, and the officials promptly retire within these ready-made fortifications, like a turtle into its shell or a hedgehog within its ball of quills, and the disturbance is left to the slow adjustment of the troops.

The lofty walls which enclose all premises in Chinese, as in other Oriental cities and towns, are another exemplification of the same traits of suspicion. If it is embarrassing for a foreigner to know how to speak to a Chinese of such places as London or New York, without unintentionally conveying the notion that they are "walled cities," it is not less difficult to make Chinese who may be interested in Western lands understand how it can be that in those countries people often have about their premises no enclosures whatever. The immediate, although unwarranted, inference on the part of the Chinese is that in such countries there must be no bad characters of any kind.

The almost universal massing of the rural Chinese population in villages, which are in reality miniature cities, is another illustration of mutual suspicion. The object is protection, not from a foreign enemy, but from one another. The only exceptions to this agglomeration of Chinese dwellings with which we are acquainted, is in the case of some mountainous regions where the land is so barren that it is incapable of supporting more than one or two families, the people being so poor that they have no dread of thieves, and the province of Szechuan, in which, as Mr. Baber mentions, "the farmer and his work-people live, it may be said, invariably in farm-houses on their land, and the tendency is to the separation rather than to the congregation of dwellings." If this exception to the general rule was made because the expectation of peace in that remote province was thought to be greater than in others, as Baron von Richthofen suggested, it has proved, as Mr. Baber remarks, an expectation which has suffered many and grievous disappointments, especially—although after a long-previous peace—in the days of the T'ai-p'ing rebels.

A most significant illustration of the Chinese—and also Oriental—suspicion found in social life is to be seen in the theory and practice in regard to woman. What that theory is is sufficiently well known. An entire chapter would scarcely do justice to this branch of the subject. As soon as they come to the age of puberty, girls are proverbially a commodity as "dangerous as smuggled salt." When once they are betrothed they are kept far more secluded than before. The smallest and most innocent circumstance is sufficient to start vicious and malevolent gossip, and it is a social axiom that scandals cluster about a widow's door. While Chinese women have incomparably more liberty than their sisters in Turkey or in India,[①] Chinese respect for women cannot be rated as high. Universal ignorance on the part of women, universal subordination, the existence of polygamy and concubinage—these are not good preparations for that respect for woman-hood which is one of the fairest characteristics of Western civilisation. It

① The existence of this liberty, is not, however, to be judged of by superficial indications. A lady who resided for some years in the Indian city of Delhi, and subsequently at the capital of the province of Shansi, remarked that fewer Chinese women were ordinarily to be seen upon the streets of the latter city, than Indian women upon the streets of the former one. Yet this circumstance does not at all conflict with the truth of the statement to which this note is appended.

would be easy to cite popular expressions in illustration of the views which the Chinese hold of women in general, and which may be regarded as the generalisations of long experience. She is spoken of as if it were her nature to be mean, short-sighted, and not to be trusted—she is considered to be an incarnation of jealousy, as in the phrase, "it is impossible to be more jealous than a woman," where the word "jealous" suggests, and is intended to suggest, another word with the same sound, but meaning "poisonous." This theory is well embodied in a verse of ancient Chinese poetry, of which the following lines are a translation:

> The serpent's mouth in the green bamboo,
> The yellow hornet's caudal dart;
> Little the injury these can do;
> More venomous far is a woman's heart.

These views are incidentally exemplified with a fine and unconscious impartiality in the very structure of the Chinese language, in a manner to which attention has been often directed. An excellent scholar in Chinese, in response to a request from the writer, examined with care a list of one hundred and thirty-five of the more common characters which are written with the radical denoting woman, and found that fourteen of them conveyed a meaning which might be classed as good, such as the words "good," "skilful," and the like; of the remainder, thirty-five are bad, and eighty-six indifferent in meaning. But those classed as bad contain some of the most disreputable words in the whole language. The radical for woman combined with that denoting shield signifies "deceitful, fraudulent, villainous, traitorous, selfish;" while three women in combination convey the ideas of "fornication, adultery, seduction, to intrigue."

There are said to be two reasons why people do not trust one another: first, because they do not know one another, and second, because they do. The Chinese think that they have each of these reasons for mistrust, and they act accordingly. While the Chinese are gifted with a capacity for combination which at times seems to suggest the union of chemical atoms, it is easy to ascertain by careful inquiry at the proper sources and at the proper times, that the Chinese do not by any means trust one another in the implicit way which the external phenomena might imply. Members of the same family are constantly the victims of mutual suspicion, which is fanned by the women who have married into the family, and who as sisters-in-law are able to do much, and who frequently do what they can, to foment jealousy between their husbands in regard to the division of the proceeds of the common labour.

Not to enlarge upon this aspect of domestic life, which by itself might occupy a chapter, we pass to the notice of the same general state of things among those who are not united by the complex ties of Chinese family life. A company of servants in a family often stand to one another in a relation of what may be called armed neutrality, that is, if they have not been introduced by some one who is responsible for them all. If anything comes out to the disadvantage of any one of them, his first question to himself is not, "How did the master find that out?" but "Who told him of me?" Even if the servant is well aware that his guilt has been proved, his first thought will be to show that some other servant had a grudge against him. We have known a Chinese woman to change colour and leave a room in great dudgeon on hearing loud voices in the yard, because she supposed that as there was an angry discussion, it *must* be about her, whereas the matter was in relation to a pile of millet stalks bought for fuel, for which a dealer demanded too high a price.

It is this kind of suspicion which fans the fires of dissension that are almost sure to arise when a servant has been unexpectedly discharged. He suspects every one but himself, is certain that some one has been speaking ill of him, insists upon being told the allegations against him, although he knows that there are half a score of reasons, any of which would justify his immediate dismissal. His "face" must be secured, and his suspicious nature must be gratified. These occurrences take place in Chinese families as well as in foreign families with Chinese servants, but not in the same degree, because a Chinese servant has learned how far he can impose upon the good-nature of the foreigner, as he would never think of doing in the case of a Chinese master. It is for this reason that so many foreigners have in their employ Chinese servants whom they ought to have discharged long ago, and would have discharged if they had dared. They know that the mere proposal of such a thing will be the stirring up of a hornet's nest, the central figure of which will be the accused and "disgraced" servant, and they have not the courage to make a strike for liberty, lest in the case of failure their condition should be worse than before.

There is a story of an Austrian city which was besieged by the Turks in the middle ages, and which was just on the point of capture. At a critical moment an Austrian girl bethought herself of a number of bee-hives, which she at once brought and tumbled over the wall on the Turks, now almost up to the parapet. The result was a speedy descent on the part of the Turks, and the saving of the city. The tactics of a Chinese often resemble that of the Austrian maiden, and his success is frequently as signal, for this kind of a disturbance is such that, as a Latin professor said of a storm, one would much rather "face it *per alium*" than "face it *per se*" No wonder that the adage runs, "If you employ one, do not suspect him; if you suspect him, do not employ him." The Chinese way in such cases is simply to close one's eyes and to pretend that one does not see, but for a foreigner this may not be so simple and easy to achieve.

We find it necessary to impress upon our children, when they come to be of an age to mingle in the world on their own account, that it is well not to be too confiding in strangers. This kind of caution does not need to be conveyed to the Chinese in their early years, for it is taken in with their mother's milk. It is a proverb that one man should not enter a temple, and that two men should not look together into a well. And why, we inquire in surprise, should one man not enter a temple court alone? Because the priest may take advantage of the opportunity to make away with him! Two men should not gaze into a well, for if one of them is in debt to the other, or has in his possession something which the other wants, that other may seize the occasion to push his companion into the well!

Another class of examples of mutual suspicion are those arising in the ordinary affairs of everyday life. There is a freedom and an absence of constraint in Western lands which in China is conspicuously absent. To us it seems a matter of course that the simplest way to do a thing is for that reason the best. But in China there are different and quite other factors of which account must be taken. While this is true in regard to everything, it is most felt in regard to two matters which form the warp and woof of the lives of most Chinese—money and food. It is very difficult to convince a Chinese that a sum of money, which may have been put into the hands of another to be divided between many persons, has been divided according to the theoretical plan, for he has no experience of any divisions of this sort, and he has had extended experience of divisions in which various deductions in the shape of squeezes were the prominent features. In like manner, it is very hard to make an arrangement by which one Chinese shall have charge of the food provision for others, in which, if close inquiry is made, it shall not appear that those who receive the food suppose that the one who provides it is retaining a certain proportion for his own use. The dissatisfaction in such cases may possibly be wholly suppressed, but there is no reason to think that the suspicion is absent because it does not manifest itself upon the surface. Indeed, it is only a foreigner who would raise the question at all, for the Chinese expect this state of things as surely as they reckon on friction in machinery, and with equal reason.

It is the custom of waiters in Chinese inns, upon leaving the room of a guest who has just paid his bill, to shout out each item of the account, not in order to sound the praises of him who has spent most money—as some travellers have supposed—but for the much more practical purpose of letting the other waiters know that the one who thus publicly declares the receipts is not secreting a portion of the gratuity, or "wine-money," which they invariably expect.

If any matter is to be accomplished which requires consultation and adjustment, it will not do in China, as it might in any Western land, to send a mere message to be delivered at the home of the person concerned, to the effect that such and such terms could be arranged. The principal must go himself, and he must see the principal on the other side. If the latter should not be at home, the visit must be repeated until he is found, for otherwise no one would be sure that the matter had not been distorted in its transmission through other media.

Frequent references have been made to the social solidarity of the Chinese. In some cases the whole family or clan all seem to have their fingers in the particular pie belonging to some individual of the family. But into such affairs a person with a different surname is, if he be a wise person, careful not to intrude any of his fingers, lest they be burned. It is indeed a proverb that it is hard to give advice to one whose surname is different from one's own. What does this fellow mean by mixing himself up in my affairs? He *must* have an object, and it is taken for granted that the object is not a good one. If this is true of those who are life-long neighbours and friends, how much more is it true of those who are mere outsiders, and who have no special relations to the persons addressed.

The charactler meaning "outside," has in China a scope and a significance which can only be comprehended by degrees. The same kind of objection which is made to a foreigner because he comes from an "outside" country, is made to a villager because he comes from an "outside" village. This is true with much greater emphasis if the outsider comes from no one knows where, and wants no one knows what. "Who knows what drug this fellow has in his gourd?" is the inevitable inquiry of the prudent Chinese in regard to a fresh arrival.

If a traveler happens to get astray and arrives at a village after dark, particularly if the hour is late, he will often find that no one will even come out of his house to give a simple direction. Under these circumstances the writer once wandered around for several hours, unable to get one of the many Chinese who were offered a reward for acting as a guide even to listen to the proposal.

All scholars in Chinese schools spend their time in shouting out their lessons at the top of their voices, to the great injury of their vocal organs, and to the almost complete distraction of the foreigner. This is "old-time custom," but if the inquiry for the reason be relentlessly pushed, one is told that without this audible assurance the teacher would suspect that his pupils were not devoting their exclusive attention to their lessons. The singular practice of making each scholar turn his back upon the teacher during the recitation is likewise due to the desire of the teacher to be certain that the pupil is not furtively glancing at the book held in the master's hand!

It is not every form of civilisation which emphasises the duty of entertaining strangers. Many of the proverbs of Solomon in regard to caution towards strangers gain a new meaning after actual contact with Orientals, but the Chinese have carried their caution to a point which it would be hard to surpass. A Chinese teacher employed by a foreigner to pick up children's ballads and sayings heard a little boy singing a non-sense song which was new to the teacher, who asked the little fellow to repeat the words, whereupon the child fled terror-stricken and was seen no more. He was a typical product of Chinese environment. If a man has become insane and has strayed away from home, and his friends scour the countryside, hoping to hear something of him, they know very well that the chances of finding traces of him are slight. If he has been at a particular place, but has disappeared, the natural inquiry of his pursuers would be, what did you do with him? This might lead to trouble, so the safest way, and the one sure to be adopted if the inquirer is a stranger, is to assume total ignorance of the whole affair.

The same thing will not seldom happen, as we have learned by experience, when a Chinese stranger tries to find a man who is well known. In a case of this sort, a man whose appearance indicated him to be a native of an adjacent province inquired his way to the village of a man of whom he was in quest. But on his arrival he was disappointed to find that the whole village was unanimous in the affirmation that no such man was known there, and that he had never even been heard of. This wholesale falsehood was not concocted by any deliberate prevision, for which there was no opportunity, but was simultaneously adopted by a whole villageful of people, with the same unerring instinct which leads the prairie-dog to dive into its hole when some unfamiliar object is sighted.

In all instances of this kind, the slight variations of local dialect afford an infallible test of the general region from which one hails. A countryman who meets others will be examined by them as to his abode and its distance from a great number of other places, as if to make sure that he is not deceiving them. In the same manner, scholars are not content with inquiring of a professed literary graduate when he "entered," but he will not improbably be cross-examined upon the theme of his essay, and how he treated it. In this way it is not difficult, and is very common, to expose a fraud. It is hopeless for a man to claim to be a native of a district the pronunciation of which differs by ever so little from his own, for his speech bewrayeth him. Not only will a stranger find it hard to get a clue to the whereabouts of a man, his possible business with whom excites instantaneous and general suspicion, but the same thing may be true, as we have also had repeated occasion to know, in regard to a whole village. The writer once sent several Chinese to look up certain other Chinese who had been for a long time in a foreign hospital under treatment. Very few of them could be found at all. In one case a man who ventured to hold conversation with the strangers gave his surname only, which was that of a large clan, but positively refused to reveal his name, or "style." In another instance, a village of which the messengers were in search persistently retreated before them, like an *ignus fatuus*, and at last all traces of it disappeared, without its having been found at all! Yet once the strangers were probably within a mile or two of it, and in the case just referred to, the stranger who could not find the man for whom he was looking, proved to have been within ten rods of his dwelling at the time he was baffled.

The writer is acquainted with an elderly man who has a well-to-do neighbour with whom he was formerly associated in one of the secret sects so common in China. On asking him about this neighbour, whose house was at a little distance from his own, it turned out that the two men, who had grown up together and had passed more than sixty years in proximity, never met. "And why was this?" "Because the other man is getting old and does not go out much." "Why, then, do you not sometimes go to see him and talk over old times? Are you not on good terms?" The person addressed smiled the smile of conscious superiority, and shook his head. "Yes," he said, "we are on good terms enough, but he is well off, and I am poor, and if I were to go there it would make talk. Folks would say, what is he coming here for?"

A conspicuous illustration of the instinctive recognition by the Chinese of the existence of their own mutual suspicion is found in the reluctance to be left alone in a room. If this should happen, a guest will not improbably exhibit a restless demeanour and will perhaps stroll out into the passage, as much as to say, "Do not suspect me; I did not take your things, as you see; I put them behind me." The same thing is sometimes observed when a self-respecting Chinese calls upon a foreigner.

Nothing is so certain to excite the most violent suspicion on the part of the Chinese as the death of a person under circumstances which are in some respects peculiar. A typical example of this is the death of a married daughter. Although, as already mentioned, the parents are powerless to protect her while she lives, they are in some degree masters of the situation when she has died, provided that there is anything to which any suspicion can be made to attach itself. Her suicide is an occasion on which the girl's parents no longer adopt their proverbial position of holding down the head, but, on the contrary, hold their head erect, and virtually impose their own terms. The refusal to come to an understanding with the family of the girl under such circumstances would be punished by a long and vexatious lawsuit, the motive for which would be in the first instance revenge, but the main issue of which would eventually be the preservation of the "face" of the girl's family.

There is an ancient saying in China, that when one is walking through an orchard where pears are grown it is well not to adjust one's cap, and when passing through a melon patch it is not the time to lace one's shoes. These sage aphorisms represent a generalised truth. In Chinese social life it is strictly necessary to walk softly, and one cannot be too careful. This is the reason why the Chinese are so constitutionally reticent at times which seem to us so ill-chosen. They know as we cannot that the smallest spark may kindle a fire that shall sweep a thousand acres.

The commercial life of the Chinese illustrates their mutual suspicion in a great variety of ways. Neither buyer nor seller trusts the other, and each for that reason thinks that his interests are subserved by putting his affairs for the time being out of his own hands into those of a third person who is strictly neutral, because his percentage will only be obtained by the completion of the bargain. No transaction is considered as made at all, until "bargain money" has been paid. If the matter is a more comprehensive one, something must be put into writing, for "talk is empty, while the mark of a pen is final."

The chaotic condition of the silver market in China is due partly to the deep-seated suspicion which cash-shops entertain for their customers, and which customers cherish towards the cash-shops, in each case with the best grounds. Every chopped dollar in south China, every chopped piece of chopped silver in any part of China, is a witness to the suspicious nature of this great and commercial people; keen as they are to effect a trade, they are keener still in their reluctance to do so. The very fact that a customer, whether Chinese or foreign makes no difference, wishes to sell silver after dark is of itself suspicious, and it will not be surprising if every shop in the city should successively impart the sage advice to wait till tomorrow.

The banking system of China appears to be very comprehensive and intricate, and we know from Marco Polo that bank-bills have been in use from a very ancient period. But they are not by any means universal in their occurrence, and all of them appear to be exceedingly limited in the range of their circulation. The banks of two cities ten miles apart will not receive each other's bills, and for a very good reason.

The high rate of Chinese interest, ranging from twenty-four to thirty-six or more per cent, is a proof of the lack of mutual confidence. The larger part of this extortionate exaction does not represent payment for the use of money, but insurance on risk, which is very great. The almost total lack of such forms of investments as we are so familiar with in Western lands is due not more to the lack of development of the resources of the Empire, than to the general mistrust of one another among the people. "The affairs of life hinge upon confidence," and it is for this reason that a large class of affairs in China will for a long time to come be dissociated from their hinges, to the great detriment of the interests of the people.

A curious example of Chinese commercial suspicion was afforded a few years ago by a paragraph in the newspapers, giving an account of the condition of things in the Chinese colony in the city of New York. The Chinese organisation probably does not differ from that of other cities where the Chinese have established themselves. They have a Municipal Government of their own, and twelve leading Chinese are the officers thereof. They keep the money and the papers of the Municipality in a huge iron safe, and to insure absolute safety the safe is locked with twelve ponderous brass (Chinese) padlocks all in a row, instead of the intricate and beautiful combination locks used in the New York banks. Each one of the twelve members of the Chinese Board of Aldermen has a key to one of these padlocks, and when the safe is opened all twelve of them must be on hand, each to attend to the unlocking of his own padlock. One of these distinguished aldermen having inopportunely died, the affairs of the Municipality were thrown into the utmost confusion. The key to his padlock could not be found, and if it had been found no one would have ventured to take the place of the deceased, through a superstitious fear that the dead man would be jealous of his successor, and would remove him by the same disease of which he himself had died. Even the funeral bills could not be paid until a special election had taken place to fill the vacancy. This little incident is indeed a window through which those who choose to do so may see some of the prominent traits of the Chinese character clearly illustrated—capacity for organisation, commercial ability, mutual suspicion, unlimited credulity, and tacit contempt for the institutions and inventions of the men of the West.

The structure of the Chinese government contains many examples of the effects of lack of confidence. Eunuchs are an essentially Asiatic instance in point, and they are supposed to have existed in China from very ancient times; but during the present dynasty this dangerous class of persons has been dealt with in a very practical way by the Manchus, and deprived of the power to do the same mischief as in past ages.

Another example of the provision for that suspicion which must inevitably arise when such inharmonious elements as the conquerors and the conquered are to be co-ordinated in high places, is the singular combination of Manchus and Chinese in the administration of the government, as well as the arrangement by which the president of one of the Six Boards may be the vice-president of another. By these checks and balances the equilibrium of the state machinery has been preserved. The censorate furnishes another illustration of the same thing, on an extended and important scale.

Those whose knowledge of the interior workings of the Chinese administration entitles their opinions to weight, assure us that the same mutual suspicion which we have seen to be characteristic of the social life of the Chinese is equally characteristic of their official life. It could not indeed be otherwise. Chinese nature being what it is, high officials cannot but be jealous of those below them, for it is from that quarter that their rivals are to be dreaded. The lower officials, on the other hand, are not less suspicious of those above them, for it is from that quarter that their removal may be at any moment effected. There seems the best reason to believe that both the higher and the lower officials alike are more or less jealous of the large and powerful literary class, and the officials are uniformly suspicious of the people. This last state of mind is well warranted by what is known of the multitudinous semi-political sects, with which the whole Empire is honeycombed. A District Magistrate will pounce down upon the annual gathering of a temperance society such as the well-known Tsai-li, which merely forbids opium, wine, and tobacco, and turn over their anticipated feast to the voracious "wolves and tigers" of his yamên, not because it is proved that the designs of the Tsai-li Society are treasonable, but because it has been officially assumed long since that they must be so. All secret societies are treasonable, and this among the rest. This generalised suspicion settles the whole question, and whenever occasion arises the government interposes, seizes the leaders, banishes or exterminates them, and thus for the moment allays its suspicions.

It is obvious that so powerful a principle as the one which we are considering must be a strong reinforcement of that innate conservatism which has been already discussed, to prevent the adoption of what is new. The census which is occasionally called for by the government does not occur with sufficient frequency to make it familiar to the Chinese, even in name. It always excites an immediate suspicion that some ulterior end is in view. How real this suspicion is, is illustrated by an incident which occurred in a village next to the one in which the writer lived. One of two brothers, hearing that a new census had been ordered, took it for granted that it signified compulsory emigration. It is customary in such cases to leave one brother at home to look after the graves of the ancestors, but the younger of the two, foreseeing that he must go, promptly proceeded to save himself from the fatigues of a long journey by committing suicide, thus checkmating the government.

It is a mixture of suspicion and of conservatism which has made the path of the young Chinese who were educated in the United States such a bed of thorns from the time of their return to the present day; it is the same fell combination which shows itself in opposition to the inevitable introduction of railways into China. Suspicion of the motives of the government will long prevent the reforms which China needs. More than thirty years ago, when the importance of the issue of small silver coinage was pointed out to a distinguished statesman in Peking, he replied—with great truth—that it would never do to attempt to change the currency of the Empire. "Were it to be tried, the people would immediately suppose that the government gained some advantage by it, and it would not work."

Great obstacles are invariably thrown in the way of the opening of mines, which, if properly worked, might make China what she ought to be, a rich country. The "earth dragon" below ground, and peculation and suspicion above it, are as yet too much for anything more than the most rudimentary steps of progress in this most essential direction. No matter how great advantages may be or how obvious, it is almost impossible to get new things introduced when an all-pervading suspicion frowns upon them. The late Dr. Nevius, who did so much at Chefoo for the cultivation of a high grade of foreign fruits in China, fruits which visibly yield an enormous profit, was obliged to contend against this suspicion at every step, and one less patient and less philanthropic would have abandoned the project in disgust. When profits are once assured this state of things of course gradually disappears. But it is very real when inquiries are set on foot like those by the Imperial Maritime Customs in regard to the raising of silkworms or tea. How can those who are interested in these matters possibly believe, in defiance of all the accumulated experience of past ages, that the object of these inquiries is not a tax, but the promotion of production and the increase of the profits of skilled labour? Who ever heard of such a thing, and who can believe it when he does hear it? The attitude of the Chinese mind towards such projects as this may be expressed in the old Dutch proverb, "Good-morrow to you all, as the fox said when he leaped into the goose-pen!"

It remains to speak of the special relations of this topic to foreigners. The profound suspicion with which foreigners are regarded is often accompanied by, and perhaps largely due to, a belief, deep-rooted and ineradicable, that foreigners are able to do the most impossible things with the greatest ease. If a foreigner walks out in a place where he has not been often seen, it is inferred that he is inspecting the *fêng-shui* of the district. If he surveys a river, he is determining the existence of precious metals. He is supposed to be able to see some distance into the earth, and to have his eyes on whatever is best worth taking away. If he engages in famine relief, it is not thought too much to suppose that the ultimate object must be to carry off a large part of the population of the district, to be disposed of in foreign lands. It is by reason of these opinions on *fêng-shui* that the presence of foreigners on the walls of Chinese cities has so often led to disturbances, and that the height of foreign buildings in China must be as carefully regulated as the location of a frontier of the Empire. The belief in the uniformity of nature appears to be totally lacking in China. Mr. Baber mentions a saying in Szechuan of a certain hill, that opium grows without, and coal within. But this is not simply a notion of the ignorant, for Professor Pumpelly declares that one of the high officials in Peking told him the same thing, and used the statement as an argument against the too rapid removal of coal deposits, the rate of the growth of which is unknown. It is said that the late statesman Wen Hsiang, having read Dr. Martin's "Evidences of Christianity," was asked what he thought of it, to which he replied that the scientific part of the work he was prepared to accept, but *the religious sections*, in which the affirmation is made that the earth revolves around the sun, were more than he could believe!

The whole subject of the entrance of foreigners into China is beyond the Chinese intellect in its present state of development. Seeing Baron von Richthofen ride over the country in what appeared to the people of Szechuan a vague and purposeless manner, they imagined him to be a fugitive from some disastrous battle. Many a Chinese, who has afterwards come to understand the foreign barbarian all too well, has at first sight of his form, especially if he chanced to be tall, been seized with secret terror. Many Chinese women are persuaded that if they once voluntarily enter a foreigner's dwelling the fatal spell will work, and they will be bewitched; if they are at last prevailed upon to enter, they will not on any account step on the threshold, nor look into a mirror when it may be offered to their sight, for thus they would betray away their safety.

A few years ago a young Chinese scholar from an interior province, where foreigners were practically unknown, was engaged with some difficulty to come to the premises of the writer to assist a new-comer in acquiring the language. He remained a few weeks, when he recollected that his mother was very much in need of his filial care, and left, promising to return at a fixed date, but was seen no more. During all the time that he was on the foreigner's premises, this astute Confucianist never once took a sip of tea, which was brought to him regularly by the servants, nor ate a meal on the place, lest he should imbibe besotment. When a foreign envelope was handed to him by another teacher, that he might enclose the letter which he had written to his mother assuring her that thus far he was safe, and when it was shown him how this same envelope was self-sealing, a little moisture being applied by the tongue, his presence of mind did not for an instant forsake him, and he blandly requested the *other teacher* to do the sealing, as he was not expert at it.

It is this frame of mind which leads to the persistent notions in regard to Chinese books printed by foreigners. There is a widespread conviction that they are drugged, and the smell of printer's ink is frequently identified as that of the "bewildering drug" which is embodied in their composition. Sometimes one hears that it is only necessary to read one of these books, and forthwith he is a slave to foreigners. A slightly different point of view was that taken by a lad of whom we have heard, who, having read a little way in one of these tracts, threw it down in terror and ran home, telling his friends that if one should read that book and tell a lie, he would inevitably go to hell! Sometimes colporteurs have found it impossible to give away these books, not, as might be supposed, because of any hostility to the contents, of which nothing was known and for which nothing was cared, but because it was feared that the gift would be made the basis on which to levy a kind of blackmail, in a manner with which the Chinese are only too familiar.

The same presupposition leads to a panic if a foreigner injudiciously attempts to take down the names of Chinese children, a simple process which has been known to be eminently successful in breaking up a prospective school. The system of romanising Chinese characters must in its initial stages meet this objection and suspicion. Why should a foreigner wish to teach his pupils to write in such a way that their friends at home cannot read what they say? All the explanations in the world will not suffice to make this clear to a suspicious old Chinese who knows that what has been good enough for the generations that have come before his children is good enough for them, and much better than the invention of some foreigner of unknown antecedents. It may almost be said that a general objection is entertained to *anything* which a foreigner proposes, and often for the apparent reason that he proposes it. The trait of "flexible inflexibility" leads your Chinese friend to assure you in the blandest but most unmistakable terms, that your proposal is very admirable and very preposterous.

Sarcasm is a weapon which, in the hands of a foreigner, is not at all to the taste of the Chinese. A foreigner whose knowledge of Chinese was by no means equal to the demands which he wished to make upon it, in a fit of deep disgust at some sin of omission or commission on the part of one of his servants, called him in English a "humbug." "Deep rankled in his side the fatal dart," and at the earliest opportunity the servant begged of a lady whose Chinese was fully equal to the tax upon it, to be told what the dreadful word meant which had been thus applied to him. The mandarins who seized upon the blocks of Mr. Thom's translation of "Aesop's Fables" were in the same frame of mind as the Peking servant. These officials could not help perceiving in the talking geese, tigers, foxes, and lions some recondite meaning which could be best nipped in the bud by suppressing the entire edition.

Some of the most persistent instances of Chinese suspicion towards foreigners are manifested in connection with the many hospitals and dispensaries now scattered over so large a pait of China. Amid the vast number of patients there are many who exhibit an implicit faith and a touching confidence in the good-will and the skill of the foreign physician. But there are many others, of whose feelings we know much less, except as the result of careful inquiry, who continue to believe the most irrational rumours in regard to the extraction of eyes and hearts for medicine, the irresistible propensity of the surgeon to reduce his patients to mince-meat, and the fearful disposition said to be made of Chinese children in the depths of foreign cellars. A year or two of experience of the widespread benefits of such an institution might be expected to dissipate such idle rumours as the wind disperses a mist; but they continue to flourish side by side with tens of thousands of successful treatments, as mould thrives in warm damp spots during the month of August.

The whole history of foreign intercourse with China is a history of suspicion and prevarication on the part of the Chinese, while it doubtless has not been free from grave faults on the side of foreigners. It is a weary history to retrace, and its lessons may be relegated to those who are charged with the often thankless task of conducting such negotiations. But as it often happens that private persons are obliged to be their own diplomats in China, it is well to know how it should be done. We will give a sample case which is an excellent illustration. The question was about the renting of some premises in an interior city, to which a local official on various grounds took exception. The foreigner presented himself at the interview which had been arranged, clad in the Chinese dress, and armed with the necessary materials for writing. After the preliminary conversation the foreigner slowly opened his writing materials, adjusted his paper, shook out his pen, examined his ink, with an air of intense preoccupation. The Chinese official was watching this performance with the keenest interest and the liveliest curiosity. "What are you doing?" he inquired. The foreigner explained that he was simply getting his writing materials in order—"only that and nothing more." "Writing materials! What for?" "To take down your answers," was the reply. The official hastened to assure his foreign guest that this extremity would by no means be called for, as *the premises could be secured*! How could this magistrate be sure where he should next hear of this mysterious document, the contents of which he could not possibly know?

China is a country which abounds in wild rumours, often of a character to fill the heart with dread. Within the past few years such a state of things has been reported among the Chinese in Singapore that coolies positively refused to travel a certain street after dark, on account of the imminent danger of having their heads suddenly and mysteriously cut off. The Empire is probably never free from such epochs of horror; to those concerned the terrors are as real as those of the French Revolution to the Parisians of 1789. Infinite credulity and mutual suspicion are the elements of the soil in which these fearful rumours thrive, and on which they fatten. When they have to do with foreigners, long and painful experience has shown that they must not be despised, but must be taken in the early stages of their development. None of them could do serious harm if the local officials were only sincerely interested to stamp them out. In their ultimate outcome, when they have been suffered to grow unchecked, these rumours result in such atrocities as the Tientsin massacre. All parts of China are well adapted to their rapid development, and there is scarcely a province where they have not in some form occurred. For the complete removal of these outbreaks, the time element is as necessary as for the results of geologic epochs. The best way to prevent their occurrence is to convince the Chinese, by irrefragable object-lessons, that foreigners are the sincere well-wishers of the Chinese. This simple proposition once firmly established, then for the first time will it be true that "within the four seas, all are brethren."

CHAPTER XXV

THE ABSENCE OF SINCERITY

THE Chinese ideograph which is commonly translated "sincerity" is composed of the radicals denoting man and words. Its meaning lies upon the surface. It is the last in the series of the Five Constant Virtues enumerated by the Chinese, and in the opinion of many who are well acquainted with them it is in fact about the last virtue which in the Celestial Empire is likely to be met with on any considerable scale. Many who know the Chinese will agree with the observation of Professor Kidd, who, after speaking of the Chinese doctrine of "sincerity," continues: "But if this virtue had been chosen as a national characteristic, not only to be set at defiance in practice, but to form the most striking contrast to existing manners, a more appropriate one than sincerity could not have been found. So opposed is the public and private character of the Chinese to genuine sincerity, that an enemy might have selected it as ironically descriptive of their conduct in contrast with their pretensions. Falsehood, duplicity, insincerity, and obsequious accommodation to favorable circumstances are national features remarkably prominent." How far this judgment is justified by the facts of Chinese life we may be able better to decide when we shall have considered those facts in detail.

We have assumed that it is a reasonable theory, and one which we believe is supported by the opinion of competent scholars, that the Chinese of the present day do not differ to any great extent from the Chinese of antiquity. There can hardly be a doubt that the standard of the Chinese and the present standard of Western nations as to what ought to be called sincerity differ widely. He who peruses the Chinese Classics with a discerning eye will be able to read between the lines much indirection, prevarication, and falsehood which are not distinctly expressed. He will also find the Chinese opinion of Occidental openness condensed into the significant expression, "Straightforwardness without the rules of propriety becomes rudeness." To an Occidental there is a significance in the incident related of Confucius and Ju-pei, as found in the Confucian "Analects," which is not at all apprehensible to a Confucianist. The following is the passage, from Legge's translation: "Ju-pei wished to see Confucius, but Confucius declined to see him on the ground of being sick. When the bearer of this message went out at the door, Confucius took his harpsichord, and sang to it, in order that Ju-pei might hear." The object of Confucius was to avoid the disagreeable task of saying that the character of Ju-pei was not such that Confucius wished to meet him, and he took this characteristically Chinese way to do it.

The example of Confucius in this matter was followed by Mencius. Being a guest in a certain kingdom he was invited to court, but hoping that the king would honour him by the first call, Mencius alleged sickness, and the next day, to show that this was a mere excuse made a call elsewhere. The officer with whom Mencius spent the night held a long conversation with the Sage as to the merits of this proceeding, but the discussion between them turns exclusively on the question of propriety and precedent, and no reference whatever to the morality of lying for the sake of convenience. There is no apparent reason to suppose that this point was ever thought of by any of the persons concerned, any more than it is by a modern Confucian teacher who explains the passage to his pupils.

There is no doubt that the ancient Chinese were far in advance of their contemporaries in many other lands in the instinct of preserving records of the past. Their histories, however prolix, are undoubtedly comprehensive. Many Western writers seem to feel the greatest admiration for Chinese histories, and place unrestricted confidence in their statements. The following paragraph is taken from an essay by Dr. J. Singer, lector of the University of Vienna, translated and published in the *China Review*, July, 1888: "Scientific criticism has long ago recognised and in ever-increasing extent proved the historical reliability of the ancient documents of China. Richthofen, for instance, the latest and most thorough-going explorer of China, in discussing the surprisingly contradictory elements which make up the character of the Chinese as a people, contrasts their strict truthfulness in recording historical events and their earnestness in the search for correct knowledge, whenever statistical facts are concerned, with that absolute and generally sanctioned license in lying and dissimulation which prevails everywhere in China, in popular intercourse and in diplomatic negotiations." It should be borne distinctly in mind that historical accuracy may be exhibited in two widely different lines: the narration of events in due order and proportion, and the explanation of those events by an analysis of character and motives. It is said by those who have looked into Chinese histories most extensively, that while in the former particular these works are no doubt far in advance of the times in which they were written, in the latter particular they are by no means adapted to carry the impression of that scrupulosity which Dr. Singer supposes. Without expressing any opinion on a subject of which we have no special knowledge, we will merely call attention to the singular, if not unprecedented, circumstance that a nation which is affirmed to indulge in a license for lying, can at the same time furnish successive generations of historiographers who are reverent of the truth. Do not the same passions which have distorted the history of other lands operate in China? Do not the same causes produce in China the same effects as in the rest of the world?

It is important to bear in mind that not only is the teaching of Confucianism greatly defective in the particular noted, but the practice of the great Master himself is not such as to commend historical fidelity. Dr. Legge, who does not lay much stress on "certain charges which have been made from un-important incidents in the Sage's career," attaches great importance to the manner in which Confucius handled his materials in the "Spring and Autumn Annals," a work which contains the record of the kingdom of Lu for two hundred and forty-two years, down to within two years of Confucius' death. The following paragraphs are taken from Dr. Legge's lecture on Confucianism, published in his volume on "The Religions of China":"Mencius regarded the *Ch'un Ch'iu* ["Spring and Autumn Annals"] as the greatest of the Master's achievements, and says that its appearance struck terror into rebellious ministers and unfilial sons. The author himself had a similar opinion of it, and said that it was from it men would know him, and also (some of them) condemn him. Was his own heart misgiving him when he thus spoke of men condemning him for the *Ch'un Ch'iu*? The fact is that the annals are astonishingly meagre, and not only so, but evasive and deceptive. "The *Ch'un Ch'iu*, says Kung Yang, who commented on it, and supplemented it within a century after its composition, 'conceals [the truth] out of regard to the high in rank, to kinship, and to men of worth.' And I have shown in the fifth volume of my 'Chinese Classics' that this 'concealing' covers all the ground embraced in our three English words—ignoring, concealing, and misrepresenting. What shall we say to these things?...I often wish that I could cut the knot by denying the genuineness and authenticity of the 'Spring and Autumn' as we now have it; but the chain of evidence that binds it to the hand and pencil of Confucius in the close of his life is very strong. And if a foreign student take so violent a method to enable him to look at the character of the philosopher without this flaw of historical untruthfulness, the governors of China and the majority of its scholars will have no sympathy with him, and no compassion for his mental distress. Truthfulness was one of the subjects that Confucius often insisted on with his disciples; but the *Ch'un Ch'iu* has led his countrymen to conceal the truth from themselves and others wherever they think it would injuriously affect the reputation of the Empire or of its sages."

We have just seen that those who claim truthfulness for the Chinese in their histories are ready enough to admit that in China truth is confined to histories. It is of course impossible to prove that every Chinese will lie, and we have no wish to do so if it were possible. The strongest testimony on this point can be gathered from the Chinese themselves, whenever their consciences have been sufficiently awakened and their attention directed to the matter. Such persons are frequently heard to say of their race, as the South Sea Island chief said of his: "As soon as we open our mouths a lie is born." To us, however, it does not seem that the Chinese lie for the sake of lying, as some have supposed, but mainly for the sake of certain advantages not otherwise to be had. "Incapable of speaking the truth," says Mr. Baber, "they are equally incapable of believing it." A friend of the writer received a visit from a Chinese lad who had learned English, and who wished to add to his vocabulary an expression meaning "You lie." He was told the phrase, but cautioned not to use it to a foreigner, as the result would certainly be that he would be knocked down. He expressed unfeigned surprise at this strange announcement, for to his mind the words conveyed a meaning as harmless as the remark, "You are humbugging me." Mr. Cooke, the China correspondent of the London *Times* in 1857, speaking of the antipathy of Occidentals to be called liars, observes: "But if you say the same thing to a Chinaman, you arouse in him no sense of outrage, no sentiment of degradation. He does not deny the fact. His answer is, 'I should not *dare* to lie to your Excellency.' To say to a Chinaman, 'You are a habitual liar, and you are meditating a lie at this moment,' is like saying to an Englishman, 'You arc a confirmed punster, and I am satisfied you have some horrible pun in your head at this moment.' "

The ordinary speech of the Chinese is so full of insincerity, which yet does not rise to the dignity of falsehood, that it is very difficult to learn the truth in almost any case. In China it is literally true that a fact is the hardest thing in the world to get. One never feels sure that he has been told the whole of anything. Even where a person is seeking your help, as, for example, in a lawsuit, and wishes to put his case entirely in your hands, nothing is more probable than that you will discover subsequently that several important particulars have been suppressed, apparently from the general instinct of prevarication and not of malice prepense, since the person himself must be the only loser by the suppression. The whole of anything does not come out till afterwards, no matter at what point you take it up. A person who is well acquainted with the Chinese will not feel that he understands a matter because he has heard all about it, but will rather take the items which he has heard and combine them with others, and finally call a council of the Chinese whom he trusts most and hold a kind of inquest over these alleged facts to ascertain what their real bearing probably is.

Lack of sincerity, combined with the suspicion which has been already discussed, accounts for the fact that a Chinese will often talk for a very great length of time, saying practically nothing whatever. Much of the incomprehensibility of the Chinese, so far as foreigners are concerned, is due to their insincerity. We cannot be sure what they are after. We always feel that there is more behind. It is for this reason that when a Chinese comes to you and whispers to you mysteriously something about another Chinese in whom you are much interested, you are not unlikely to experience a sinking sensation in the pit of the stomach. You are uncertain whether the one who is speaking is telling the truth, or whether the character of the one of whom he is speaking has caved in. One never has any assurance that a Chinese ultimatum is ultimate. This proposition, so easily stated, contains in itself the germ of multitudinous anxieties for the trader, the traveller, and the diplomatist.

The real reason for anything is hardly ever to be expected, and even when it has been given, one cannot be sure of this fact. Every Chinese, the uneducated not less than others, is by nature a kind of cuttle-fish capable of distilling any amount of turbid ink, into which he can retreat with the utmost safety so far as pursuit is concerned. If you are interviewed on a journey and invited to contribute to the travelling-expenses of some impecunious individual who hopes to exploit a new field, your attendant does not say, as you would do, "Your expenses are none of my affair, begone with you!" but "with a smile that is child-like and bland," he explains that your allowance of money is barely sufficient for your own use, and so you will be deprived of the pleasure of contributing to your fellow-traveller. We have seldom met a Chinese gate-keeper who would say to a Chinese crowd, as a foreigner tells him to do, "You *cannot* come in here," but he will observe instead, that they must not come in, because the big dog will bite them if they do.

There are few Chinese who have any well-developed conscience on the subject of keeping an engagement. This characteristic is connected with their talent for misunderstanding, and with their disregard of time. But whatever the real reason for the failure, it is interesting to see what a variety of alleged reasons exist for it. The Chinese in general resemble the man who, being accused of having broken his promise, replied that it was of no consequence, as he could make another just as good. If it is a fault for which he is reproved, promises of amendment flow in limpid streams from his lips. His acknowledgments of wrong are complete—in fact, too complete, and leave nothing to be desired but sincerity.

A Chinese teacher who was employed in inditing and commenting upon Chinese aphorisms, after writing down a fine sentiment of the ancients, made an annotation to the effect that one should never refuse a request in an abrupt manner, but should, on the contrary, grant it in form, although with no intention to do so in substance. "Put him off till tomorrow, and then until another tomorrow. Thus," he remarked in his note, "you comfort his heart!" So far as we know the principle here avowed is the one which is generally acted upon by the Chinese who have debts for which payment is sought. No one expects to collect his debt at the time that he applies for it, and he is not disappointed; but he is told most positively that he will get it the next time, and the next, and the next.

One of the ways in which the native insincerity of the Chinese is most characteristically manifested is their demeanor towards children, who are taught to be insincere without consciousness of the fact either on their own part or on the part of those who teach them. Before he is old enough to talk, and when he can attach only the vaguest significance to the words which he hears, a child is told that unless he does as he is bid some terrific object, said to be concealed in the sleeve of a grown person, will catch him. It is not uncommon for foreigners to be put in the place of the unknown monster, and this fact alone would be sufficient to account for all the bad words which we frequently hear applied to ourselves. Why should not children who may have been affrighted with our vague terrors when they were young, hoot us in the streets as soon as they have grown large enough to perceive that we are not dangerous but only ridiculous?

The carter who is annoyed by the urchins in the street yelling after his foreign passenger, shouts to them that he will capture several of them, tie them on behind his cart and carry them off. The boatman under like provocation contents himself with the observation that he will pour scalding water upon them. The expressions, "I'll beat you," "I'll kill you," are understood by a Chinese child of some experience to constitute an ellipsis for "Stop that!"

There is in Chinese a whole vocabulary of words which are indispensable to one who wishes to pose as a "polite" person, words in which whatever belongs to the speaker is treated with scorn and contempt, and whatever relates to the person addressed is honourable. The "polite" Chinese will refer to his wife, if driven to the extremity of referring to her at all, as his "dull thorn," or in some similar elegant figure of speech, while the rustic, who grasps at the substance of "politeness," although ignorant of its formal expression, perhaps alludes to the companion of his joys and sorrows as his "stinking woman." This trait of Chinese etiquette is not inaptly presented in one of their own tales, in which a visitor is represented as calling clad in his best robes, and seated in the reception-room awaiting the arrival of his host. A rat which had been disporting itself upon the beams above, insinuating its nose into a jar of oil which was put there for safe-keeping, frightened at the sudden intrusion of the caller, ran away, and in so doing upset the oil-jar, which fell directly on the caller, striking him a severe blow, and ruining his elegant garments with the saturation of the oil. Just as the face of the guest was purple with rage at this disaster, the host entered, when the proper salutations were performed, after which the guest proceeded to explain the situation. "As I entered your honourable apartment and seated myself under your honourable beam, I inadvertently terrified your honourable rat, which fled and upset your honourable oil-jar upon my mean and insignificant clothing, which is the reason of my contemptible appearance in your honourable presence."

That very few foreigners can ever bring themselves to give Chinese invitations in a Chinese way, goes without saying. It requires long practice to bow cordially to a Chinese crowd as one goes to a meal, and remark blandly, "Please all sit down and eat," or to sweep a cup of tea in a semicircle just as it is raised to the lips, and, addressing one's self to the multitude, observe with gravity, "Please all drink." Not less real is the moral difficulty of exclaiming at suitable situations, "*K'o-t'ou, k'o-t'ou*" signifying, "I can, may, must, might, could, would, or should"(as the case may be) "give you a prostration;" or of occasionally interjecting the observation, "I ought to be beaten, I ought to be killed," meaning that I have offended against some detail of the rules of etiquette; or of stopping in the midst of a horseback ride, upon meeting a casual acquaintance, and proposing to him, "*I* will get off and *you* shall mount," quite irrespective of the direction in which you may be travelling, or the general irrationality of the procedure. Yet the most ignorant and uncultivated Chinese will frequently give these invitations with an air, which, as already remarked, extorts admiration from the most unsympathetic Occidental, who pays the unconscious tribute of him who cannot to him who can. Such little ceremonies, as we have had repeated occasion to observe, are enforced contributions on the part of individuals to society at large, that friction may be diminished, and he who refuses to contribute will be punished in a manner not the less real because it is oblique. Thus a carter who neglects to take his cue down from his head and descend from his cart when he has occasion to inquire the way, will not improbably be given a wrong direction, and reviled besides.

To be able to determine what is the proper thing to be done when Orientals offer presents, is in itself a science, and perhaps as much so in China as in other countries. Some things must not be accepted at all, while others must not be altogether refused, and there is generally a broad debatable land, in regard to which a foreigner can be sure of nothing except that, left to his own judgment, he will almost infallibly do the wrong thing. In general, offers of presents are to be suspected, especially those which are in any particular extraordinary. Of this class are those which are tendered on the occasion of the birth of a son, in reference to which the classical dictum, "I fear the Greeks, *even* bearing gifts," is universally and perennially appropriate. There is always something behind such an offer, and, as the homely Chinese proverb says of a rat dragging a shovel, the "larger end is the one that is behind," or, in other words, what is (virtually) required in return is much greater than what is given.

Of the hollowness of these offers many foreigners in China have had experience. We have ourselves had occasion to be but too familiar with the details of a case in which a theatrical exhibition was offered to a few foreigners by a Chinese village, as a mark of respect, of course with the implied understanding that it should be duly acknowledged by suitable feasts. When this honour was definitely declined, it was proposed to devote the funds, or rather a small part of them, to the construction of a building for public use, which, in the case of the first village, was actually done. No sooner was this agreed upon than eleven other villages, also deeply smitten with gratitude for famine relief and medical help, proceeded to send deputations to make on their part formal offers of theatrical exhibitions, which they were perfectly aware would be and must be declined. The representatives of each village received the intelligence of the refusal of these honours with the same sad surprise, each of them offered to divert the funds in question to the public building already referred to, and each one of them allowed the matter to drop at that point, and no further reference whatever was ever made to it by any one of them!

It is not foreigners only who are beset in this way. Rich Chinese who have had the misfortune to be made happy, are sometimes visited by their neighbours with congratulatory gifts of a trifling character, such as toys for a new-born heir, presents the total value of which is practically nothing, but which must be acknowledged by a feast—the invariable and always appropriate Chinese response. It is on occasions like this that the most inexpert in Chinese affairs learns to appreciate the accuracy of the Chinese aphorism, which observes, "When one is eating one's own, he eats till the tears come; but when he is eating the food of others, he eats till the perspiration flows." It frequently happens under such conditions that the host is obliged to assume the most cordial appearance of welcome, when he is inwardly fuming with rage which cannot possibly be expressed without the loss of his "face," which would be even more deadly than the loss of the food.

This suggests that large class of expressions which come under the general designation of "face-talk." That much of the external decorum with which foreigners are treated by Chinese in their employ, especially in large cities, is a mere external veneer, is easily seen by contrasting the behaviour of the same persons in public and in private. It is said that a Chinese teacher who is a model of the proprieties at his foreign master's house, is not unlikely to "cut him dead" if he meets the same master on the streets of Peking, for the reason that to notice him at that time would lead to a public recognition of the fact that the Chinese pundit is in some way indebted to the foreign barbarian for replenishing the rice-bowl of the Chinese—a circumstance which, however notorious, must not be formally admitted, especially in public. It is very common for a number of Chinese, on entering a room where there is a foreigner, to salute all the Chinese in the room by turn, and totally ignore the foreigner. A Chinese teacher is not unlikely to flatter his foreign pupil with the information that his ear is remarkably correct and his pronunciation almost perfect, and that he will soon surpass all his contemporaries in the acquisition of the language, while at the very same time the peculiar errors of the pupil are not improbably matter of sport between the teacher and his companions. In general, it may be taken for granted that the last person to set one right in matters of Chinese speech is the teacher who is employed for that purpose.

One of the ways in which the formal and hollow politeness of the Chinese manifests itself, is in voluntary offers to do what it is very desirable should be done, but which others cannot or will not undertake. If the offer comes to nothing we should not be disappointed, for it is not improbable that it was made with the definite knowledge that it could not be carried out, but the "face" of the friend who made the offer is assured. In like manner, if there is a dispute as to the amount of money to be paid at an inn, your carter will probably come forward as arbitrator, and decide that he will make up the difference himself, which he does by taking the amount required from your cash-bag. Or if he were to pay the money from his own funds, he would bring in his bill for the same, and if he was reminded that he offered of his own accord to make it up, he would reply, "Do you expect the man who attends the funeral to be buried in the coffin too?"

There is a great deal of real modesty in China notwithstanding appearances to the contrary, but it cannot for a moment be doubted that there is likewise a great deal of mock modesty, both on the part of men and of women. It is very common to hear it said of some disagreeable matter, that it is wholly unmentionable, that the words are totally unutterable, etc., when all parties are perfectly aware that this is a mere form denoting reluctance to express an opinion. The very persons who use this high-toned language would be ready enough to employ the foulest expressions of vituperation whenever they were excited by anger.

False modesty is matched by a false sympathy, which consists of empty words; but for this the Chinese are not to be blamed, as they have no adequate material out of which sympathy for others can be developed in any considerable quantities and for any length of time. But empty sympathy is not so repugnant to good taste as that mockery of sympathy and of all true feeling which contemplates death with boisterous merriment. Mr. Baber mentions a Szechuan coolie who burst into a delighted laugh at the spectacle of two dogs devouring a corpse on the tow-path. Mr. Meadows tells us that his Chinese teacher laughed till he held his sides at the amusing death of his most constant companion. It is no explanation of these strange exhibitions, often observed in the case of parents at the death of children of whom they were fond, that long grief has dried up its external expression, for there is a wide distinction between a silent grief and that rude mockery of natural feeling which offends the instincts of mankind.

It is, as we have had occasion to remark, several hundred years since foreigners began to have commercial relations with the Chinese. There have been multiplied testimonies to the business honesty of those with whom these relations have been held. Without generalising to a degree which might be precarious, it is safe to say that there must be a good basis for testimonies of this sort. As a specimen of what these testimonies are, we may quote the words of Mr. Cameron, Manager of the Hongkong and Shanghai Bank, on occasion of his farewell to Shanghai: "I have referred to the high commercial standing of the foreign community. The Chinese are in no way behind us ourselves in that respect; in fact, I know of no people in the world I would sooner trust than the Chinese merchant and banker. Of course there are exceptions to every rule, but to show that I have good reasons for making such a strong statement, I may mention that for the last twenty-five years the bank has been doing a very large business with

Chinese in Shanghai, amounting, I should say, to hundreds of millions of tales, and we have never yet met with a defaulting Chinaman." Perhaps the best commentary on the statement just quoted is the fact that within three years after it was made, a Chinese compradore of the same bank in Hongkong so crippled it by losses for which it did not appear that there was any security that a million dollars were subtracted from the annual profits.

Whether there is an essential difference between Chinese business as conducted by wholesale and that by retail, we have no means of knowing. But without abating in the least from the value of the testimonies to which reference has been made, it is a fair question whether a large part of results noted are not due to the admirable system of mutual responsibility already described—a system which Western nations would do well to imitate. It is only natural that foreigners doing business with the Chinese should avail themselves to the fullest extent of such commercial safeguards as exist, and for such results as are thus attained the Chinese are unquestionably entitled to the fullest credit. Yet after all such acknowledgments are made, it remains true, as testified by a vast array of witnesses, and by wide and long observation, that the commerce of the Chinese is a gigantic example of the national insincerity.

An interesting essay has been written by one who knew of what he was affirming, on the process by which in ordinary trade two Chinese each succeed in cheating the other. The relation of two such individuals is generally the relation between Jacob and Laban, or, as the Chinese phrase runs, it is the iron brush meeting the brass wash-dish. It is a popular proverb that to put a lad into trade is to ruin him. False weights, false measures, false currency, and false goods—these are phenomena from which it is difficult to escape in China. Even in the great establishments which put up conspicuous signs, notifying the public that they will here find "goods genuine, prices real," "positively no two prices," the state of things does not correspond to the surface seeming.

We by no means intend to affirm such a proposition as that there is no honesty to be found in China, but only that, so far as our experience and observation go, it is literally impossible to be sure of finding it anywhere.

How can it be otherwise with a people who have so little regard for truth? A well-dressed scholar who meets a foreigner is not ashamed to affirm in reply to a question, that he cannot read, and then when a little book has been handed him to look at, he does not hesitate to slink away in the crowd without paying the three cash which is the cost. He has no sense of shame at such a proceeding, but rather a thrill of joy that he has circumvented the silly foreigner, who has so little astuteness as to trust a total stranger. It is very common for a man who is buying from a foreigner to give a cash less than the proper amount, alleging that he has not another cash with him. When he is informed that there is one in his ear at the moment, he takes it out with reluctance, feeling that he has been defrauded. In like manner a man who has spent "an old half-day" in trying to get something free of cost, on the ground that he is totally without money, will at last draw forth a string of a thousand cash, hand it to you with an air of melancholy, and request you to take out the proper amount. But if he is believed, and gets something for nothing, he departs with a keen joy in his heart, like that of one who has slain a serpent.

The solidarity of Chinese society finds one of its manifestations in the constant habit of borrowing what belongs to a relative, with or without a notification of the intention so to do. Many of the articles thus "borrowed" are at once put in pawn, and if they are wanted again the owners must redeem them. A Chinese boy in a mission school was detected in stealing money from the single lady who had charge of the scholars' rooms. Upon being confronted with irrefragable proof of his guilt, he explained, with sobs, that when at home he had always been in the habit of stealing from his mother, and that his foreign teacher was so much like an own mother to him that he was betrayed into stealing from her too!

While it is undoubtedly true that many of the evils which are so conspicuous in Chinese social life are to be found also in Western lands, it is of the utmost importance clearly to perceive the points of essential contrast. One of these we take to be that already mentioned, in that insincerity in China, while not always to be met with, is always to be looked for. Instances of this have been already cited in speaking of other topics, and others might be referred to at almost any length.

An interesting volume remains to be written by some one who has the requisite knowledge, on the theory and practice of Chinese squeezes—a practice which extends from the Emperor on his throne to the lowest beggar in the Empire. With that practical sagacity for which they are so deservedly noted, the Chinese have reduced this business to a perfect system, which can no more be escaped than one can escape the pressure of the atmosphere. Vicious and demoralising as the system is, it is not easy to see how it can be done away with, except by a complete reorganisation of the Empire.

The result of this state of things, and of the characteristics of the Chinese which have led to it, is that it is very difficult for a foreigner to have to do with the Chinese in a practical way, and on any extended scale, and yet contrive to preserve his reputation—should he be so fortunate as to have one—as a "superior man." It is a proverb constantly quoted, and self-verifying, that carters, boatmen, inn-keepers, coolies, and middlemen, irrespective of any specific offence, all deserve to be killed on general principles. The relation of this class of persons and others like them to foreigners is peculiar, for it is known that foreigners will consent to a great deal of imposition rather than have a social typhoon, for which they generally lack both the taste and the talent; yet it is by the social typhoon that, in case of any supposed breach of equity on the part of Chinese towards Chinese, the social atmosphere is brought at last to a state of equilibrium.

He must be a rare man who has no blind side upon which those Chinese who choose to do so cannot get. Not to be too suspicious and not to be too confiding is a rare illustration of the golden mean. If one exhibits that just disapprobation towards insincerity which it seems to demand, the Chinese, who are shrewd judges of human nature, set it down to our discredit as a mark of "temper"; while if we maintain the placid demeanour of a Buddha absorbed in his Nirvana, a demeanour which is not easy for all temperaments at all times, we are at once marked as fit subjects for further and indefinite exactions. That was a typical Chinese who, being in foreign employ, saw one day a peddler on the street, vending little clay images of foreigners, cleverly executed and in appropriate costume. Stopping for a moment to examine them, he said to the dealer in images, "Ah, you play with these toys; I play with the real things."

It is unnecessary to do more than to allude in passing to the fact that the Chinese government, so far as it is knowable, appears to be a gigantic example of the trait which we are discussing. Instances are to be found in the entire history of foreign relations with China, and one might almost say in all that is known of the relations of Chinese officials to the people. A single but compendious illustration is to be found in those virtuous proclamations which are issued with such unfailing regularity, in such superlative abundance, with such felicity of diction, on all varieties of subjects and from all grades of officials. One thing only is lacking, namely, reality, for these fine commands are not intended to be enforced. This is quite understood by all concerned, and on this point there are no illusions. "The life and state papers of a Chinese statesman, like the Confessions of Rousseau, abound in the finest sentiments and the foulest deeds. He cuts off ten thousand heads, and cites a passage from Mencius about the sanctity of human life. He pockets the money given him to repair an embankment and thus inundates a province, and he deplores the land lost to the cultivator of the soil. He makes a treaty which he secretly declares to be only a deception for the moment, and he declaims against the crime of perjury." Doubtless there may be pure-minded and upright officials in China, but it is very hard to find them, and from the nature of their environment they are utterly helpless to accomplish the good which they may have at heart. When we compare the actual condition of those who have had the best opportunity to become acquainted with the Chinese Classics, with the teachings of these Classics, we gain a vivid conception of how practically inert they have been to bring society to their high standard.

"How many Chinese have you ever known whom you would implicitly trust?" This question must be understood to relate only to those who have come under no influences outside of regular Chinese education. Different replies will be given by different persons according to their experience, and according to their standard of judging of Chinese character. Most foreigners would probably reply, "A very few," "Six or eight," "A dozen," as the case may be. Occasionally the answer will be, "A great many, more than I can remember." But we must believe that intelligent and discriminating observers who can truthfully give the latter reply are exceedingly few in number.

It is always prudent to observe what things a people take for granted, and to act accordingly. As we have seen in the discussion of mutual suspicion as a factor in Chinese social life, the Chinese take it for granted that they are not to trust others, for reasons which they well understand. It is precisely this state of things which makes the future of China so full of uncertainty. The governing class as a whole is not the best but the worst in the Empire. An intelligent Taotai remarked to a foreigner that "the officials under the Emperor are all bad men and ought to be killed, but it would be of no use to kill us, as the next incumbents would be just as bad as we." The serpent, as the Chinese adage runs, knows his own hole, and it is a significant fact that the official class in China is profoundly distrusted by the class next below it, the mercantile. They know that the so-called "reformation" is but a superficial shell, which will soon scale off. A Chinese mason spending a vast amount of time smoothing the outside of chimneys and roofs which he has built badly with untempered mortar, and which he *knows* will smoke and leak at the first opportunity, is a type of many things in China.

There is wealth enough in China to develop the resources of the Empire, if there were but the confidence, without which timid capital will not emerge from its hiding-place. There is learning enough in China for all its needs. There is no lack of talent of every description. But without mutual confidence, based upon real sincerity of purpose, all these are insufficient for the regeneration of the Empire.

A few years ago the writer was consulted by an intelligent Chinese in regard to the possibility of doing something for the relief of a district that has great trouble with its wells, which are made in the usual Chinese way, and bricked up by a wall begun from the top and lowered as the well is deepened. But in this particular locality the soil is of such a character that after a time the whole ground sinks, taking the well and its brick lining with it, leaving only a hole, which eventually caves in and becomes dry. Like the attempt to remedy the evils of this unfortunate district in the province of Chihli is any prescription to cure the ills from which China is suffering, and has long suffered, which does not go deep enough to reach the roots of character. All superficial treatment will prove at last to be but burying cart-loads of excellent material in a Slough of Despond.

CHAPTER XXVI

POLYTHEISM, PANTHEISM, ATHEISM

CONFUCIANISM, as a system of thought, is among the most remarkable intellectual achievements of the race. It is true that the Western reader cannot escape a feeling that much of what he finds in the Confucian Classics is jejune. But it is not merely by perusing them that we are to receive our most forcible impressions of what the Chinese Classics are and have been, but by contemplating their effects. Here is the Chinese race, by far the mightiest aggregation of human beings in any one nation on earth, "with a written history extending as far back as that of any other which the world has known, the only nation that has throughout retained its nationality, and has never been ousted from the land where it first appeared," existing, for aught that appears, in much the same way as in hoary antiquity. What is the explanation of this unexampled fact? By what means has this incomputable mass of human beings, dwelling on the Chinese plains from the dawn of history until now, been controlled, and how is it that they appear to be an exception to the universal law of the decay and death of nations?

Those who have investigated this subject most thoroughly are united in declaring that this result is due to the fact that, whereas other nations have depended upon physical force, the Chinese have depended upon moral forces. No student of history, no observant traveller who knows human nature, can fail to be impressed, to the point of deep awe, with the thought of the marvellous restraining power which Chinese morality has exerted upon the race from the earliest times until now. "It would be hard to overestimate," says Dr. Williams, "the influence of Confucius in his ideal princely scholar, and the power for good over his race which this conception has ever since exerted. The immeasurable influence in after-ages of the character thus portrayed proves how lofty was his own standard, and the national conscience has ever since assented to the justice of the portrait." "The teaching of Confucianism on human duty," says Dr. Legge, "is wonderful and admirable. It is not perfect, indeed. But on the last three of the four things which Confucius delighted to teach—letters, ethics, devotion of soul, and truthfulness—his utterances are in harmony both with the Law and the Gospel. A world ordered by them would be a beautiful world."

The entire freedom of the Chinese classical works from anything which could debase the mind of the readers is a most important characteristic which has been often pointed out, and which is in the greatest possible contrast to the literatures of India, Greece, and Rome. "No people," says Mr. Meadows, "whether of ancient or modern times, has possessed a sacred literature so completely exempt as the Chinese from licentious descriptions, and from every offensive expression. There is not a single sentence in the whole of the Sacred Books and their annotations that may not be read aloud in any family circle in England. Again, in every other non-Christian country, idolatry has been associated with human sacrifices and with the deification of vice, accompanied by licentious rites and orgies. Not a sign of all this exists in China."

The direct personal responsibility of the Emperor to heaven for the quality of his rule; the exaltation of the people as of more importance than the rulers; the doctrine that the virtuous and able should be the rulers, and that their rule must be based upon virtue; the comprehensive theory of the five relations of men to each other; the doctrine that no one should do to another what he would not have that other do to him—these points have stood out like mountain-peaks from the general level of Chinese thought, and have attracted the attention of all observers. In closing what we have to say of the Chinese, we wish to place emphasis upon the moral excellences of the Confucian system, for it is only by putting those excellences in their true light that we can hope to arrive at any just comprehension of the Chinese people. Those excellences have made the Chinese pre-eminently amenable to moral forces. The employment of the classical writings in the civil service examinations for successive ages has unified the minds of the people to a marvellous degree, and the powerful motives thus brought into play, leading every candidate for a degree to hope for the stability of the government as a prerequisite to his own success, has doubtless been a principal factor in the perpetuation of the Chinese people to this present time.

Whether the Chinese ever did have a knowledge of one true God is indeed a point of considerable interest. Those who have examined most critically the classical writings of the Chinese assure us that the weight of scholarship is upon the side of the affirmative. By others who have a claim to an independent judgment, this proposition is altogether denied. If the Chinese ever did recognise the true God, that knowledge has certainly been most effectually lost, like an inscription on an ancient coin now covered with the accumulated rust of millenniums. To us the question seems to be of very much less practical concern than some would make it, and for our present purposes it may be altogether ignored. What concerns us in our present inquiry is neither a historical nor a theoretical matter, but a practical one, to wit, what is the relation which exists between the Chinese and their divinities?

It is in some cases not difficult to trace the stages by which the heroes and worthies of antiquity from being honoured came to be commemorated, and from being merely commemorated came to be worshipped. All the gods of China may be said to have been dead men, and by the rite of ancestral worship it may be affirmed that in a sense all the dead men of China are gods. Temples are constantly erected by the consent of the Emperor, to men who while living had in various ways distinguished themselves. It is impossible to say that any one of these men may not in the slow evolution of ages rise to the highest place among the national divinities. There can be no doubt whatever that as a nation the Chinese are polytheistic.

That there is a tendency in man towards the worship of nature is a mere truism. The recognition of irresistible and unknown forces leads to their personification and to external acts of adoration, based upon the supposition that these forces are sentient. Thus temples to the gods of wind, thunder, etc., abound. The north star is an object of constant worship. There are temples to the sun and to the moon in Peking, in connection with the Imperial worship, but in some regions the worship of the sun is a regular act of routine on the part of the people in general, on a day in the second month which they designate as his "birthday." Early in the morning the villagers go out to the east to meet the sun, and in the evening they go out towards the west to escort him on his way. This ends the worship of the sun for a year.

An exceedingly common manifestation of this nature-worship is in the reverence for trees, which in some provinces (as, for example, in northwestern Honan) is so exceedingly common that one may pass hundreds of trees of all sizes, each of them hung with bannerets indicating that it is the abode of some spirit. Even when there is no external symbol of worship, the superstition exists in full force. If a fine old tree is seen standing in front of a wretched hovel, it is morally certain that the owner of the tree dare not cut it down on account of the divinity within.

It is often supposed that the Emperor is the only individual in the Empire who has the prerogative of worshipping heaven. The very singular and interesting ceremonies which are performed in the Temple of Heaven by the Emperor in person are no doubt unique. But it would be news to the people of China as a whole that they do not and must not worship heaven and earth each for themselves. The houses often have a small shrine in the front wall facing the south, and in some regions this is called the shrine to heaven and earth. Multitudes of Chinese will testify that the only act of religious worship which they ever perform (aside from ancestral rites) is a prostration and an offering to heaven and earth on the first and fifteenth of each moon, or, in some cases, on the beginning of each new year. No prayer is uttered, and after a time the offering is removed, and, as in other cases, eaten. What is it that at such times the people worship? Sometimes they affirm that the object of worship is "heaven and earth." Sometimes they say that it is "heaven," and again they call it "the old man of the sky." The latter term often leads to an impression that the Chinese do have a real perception of a personal deity. But when it is ascertained that this supposed "person" is frequently matched by another called "grandmother earth," the value of the inference is open to serious question. In some places it is customary to offer worship to this "old man of the sky" on the nineteenth of the sixth moon, as that is his "birthday." But among a people who assign a "birthday" to the sun, it is superfluous to inquire who was the father of "the old man of the sky," or when he was born, for on matters of this sort there is absolutely no opinion at all. It is difficult to make an ordinary Chinese understand that such questions have any practical bearing. He takes the tradition as he finds it, and never dreams of raising any inquiries upon this point or any other. We have seldom met any Chinese who had an intelligible theory with regard to the antecedents or qualities of "the old man of the sky," except that he is supposed to regulate the weather, and hence the crops. The wide currency among the Chinese people of this term, hinting at a personality, to whom, however, so far as we know, no temples are erected, of whom no image is made, and to whom no worship distinct from that to "heaven and earth" is offered, seems to remain thus far unexplained.

The word "heaven" is often used in the Chinese Classics in such a way as to convey the idea of personality and will. But it is likewise employed in a manner which suggests very little of either, and when we read in the commentary that "heaven is a principle," we feel that the vagueness of the term is at its maximum. To this ambiguity in classical use corresponds the looseness of meaning given to it in everyday life. The man who has been worshipping heaven, upon being pressed to know what he means by "heaven," will frequently reply that it is the blue expanse above. His worship is therefore in harmony with that of him who worships the powers of nature, either individually or collectively. His creed may be described in Emersonian phrase as "one with the blowing clover and the falling rain." In other words, he is a pantheist. This lack of any definite sense of personality is a fatal flaw in the Chinese worship of "heaven."

The polytheism and pantheism of the lower classes of Chinese are matched in the upper classes by what appears to be pure atheism. From the testimony of those who know most on this point, from the abundant surface indications, and from antecedent probability, we have no difficulty in concluding that there never was on this earth a body of educated and cultivated men so thoroughly agnostic and atheistic as the mass of

Confucian scholars.[①] The phrase "antecedent probability" refers to the known influence which has been exerted over the *literati* of China by the materialistic commentators of the Sung Dynasty. The authority of Chu Hsi, the learned expounder of the Chinese Classics, has been so overwhelming that to question any of his views has long been regarded as heresy. The effect has been to overlay the teachings of the Classics with an interpretation which is not only materialistic, but which, so far as we understand it, is totally atheistic.

After the Yellow River emerges from the mountains of Shansi and Shensi, it continues its way for hundreds of miles to the sea. In successive ages it has taken many different routes, ranging through six or seven degrees of latitude, from the mouth of the Yang-tse-Kiang to that of the Peiho. But wherever it has flowed it has carried ruin, and has left behind it a barren waste of sand. Not unlike this has been the materialistic current introduced by the commentators of the Sung Dynasty into the stream of Chinese thought, a current which, having flowed unchecked for seven centuries, has left behind it a moral waste of atheistic sand, incapable of supporting the spiritual life of a nation. Taoism has degeneralated into a system of incantations against evil spirits. It has largely borrowed from Buddhism to supplement its own innate deficiencies. Buddhism was itself introduced to provide for those inherent wants in the nature of man which Confucianism did little or nothing to satisfy. Each of these forms of instruction has been greatly modified by the others. Any kind of organisation which offers a method of practising virtue will be patronised by those who happen to be disposed to lay up a little merit, and to whom this avenue appears as good as any other. Any kind of a divinity which seems adapted to exert a favourable influence in any given direction will be patronised, just as a man who happens to need a new umbrella goes to some shop where they keep such goods for sale. To inquire into the antecedents of the divinity who is thus worshipped, no more occurs to a Chinese than it would occur to an

① Mr. Meadows remarks that every consistent Confucianist ought to be a blank atheist, but as human nature is seldom ideally self-consistent, many Confucianists either believe in the gods, or think that they do so.

Englishman who wanted the umbrella to satisfy himself as to the origin of umbrellas, and when they first came into general use.

It is not uncommon to meet with learned disquisitions upon the question as to the number of Buddhists and Taoists in China. In our view this question is exactly paralleled by an inquiry into the number of persons in the United Kingdom who use ten-penny nails as compared with the number of those who eat string-beans. Any one who wants to use a ten-penny nail will do so if he can obtain it, and those who like string-beans and can afford to buy them will presumptively consume them. The case is not different in China as regards the two most prominent "doctrines." Any Chinese who wants the services of a Buddhist priest, and who can afford to pay for them, will hire the priest, and thus be "a Buddhist." If he wants a Taoist priest, he will in like manner call him, and this makes him "a Taoist." It is of no consequence to the Chinese which of the two he employs, and he will not improbably call them both at once, and thus be at once "a Buddhist" and "a Taoist." Thus the same individual is at once a Confucianist, a Buddhist, and a Taoist, and with no sense of incongruity. Buddhism swallowed Taoism, Taoism swallowed Confucianism, but at last the latter swallowed both Buddhism and Taoism together, and thus "the three religions are one! "

The practical relation of the Chinese to their "three religions" may be illustrated by the relations of an Anglo-Saxon to the materials of which his language is composed: "Saxon and Norman and Dane are we;" but even were it possible to determine our remote origin, the choice of our words would not be influenced in the smallest degree by the extent to which we may happen to have Saxon or Norman blood in our veins. Our selection of words will be determined by our mental habits, and by the use to which we wish to put the words. The scholar will use many Latin words, with liberal admixture of the Norman, while the farmer will use mostly plain Saxon terms. But in either case the Saxon is the base, to which the other stocks are but additions. In China Confucianism is the base, and all Chinese are Confucianists, as all English are Saxons. To what extent Buddhist or Taoist ideas, phraseology, and practices may be superimposed upon this base, will be determined by circumstances. But to the Chinese there is no more incongruity or contradiction in the combination of the "three religions" in one ceremony, than there is to our thought in the interweaving of words of diverse national origin in the same sentence.

It is always difficult to make a Chinese perceive that two forms of belief are mutually exclusive. He knows nothing about logical contradictories, and cares even less. He has learned by instinct the art of reconciling propositions which are inherently irreconcilable, by violently affirming each of them, paying no heed whatever to their mutual relations. He is thus prepared by all his intellectual training to allow the most incongruous forms of belief to unite, as fluids mingle by endosmosis and exosmosis. He has carried "intellectual hospitality" to the point of logical suicide, but he does not know it, and cannot be made to understand it when he is told.

Two results of this mechanical union of creeds are very noteworthy. The first is the violence done to the innate instinct of order, an instinct for which the Chinese are especially distinguished, which is conspicuously displayed in the elaborate machinery of the carefully graded ranks of officials, from the first to the ninth, each marked by its own badge, and having its own special limitations. Something analogous to this might certainly have been looked for in the Chinese pantheon, but nothing of the sort is found. It is vain to inquire of a Chinese which divinity is supposed to be the greater, the "Pearly Emperor" or Buddha. Even in the "Temple-to-all-the-gods" the order is merely arbitrary and accidental, and subject to constant variations. There is no regular graduation of authority in the spirit world of the Chinese, but such utter confusion as, if found on earth, would be equivalent to chronic anarchy. This state of things is seen in a still more conspicuous manner in the "Halls of the Three Religions," where the images of Confucius, of Buddha, and of Laotze are displayed in a close harmony. The post of honour is in the centre, and this we should expect to be conceded to Confucius, or if not to him—since he made no claim of any kind to divinity—then to Laotze. There is good reason to think that this question of precedence has been in by-gone days the occasion of acrimonious disputes, but in nearly all the instances of which we happen to have heard, it has been settled in favour of Buddha, albeit a foreigner!

Another significant result of the union of all beliefs in China, is the debasement of man's moral nature to the lowest level found in any of the creeds. This is in accordance with a law akin to that by which a baser currency invariably displaces that which is better. All the lofty maxims of Confucianism have been wholly ineffective in guarding the Confucianists from fear of the goblins and devils which figure so largely in Taoism. It has often been remarked, and with every appearance of truth, that there is no other civilised nation in existence which is under such bondage to superstition and credulity as the Chinese. Wealthy merchants and learned scholars are not ashamed to be seen, on the two days of the month set apart for that purpose, worshipping the fox, the weasel, the hedgehog, the snake, and the rat, all of which in printed placards are styled "Their Excellencies," and are thought to have an important effect on human destiny.

It is not many years since the most prominent statesman in China fell on his knees before a water-snake which some one had been pleased to represent as an embodiment of the god of floods, supposed to be the incarnation of an official of a former dynasty, whose success in dealing with brimming rivers was held to be miraculous. This habit of worshipping a snake, alleged to be a god, whenever floods devastate China appears to be a general one. In districts at a distance from a river, any ordinary land-serpent will pass as a god and "no questions asked." If the waters subside, extensive theatrical performances may be held in honour of the god who has granted this boon, to wit, the snake, which is placed on a tray in a temple or other public place for the purpose. The District Magistrate, and all other officers, go there every day to prostrate themselves and to burn incense to the divinity. A river-god is generally regarded as the rain-god in regions adjacent to waterways, but at a little distance in the interior, the god of war, Kuan Ti, is much more likely to be worshipped for the same purpose; but sometimes both are supplanted by the goddess of mercy. To a Chinese this does not seem as all irrational, for his mind is free from all presumptions as to the unity of nature, and it is very hard for him to appreciate the absurdity, even when it is demonstrated to him.

In connection with these prayers for rain, another curious and most significant fact has often been brought to our notice. In the famous Chinese novel called "Travels to the West," one of the principal characters was originally a monkey hatched from a stone, and by slow degrees of evolution developed into a man. In some places this imaginary being is worshipped as a rain-god, to the exclusion of both the river-god and the god of war. No instance could put in a clearer light than this the total lack in China of any dividing line between the real and the fictitious. To a Western mind causes and effects are correlative. What may be the intuitions of cause and effect in the mind of a Chinese who prays to a non-existent monkey to induce a fall of rain, we are not able to conjecture.

The gods of the Chinese being of this heterogeneous description, it is of importance to inquire what the Chinese do with them. To this question there are two answers: they worship them, and they neglect them. It is not very uncommon to meet with estimates of the amount which the whole Chinese nation expends for incense, paper money, etc., in the course of a year. Such estimates are of course based upon a calculation of the apparent facts in some special district, which is taken as a unit, and then used as a multiplier for all the other districts of the Empire. Nothing can be more precarious than so-called "statistics" of this sort, which have literally no more validity than that census of a cloud of mosquitoes which was taken by a man who "counted until he was tired, and then estimated."

There is very little which one can be safe in predicating of the Chinese Empire as a whole. Of this truth the worship in Chinese temples is a conspicuous example. The traveller who lands in Canton, and who perceives the clouds of smoke arising from the incessant offerings to the divinities most popular there, will conclude that the Chinese are among the most idolatrous people in the world. But let him restrain his judgment until he has visited the other end of the Empire, and he will find multitudes of the temples neglected, absolutely unvisited except on the first and fifteenth of the moon, in many cases not then, and perhaps not even at the New-Year, when, if ever, the Chinese instinct of worship prevails. He will find hundreds of thousands of temples the remote origin of which is totally lost in antiquity, and which are occasionally repaired, but of which the people can give no account and for which they have no regard. He will find hundreds of square miles of populous territory in which there is to be seen scarcely a single priest, either Taoist or Buddhist. In these regions he will generally find no women in the temples, and the children allowed to grow up without the smallest instruction as to the necessity of propitiating the gods. In other parts of China the condition of things is totally different, and the external rites of idolatry are interwoven into the smallest details of the life of each separate day.

The religious forces of Chinese society may be compared to the volcanic forces which have built up the Hawaiian Islands. In the most northern and western members of the group the volcanoes have for ages been extinct, and their sites marked only by broken-down crater-pits now covered with luxuriant vegetation. But on the southeastern member of the group the fires are still in active operation, and continue at intervals to shake the island from centre to circumference. In some of the oldest parts of China there is the least attention paid to temple worship, and in some of the provinces which at the time of China's greatest glory were wild and barbarous regions, idolatry is most flourishing. But it is easy to be misled by surface indications such as these. It is quite possible that they may pass for more than they are worth, and before well-grounded inferences can be safely drawn the subject requires much fuller investigation than it has as yet received.

To "reverence the gods, but to keep at a distance from them," was the advice of Confucius. It is not strange, therefore, that his followers at the present day consider *respectful neglect* to be the most prudent treatment for the multitudinous and incongruous divinities in the Chinese pantheon. When contrasted with the Mongols or the Japanese, the Chinese people are felt to be comparatively free from the bias of religion. It is common to see over the doors of temples the classical expression, "Worship the gods as if they were present." The popular instinct has taken at its true value the uncertainty conveyed in the words "as if," and has embodied them in current sayings which accurately express the state of mind of the mass of the people:

Worship the gods as if they came,
But if you don't, it's all the same.

Worship the gods as if the gods were there,
But if you worship not, the gods don't care.

One step beyond respectful neglect of the gods is *ceremonial reverence*, which consists in performing a certain routine in a certain way, with no other thought than that of securing certain external results by so doing.

The idea of solemnity appears to be foreign to the Chinese mind. We do not know how to speak of it without expressing an idea of what is merely decorum. All Chinese worship of Chinese divinities, of which we have ever been cognisant, has appeared to be either routine ceremonial, or else a mere matter of barter—so much worship for so much benefit. When "the old man of the sky" is spoken of as a being, and to be reverenced, the uniform presentation of this aspect, to the exclusion of all others, shows in a most decisive manner what the worship really is. "Because we have our food and clothes from him," is the reply when a Chinese is asked why he makes periodical prostrations to this "person." Even when the individual has no definite opinions as to the real existence of such a being, this does not prevent his conformity to the rite. The ancients did so, and he does as they did. Whether it is of any use "who knows?"

This habit of looking at religious ceremonial from a superficial standpoint is well illustrated in a couplet which is sometimes posted, in a semi-satirical sense, upon the pillars of a neglected shrine:

When the temple has no priest, the wind sweeps the floor;
If the building is without a light, the moon acts as lamp.

The gods are worshipped, just as in Western lands an insurance policy is taken out, because it is the safer way. "It is better to believe that the gods exist," says the popular saying, "than to believe that they do not exist;" that is, if they do not exist at all, there is no harm done; whereas if they do exist, and are neglected, they may be angry and revengeful. The gods are supposed to be actuated by the motives which are known to actuate men. It is a proverb that one who has a sheep's head (for a temple offering) can get whatever he desires, and also that those divinities, such as the "Three Pure Ones," who have nothing special to bestow, will always be poor, while the goddess of mercy and the god of war will be the ones honoured and enriched.

Not only do the Chinese base the argument for the worship of the gods upon the strictly hypothetical foundation, "it can do no harm, and it may do some good," but they go a step farther, into a region where it is totally impossible for an Occidental mind to follow them. They often say and appear to think, "If you believe in them, then there really are gods; but if you do not believe in them, then there are none!" This mode of speech (a mode of thought it can scarcely be called) resembles that of a Chinese who should say: "If you believe in the Emperor, then there is one; but if you do not believe in one, then there is no Emperor." When this analogy is pointed out, the Chinese are ready enough to admit it, but they do not appear to perceive it for themselves by any necessary process.

There are many Chinese worshippers who are to be seen making a prostration at every step, sometimes occupying very long periods of time in going on tedious and difficult pilgrimages. When asked what is their motive for submitting to these austerities, they will tell us that as there is so much false worship of the gods, it is necessary for worshippers to demonstrate by these laborious means that their hearts are sincere. Whatever may be said in regard to such exceptional instances, we have no hesitation in affirming that all that has been already said of the absence of sincerity among the Chinese, in their relations to one another, applies with even greater force to much of their worship. The photograph of a group of priests belonging to a temple near Peking is a perfect masterpiece in the representation of serpentine cunning. Men who have such faces live lives to correspond with their faces.

It is as true of the Chinese as it has been of other nations in heathenism, that they have conceived of their gods as altogether such as they are themselves, and not without reason, for many of the gods are the countrymen of those who worship them. The writer once saw a proclamation posted in the name of the goddess of mercy, informing the world that representations had been made at the court of heaven to the effect that mankind were waxing very vicious. The "Pearly Emperor" of the divinities, upon hearing this, was very angry, and in a loud tone reviled all the subordinate gods because they had failed to reform mankind by exhortation! Human beings are supposed to be surrounded by a cloud of spirits, powerful for evil, but subject to bribes, flattery, cajolery, and liable to be cheated. A Chinese is anxious to take advantage of the man with whom he makes a bargain, and he is not less anxious to take advantage—if he can—of the god with whom he makes a bargain—in other words, the god to whom he prays. Perhaps he purchases felicity by subscribing towards the repair of a temple, but he not improbably has his subscription of two hundred and fifty cash registered as a thousand. The god will take the account as it stands. While the temple is in process of repair a piece of red paper is perhaps pasted over the eyes of each god, that he may not see the confusion by which he is surrounded and which is not considered respectful. If the temple is situated at the outskirts of a village, and is in too frequent use by thieves as a place in which to divide their booty, the door may be almost or even altogether bricked up, and the god left to communicate with the universe as best he can.

The familiar case of the kitchen-god, who ascends to heaven at the end of the year to make his report of the behaviour of the family, but whose lips are first smeared with glutinous candy to prevent his reporting the bad deeds which he has seen, is a typical instance of a Chinese outwitting his celestial superiors. In the same way a boy is sometimes called by a girl's name to make the unintelligent evil spirits think that he *is* a girl, in order to secure his lease of life. Mr. Baber speaks of the murder of female infants in Szechuan, whose spirits are subsequently appeased by mock money, which is burned, that it may be conveyed to them for their expenses! The temples to the goddess who bestows children, unlike most other temples, are often frequented by women. Some of these temples are provided with many little clay images of male children, some in the arms of their patron goddess, and others disposed like goods on a shelf. It is the practice of Chinese women, on visiting these temples, to break off the parts which distinguish the sex of the child and eat them, so as to insure the birth of a son. In case there are large numbers of little images, as just mentioned, it is with a view to the accommodation of the women who frequent the temple, each of whom will take an image, but it must be stolen and not openly carried off. In case the desired child is born, the woman is expected to show her gratitude by returning two other images in the place of that which she stole! Chinese sailors suppose that the dreaded typhoons of the China seas are caused by malignant spirits, which lie in wait to catch the junks as they navigate the dangerous waters. When the storm reaches a pitch of extreme violence, it is said that it is the habit of the mariners to have a paper junk made of the exact pattern of their own, and complete in all its details. This paper junk is then cast into the sea at the point of maximum disturbance, in order that the angry water-spirits may be deceived into thinking that this is the vessel of which they are in quest, and thus allow the real one to escape!

The custom prevails in many parts of China, upon occasion of the spread of some fatal epidemic like cholera, at the beginning of the sixth or seventh moon to hold a New-Year's celebration. This is with a view to deceiving the god of the pestilence, who will be surprised to find that he is wrong in his calculations as to the time of year, and will depart, allowing the plague to cease. This practice is so well understood that the phrase "autumnal second month" is understood to be a periphrasis for "never." Another method of hoodwinking a divinity is for a man to creep under a table upon which are placed offerings, and to put his head through a round hole made for that purpose. The god will think that this is a genuine case of offering a man's head in sacrifice, and will act accordingly. The man will withdraw his head, and enjoy his well-earned felicity.

In one case of which we happened to be cognisant, where a village decided to remove the gods from a temple and use it for a schoolhouse, they had hoped to pay a considerable proportion of the expenses of the alterations by the "silver" to be extracted from the hearts of the late gods. But the simple-minded rustics were not familiar with the ways of Chinese gods and of those who make them, who are like unto them; for when they came to search for the precious hearts they were not found right, but consisted simply of lumps of pewter! Cases no doubt occur in which the priests do conceal treasures in the images of their gods, and they are matched by corresponding cases in which the temples are robbed, and the gods either carried off bodily or pulverised on the spot. Violent treatment of Chinese divinities on the part of those who might be expected to worship them, is by no means unknown. We have heard of an instance in which a District Magistrate tried a case which involved a priest, and by implication the Buddha which was the occupant of the temple. This god was summoned to appear before the magistrate and told to kneel, which he failed to do, whereupon the magistrate ordered him to be beaten five hundred blows, by which time the god was reduced to a heap of dust, and judgment was pronounced against him by default.

Nearly every year petitions are incessantly put up to the rain-god to exert his powers on the parched earth, which cannot be planted until there is a rainfall. After prayers have been long continued with no result, it is common for the villagers to administer a little wholesome correction by dragging the image of the god of war out of his temple and setting him down in the hottest place to be found, that he may know what the condition of the atmosphere really is at first hand, and not by hearsay only. The habit of exhibiting undisguised dissatisfaction with the behaviour of the gods is referred to in the current saying, "If you do not mend the roof of your house in the third or fourth moon, you will be reviling the god of floods in the fifth moon or the sixth."

We have heard of an instance in which the people of a large city in China, having been visited by an epidemic of great severity, decided that this was owing to the malevolent influence of a particular divinity of the district. Banding themselves together precisely as if the god were a living bully, they set upon him and reduced him to his original elements. Of the accuracy of this narrative we have no proofs except its currency, but that appears to be sufficient in itself. The whole proceeding is not inconsistent with the Chinese notions about gods and spirits.

In view of facts such as those to which we have been directing the reader's attention, it might be most natural for one who was not familiar with the Chinese character, to draw the inference that it cannot be possible that the Chinese have any religion at all. This statement has indeed been often made in explicit language. In Mr. Meadows' work on "The Chinese and Their Rebellions," he quotes some of the too sweeping generalisations of M. Huc only to denounce them, affirming them to be "baseless calumny of the higher life of a great portion of the human race." Mr. Meadows is ready enough to admit that the Chinese are not attracted either to the bare results of centuries of doctrinal disputes or to the conduct of the nations which accept those results as their creed, but emphatically denies the assertion that the Chinese have "no longing for immortality, no cordial admiration of what is good and great, no unswerving and unshrinking devotion to those who have been good and great, no craving, no yearning of the soul to reverence something high and holy." Sir Thomas Wade, on the other hand, whose long familiarity with China and the Chinese might be supposed to entitle him to speak with authority on so plain a question as whether the Chinese have or have not a religion, has recently published his opinion as follows: "If religion is held to mean more than mere ethics, I deny that the Chinese have a religion. They have indeed a cult, or rather a mixture of cults, but no creed; innumerable varieties of puerile idolatry, at which they are ready enough to laugh, but which they dare not disregard."

Into the interesting and by no means easily answered question here raised we do not feel required to enter. It would be easy to discuss it at great length, but we are not certain that any light would be thrown upon it. In our view there is a practical method of approaching the matter, which will serve our purpose much better than abstract discussion. Taoism and Buddhism have greatly affected the Chinese, but the Chinese are not Taoists as such, neither are they Buddhists. They are Confucianists, and whatever may be added to their faith, or whatever may be taken away by the other systems of thought, the Chinese always remain Confucianists. We shall close by endeavouring to show in what respects Confucianism comes short of being a religion such as the Chinese ought to have. In order to do this, we shall quote the language of a distinguished Chinese scholar, whose conclusions cannot be lightly set aside.

At the end of his "Systematical Digest of the Doctrines of Confucius," Dr. Ernst Faber devotes a section to The Defects and Errors of Confucianism, which are set forth, while at the same time it is acknowledged that there is in Confucianism much that is excellent concerning the relations of man, and many points in which the doctrines of Christian revelation are almost echoed. We quote the four-and-twenty points specified, adding here and there a few words of comment.

1. "Confucianism recognises no relation to a living god."

2. "There is no distinction made between the human soul and the body, nor is there any clear definition of man, either from a physical or from a physiological point of view."

The absence of any clear doctrine as to the soul of man is very perplexing to the foreign student of Confucianism. The ultimate outcome of its teaching, in the case of many of the common people, is that they know nothing about any soul at all, except in the sense of animal vitality. When a man dies, there is classical authority for the statement that his "soul" goes upwards towards heaven, and his "animal soul" goes into the earth. But a simpler theory is that so constantly advanced, and which is entirely harmonious with the agnostic materialism of the true Confucianist, that "the soul" or breath dissolves into the air, and the flesh into the dust. It is frequently quite impossible to interest a Chinese in the question whether he has three souls, one soul, or no soul at all. To him the elucidation of such a matter is invested with the same kind and degree of interest which he would feel in learning which particular muscles of the body produce the movement of the organ concerned in eating. As long as the process is allowed to go on with comfort, he does not care in the smallest degree by what name the anatomist designates the muscular fibres which assist the result. In like manner, as long as the Chinese has enough to do to look after the interest of his digestive apparatus, and that of those who are dependent upon him, he is very likely to care nothing either about his "souls" (if he has any) or about theirs, unless it can be shown that the matter is in some way connected with the price of grain.

3. “There is no explanation given why it is that some men are born as saints, others as ordinary mortals.”

4. “All men are said to possess the disposition and strength necessary for the attainment of moral perfection, but the contrast with the actual state remains unexplained.”

5. “There is wanting in Confucianism a decided and serious tone in its treatment of the doctrine of sin, for, with the exception of moral retribution in social life, it mentions no punishment for sin.”

6. “Confucianism is generally devoid of a deeper insight into sin and evil.”

7. “Confucianism finds it therefore impossible to explain death.”

8. “Confucianism knows no mediator, none that could restore original nature in accordance with the ideal which man finds in himself.”

9. “Prayer and its ethical power find no place in the system of Confucius.”

10. “Though confidence is indeed frequently insisted upon, its presupposition, truthfulness in speaking, is never practically urged, but rather the reverse.”

11. “Polygamy is presupposed and tolerated.”

12. “Polytheism is sanctioned.”

13. “Fortune-telling, choosing of days, omens, dreams, and other illusions (phoenixes, etc.) are believed in.”

14. “Ethics are confounded with external ceremonies, and a precise despotic political form.”

15. “The position which Confucius assumed towards ancient institutions is a capricious one.”

16. “The assertion that certain musical melodies influence the morals of the people is ridiculous.”

17. “The influence of mere good example is exaggerated, and Confucius himself proves it most of all.”

If it be true, as Confucian ethics claim, that the prince is the vessel as the people are the water; that when the cup is round the water will be round, and when the dish is flat the water will be flat—it seems hard to explain how the great men of China have not exerted a stronger influence in the way of modifying the character of those who study their lives. If example is really so powerful as Confucianists represent, how does it happen that as seen in its effects it is so comparatively inert? The virtual deification of the "superior man," as mentioned below under No.20, is matched by the entire absence of any mediator, as already pointed out under No.8. No matter how "superior" the sage may be, he is obliged to confine himself to giving good advice. If the advice is not taken, he not only cannot help it, but there is no further advice given.

To us that has always appeared to be a singularly suggestive passage in which Confucius said: "I do not open up the truth to one who is not eager to get knowledge, nor help out any one who is not anxious to explain himself. When I have presented one corner of a subject to any one, and he cannot from it learn the other three, I do not repeat the lesson." The advice which he gives is for superior men only. Such advice is excellent, but it is by no means a prophylactic. When it has failed to act as such, then what is wanted is a restorative. It is idle to stand over the traveller who, having fallen among thieves, is stripped and wounded, and to discourse to him of the importance of joining friendly caravans, of the unadvisability of sustaining serious lesions of the tissues, by which much blood is likely to be lost and the nervous centres injured. The wounded man, already faint from loss of blood, knows all that; indeed, he knew it all the while. What he needs now is not retrospective lectures on the consequences of violating natural laws, but oil, wine, a place of refuge for a possible recovery, and above all, a wise and helpful friend. For the physically disabled, Confucianism may at times do something; for the morally and spiritually wounded it does and can do nothing.

18. "In Confucianism the system of social life is tyranny. Women are slaves. Children have no rights in relation to their parents, whilst subjects are placed in the position of children with regard to their superiors."

19. "Filial piety is exaggerated into deification of parents."

20. "The net result of Confucius' system, as drawn by himself, is the worship of genius, *i.e.*, deification of man."

21. "There is, with the exception of ancestral worship, which is void of any true ethical value, no clear conception of the dogma of immortality."

22. "All rewards are expected in this world, so that egotism is unconsciously fostered, and if not avarice at least ambition."

23. "The whole system of Confucianism offers no comfort to ordinary mortals, either in life or in death."

24. "The history of China shows that Confucianism is incapable of effecting for the people a new birth to a higher life and nobler efforts, and Confucianism is now in practical life quite alloyed with Shamanistic and Buddhistic ideas and practices."

Of the strange intermixture of different forms of faith in China we have already spoken. That neither Confucianism nor either of its co-religions is capable of "effecting for the people a new birth to a higher life and nobler efforts" is well recognised by the Chinese themselves. This is strikingly shown in one of their fables, the literary authorship of which we have not ascertained.

According to this account, Confucius, Laotze, and Buddha met one day in the land of the Immortals, and were lamenting the fact that in those degenerate times their excellent doctrines did not seem to make any headway in the Central Empire. After prolonged discussion, it was agreed that the reason must be that while the doctrines themselves are recognised as admirable, human nature is inadequate to live up to them without a constant model. It was accordingly decided that each of the founders of these schools of instruction should materialise himself, go down to earth, and try to find some one who could do what it was so necessary to have done. This plan was at once carried into effect, and in process of time, while wandering about the earth, Confucius came on an old man of venerable appearance, who, however, did not rise at the approach of the sage, but inviting the latter to be seated, engaged him in a conversation on the doctrines of antiquity and the degree to which they were at that time neglected and practised. In his discourse the old man showed such profound acquaintance with the tenets of the ancients, and displayed such vast penetration of judgment, that Confucius was greatly delighted, and after a long interview retired. But even when the sage took his leave, the old man did not rise. Having found Laotze and Buddha, who had been altogether unsuccessful in their search, Confucius related to them his adventure, and recommended that each of them should in turn visit the sitting philosopher, and ascertain whether he was as well versed in their doctrines as in those of Confucius. To his unmixed delight, Laotze found the old man to be almost as familiar with the tenets of Taoism as its founder, and a model of eloquence and fervour. Like Confucius, Laotze was struck by the fact that although maintaining a most respectful attitude, the old man did not rise from his place. It was now the turn of Buddha, who met with the same surprising and gratifying success. The old man still did not rise, but he exhibited an insight into the inner meaning of Buddhism such as not had been seen for ages.

When the three founders of religion met to consult, they were unanimously of the opinion that this rare and astonishing old man was the very one, not only to recommend each of the "three religions," but also to demonstrate that "the three religions are really one." Accordingly they all three once more presented themselves before the old man in company with each other. They explained the object of their previous visits, and the lofty hopes which the old man's wisdom had excited, that through him all three religions might be revived, and at last reduced to practice. The old man, still seated, listened respectfully and attentively, and replied as follows: "Venerable sages, your benevolence is high as heaven and deep as the seas. Your plan is admirably profound in its wisdom. But you have made an unfortunate selection in the agent through whom you wish to accomplish this mighty reform. It is true that I have looked into the books of Reason and of the Law, and into the Classics. It is also true that I have a partial perception of their sublimity and unity. But there is one circumstance of which you have not taken account. Perhaps you are not aware of it. It is only from my waist upward that I am a man; below that point I am made of stone. My forte is to discuss the duties of men from all the various points of view, but I am so unfortunately constituted that I can never reduce any of them to practice." Confucius, Laotze, and Buddha sighed deeply, and vanished from the earth, and since that day no effort has been made to find a mortal who is able to exhibit in his life the teachings of the three religions.

A comparison has often been made between the condition of China at the present time, and that of the Roman Empire during the first century of our era. That the moral state of China now is far higher than that of the Roman Empire then, scarcely admits of a rational doubt, but in China, as in Rome, religious faith has reached the point of decay. Of China it might be said, as Gibbon remarked of Rome, that to the common people all religions are equally true, to the philosopher all are equally false, and to the magistrate all are equally useful. Of the Emperor of China, as of the Roman Emperor, it might be affirmed that he is "at once a high-priest, an atheist, and a god!" To such a state has Confucianism, mixed with polytheism and pantheism, brought the Empire.

It has been well said that there is one thing which is worse than pure atheism, and that is entire indifference as to whether atheism is true. In China polytheism and atheism are but opposite facets of the same die, and are more or less consciously held for true by multitudes of educated Chinese, and with no sense of contradiction. Its absolute indifference to the profoundest spiritual truths in the nature of man is the most melancholy characteristic of the Chinese mind, its ready acceptance of a body without a soul, of a soul without a spirit, of a spirit without a life, of a cosmos without a cause, a Universe without a God.

CHAPTER XXVII

THE REAL CONDITION OF CHINA AND HER PRESENT NEEDS

THE Confucian Classics are the chart by which the rulers of China have endeavored to navigate the ship of state. It is the best chart ever constructed by man, and perhaps it is not too much to say, with the late Dr. Williams, Dr. Legge, and others, that its authors may have had in some sense a divine guidance. With what success the Chinese have navigated their craft, into what waters they have sailed, and in what direction they are at present steering—these are questions of capital importance now that China is coming into intimate relations with so many Western states, and seems likely in the future to exert an influence increasingly great.

It has been said that "there are six indications of the moral life of a community, any one of which is significant; when they all agree in their testimony they afford an infallible test of its true character. These are: (1) the condition of industry; (2) the social habits; (3) the position of woman and the character of the family; (4) the organisation of government and the character of the rulers; (5) the state of public education; (6) the practical bearing of religious worship on actual life."

In the discussion of the various characteristics of the Chinese which have attracted our notice, each of the foregoing points has been incidentally illustrated, albeit incompletely and without that observance of proportion necessary in a full treatment of these topics. In a survey of the Chinese character the field of view is so extensive that many subjects must be passed by altogether. The characteristics which have been selected are intended merely as points through which lines may be drawn to aid in outlining the whole. There are many additional "characteristics" which ought to be included in a full presentation of the Chinese as they are.

The greater part of the illustrative incidents which have been already cited in exemplification of various "characteristics" of the Chinese have been mentioned because they appeared upon examination to be typical. They are like bones of a skeleton, which must be fitted into their place before the whole structure can be seen. It will not do to ignore them, unless perhaps it can be shown that they are not bones at all, but merely plaster-of-Paris imitations. It may indeed be objected that the true place of each separate bone has been mistaken, and that others which are important modifiers of the total result have not been adjusted to their proper places. This criticism, which is a perfectly just one, we not only admit but expressly affirm, declaring that it is not possible to gain a complete idea of the Chinese from selected "characteristics," any more than it is possible to gain a correct idea of a human countenance from descriptive essays on its eyes, its nose, or its chin. But at the same time we must remind the reader that the judgments expressed have not been hastily formed, that they are based upon a mass of observations far in excess of what has been referred to, and that in many cases the opinions might have been made indefinitely stronger, and still have been fully warranted by the facts. These facts are as patent to one who comes within their range as a North China dust-storm, which fills the eyes, the ears, the nostrils, the hair, and the clothing with an almost impalpable powder, often surcharging the atmosphere with electricity, and sometimes rendering lamps necessary at noonday. One may be very wrong in his theory of the causes of this phenomenon, but altogether right in his description of it. But there is this important difference between the observation of physical and of moral phenomena: the former force themselves on the attention of every human being, while the latter are perceived only by those whose opportunities are favourable, and whose faculties are directed towards the things that are to be seen.

The truth is that the phenomena of Chinese life are of a contradictory character, and whoever looks upon one face of the shield, ignoring the other, will infallibly judge erroneously, and yet will never come to a perception of the fact that he is wrong. The union of two apparently irreconcilable views in one concept is not an easy task, but it is often a very necessary one, and nowhere is it more necessary than in China, where it is so difficult to see even one side completely, not to speak of both.

Of the lofty moral quality of Confucianism we have already spoken. That it produces many individuals possessing a high moral character we are prepared to believe. That is what ought to be expected from so excellent a system of morals. But does it produce such characters on any considerable scale, and with any approach to uniformity? The real character of any human being can be discovered by answering three questions: What is his relation to himself? What is his relation to his fellow-men? What is his relation to the object of his worship? Through these three fixed points the circle defining his true position may be drawn. Those who may have followed us thus far know already what replies we find in the Chinese of today to these test questions. His relations both to himself and to others are marked by an absence of sincerity, and his relations to others by an absence of altruism; his relations to the objects of his worship are those of a polytheist, a pantheist, and an agnostic.

What the Chinese lack is not intellectual ability. It is not patience, practicality, nor cheerfulness, for in all these qualities they greatly excel. What they do lack is Character and Conscience. Some Chinese officials cannot be tempted by any bribe, and refuse to commit a wrong that will never be found out, because "Heaven knows, earth knows, you know, and I know." But how many Chinese could be found who would resist the pressure brought upon them to recommend for employment a relative who was known to be incompetent? Imagine for a moment the *domestic consequences* of such resistance, and is it strange that any Chinese should dread to face them? But what Chinese would ever think of carrying theoretical morals into such a region as that? When it is seen what a part parasitism and nepotism play in the administration of China, civil, military, and commercial, is it any wonder that Chinese gate-keepers and constables are not to be depended upon for the honest performance of their duties?

He who wishes to learn the truth about the moral condition of the Chinese can do so by the aid of the Chinese themselves, who, however ready to cover their own shortcomings and those of their friends, are often singularly frank in confessing the weak points in the national character. Some of these descriptions of the Chinese by other Chinese have often served to us as reminders of a conversation upon which Carlyle dwells with evident enjoyment, in one of the volumes of his "Life of Frederick the Great." That monarch had a school-inspector, of whom he was rather fond, and with whom he liked to talk a little. "Well, M. Sulzer, how do your schools get on?" asked the King one day. "How goes our education business?" "Surely, not ill, your Majesty, and much better in late years," answered Sulzer. "In late years, why?" "Well, your Majesty, in former times, the notion being that mankind were naturally inclined to evil, a system of severity prevailed in schools; but now, when we recognise that the inborn inclination of men is rather to good than to evil, schoolmasters have adopted a more generous procedure." "Inclination rather to good!" said Frederick, shaking his old head, with a sad smile. "Alas, dear Sulzer, I see you don't know that damned race of creatures." (*Er kennt nicht diese verdammte Race.*)

Chinese society resembles some of the scenery in China. At a little distance it appears fair and attractive. Upon a nearer approach, however, there is invariably much that is shabby and repulsive, and the air is full of odours which are not fragrant. No photograph does justice to Chinese scenery, for though photography has been described as "justice without mercy," this is not true of Chinese photography, in which the dirt and the smells are omitted.

There is no country in the world where the symbol denoting happiness is so constantly before the eye as in China. But it requires no long experience to discover that it is a true observation that Chinese happiness is all on the outside. We believe it to be a criticism substantially just that there are no homes in Asia.

In contemplating the theory of Chinese society, and the way in which that theory is reduced to fact, we are often reminded of those stone tablets to be seen at the spot where the principal highways cross streams. The object of these tablets is to preserve in "everlasting remembrance" the names of those by whom the bridges were erected and repaired. Sometimes there are half a dozen such stones in immediate proximity, in various stages of decay. We are much interested in these memorials of former dynasties and of ages long gone by, and inquire for the bridge the building of which they commemorate. "Oh, that," we are told, "disappeared generations ago—no one knows when!"

A few years ago the writer was travelling on the Grand Canal, when a head-wind prevented further progress. Strolling along the bank, we found the peasants busily engaged in planting their fields. It was May, and the appearance of the country was one of great beauty. Any traveller might have admired the minute and untiring industry which cultivated such wide areas as if they were gardens. But a short conversation with these same peasants brought to light the fact that the winter had been to them a time of bitter severity. Floods and drought having in the previous year destroyed the crops, in every village around people had starved to death—nay, were at that moment starving. The magistrates had given a little relief, but it was inadequate, sporadic, and subject to shameful peculations, against which the poor people had no protection and for which there was no redress. Yet nothing of all this appeared upon the surface. Elsewhere the year had been a prosperous one, the harvests abundant and the people content. No memorial in the Peking *Gazette*, no news item in the foreign journals published in China, had taken account of the facts. But ignorance of these facts on the part of others certainly had no tendency to alter the facts themselves. The people of the district continued to starve, whether other people knew it or not. Even the flat denial of the facts would not prove an adequate measure of relief. *À priori* reasoning as to what the Chinese ought to be is one thing; careful observation of what they actually are is quite another.

That many of the evils in Chinese society the existence of which we have pointed out are also to be found in Western "nominally Christian lands," we are perfectly aware. Perhaps the reader may have been disappointed not to find a more definite recognition of this fact, and some systematic attempt at comparison and contrast. Such a procedure was in contemplation, but it had to be given up. The writer's acquaintance with any Western country except his own is of an altogether too limited and inadequate character to justify the undertaking, which must for other reasons have failed. Let each reader make his own running comparisons as he proceeds, freeing himself as far as he may be able from "the bias of patriotism," and always giving the Chinese the benefit of the doubt. After such a comparison shall have been made, the very lowest result which we should expect would be the ascertained fact that the face of every Western land is towards the dawning morning of the future, while the face of China is always and everywhere towards the darkness of the remote past. A most pregnant fact, if it is a fact, and one which we beg the reader to ponder well; for how came it about?

The needs of China, let us repeat, are few. They are only Character and Conscience. Nay, they are but one, for Conscience *is* Character. It was said of a famous maker of pianos that he was "like his own instruments—square, upright, and grand." Does one ever meet any such characters in China?

At the close of the biography of one of the literary men of England, who died but a few years ago, occurs the following passage, written by his wife: "The outside world must judge him as an author, a preacher, a member of society; but they only who lived with him in the intimacy of everyday life at home can tell what he was as a man. Over the real romance of his life, and over the tenderest, loveliest passages in his private letters, a veil must be thrown; but it will not be lifting it too far to say, that if in the highest, closest of earthly relationships, a love that never failed—pure, passionate, for six-and-thirty years—a love which never stooped from its own lofty level to a hasty word, an impatient gesture, or a selfish act, in sickness or in health, in sunshine or in storm, by day or by night, could prove that the age of chivalry has not passed away forever, Charles Kingsley fulfilled the ideal of a most true and perfect knight to the one woman blest with that love in time and to eternity."

The fairest fruit of Christian civilisation is in the beautiful lives which it produces. They are not rare. Hundreds of records of such lives have been produced within the present generation, and there are thousands upon thousands of such lives of which no public record ever appears. Every reader must have known of at least one such life of single-hearted devotion to the good of others, and some have been privileged to know many such, within the range of their own experience. How are these lives to be accounted for, and whence do they draw their inspiration? We have no wish to be unduly sceptical, but after repeated and prolonged consideration of the subject, it is our deliberate conviction that if the forces which make the lives of the Chinese what they are were to produce one such character as Mrs. Kingsley represents her husband to have been, that would be a moral miracle greater than any or all that are recorded in the books of Taoist fables. No human institution can escape from the law, inexorable because divine: "By their fruits ye shall know them." The forces of Confucianism have had an abundant time in which to work out their ultimate results. We believe that they have long since done all that they are capable of doing, and that from them there is no further fruit to be expected. They have achieved all that man alone can do, and more than he has done in any other land, under any other conditions. And after a patient survey of all that China has to offer, the most friendly critic is compelled, reluctantly and sadly, to coincide in the verdict, "The answer to Confucianism is China."

Three mutually inconsistent theories are held in regard to reform in China. First, that it is unnecessary. This is no doubt the view of some of the Chinese themselves, though by no means of all Chinese. It is also the opinion adopted by certain foreigners, who look at China and the Chinese through the mirage of distance. Second, that reform is impossible. This pessimistic conclusion is arrived at by many who have had too much occasion to know the tremendous obstacles which any permanent and real reform must encounter, before it can even be tried. To such persons, the thorough reformation of so vast a body as the Chinese people appears to be a task as hopeless as the galvanising into life of an Egyptian mummy. To us, the second of these views appears only less unreasonable than the first ; but if what has been already said fails to make this evident, nothing that could here be added would be sufficient to do so.

To those who are agreed that reform in China is both necessary and possible, the question by what agency that reform is to be brought about is an important one, and it is not surprising that there are several different and inharmonious replies.

At the very outset, we have to face the inquiry, Can China be reformed from within herself? That she can be thus reformed is taken for granted by those of her statesmen who are able to perceive the vital need of reformation. An instance of this assumption occurred in a recent memorial in the Peking *Gazette*, in which the writer complained of the inhabitants of one of the central provinces as turbulent, and stated that a certain number of competent persons had been appointed to go through the province, to explain to the people the maxims of the Sacred Edicts of K'ang Hsi, by which vigorous measure it was apparently expected that the character of the population would in time be ameliorated. This explanation of moral maxims to the people (originally an imitation of Christian preaching) is a favourite prescription for the amendment of the morals of the time, in spite of the barrenness of results. When it fails, as it always does, there is nothing to be done but to try it over again. That it must fail, is shown by the longest experience, with every modification of circumstances except in the results, which are as nearly as possible uniformly *nil*. This has been sufficiently shown already in the instructive allegory of the eloquent old man whose limbs were stone.

But if mere precept is inert, it might be expected that example would be more efficient. This topic has also been previously discussed, and we need recur to it only to point out the reason why in the end the best examples always fail to produce the intended results. It is because they have no power to propagate the impulse which gave them life. Take, for instance, the case of Chang Chih-tung, formerly Governor of Shansi, where he is reported to have made the most vigorous efforts to put a stop to the practice of opium-smoking among the officials, and opium-raising among the people. How many of his subordinates would honestly co-operate in this effort, and what could possibly be effected without such co-operation? Every foreigner is compelled to recognise his own comparative helplessness in Chinese matters when the intermediaries through whom alone he can act are not in sympathy with his plans for reform. But if a foreigner is comparatively helpless, a Chinese, no matter what his rank, is not less so. The utmost that can be expected is that when his purpose is seen to be inflexibly fixed, the incorruptible official will carry everything before him (so far as external appearances go), as a cat clears an attic of rats, while the cat is there. But the moment the official is removed, almost before he has fairly gone, the rats are back at their work, and everything goes on as before.

That a Chinese statesman should cherish hopes of personally reforming his country is not only creditable to him, but perfectly natural, for he is cognisant of no other way than the one which we have described. An intelligent British official, who knows "the terrible *vis inertiae* of Oriental apathy and fatalism—that dumb stupidity against which Schiller says even the gods are powerless"—and who knows what is involved in permanent "reform," would have been able to predict the result with infallible precision. In referring to certain abuses in southwest China, connected with the production of copper, Mr. Baber remarks: "Before the mines can be adequately worked, Yunnan must be peopled, the Lolos must be fairly treated, roads must be constructed, the facilities offered for navigation by the upper Yang-tse must be improved—in short, China must be civilised. A thousand years would be too short a period to allow of such a consummation, unless some force from without should accelerate the impulse." ① To attempt to reform China without "some force from without,"

---

① These significant words of the late Mr. Baber have recently received a striking confirmation from a memorial in the Peking *Gazette* of August, 1890, from T'ang Chiung, Director of Mines in Yunnan, who makes a report in regard to the condition of the works and the output. He states that "a great deal of illicit mining is carried on by the people, and the officials are afraid of the consequences of asserting their rights despotically. A plan has, however, been devised of buying up the copper privately mined by the natives at a low price, and thus taking advantage of the extra labour by a measure at once profitable and popular. In this way the memorialist thinks the mines will work well, and will give no excuse for the intrusion of outsiders." The rescript merely orders the Board of Revenue to "take note."

In a postscript memorial the Director informs the Emperor that ten thousand catties of copper are bought monthly from the illicit workers of the private mines, and that the labourers "are not paid wages, but are supplied with oil and rice." In conclusion he "describes the whole state of the mines as highly satisfactory."

It is not every day that an official of the rank of governor officially informs an Emperor that the laws of his Empire are constantly and deliberately violated by large numbers of persons with whom the magistrates dare not interfere, but whom, on the other is like trying to build a ship in the sea; all the laws of air and water conspire to make it impossible. It is a principle of mechanics that a force that begins and ends in a machine has no power to move it.

Between Tientsin and Peking there is a bend in the Peiho, where the traveller sees half of a ruined temple standing on the brink of the bank. The other half has been washed away. Just below is an elaborate barrier against the water, composed of bundles of reeds tied to stakes. Half of this has been carried away by the floods. The gods stand exposed to the storms, the land lies exposed to inundation, the river is half silted up, a melancholy type of the condition of the Empire. There is classical authority for the dictum that "rotten wood cannot be carved." It must be wholly cut away, and new material grafted upon the old stock. China can never be reformed from within.

It is not long since the idea was widely entertained in the lands of the West that China was to be regenerated by being brought into "the sisterhood of nations." The process by which she was introduced into that "sisterhood" was not indeed such as to give rise to any well-founded hopes of national regeneration as a consequence. And now that the leading nations have had their several representatives at Peking for more than thirty years, what beneficial effect has their presence had upon the evils from which China suffers? The melancholy truth is that the international relations of the great powers are precisely those in which they appear to the least advantage. The Chinese are keen observers; what have they perceived in the conduct of any one of the states of the West to lead to the conviction that those states are actuated by motives more elevated than those which actuate the Empire which they wish to "reform?" And now that China is herself becoming a "power," she has her hands fully occupied in playing off one set of foreign interests against another, without taking lessons of those who are much more concerned in "exploiting" China than in teaching her morals. If China

---

hand, they mollify with oil, rice, and a sum of money sufficient to induce them to part with their stolen copper; and that in consequence of this defiance of the Emperor and his officials, the condition of the Emperor's mines is "highly satisfactory." No wonder the Board of Revenue was invited to "take note!"

is to be reformed, it will not be done by diplomacy.

There are not wanting those who are firmly persuaded that what is needed by China is not merely admission into the family of nations, but unrestricted intercourse, free trade, and the brotherhood of man. The gospel of commerce is the panacea for China's needs; more ports, more imports, a lower tariff, and no transit taxes. Perhaps we do not hear so much of this now as two or three decades ago, during which time the Chinese have penetrated more fully than before into Australia and the United States, with results not always most favourable to "unrestricted intercourse" and the "brotherhood of man." Have there not also been loud whispers that Chinese tea and Chinese straw-braid have been defective in some desirable qualities, and has not this lack been partly matched by defects in certain articles imported into China from the lands of the West?

As an auxiliary of civilisation, commerce is invaluable, but it is not by itself an instrument of reform. Adam Smith, the great apostle of modern political economy, defined man as "a trading animal"; no two dogs, he says, exchange bones. But supposing they did so, and supposing that in every great city the canine population were to establish a bone exchange, what would be the inevitable effect upon the character of the dogs? The great trading nations of antiquity were not the best nations, but the worst. That the same is not true of their modern successors is certainly not due to their trade, but to wholly different causes. It has been well said that commerce, like Christianity, is cosmical in its aim; but commerce, like the rainbow, always bends towards the pot of gold.

It is sufficient to point to the continent of Africa, with its rum and its slave traffic, each introduced by trading and by Christian nations, and each an unspeakable curse, to show that, taken by itself, there is no reformatory influence in commerce.

There are many friends of China well acquainted with her condition, whose prescription is more comprehensive than any of those which we have named. In their view, China needs Western Culture, Western science, and what Mr. Meadows called "funded civilisation." The Chinese have been a cultured nation for millenniums. They had already been civilised for ages when our ancestors were rooting in the primeval forests. In China, if anywhere on the globe, that recipe has been faithfully tried. There is in culture as such nothing of a reformatory nature. Culture is selfish. Its conscious or unconscious motto is, "I, rather than you." As we daily perceive in China, where our boasted culture is scouted, there is no scorn like intellectual scorn. If Chinese culture has been unable to exert a due restraining influence upon those who have been so thoroughly steeped in it, is it probable that this result will be attained by a foreign exotic?

Of science the Chinese are unquestionably in the greatest need. They need every modern science for the development of the still latent resources of their mighty Empire. This they are themselves beginning clearly to perceive, and will perceive still more clearly in the immediate future. But is it certain that an acquaintance with science will exert an advantageous moral influence over the Empire? What is the process by which this is to take place? No science lies nearer to our modern advancement than chemistry. Would the spread of a general knowledge of chemistry in China, therefore, be a moral agency for regenerating the people? Would it not rather introduce new and unthought-of possibilities of fraud and violence throughout every department of life? Would it be quite safe, Chinese character being what it is, to diffuse through the Empire, together with an unlimited supply of chemicals, an exact formula for the preparation of every variety of modern explosives?

By "funded civilisation" are meant the material results of the vast development of Western progress. It includes the manifold marvels resulting from steam and electricity. This, we are told, is what China really needs, and it is all that she needs. Railways from every city to every other city, steam navigation on her inland waters, a complete postal system, national banks, coined silver, telegraphs and telephones as nerves of connection—these are to be the visible signs of the new and happy day for China.

Perhaps this was the half-formed idea of Chang Chih-tung, when in his memorial on the subject of railways he affirmed that they will do away with many risks incidental to river transport, "such as stealing by the crew." Will the accumulation, then, of funded civilisation diminish moral evils?

Do railways ensure honesty in their employé's, or even in their managers? Have we not read "A Chapter of Erie," showing how that great highway between states was stolen bodily, the stockholders helpless, and "nobody to blame?" And will they do these things better in China than it has as yet been possible to be sure of having them done in England or in America? Is funded civilisation an original cause by itself, or is it the effect of a long train of complex causes, working in slow harmony for great periods of time? Would the introduction of the ballot-box into China make the Chinese a democratic people, and fit them for republican rule? No more will funded civilisation produce in the Chinese Empire those conditions which accompany it in the West, unless the causes which have produced the conditions in the West are set in motion to produce the like results in China. Those causes are not material, they are moral.

How is it that with the object-lessons of Hongkong, of Shanghai and other treaty ports before them, the Chinese do not introduce "model settlements" into the native cities of China? Because they do not wish for such changes, and would not tolerate them if they were introduced. How is it that with the object-lesson of an honest administration of the Imperial Maritime Customs before their eyes for nearly a third of a century, the government does not adopt such methods elsewhere? Because, in the present condition of China, the adoption of such methods of taxation of Chinese by Chinese is an absolute moral impossibility. British character and conscience have been more than a thousand years in attaining their present development, and they cannot be suddenly taken up by the Chinese for their own, and set in operation, like a Krupp gun from Essen, mounted and ready to be discharged.

The forces which have developed character and conscience in the Anglo-Saxon race are as definite and as certain facts of history as the landing of Julius Caesar in Britain, or the invasion of William the Conqueror. These forces came with Christianity, and they grew with Christianity. In proportion as Christianity roots itself in the popular heart these products flourish, and not otherwise.

Listen for a moment to the great advocate of culture, Matthew Arnold:

"Every educated man loves Greece, owes gratitude to Greece. Greece was the lifter-up to the nations of the banner of art and science, as Israel was the lifter-up of the banner of righteousness. Now the world cannot do without art and science. And the lifter-up of the banner of art and science was naturally much occupied with them, and conduct was a plain, homely matter. And this brilliant Greece perished for lack of attention to *conduct*; for want of conduct, steadiness, character....Nay, and the victorious revelation now, even now, in this age, when more of beauty and more of knowledge are so much needed, and knowledge at any rate is so highly esteemed—the revelation which rules the world even now is not Greece's revelation, but Judaea's; not the pre-eminence of art and science, but the pre-eminence of righteousness."

In order to reform China the springs of character must be reached and purified, conscience must be practically enthroned, and no longer imprisoned in its own palace like the long line of Japanese Mikados. It is a truth well stated by one of the leading exponents of modern philosophy, that "there is no alchemy by which to get golden conduct from leaden instincts." What China needs is righteousness, and in order to attain it, it is absolutely necessary that she have a knowledge of God and a new conception of man, as well as of the relation of man to God. She needs a new life in every individual soul, in the family, and in society. The manifold needs of China we find, then, to be a single imperative need. It will be met permanently, completely, only by Christian civilisation.

GLOSSARY OF TECHNICAL TERMS

Boy, a term used by foreigners in China to denote the head-servant, irrespective of his age.

Catty, a Chinese pound, equal by treaty to one and one-third pounds avoirdupois.

Compradore, a steward or agent.

Fêng-shui, literally, "wind-water." A complicated system of geomantic superstition, by which the good luck of sites and buildings is determined.

K'ang, a raised platform of adobe or of bricks, used as a bed, and heated by means of flues.

K'o tou, or *Kotow*, the act of prostration and striking the head on the ground in homage or worship.

Li, a Chinese measure of length, three or more of which equal an English mile.

Squeeze, a forced contribution exacted by those through whose hands the money of others passes.

Tael, a weight of money equivalent to a sixteenth of a Chinese pound; an ounce.

Taotai, an officer of the third rank, who is intendant of a circuit.

Yamên, the office and residence of a Chinese official.